Heiko Geiling (Hg.)

Die Krise der SPD

Soziale Milieus
im gesellschaftlichen Strukturwandel

herausgegeben von

Michael Vester, Heiko Geiling und Andrea Lange-Vester
(Universität Hannover)

Band 5

LIT

Heiko Geiling (Hg.)

Die Krise der SPD

Autoritäre
oder partizipatorische Demokratie

LIT

Satz & Layout: Rüdiger Otte

Bibliografische Information der Deutschen Nationalbibliothek
Die Deutsche Nationalbibliothek verzeichnet diese Publikation in der
Deutschen Nationalbibliografie; detaillierte bibliografische Daten sind
im Internet über http://dnb.d-nb.de abrufbar.

ISBN 978-3-643-10134-1

©LIT VERLAG Dr. W. Hopf Berlin 2009
Verlagskontakt:
Fresnostr. 2   D-48159 Münster
Tel. +49 (0) 2 51-620 32 22   Fax +49 (0) 2 51-922 60 99
e-Mail: lit@lit-verlag.de   http://www.lit-verlag.de

Auslieferung:
Deutschland: LIT Verlag Fresnostr. 2, D-48159 Münster
Tel. +49 (0) 2 51-620 32 22, Fax +49 (0) 2 51-922 60 99, e-Mail: vertrieb@lit-verlag.de

Österreich: Medienlogistik Pichler-ÖBZ GmbH & Co KG
IZ-NÖ, Süd, Straße 1, Objekt 34, A-2355 Wiener Neudorf
Tel. +43 (0) 22 36-63 53 52 90, Fax +43 (0) 22 36-63 53 52 43, e-Mail: mlo@medien-logistik.at

Schweiz: B + M Buch- und Medienvertriebs AG
Hochstr. 357, CH-8200 Schaffhausen
Tel. +41 (0) 52-643 54 85, Fax +41 (0) 52-643 54 35, e-Mail: order@buch-medien.ch

Für Peter von Oertzen (1924–2008)

Inhalt

7

HORST PETER UND MATHIAS LOMB

Mit Programm und Glaubwürdigkeit Wahlen gewinnen – Die Landtagswahlen in Hessen 2008 und 2009

HEIKO GEILING

Die SPD im freien Fall – Zwischenrufe zu den niedersächsischen Landtagswahlen 2003 und 2008

Einleitung

Das Fünfparteiensystem ist spätestens mit den Bundestagswahlen 2005 auch in der alten Bundesrepublik angekommen. Konnte dies bis dahin noch reflexartig als ostdeutsches Sonderproblem abgewehrt werden, müssen sich die Volksparteien CDU/CSU und SPD dieser Realität mittlerweile auch in Westdeutschland stellen. Zweistellige Stimmenverluste sind nicht ohne weiteres zu verdrängen; und dies nicht erst seit den Landtagswahlen in Hessen 2009. Die mit der Bundesrepublik verbundene Erfolgsgeschichte der Volksparteien als die von politischen Integrationsmaschinen scheint dem Ende nahe. Ihre ›Flucht‹ in die Große Koalition auf Bundesebene wird keine dauerhafte Lösung sein. Nicht allein die Landtagswahlen in Hessen 2009 und Bayern 2008, sondern vor allem die vorausgegangenen Landtagswahlen seit 2003 verweisen auf mehr oder weniger systematische Verschiebungen des Wählerverhaltens auf Kosten der Unionsparteien sowie insbesondere auf Kosten der SPD. Im tagespolitischen Getümmel der parteipolitischen Akteure ist die Versuchung groß, die politischen Hintergründe dieser Verschiebungen auszublenden, zumal nach dem Motto ›Rette sich wer kann‹ die Absicherung politischer Karrieren strategische (Neu-)Orientierungen in den Hintergrund drängt. Die mediale Öffentlichkeit des politischen Feuilletons tut ein Übriges, wenn sie Arm in Arm mit der Markt- und Meinungsforschung Politik personalisierend und voyeuristisch als ›Events‹ parteiergreifend aufbereitet. Mit der Hektik dieses als ›Ereignis‹ zugemuteten Politikbetriebs, der von Tag zu Tag mit neuem Stoff angefüttert werden muss, ist eine vordergründige Dynamik im Gange, die dem grundsätzlichen Diskussionsbedarf in den Volksparteien und ihren möglichen strategischen Optionen keinen Raum lässt.

Von daher ist es kaum verwunderlich, wenn zehn Jahre nach dem rotgrünen Erfolg bei der Bundestagswahl von 1998 zur Kenntnis genommen werden muss, dass das sozialdemokratische Konzept der »neuen Mitte« nicht als das gehandelt wird, zu dem es faktisch geführt hat, als Fiasko, sondern als ein zur Legendenbildung der Schröderschen Politik beitragender Mythos. Dagegen ist daran zu erinnern, dass die verlorene Bundestagswahl von 2005 der entscheidende Test für das Konzept der »neuen Mitte« war, das dem sozialdemokratischen Wahlkampf von 1998 und nicht zuletzt Schröders ›Agenda 2010‹ von 2003 zu Grunde lag. Die Niederlage der SPD und die Probleme der CDU bestätigen, dass die Volksparteien die Ernsthaftigkeit unterschätzt hatten, mit der mehr als vier Fünftel der Bevölkerung ein neoliberales Programm der sozialen Schieflagen ablehnen und die Fortsetzung eines solidarischen Sozialmodells unterstützen.

Heute, zu Beginn des Jahres 2009, gehen die technokratischen Zentren der beiden Volksparteien bzw. die in der Großen Koalition agierenden Parteieliten nahezu umstandslos dazu über, ihre anti-keynesianische »Sparpolitik« unter dem Druck der globalen Wirtschaftskrise aufzugeben und kreditfinanzierte Konjunkturprogramme zu verkünden. Die Frage ist nur, ob damit die bisherigen Schieflagen des deutschen Produktionsmodells mit Hilfe der notwendigen Investitionen in den Humandienstleistungsbereich korrigiert werden können. Denn über die Investitionen in ›Beton‹, für vernachlässigte öffentliche Infrastruktur, und in ›Blech‹, für die machtstarke Automobilindustrie, hinaus lassen sich heute nur noch im personalintensiven Bildungs-, Sozial-, Gesundheits- und Kultursektor dauerhafte Arbeitsplätze schaffen, und nur so könnte damit zugleich der Trend zu prekären und unsicheren Soziallagen umgekehrt werden. Solange dies angesichts des wirtschaftlich-politischen Machtkartells von exportorientierter Industrie und von ihr nahestehender Parteipolitik nicht geschieht, wird der Zulauf zu den kleinen Parteien, einschließlich der Rechtspopulisten, sowie zu den Nichtwählern weiter anhalten.

Wer glaubt, damit auf eine kommende Linkskoalition setzen zu können, könnte enttäuscht werden. Denn wie in den Niederlanden, könnte das Elitenkartell der beiden Volksparteien mit seiner überwältigenden Mehrheit es sich durchaus leisten, nach rechts und links immer wieder Stimmen zu verlieren, aber doch über einige Wahlperioden weiterzuregieren und dann aus ihrer Politik der staatlichen Wirtschaftsstabilisierung eine zunehmende autoritäre Staats-Wirtschafts-Allianz zu entwickeln. Bei einem solchen Szenarium ist mit der Entwicklung von gesellschaftlich-politischen Gegenbewegungen zu rechnen, insbesondere dann, wenn die zuvor teilweise an den Rand gedrängten und geschwächten Gewerkschaften neuen Zulauf erhalten. Dabei ist damit zu rechnen, dass die mit der Wirtschaftskrise zu erwartenden sozialen Zumutungen mehr und mehr auch differenzierte, beruflich gut qualifizierte soziale Milieus treffen werden. Deren Verdrossenheit über die Politik hat sich nie allein an den Schieflagen des Wohlstands entzündet, sondern immer auch an den Praktiken autoritärer Reglementierung von oben, die nach wie vor davon ausgeht, Menschen als Kostenfaktor und nicht als wirtschaftliche und politische Produktivkraft behandeln zu müssen. Es handelt sich um Akteure der modernisierten sozialen Milieus, die mit den Starrheiten der etablierten Institutionen in Konflikt geraten werden, wenn sie sowohl für die Erneuerung eines solidarischen Sozialsystems als auch für die Erweiterung gesellschaftlich-politischer Mitbestimmung bzw. partizipatorischer Demokratie streiten werden.

Der hier vorgelegte Sammelband führt ausgewählte wahl- und organisationssoziologische Analysen aus Hessen und Niedersachsen zusammen. Die seit den Bundestagswahlen 2005 zu beobachtende Herausbildung des für die Bundesrepublik Deutschland neuartigen Fünfparteiensystems wird in den einzelnen Beiträgen mit Blick auf die politische Repräsentationskrise der Sozialdemokratischen Partei diskutiert. Ausgangspunkt vieler Beiträge, insbesondere der Analysen der Wahlergebnisse in Hannover und Kassel, sind die im Rahmen der »Politischen Soziologie und politischen Sozialstrukturanalyse« in Hannover entwickelten kleinräumigen, auf die sozialen Milieus hin ausgerichteten Untersuchungen der Verschiebungen des Wählerverhaltens. Kleinräumige Untersuchungsansätze machen den Blick dafür frei, parteipolitische Wettbewerbssituationen nicht mit dem angeblich freien Spiel von Angebot und Nachfrage zwischen Akteuren ohne soziale Bindungen und Traditionen zu verwechseln. In Analogie zum ökonomischen Marktmodell geht ein Teil der Wahlforschung von einer auf Kosten langfristiger Parteibindungen gehenden Entstrukturierung des Wählermarkts und des Wählerverhaltens hin zu kurzfristigen Wahlentscheidungen und Wechselwählerverhalten aus. Die uns mittlerweile umfassend begleitende politische Umfrageindustrie basiert auf diesem Marktmodell. Dass es sich dabei nicht selten um eine medienvermittelte Parallelwelt handelt, in der politische Umfragen gleichermaßen wie spekulationsbedingte Börsenkurse tagesaktuell aufbereitet werden, zeigt sich immer dann, wenn in Analogie zum überraschenden Börsencrash nicht minder unvorhergesehene Wahlergebnisse einer tieferreichenden Erklärung bedürfen.

Gegen die These der Individualisierung und rationalen Interessenwahl argumentieren in der Wahlforschung Vertreter der Cleavage-Theorien, die allenfalls eine graduelle Erosion der langfristigen Parteibindungen im Kontext gesellschaftlichen Sozialstrukturwandels annehmen. Mit ihren historischen und berufsstatistischen Analysen verweisen sie auf vertikale und horizontale bzw. auf soziale und kulturelle gesellschaftliche Ausdifferenzierungen. Darin offenbaren sich gesellschaftlich-politische Modernisierungen als Gestaltwandel der industriellen Klassengesellschaft, von dem auch die klassischen Cleavages bzw. Konfliktlinien und damit auch die historischen parteipolitischen Bindungen nicht unbeeinflusst bleiben.

Der den Sammelband einleitende Beitrag von *Michael Vester* und *Heiko Geiling* über soziales Kapital und Wählerverhalten liefert den Hintergrund für die mit der Krise der politischen Repräsentation möglichen Szenarien autoritärer und partizipatorischer Demokratie. Ihr feldtheoretisch an Pierre Bourdieu anschließender Bezug auf den Cleavage-Ansatz erlaubt die Analyse der systematischen Beziehungen zwischen politischem und sozialem Feld. Überwunden werden kann damit der immer noch doktrinär ausgetragene Streit zwischen den Thesen, die von einer Auflösung oder von einem Fortbestand der Klassengesellschaft ausgehen. Mit Blick auf die Sozialstruktur und der zunehmend horizontalen Fraktionierung der Erwerbsklassen, mit Blick auf das Feld der alltagsweltlichen sozialen Milieus sowie mit Blick auf das politische Feld und seiner Trägheitseffekte der Parteibindungen wird auf die für Volks- und Mitgliederparteien zentrale Bedeutung des sozialen Kapitals verwiesen. Als Grundlage des Wählervertrauens und der Bindungen zwischen Repräsentierten und Repräsentanten basiert soziales Kapital auf langfristiger Beziehungsarbeit. Es realisiert sich in den Konflikten und demokratischen Willensbildungsprozessen intermediärer Einrichtungen und Akteure ebenso wie in der den Alltagswelten nahestehenden Kommunal- und Landespolitik. Soziales Kapital kann dabei nur langsam erworben werden. Jedoch kann es sehr schnell wieder verloren gehen, wenn leichtfertig handelnde Parteivertreter mit diesem Kapital Roulette spielen.

Die in diesem Sammelband vorgenommene thematische Ausrichtung auf die Akzeptanzkrise der Volksparteien geht zurück auf den massiven Vertrauensverlust der hier im Mittelpunkt stehenden Sozialdemokratischen Partei. Dieser wurde spätestens am 14. März 2003 sichtbar, als SPD-Kanzler Schröder seine als »Agenda 2010« gefasste Konzeption einer Reform der Arbeitsmarkt- und Sozialpolitik in Berlin vorstellte. Es handelte sich dabei um die konsequente Folge des in der SPD seit dem 1999 erfolgten Rücktritt ihres Vorsitzenden Lafontaine nicht ausgehandelten Streits zwischen sogenannter Marktorientierung und sozialer Gerechtigkeit. Dieser Konflikt wurde in einem geradezu dezisionistischen Akt der engsten SPD-Parteiführung entschieden und von vielen Parteimitgliedern, Gewerkschaftern und Wählern als Preisgabe der mit der Sozialdemokratie verbundenen sozialen Gerechtigkeit wahrgenommen. Ohne innerparteiliche Diskussion und ohne eine diese Entscheidung begleitende konsistente Politik und Vermittlung nach außen war mit dieser grundlegenden Verschiebung des sozialdemokratischen Koordinatensystems das Fünfparteiensystem auch in Westdeutschland angekommen. Die ostdeutsche Regionalpartei PDS und die sozialdemokratische Abspaltung WASG mit Oskar Lafontaine schlossen sich als »Die Linke« zusammen.

Max Reinhardt zeichnet vor dem Hintergrund der zunehmend autoritär strukturierten Entscheidungsprozesse in der SPD nach, wie sich darüber seit der Bundestagswahl 2002 die innerparteilichen Konflikte zuspitzten. Für ihn handelt es sich um das Ergebnis erbittert geführter Kämpfe zwischen dem rechten und dem linken Parteiflügel. Als mit ihren Parteiflügeln unterschiedliche Wählergruppen repräsentierende Volkspartei, so seine These, ist die SPD darauf angewiesen, dass sich beide Flügel in der Partei auf Augenhöhe begegnen können. Die relative Vielfalt politischer Strömungen in der SPD und ihre dennoch milieuübergreifende Politik waren bei den erfolgreichen Bundestagswahlen der SPD in den Jahren 1969, 1972 und 1998 entscheidend für die Wahlsiege. *Max Reinhardt* rekonstruiert die innerparteilichen Flügelkämpfe seit 2002. Entgegen der in einer Mitgliederpartei üblichen Aushandlung unterschiedlicher politischer Positionen zu integrationsfähigen Kompromissen kommt er für die SPD zu dem Ergebnis, dass die Parteimitgliedschaft durch die zunehmende Verlagerung der innerparteilichen Debatten in die Medienwelt von der Parteiführung weithin entmachtet worden ist.

Dass unter diesen Bedingungen eines autoritären Demokratieverständnisses Mitglieder und mittlere Funktionäre der SPD in Wahlkämpfen noch für sozialdemokratische politische Positionen und Politiker werben können, hat sich mittlerweile als großer Irrtum herausgestellt. Politische Kehrtwendungen, die sie selbst nicht mitbestimmen durften, zumal sie ihnen von den Parteieliten regelrecht aufgezwungen wurden, müssen ebenso wie rapide schrumpfende Mitgliederzahlen demotivierend wirken. Damit wird sofort die Frage aufgeworfen, ob das auf demokratisch austarierten politischen Kompromissen basierende Prinzip der SPD als Volkspartei noch zu retten ist. Im Jahr 2009 deutet alles darauf hin, dass die vom rechten Flügel dominierte SPD-Parteiführung in Berlin wenig Interesse bekundet, ihren technokratischen Politikstil der Verlautbarungen von oben zu ändern.

Stephan Meise thematisiert mit seinem Beitrag über verprellte Mitglieder und Parteiaustritte die Missachtung der Parteimitglieder und mittleren Funktionäre der SPD. Er liefert einen Einblick in die von katastrophalen Wahlniederlagen der SPD bei den Landtagswahlen in Niedersachsen und Hessen Anfang 2003 und der anschließend verkündeten »Agenda 2010« begleiteten Unruhe und Betroffenheit innerhalb der Mitgliedschaft. Auf dem Höhepunkt der nicht allein in der Stadt Hannover einsetzenden Parteiaustrittswelle zwischen April 2003 und April 2004 konnte er jene 100 Austrittsbriefe analysieren, die mit einer Begründung versehen waren. Die hannoveraner SPD hatte allein in diesem Zeitraum 439 Mitglieder verloren, ein Verlust von 8,5 Prozent. Mit der hermeneutischen Methode der Habitusanalyse hat *Stephan Meise* die in den Austrittsbriefen zum Ausdruck gebrachten formalen und inhaltlichen Selbstdarstellungen auf klassenkulturell bedingte Dispositionen zurückgeführt und in einer differenzierten Typologie zusammengefasst. Neben einigen wenigen eher »technokratisch-konservativ« ausgerichteten Austrittsbekundungen fand er eine insbesondere den mittleren Arbeitnehmermilieus angehörende Mehrheit der Ausgetretenen, die sich in ihren politischen und moralischen Überzeugungen von der SPD-geführten Regierung nicht mehr vertreten fühlte. Es handelt sich dabei um für den innerparteilichen Zusammenhalt der Partei wichtige und auch in ihrer Funktion als basisorientierte ›Kümmerer‹ und Vermittler sozialen Kapitals notwendige Mitglieder. Sie sind einer Modernisierung des Sozialstaats nicht grundsätzlich abgeneigt, weigern sich aber, die als traditionell sozialdemokratisch empfundenen Werte der Solidarität und Gerechtigkeit gerade für jene technokratische Parteielite in Berlin zu opfern, die mit der SPD als Mitgliederpartei ohnehin nicht mehr viel im Sinn hat.

Bevor an dieser Stelle auf die sich mit der politischen Situation in Hessen 2008/2009 beschäftigenden Beiträge von *Wolfgang Schroeder* sowie *Horst Peter* und *Mathias Lomb* eingegangen wird, ist kurz daran zu erinnern, wie sich die SPD nach 2003 präsentierte. Trotz des 2004 vorgenommenen Wechsels im SPD-Parteivorsitz von Gerhard Schröder zu Franz Müntefering konnte die SPD sich bei Wahlen nicht wieder stabilisieren. Die Europawahl und die Landtagswahl in Thüringen im selben Jahr bescherten ihr weitere dramatische Niederlagen. Mit der anschließenden, als »Hartz IV« bekannten Zusammenlegung von Arbeitslosen- und Sozialhilfe ging eine noch heftigere Welle der Entrüstung durch das Land. Sie übertraf die Kritik der schon zuvor mit der Gesundheitsreform erfolgten Einführung der ärztlichen Praxisgebühr erheblich. Der mit der Agenda 2010 vorgenommene Versuch, die sozialdemokratische Leitidee des Solidarprinzips mit einem als sozial unausgewogen und als handwerklich dilettantisch empfundenen arbeitsmarkt- und sozialpolitischen Reformkurs umzuändern, musste dann spätestens mit den sich fortsetzenden Niederlagen der SPD bei den Landtagswahlen in Schleswig-Holstein und Nordrhein-Westfalen 2005 als gescheitert angesehen werden. Als das sozialdemokratische Führungsduo Schröder und Müntefering nach dem Verlust des »sozialdemokratischen Stammlandes« NRW im Mai 2005 die Neuwahl des Bundestages ankündigten, bezeichneten dies Beobachter in der Zeitschrift SPIEGEL als »Selbstmord aus Angst vor dem Tod«. Offenbar hatte die SPD-Führung darauf spekuliert, dass die in Koalition mit der FDP ausgeprägt marktliberale Positionierung der Unionsparteien mit Rückgriff auf traditionelle sozialdemokratische Gerechtigkeitsthemen zu Gunsten der SPD konterkariert werden konnte. Anders ist es kaum zu erklären, dass ihre Wahlkampfauftritte im Duktus einer Philippika gegen die »Heuschrecken« entfesselter globaler Finanzmärkte und gegen die »soziale Kälte« der »bürgerlichen Parteien« geführt wurden. Diese Inszenierung wurde von der Wählerschaft allerdings nicht belohnt. Insbesondere die SPD und zum geringeren Teil auch die Unionsparteien hatten in der Wählerschaft offenbar ihre Glaubwürdigkeit verspielt.

Die bis heute zunehmend geringer ausfallenden Wahlbeteiligungen auf allen politischen Ebenen lassen sich ebenso wie die damit verbundene Wahrnehmung der dann 2005 konstituierten Großen Koalition auf Bundesebene als Ausdruck von massiver Unzufriedenheit und Politikverdrossenheit interpretieren. Insofern war es kaum überraschend, dass mit Hilfe der im Januar 2005 aus dem gewerkschaftsnahen SPD-Umfeld konstituierten »Wahlalternative Arbeit & soziale Gerechtigkeit« (WASG) die noch bei den Bundestagswahlen 2002 an der Fünf-Prozent-Hürde gescheiterte PDS 2005 in den Bundestag einziehen konnte. Der frühere SPD-Vorsitzende Oskar Lafontaine hatte diese zum Zusammenschluss beider Parteien zur Linkspartei führende Entwicklung beschleunigt und sich gemeinsam mit Gregor Gysi von der PDS als sozialstaatlich ausgerichteten Gegenpol zum etablierten Parteienspektrum profilieren können. Das Kalkül, über Ostdeutschland hinaus von der Sozialdemokratie seit 1998 enttäuschte Wählerschichten zu erreichen, bestätigte sich in den nachfolgenden Landtagswahlen, so dass die Linkspartei bis zum Zeitpunkt von 2009 über die ostdeutschen Landtage hinaus auch in den westlichen Ländern Fuß fassen konnte.

Schon die Bundestagswahl 2005, als die Grünen von der neuen Linkspartei überflügelt wurden, deutete an, das mit dem relativ erfolgreichen Auftreten der Linken nicht nur für die SPD, sondern auch für die Grünen ein neuer Konkurrent entstanden war, der sowohl in den wirtschafts- und sozialpolitischen als auch in den außenpolitischen Feldern zu einer über die grünen Kernthemen hinausreichenden strategischen politischen Klärung provozierte. Diese zumeist noch auf Landesebene – dabei jedoch die Bundestagswahl von 2009 durchaus im Visier – von mehrdeutigen Koalitionsoptionen überlagerten parteiinternen

Klärungsprozesse sind bis heute weder in der SPD noch bei den Grünen abgeschlossen. Wie schon in Hamburg geschehen, stehen die Grünen insgesamt vor der Herausforderung, die eindeutigen Angebote der modernen Fraktionen der CDU zur Koalitionsbildung zu prüfen. Dieses Angebot zur Beteiligung an neuen Machtkonstellationen anzunehmen, würde für die Grünen einen Wechsel des politischen Lagers bedeuten. An Stelle der FDP eine auf Dauer nicht sichere grüne Juniorpartnerschaft einzugehen, die mit einer massiven Verunsicherung in der rot-grünen Stammwählerschaft verbunden wäre, würde zudem den Platz an der Seite der SPD für die Linkspartei freimachen. Diese Konstellation könnte der SPD die Entscheidung darüber erleichtern, ob sie ihre von nicht wenigen Beobachtern als historischen Fehler eingeschätzte Zurückweisung moderater SED-Mitglieder nach 1990 wiederholen soll, oder ob sie die in einigen ostdeutschen Ländern ohnehin schon praktizierte Kooperation mit der Linkspartei systematisch ausbauen soll. Letzteres würde bedeuten, im Sinne des politischen Lagerdenkens die sozialstaatliche Profilierung insbesondere auf Kosten der Unionsparteien zu erneuern und wäre darüber hinaus mit der Chance verbunden, nach langen Jahren endlich auch in Ostdeutschland Fuß zu fassen.

Die hessische SPD, so *Wolfgang Schroeder* in seinem die Geschichte, die Organisationsstrukturen und die Wahlkämpfe der Landespartei analysierenden Beitrag, war einst als mitgliederstarke und alltagskulturell geerdete Volkspartei der »Superstar« unter den deutschen Sozialdemokratien. Sie war zwischen 1949 und 2009 immerhin 49 Jahre an der hessischen Regierung beteiligt. Ihrer im 2009 erlittenen Wahlniederlage waren innerparteiliche Zerreißproben vorausgegangen. Sie entstanden unter dem Einfluss der Bundespartei, der nicht aufgearbeiteten Wahlniederlage bei den hessischen Landtagswahlen 2003 und der sich zuspitzenden Flügelkämpfe im Kontext der 2008 erfolgten Kandidatur Andrea Ypsilantis und mündeten in das Wahldebakel von 2009. *Wolfgang Schroeder* analysiert die traditionelle hessische SPD als eine Mitgliederpartei, die in ihrem lebensweltlich fundierten Eigensinn nur selten dem wählermarktorientierten Parteienwettbewerb etwas abgewinnen konnte. Stattdessen gelang es ihr über lange Zeit, die politische Fragmentierung in Flügel und Strömungen zu integrieren und für eine gemeinsame Strategie konflikt- und mobilisierungsfähig einzusetzen. Heute hingegen stellt sich die Partei in ihrer zunehmenden Verengung zur Berufspolitikerpartei, mit ihrer Distanz zu den sich modernisierenden Alltagswelten und dem daraus resultierenden Verlust an sozialem Kapital – so stellt die SPD nur noch in drei hessischen Großstädten die Oberbürgermeister – immer weniger als eine politische Integrationskraft dar, die in der Lage ist, über die verbliebenen eigenen Vorfeldorganisationen hinaus unterschiedliche soziale Gruppen und Organisationsbündnisse für sich mobilisieren zu können.

Dass diese Mobilisierungskraft noch nicht vollständig verloren ist, diskutieren *Horst Peter* und *Mathias Lomb* im ersten Teil ihres Beitrags über die Hessen-Wahlen 2008 und 2009. CDU-Ministerpräsident Roland Koch hatte 2008 seine absolute Mehrheit verloren. Seine Herausforderin Andrea Ypsilanti hatte – gegen den Trend – für die SPD erfolgreich Stimmen hinzugewonnen, war aber auf eine Drei-Parteien-Koalition angewiesen, um die hessische Landesregierung stellen zu können. Es handelte sich um einen nur ›gefühlten‹ Wahlsieg, weil die SPD mit Andrea Ypsilantis Wahlkampfaussage, nicht mit der Partei Die Linke zusammenarbeiten zu wollen, in einer Zwickmühle saß, zumal sich die hessische FDP einer Ampelkoalition beharrlich verweigerte. Abgeordnete des rechten Parteiflügels der SPD verhinderten letztlich eine Zusammenarbeit von SPD, Grünen und Die Linke, so dass es zur Neuwahl in Januar 2009 kam. *Horst Peter* und *Mathias Lomb* analysieren den Wahlkampf und die Wahlergebnisse in Kassel für die Jahre 2008 und 2009. Sie zeigen auf, dass es der SPD mit Andrea Ypsilanti im Jahr 2008 gelungen war, gegen die Politik von Roland Koch, insbesondere aber auch gegen die Agenda 2010 der Bundes-SPD, ein eigenständiges landespolitisches Programm der »Sozialen Moderne« zu vermitteln. Die hessische SPD konnte bis in die Gemeindeparlamente und Kreisräte hinein für eine neue rot-grüne Bildungs-, Umwelt-, Wirtschafts- und Sozialpolitik mobilisieren. Es handelte sich dabei um einen gesellschaftlich-politischen Aufbruch, der von unterschiedlichen Interessenverbänden bis hin zu den Gewerkschaften und Naturschutzverbänden in begleitenden Kampagnen unterstützt wurde. Im Ergebnis konnte die SPD 2008 ihr Problem des ›Milieuspagats‹ lösen: Wähler der Arbeitnehmer-Milieus konnten aus der Nichtwählerschaft und von der CDU zurückgewonnen werden, und Wähler der eher modernisierten und gut qualifizierten Milieus kamen von den Grünen zur SPD zurück. Doch schon ein Jahr später – der hessische Selbstbefreiungsversuch von den Fesseln der in Berlin agierenden SPD-Parteiführung war vom eigenen konservativen Parteiflügel verhindert worden – erlebte die hessische SPD eine massive Demobilisierung und wurde auf den Stand des Jahres 2003 zurückgeworfen.

Der hessischen SPD ging es letztlich nicht viel besser als schon den Niedersachsen bei den Landtagswahlen der Jahre 2003 und 2008. *Heiko Geiling* verweist in seinem Beitrag darauf, dass die spätestens seit 2003 in der SPD zu beobachtende autoritäre innerparteiliche Entscheidungskultur mit ihrer von der Parteiführung betriebenen Ausgrenzung alternativer Politikmodelle kommunal-

und vor allem landespolitische sozialdemokratische Mobilisierungen systematisch behindert hat. Insofern ähnelt das Schicksal von Andrea Ypsilanti dem des niedersächsischen Kandidaten von 2008, Wolfgang Jüttner. Dieser sah sich in Niedersachsen von einflussreichen Parteifreunden eingekeilt, die wie Sigmar Gabriel, als bundespolitisch engagierte ›Bezirksfürsten‹ ihm keine Chance ließen, sich in kritischer Distanz zur Bundespolitik mit einem eigenständigen landespolitischen Profil zu entwickeln. Mit seinen »Zwischenrufen« von 2003 und 2008 legt *Heiko Geiling* kleinräumige Analysen der Wahlergebnisse im Raum Hannover vor, die in Kenntnis der städtischen sozialen Topographie mit ihren spezifischen Konfigurationen sozialer Milieus die Beziehungen zwischen den sich in den Stadtteilen verändernden sozialen Feldern und dem Feld der Politik aufdecken. Er kann darauf aufmerksam machen, dass die SPD als Mitgliederpartei mittlerweile auf tönernen Füßen steht. So musste die SPD allein in der Region Hannover zusehen, wie sie zwischen den Landtagswahlen 1998 und 2008 die Hälfte ihrer Wählerschaft verloren hat.

Mit Blick auf die Ergebnisse der Bundestagswahlen seit 1998 in der Stadt Hannover greift auch der Beitrag von *Daniel Gardemin* diese Problematik auf. Mit seiner kleinräumigen Analyse kann er das politische Feld exemplarisch ausmessen. Nachgewiesen wird, dass eine durchaus relevante Zahl ehemaliger SPD-Wähler aus dem Nichtwählerlager zur Linkspartei überwechselte und damit nicht nur die machtpolitischen Optionen der SPD einschränkte, sondern mit der Etablierung des Fünf-Parteien-Systems auch das Lager von CDU/FDP grundlegend schwächte. SPD und Grüne seien gerade in den sozialstrukturell modernisierten städtischen Ballungsräumen gezwungen, die Linkspartei ernst zu nehmen, zumal Ampelkoalitionen von SPD, FDP und Grüne von den zum Teil noch in der Wahlverweigerung verharrenden sozialdemokratischen Stammwählern der eher ›grün-roten‹ modernen Arbeitnehmer nicht akzeptiert werden. Für *Daniel Gardemin* erscheint eine programmatische Erneuerung der beiden Volksparteien unter dem Druck der Großen Koalition nahezu ausgeschlossen. Dies gelte insbesondere auch für die CDU, die mit unterschiedlichen Modernisierungsgeschwindigkeiten in städtischen Agglomerationen und in der ländliche Fläche agiere und somit ähnlich wie die SPD einem fortwährenden Dilemma des inhaltlichen politischen Spagats ausgesetzt sei.

Auch der anschließende Beitrag von *Thomas Schwarzer* beschäftigt sich mit der in Bewegungen geratenen Parteienkonstellation. Mit Blick auf die 15 größten Städte in Deutschland stellt er die Frage, ob die auf Bundes- und Landesebene zu beobachtenden politischen Trends sich in den Städten widerspiegeln, oder ob die lokale Politik einer eigenen Logik folgt. Mit dem Verweis auf die in allen Großstädten praktizierte Direktwahl der Oberbürgermeister sieht *Thomas Schwarzer* einen Erklärungsansatz für die gewachsene Personalisierung der Stadtpolitik und den tendenziellen Rückgang des Einflusses der politischen Parteien. Auch setze sich in den zu identifizierenden Modellen »hierarchischer und kooperativer Stadtpolitik« dieser Einflussverlust noch weiter fort. Denn die im Sinne von ›new governance‹ praktizierte städtische Netzwerkpolitik unter bevorzugter Einbeziehung der städtischen Machteliten verdränge die auf intermediäre Vermittlung angewiesene Wählergruppen aus den unteren und mittleren sozialen Milieus ebenso wie die politischen Einflussmöglichkeiten der lokalen Parteiengliederungen. Damit sei ein massiver Legitimationsverlust der politischen Parteien und des lokalen politischen Systems verbunden, der sich in extrem niedrigen Beteiligungen bei Kommunalwahlen auswirke.

Die abschließenden Thesen von *Horst Peter* und *Michael Vester* können als eine zugespitzte Zusammenfassung der vorausgehenden Beiträge gelten. Sie kritisieren die von der SPD-Führung ausgehende und die Vielfalt der sozialdemokratischen Wählergruppen vernachlässigende »Gleichschaltung der Parteiflügel«. Insbesondere mit der rücksichtslosen Durchsetzung des »neoliberalen Modells Deutschland« gegen eigene Mitglieder- und Wählergruppen habe die Parteielite der SPD die zunehmende Bedeutung des massiven sozialen Strukturwandels und der Modernisierung der Wählerschaft in Deutschland außer Acht gelassen. Die von traditionellen wie insbesondere auch von modernisierten Arbeitnehmermilieus bevorzugten Themen, wie politische Beteiligung, soziale Sicherung, ökologische Nachhaltigkeit und der Abbau von Privilegien und autoritärer Bevormundung, scheinen mittlerweile in anderen Parteien größere Berücksichtigung zu finden als in der SPD. Gegen ein »autoritäres betriebswirtschaftliches Reglement« technokratischer Parteibürokraten plädieren *Horst Peter* und *Michael Vester* für eine sozialdemokratische Politik der umfassenden Mobilisierung gesellschaftlich-politischer Mitbestimmung. Die aktuelle Wirtschaftskrise sei nicht allein mit den von industriepolitischen Machtkartellen dominierten Instrumenten staatlicher Wirtschaftspolitik zu bewältigen. Es komme darauf an, nach der Periode der neoliberalen Bevormundung und Überreglementierung die Menschen nicht mehr nur als Kostenfaktor zu fürchten, sondern auch wieder als wirtschaftliche und politische Produktivkräfte zu mobilisieren. Wie an den verschiedenen wirtschaftlichen Krisen mit ihren anschließenden Aufbruchphasen in der amerikanischen Gesellschaft ablesbar, habe die Sozialdemokratie dann eine Zukunft, wenn sie unter Berufung auf die Willy-Brandt-Zeit und das rot-grüne Projekt einen Politikwechsel vornehme. Eine realistische sozialdemokratische Integrationspolitik gebe es heute nur zu den Bedingungen einer partizipatorischen Demokratie. Dann könnten auch jene intermediär wirkenden sozialen Verbände und Akteure mobilisiert werden, über die sich die sozialen Milieus der großen konservativen und modernen Arbeitnehmermitte integrieren ließen.

Für die Geduld bei der Fertigstellung des vorliegenden Bandes muss allen beteiligten Autoren gedankt werden. Soweit es ihnen notwendig und möglich erschien, haben sie in ihren Beiträgen die sich überschlagenden politischen Ereignisse des Jahres 2008 kurzfristig mit berücksichtigen können. Das Sozialforschungszentrum agis e.V. hat das Buchprojekt großzügig unterstützt. *Klaus Wettig* muss für seine kritischen Anmerkungen zu einzelnen Beiträgen gedankt werden. Großer Dank gebührt *Michael Vester*. Ohne sein Engagement wäre der Band nicht zustande gekommen. Mit seinen eigenen Beiträgen sowie mit seinen beharrlich kritischen Anregungen hat er zur differenzierten Argumentation einzelner Texte und damit zum Gelingen des ganzen Bandes entscheidend beigetragen.

Hannover, Februar 2009.

Heiko Geiling

MICHAEL VESTER UND HEIKO GEILING

Soziales Kapital und Wählerverhalten – Die Krise einer Volks- und Mitgliederpartei

Die Verluste der Volksparteien und das Erstarken der kleinen Parteien sind nicht neu. Sie haben sich seit Beginn der 1990er Jahre angebahnt. Seit 2003 haben sie drastische Ausmaße angenommen. Mit den herkömmlichen Modellen des Wahlverhaltens können die bis zu zweistelligen Stimmenverluste nicht mehr verstanden werden. Sowohl die klassischen Ansätze, die von langfristigen Bindungen und Trennlinien – sog. »cleavages« – ausgehen, als auch Individualisierungs-Ansätze, die eine graduelle Erosion der Bindungen annehmen, gehen von allmählichen, sehr langfristigen Veränderungen aus. Die neuen, oft kurzfristigen und schockartigen Demobilisierungen wie auch der langfristige Seitenwechsel vermeintlich treuer Stammwählerschaften müssen andere Ursachen haben.

Nach der These dieses Aufsatzes ist die Abkehr von den Volksparteien nicht die plötzliche Entscheidung bindungslos oder wechselhaft gewordener sogenannter »volatiler Wechselwähler«. Die Ursachen liegen in einer schon länger anhaltenden, tiefgreifenden Akzeptanzkrise der Volksparteien, die durch deren Kurswechsel von einer ausgleichenden zu einer wirtschaftliberalen Sozialpolitik verursacht worden ist. Die Wählerinnen und Wähler haben diesen Kurswechsel überwiegend nicht mitvollzogen, sondern an ihren bisherigen Vorstellungen von einer »gerechten« sozialen Ordnung festgehalten. Sie fühlen sich von den Volksparteien nicht mehr hinreichend repräsentiert. Die Enttäuschung oder »Verdrossenheit« wuchs über lange Zeit an. Schon zu Beginn der 1990er Jahre erreichte sie laut Umfragen fast 60 Prozent. Trotzdem setzte sie sich nicht unmittelbar um. Sie wurde lange durch gewohnheits- und gefühlsmäßige innere Bindungen gebremst. So blieb das Ausmaß der Vertrauenskrise lange verdeckt. Viele wählten, wenn auch murrend, ihre Stammpartei noch weiter, andere wollten ihr durch »Nichtwählen« oder durch die Protestwahl zugunsten einer Konkurrenzpartei einen Denkzettel geben. Erst wenn eine glaubwürdige Kurskorrektur ausblieb oder nicht von Dauer war, verfestigte sich die Abkehr dauerhaft.

Erst diese Abkehr gab den kleinen Parteien überhaupt die Chance, ihrerseits dauerhafte Bindungen und Vertrauensverhältnisse vor Ort aufzubauen. Dazu mussten sie aber in der Lage sein, das von den Volksparteien gelassene Vertrauensvakuum nicht nur rhetorisch, sondern durch eine »praktizierte Programmatik« wieder aufzufüllen. Das heißt, sie mussten erstens eine Politik vertreten, die den Gerechtigkeitsvorstellungen ihrer Anhänger wirklich entsprach, und zweitens als Personen in der direkten und verlässlichen Kommunikation vor Ort sich das »soziale Kapital« der Vertrauenswürdigkeit aufbauen.

Die Volksparteien, deren jede einst mehr als 40 Prozent gewinnen konnte, haben auf diese Herausforderung verschieden reagiert, je nachdem, welche ihrer verschiedenen Flügel sich wann durchsetzen konnte. Die Union hat, nach schweren Wahlniederlagen und Flügelkämpfen, sich einem modernisierten Konservatismus zugewendet und damit bisher ihre Verluste so begrenzt, dass sie noch mehr oder minder 35 Prozent der Wahlstimmen gewinnen kann. In der Sozialdemokratie hat, nach einer vorübergehenden Rückkehr zu sozialintegrativen Akzenten unter dem Parteivorsitz von Kurt Beck (2006–2008), der wirtschaftsliberal tendierende Flügel um das Berliner Machtzentrum der Partei sich wieder einseitig durchgesetzt. Das Absinken auf durchschnittlich etwa 25 Prozent der Wählenden konnte damit nicht verhindert werden. Ein Flügelkompromiss, der ihr, wie der CDU/CSU, helfen würde, ist vorerst nicht in Sicht.

Das Berliner Machtzentrum der SPD vertritt derzeit (Anfang 2009) immer noch die Auffassung, dass durch eine geschickte Wahlkampfführung von oben, die kompetente Leitfiguren, gute Medienpräsenz, gewisse soziale Akzentsetzungen und ein geschlossen-entschlossenes Auftreten vorführt, auch eine wesentliche Mobilisierung der verlorenen Wählergruppen und ein Übertreffen der Unionsstimmen erreicht werden kann.

Es ist schwer einzuschätzen, ob die SPD-Führung selber an diese Chance glaubt. Außer Zweifel steht jedoch, dass mit diesem Werbekonzept die Frage, wie das Grundvertrauen in die Partei durch persönliche und politische Nähe vor Ort wiedergewonnen werden kann, gar nicht erst auf die Tagesordnung kommt. Es geht nicht darum, wieder eine bindungs- und mobilisierungsfähige Mitgliederpartei zu werden, sondern mit einer »handlungsfähigen« Zentrale auf dem »Wählermarkt« zu punkten. Dies entspricht dem Denken des mainstreams der Wahlforschung und ihrer Politikberatung (Güllner u.a. 2005), das vom freien Spiel von Angebot und Nachfrage auf dem »Wählermarkt« ausgeht und eine Rücksichtnahme auf die Bindungen und Traditionen der Wählenden für über-

flüssig hält, weil diese Bindungen und Traditionen sich längst durch die sogenannte »Individualisierung« aufgelöst hätten.

Hierzu soll in diesem Aufsatz ein Gegenkonzept entwickelt werden. Die
Wählerinnen und Wähler werden dabei nicht als individualisierte Einzelne auf-
gefasst, denen von oben und außen eine strukturierte Orientierung gebracht
werden muss. Vielmehr wird auf empirischer Grundlage dargestellt, dass die
Bevölkerung sich nach wie vor sozialstrukturell, nach ihren Mentalitäten und
nach ihren gesellschaftspolitischen Ordnungsbildern in große Gruppen aufglie-
dert. Sie bildet damit ein strukturiertes Kräftefeld von größeren und kleineren
Gruppen, die sich nach ihren Vorstellungen vom einzuschlagenden »Entwick-
lungspfad« der Gesellschaft unterscheiden. Dieses Feld soll im Folgenden näher
dargestellt werden. Es trifft zwar zu, dass es sich durch starke Verschiebungen
und Differenzierungen umstrukturiert, aber es löst sich nicht auf.

Es somit auch kein Zufall, dass das Wachstum der kleinen Parteien nicht
die Gestalt einer beliebigen Marktvielfalt, sondern einer inneren Auffächerung
der beiden großen Parteienlager, des ›bürgerlichen Lagers‹ wie des ›linken Lagers‹, annahm. Eine gewisse Ausnahme bildet die Partei der »Grünen«, deren
Anhängerschaft, wie unten dargestellt werden wird, teilweise auch aus Strukturverschiebungen innerhalb des bürgerlichen Lagers hervorgegangen ist. Die
politischen Parteien können diese Strukturierungen ihrer Wählerpotentiale nur
wenig steuern, ihre Aufgabe ist, jedenfalls in einer Demokratie, sie zu mobilisieren und zu repräsentieren.

1 Ökonomische Differenzierung:
Rot-grüne Präferenzen der moderneren Klassenfraktionen

Die Untersuchung der Frage, wie sich Verschiebungen in der Sozialstruktur auf
das politische Feld und auf das Wahlverhalten auswirken, ist seit einigen Jahren
wieder in Bewegung geraten. In den Auseinandersetzungen zwischen den Para-
digmen der Wahlforschung hat es neue und schließlich auch konvergierende Entwicklungen gegeben. Dabei ist das doktrinäre Entweder-Oder der Thesen einer
Auflösung oder eines Fortbestands der Klassengesellschaft teilweise überwunden
worden. Die zurückliegenden Spannungen zwischen den Extrempositionen eines
ökonomischen Determinismus und eines individuellen Indeterminismus regten
Forschungen an, die aus dieser abstrakten Alternative herauszuführen versuchten.

Die verschiedenen Strömungen, die am Klassenkonzept festhielten, entwickelten eine neue, systematischere Analyse sozialer Differenzierungen und ihrer Bedeutung für das Wahlverhalten. Von Interesse sind zwei konkurrierende Richtungen, die in letzter Zeit aber deutlich konvergieren. Sie betonen, dass sich die großen Gruppen des Erwerbssystems horizontal fraktioniert, nicht aber aufgelöst haben.

Das einflussreichste Modell einer vertikalen Schichtung nach Berufsgruppen bzw. Erwerbsklassen im Sinne Max Webers, das mit dem Namen John Goldthorpes verbunden ist, wird seit einiger Zeit in zwei Richtungen weiterentwickelt. Goldthorpe selber arbeitet an der Einbeziehung der Lebensstile in sein Konzept. Die international vergleichenden Untersuchungen von Esping-Andersen, Karl-Ulrich Mayer und anderen bestätigten bereits in einem internationalen Vergleich für die 1980er Jahre (Esping-Andersen 1993), dass sich mit der Zunahme der Dienstleistungen die Klassengesellschaft nicht aufgelöst, sondern horizontal verschoben hat. Walter Müller (1997, 1998, 2000) entwickelte sodann eine methodologisch stringente Analyse der horizontalen Differenzierung der Klassen. Anhand großer Datensätze konnte er nachweisen, dass diese Differenzierung die Gestalt nicht einer »Individualisierung«, sondern einer Herausbildung modernerer »Klassenfraktionen« mit eigenen gesellschaftspolitischen Gruppenidentitäten hat. So wird in den expandierenden höheren technischen und dienstleistenden Berufen aufgrund ihrer Erfahrungen und ihrer Interessen an beruflicher Autonomie eher ›rot-grün‹ gewählt. Durch diese Aufdeckung einer horizontal pluralisierten Klassenstruktur konnte Müller eine nach wie vor hohe Wahrscheinlichkeit belegen, dass die oberen und die traditionellen Klassenfraktionen eher konservativ und liberal, die unteren und die moderneren Klassenfraktionen eher rot-grün wählen. Ähnliche Analysen sind u.a. von Kriesi (1989, 1998) und von Oesch (2006) vorgelegt worden.

Unabhängig davon, aber aus den gleichen empirischen Gründen, nämlich um Klassendifferenzierungen untersuchen zu können, hatte Pierre Bourdieu (1982 [1979]) auch schon 1979 die horizontale Dimension der Sozialstruktur zur Hilfe genommen. In umfangreichen Untersuchungen hat er, in den oberen Klassen, die Herausbildung jüngerer und beruflich modernerer »Klassenfraktionen« empirisch darstellen können. Untersuchungen mit ähnlichen Ergebnissen führten Savage u.a. (1992) für Großbritannien und Lamont (1992) für die USA und Frankreich durch.

Eine entsprechende horizontale Klassenfraktionierung der großen Arbeitnehmermilieus ermittelten, ähnlich wie Rupp (1995, 1997) für die Niederlande, unsere Forschungen für Deutschland (Vester, von Oertzen, Geiling u.a. 2001

[1993]). Zusätzlich haben wir, wie Müller, die Neigung, sich den neuen sozialen Bewegungen anzuschließen bzw. rot oder grün zu wählen, ebenfalls empirisch auf eine horizontale Pluralisierung in Klassenfraktionen zurückführen können (ebd.).

Sämtliche dieser empirischen Forschungen[1] der Goldthorpeschen und der Bourdieuschen Tradition weisen darauf hin, dass sich die Klassenstufungen der fortgeschrittenen Gesellschaft nicht aufgelöst, sondern horizontal verschoben, d.h. in modernere und jüngere Klassenfraktionen aufgefächert haben. Auch die Dienstleistungen sind nach einem vertikalen Klassen- und Machtgefälle gestuft. Die horizontale Differenzierung konnte erst durch eine grundlegende methodische Innovation, die Einführung der horizontalen Achse des sozialen Raums, empirisch sichtbar gemacht werden. Um eine theoretisch neue Dimension handelte es sich dabei nicht. Bourdieu setzt mit dieser Achse nach unserer Sicht (ebd.: 179–184) nur den von Smith, Marx und Durkheim ins Zentrum gerückten Prozess der zunehmenden funktionalen Arbeitsteilung (und der damit verbundenen beruflichen Spezialisierung und Akkumulation kulturellen Kapitals) in ein empirisches Konzept um.

2 Kulturelle Differenzierung: Keine Auflösung der Arbeitnehmermilieus

Wenn mit der horizontalen Achse die Sozialstruktur nicht mehr als eindimensionales Übereinander, sondern auch als sich bewegende räumliche Gliederung sichtbar geworden ist, dann führt dies zu der zweiten kontroversen Frage: Sind die so gegliederten Berufsgruppen oder »Erwerbsklassen« auch soziale Akteure mit je eigenen Handlungsmustern? Oder entkoppeln sich heute die sozio-kulturellen Identitäten von den beruflichen? Handelt es sich bei den heutigen »Milieus« um beliebige, tendenziell frei wählbare ästhetische »Lebensstile«, wie manche im Anschluss an Ulrich Beck vermuten?

---

1 Methodisch verfahren die Forschungsrichtungen spiegelbildlich. Die meisten Autoren gehen von den Erwerbsklassen bzw. Berufsgruppen aus und ermitteln dann deren soziale und politische Verhaltensdispositionen. Unser Milieuansatz ermittelt zuerst die sozio-kulturellen Dispositionen, insbesondere den Alltagshabitus und den Politikstil, und dann die Berufsgruppe. Da Habitustyp und Berufsfeld (flexibel) miteinander verkoppelt sind, kommen die Forschungen dann zu konvergierenden Ergebnissen.

Bereits die klassische Soziologie hatte hierauf eine doppelte Antwort. So sieht Weber eine enge Koppelung, wenn es um den Typus der »Lebensführung« und der »Alltagsethik«[2] geht, der für die Aufrechterhaltung einer bestimmten äußeren sozialen Stellung wichtig ist (Weber 1964: 678–689, 416, 482). Eine weniger enge Koppelung, aber doch gewisse Wahrscheinlichkeiten sieht Weber, wenn es darum geht, ob eine bestimmten ökonomischen Klasse auch einer bestimmten religiösen oder politischen Grundauffassung zuneigt (ebd.: 368–404).

Es war allerdings Durkheim (1988 [1893/1902]), der die Bezeichnung »Milieu« als zentrales Konzept für gesellschaftliche Akteursgruppen eingeführt hat. Er hat, ähnlich wie Weber, »Milieu« auf der Alltagsebene doppelt, durch sozialen Zusammenhalt bzw. Abgrenzung auf zwei Ebenen, definiert: ›objektiv‹ aufgrund von Beziehungen (Verwandtschaft, territoriale Nachbarschaft oder Berufsgruppe) und ›subjektiv‹ durch die Herausbildung eines gemeinsamen »Korpus moralischer Regeln« und dessen Verinnerlichung in einem gemeinsamen »Habitus«. Wenn berufliche Milieus nicht nur in einem Verhältnis funktionaler Arbeitsteilung, sondern in einem Herrschaftsverhältnis zueinander stehen, nennt Durkheim sie »Klassen«. Für das Problem der politischen Repräsentation hat er eine ganz eigentümliche Lösung entworfen. Er vertraute nicht auf die Mechanismen der zentralstaatlichen parlamentarischen Demokratie in Frankreich, sondern entwarf die Perspektive einer direkten Demokratie auf der Basis der Berufsgruppen, also eine Selbstvertretung der sozialen Klassen und ihrer Fraktionen auch im politischen Feld.

Eine moderne Weiterentwicklung dieser doppelten Antwort – direkte Koppelung im Alltagsleben, indirekte im politischen Leben – und ihre Überprüfung an großen Datensätzen findet sich bei Bourdieu (1982). Zum einen kann er, auf der Grundlage umfassender Berufsgruppen- und Lebensstiluntersuchungen, eine relativ enge Koppelung von Klassenfraktion und Habitustypus nachweisen. Der Klassenhabitus impliziert nicht nur bestimmte Klassifikations- und Bewertungsschemata des Geschmacks und der Alltagspraxis, sondern auch bestimmte »Strategien« der Bildungs- und Berufswege, die nicht nur zur »Reproduktion« der Klassenstellung, sondern auch zu »Umstellungen« taugen müssen, wenn das angestammte Berufsfeld eines Milieus sich wandelt. Alltagsverhalten und Berufsfelder sind also miteinander verkoppelt, auf dynamische und flexible Weise,

---

2   Webers Begriff »Lebensführung«, ein nach den praktischen Handlungsmaximen einer »Alltagsethik« geregeltes »Sichverhalten«, hat in der amerikanischen Übersetzung als »life style« eine Bedeutungsverschiebung vom Sozialmoralischen zum Ästhetischen erlebt und ist so in die Soziologie zurückgekehrt.

gleichsam an einem Gummiband. Diese Alltagsmuster übersetzen sich aber auch Bourdieu zufolge nicht direkt in politisches oder weltanschauliches Handeln oder Teilnahme am politischen Diskurs, da das politische Feld weitgehend Reservat der gebildeten bzw. höheren Klassen geblieben ist (Bourdieu 1982: 620–726).

Unsere politische Sozialstrukturanalyse verbindet den Ansatz Bourdieus mit dem der frühen englischen Cultural Studies (Williams 1972 [1963]; Clarke, Hall u.a. 1979), weil diese nicht nur die Reproduktion, sondern auch den – durch den Generationenwechsel bedingten – Wandel der Kultur und des Habitus von Klassenmilieus erklären kann (Vester, von Oertzen, Geiling u.a.: 204–210). Auch für die deutsche Gesellschaft war empirisch nachzuweisen, dass die historischen Traditionslinien der Alltagskulturen der sozialen Klassen weiterbestehen, und zwar gerade dadurch, dass die jüngeren Generationen, im Konflikt mit der Kultur ihrer Eltern und herausgefordert durch neue gesellschaftliche Erfahrungen, diese Herkunftskultur immer wieder flexibel weiterentwickeln. Die sog. ›neuen sozialen Milieus‹ konnten als die jüngeren Zweige der älteren Milieus identifiziert werden, die sich horizontal in die moderneren Berufsfelder im linken Teil des sozialen Raums bewegten. Politisch aber neigten die moderneren Berufsgruppen und die moderneren Milieus mehrheitlich, aber doch nicht ausschließlich den Alternativbewegungen bzw. den rot-grünen Parteien zu (ebd.: 249–369, 444–472). Alltagspraktisch war, wie bei Bourdieu, weiterhin eine hohe, über soziale Kontrolle reproduzierte Wirksamkeit der im Habitus verfestigten Klassenkulturen festzustellen, mit spezifischen Klassifikations- und Bewertungsschemata, Geschmacks- und Umgangsformen sowie biographischen ›Strategien‹ des Bildungserwerbs, der Berufswege und der Umstellungen, die sich nach dem jeweiligen Ort in der sozialen Gliederung unterscheiden.

Die beigefügte »Landkarte« (Abb. 1) fasst in einem stark vereinfachten und stilisierten Überblick die differenzierten und repräsentativen Untersuchungen zu den sozialen Milieus der Bundesrepublik zusammen, die an anderer Stelle ausführlicher dargestellt sind.[3] Die Karte zeigt deutlich, wie die Handlungsstrategien der verschiedenen Alltagsmilieus auf ihre beruflichen Stellungen abgestimmt sind und wie sich die vertikalen Klassenstufen noch einmal horizontal in verschiedene Klassenfraktionen unterteilen. Dabei wird deutlich, dass weder die

---

3 Eingehende Beschreibungen der westdeutschen Milieus und Teilmilieus sind veröffentlicht in Vester, von Oertzen, Geiling u.a. 2001 [1993], S. 526–541 und Vögele/Bremer/Vester 2002, S. 257–409. Außerdem wurde die Konfiguration der Klassenmilieus auch für Ostdeutschland (Vester/Hofmann/Zierke 1995) und, am Institut für Konflikt- und Gewaltforschung in Bielefeld, für die türkischen Jugendlichen in Westdeutschland (Wiebke 2007) untersucht.

oberen Milieus noch die Volksmilieus in sich einheitlich sind. Die Volks- und Arbeitnehmermilieus bilden keine einheitliche »Masse«, sondern sind in mindestens drei große Hauptgruppen unterteilt, nämlich die konservativen, die modernen und die unterprivilegierten Volks- und Arbeitnehmermilieus, bei denen sich wiederum modernere und ältere Milieugenerationen voneinander abgrenzen. Ähnlich sind konservative und moderne obere bürgerliche Milieus und in diesen wiederum verschiedene »Generationen« zu unterscheiden.

Die Abgrenzungen und »Strategien« der sozialen Klassen und Klassenfraktionen sind vor allem durch die qualitativ sehr verschiedenen sozialmoralischen Muster der Klassenkultur und des Klassenhabitus bedingt. Gleichwohl stehen sie nicht durchweg im Gegensatz zu den Rational-Choice-Ansätzen. Diese Ansätze gehen von einer engeren und rationalistischen Auffassung der positionsbedingten Interessen aus. Aber Goldthorpe und Müller benutzen sie in einer weiterentwickelten Form. Sie gehen faktisch davon aus, dass die sozialen Klassen qualitativ verschiedene Strategien der sozialen Reproduktion und der politischen Orientierung benutzen, die aus ihren verschiedenen ökonomischen Positionen und Ressourcen im Raum des Klassengefüges, aber auch aus verschiedenen Erfahrungen, Chancen und Weltsichten erklärt werden können (Goldthorpe 2000; Müller/Pollak 2004: 314).

Der Bedeutung von Milieuzusammenhängen wird von Teilen der am Marktmodell orientierten Wahlforschung nicht mehr verleugnet. So hat Pedro Magalhaes (2006) auf der Grundlage einer großen internationalen Vergleichsstudie darauf hingewiesen, dass die Informationsbasis von Wahlentscheidungen durch informelle persönliche Kontakte unter Bekannten eindeutig nachhaltiger beeinflusst wird als durch die in der Wahlforschung der letzten Zeit besonders betonten Wirkungen der Medien und der modernen Wahlkampftechniken. Diese Befunde verweisen auf zwei Forschungsdesiderate. Zum einen bestätigen sie, wie wichtig eine Rückbesinnung auf die klassischen, von Paul F. Lazarsfeld organisierten Studien ist, die bei der Meinungsbildung das besondere Gewicht der informellen *interpersonellen Netzwerke* im Nahbereich der Milieus empirisch und theoretisch in die Mitte gerückt haben (Lazarsfeld/Berelson/Gaudet 1069 [1944]; Katz/Lazarsfeld 1955; Klapper 1960). Zum anderen erinnern sie an die große Bedeutung *persönlichen Vertrauenskapitals*. Denn, so Magalhaes (ebd.), »among voters to whom politics is normally a distant realm of events and social group and partisan cues are becoming less informative and relevant, the political stands taken by other trustworthy sources of information with whom voters established relative stable social ties can become, in and of themselves, politically consequential. [...] Interactive and repeated communication with credible and

Abbildung 1: Die gesellschaftlichen Milieus und ihre Handlungsstrategien

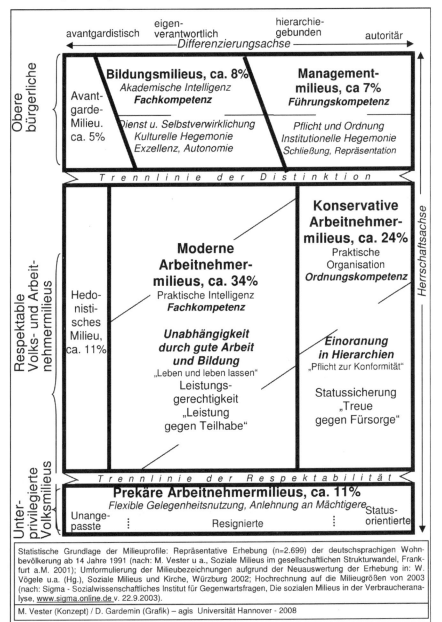

Statistische Grundlage der Milieuprofile: Repräsentative Erhebung (n=2.699) der deutschsprachigen Wohnbevölkerung ab 14 Jahre 1991 (nach: M. Vester u a., Soziale Milieus im gesellschaftlichen Strukturwandel, Frankfurt a.M. 2001); Umformulierung der Milieubezeichnungen aufgrund der Neuauswertung der Erhebung in: W. Vögele u.a. (Hg.), Soziale Milieus und Kirche, Würzburg 2002; Hochrechnung auf die Milieugrößen von 2003 (nach: Sigma - Sozialwissenschaftliches Institut für Gegenwartsfragen, Die sozialen Milieus in der Verbraucheranalyse, www.sigma.online.de v. 22.9.2003).

M. Vester (Konzept) / D. Gardemin (Grafik) – agis Universität Hannover - 2008 consistently politicized sources of information – such as that which tends to take place with interpersonal discussants – is potentially more influential as a source of both persuasive messages and trustworthy and usable political cues.«

In diesem Sinne ist nicht davon auszugehen, dass Individuen nach dem Prinzip der rationalen Interessenwahl agieren. Stattdessen sind es die in den sozialen Klassenfraktionen geprägten sozio-kulturellen Muster von Kohäsion und Abgrenzung sowie deren spezifische Anwendung in den einzelnen sozialen Feldern von Politik, Bildung usw., die das praktische Verhalten der Menschen erklären.

3 Politische Differenzierung: Fortbestand und Erweiterung der klassischen »Lager«

Theorien und empirischen Forschungen verweisen auf einen grundsätzlichen Bruch zwischen der sozialen und der politischen Welt: Politisches Verhalten kann nicht unmittelbar aus dem sozialen abgeleitet werden. Zwar neigen die Angehörigen bestimmter Berufsfelder oder Milieus mit hohen Wahrscheinlichkeiten auch bestimmten gesellschafspolitischen Ordnungsvorstellungen und politischen Parteienlagern zu. Die Angehörigen der neuen Experten- und Dienstleistungsberufe wählen deutlich seltener konservativ als die Angehörigen der oberen administrativen Dienstklasse. Aber Minderheiten in beiden Berufskategorien wählen eben doch anders.

Die Individualisierungsthese nimmt dies als Zeichen einer neuen Tendenz der Entkoppelung oder Erosion gesellschaftlich-politischer Identitäten oder Zugehörigkeiten. Nach der These unseres Aufsatzes dagegen ist diese Diskrepanz nichts Neues. Sie beruht auf den spezifischen Eigenheiten des politischen Feldes. Das Feld der gesellschaftspolitischen Kämpfe, Diskurse und Kompromisse hat sich in bürgerlichen Gesellschaften seit je nicht nach den gleichen Regeln organisiert wie das Feld des Alltagslebens. Insbesondere hat es sich bis heute nicht vollständig entlang der Scheidelinien gegliedert, die die vertikalen Gesellschaftsstufen voneinander trennen. Vielmehr sind die politischen »Lager« in aller Regel Koalitionen, die vertikale Gesellschaftsstufen überschneiden. Die Führungsgruppen sind meist in anderen, höheren Milieus oder Milieufraktionen, die mit den Regeln des Kampfes, des Repräsentierens und des Diskurses besser vertraut sind, angesiedelt als die Klientelgruppen. Eine besondere Ausnahme bilden die Gewerkschaftsbewegungen, die in aller Regel ihre eigenen kompetenten

Abbildung 2: Soziale Ordnungsmodelle der gesellschaftspolitischen Lager in
der BRD

Elitemodelle (ca. 25%)		
(1)	Radikaldemokratisches Lager:	
	Postmaterialistisch-liberales Elitemodell	ca. 11%
(2)	Traditionell-konservatives Lager:	
	Konservatives Fürsorgemodell	ca. 14%
Solidaritätsmodelle (ca. 49%)		
(3)	Gemässigt-konservatives Lager:	
	Konservatives Solidaritätsmodell	ca. 18%
(4)	Sozialintegratives Lager:	
	Postmaterialistisch-solidarisches Modell	ca. 13%
(5)	Skeptisch-distanziertes Lager:	
	Solidarität auf Gegenseitigkeit	ca. 18%
Protektionistische Modelle (ca. 27%)		
(6)	Enttäuscht-autoritäres Lager:	
	Populismus / Schutz vor (ausländischer) Konkurrenz	ca. 27%
Repräsentativbefragung «Gesellschaftlich-politische Milieus in Westdeutschland» 1991: n = 2684; deutschsprachige Wohnbevölkerung ab 14 Jahren in Privathaushalten; Cluster- und Faktorenanalyse (Vester, v. Oertzen, Geiling u.a. (2001 [1993]): *Soziale Milieus im gesellschaftlichen Strukturwandel.* Frankfurt am Main: Suhrkamp; Kap. 12)		

Führer hervorbringen und auch in die Politik entsenden (Mills 1948, Bürklin
u.a. 1997).

Die Lager-Koalitionen, die sich in oft weit zurückliegenden historischen
Großkonflikten gebildet haben, haben üblicherweise eine lange Lebensdauer, da
sie sich in den politischen Alltagskämpfen in der Regel institutionell (über die
intermediäre Klientelfürsorge) und ideologisch (über die publizistische und er-
zieherische Sozialisation) verfestigen. Unter den besonderen Bedingungen einer
»Entfremdung« zwischen Führungs- und Klientelgruppen können sich, wie die
Beispiele der Bewegungen des Faschismus und Rechtspopulismus einerseits und
der »Achtundsechziger« und des Postmaterialismus andererseits zeigen, die Lager
auch teilen und umgliedern.

Ihre Orientierungen sind gesamtgesellschaftliche Ordnungsbilder, d.h. sie
entsprechen den klassischen konservativen, liberalen, sozialdemokratischen,

35

rechtspopulistischen und heute auch postmaterialistischen Vorstellungen, nach denen die gesellschaftliche Gesamtgliederung geordnet sein soll. Es handelt sich damit um Modelle der sozialen Gerechtigkeit. Hier kommen soziale, konfessionelle, regionale und andere Dimensionen zusammen, wie schon die klassische Wahlforschung, insbesondere von Rokkan (1965), Lipset/Rokkan (1967) und Lepsius (1993 [1966]) festgestellt hat. Die von ihnen untersuchten »cleavages« zwischen den gesellschaftspolitischen Lagern[4] weisen eine bis in die Gegenwart reichende hohe historische Kontinuität auf der Ebene der Vorstellungen der Bevölkerung auf, auch wenn viele intermediäre, kohäsionsstiftende Institutionen nicht mehr direkt und formell an die Lager gebunden sind.

Im Laufe der geschichtlichen Kämpfe um die gesellschaftlichen Ordnungsbilder haben sich, so Gösta Esping-Andersen (1998), in den verschiedenen Staaten jeweils eigene soziale Arrangements zwischen den sozialen Gruppen herausgebildet, die die Grundlage des jeweiligen nationalen »Pfades« der wohlfahrtsstaatlichen Regulierung der Markt- und Klassenverhältnisse bilden. Nach der »institutionellen Schichtungstheorie« von Esping-Andersen (1990, 1993) wird die Entwicklung nicht allein durch die »nackten« Marktmechanismen geformt, sondern auch durch sog. »institutionelle Filter«, d.h. die in sozialen Konflikten und Kompromissen geschaffenen Formen von Sozialstaat und Wirtschaftspolitik, Interessenverbänden und Tarifparteien und nicht zuletzt der Arbeitsteilung der Geschlechter in den Familienhaushalten. Eine »gerechte Sozialordnung« kann verschieden verstanden werden:

– im liberalen Modell (der angelsächsischen Länder) als staatliche Minimalsicherung für die untersten Schichten und als private Selbstvorsorge nach dem reinen Leistungsprinzip für die mittleren und oberen Schichten;
– im sozialdemokratischen Modell (Skandinaviens) als staatliche Anhebung auch der unteren Schichten auf die individuellen Lebenschancen der modernen Mittelschichten;
– im korporativen Modell (des kontinentalen Westeuropa) als Mischung aus dem modernen Prinzip der Leistungsgerechtigkeit und dem ständischen Prinzip der Statussicherung, d.h. der Sicherung eines Rangplatzes in einer Hierarchie gestufter Rechte und Pflichten.

---

4 Lepsius meint mit »sozialmoralischen Milieus« nicht die sozialen oder moralischen Milieus von Durkheim (die sich auf vorpolitische Alltagsbeziehungen gründen), sondern »eine Art von Lager« (mündliche Auskunft von L.).

Diese nationalen Pfade – und ihre Mischformen – sind heute durch innere und globale Entwicklungen herausgefordert, sie müssen von der Politik her umgebaut werden. Ein solcher Umbau kann jedoch zu tiefen Vertrauenskrisen zwischen Wählern und Gewählten führen, wenn dabei die Grundauffassungen nicht berücksichtigt werden, nach denen die Gesellschaft »sozial gerecht« geordnet sein soll.

Die These, dass diese verschiedenen Grundauffassungen sich durch eine Tendenz der Individualisierung aufgelöst hätten, ist bemerkenswerterweise bisher durch empirische Forschungen nicht belegt worden. Einerseits bestätigen historische und international vergleichende Wahl- und Parteienforschungen das Fortbestehen der klassischen konservativen, liberalen, sozialistischen und rechtspopulistischen Lager, aber auch ihre Erweiterung durch ein post-materialistisches Lager (Eith/Mielke 2001). Umfassende und fein differenzierende berufsstatistische Analysen bestätigen, dass das Wahlverhalten nach wie vor durch den vertikalen Gegensatz zwischen Arbeitnehmern und Unternehmern und zusätzlich auch durch horizontale Herausdifferenzierungen mit rot-grüner Präferenz strukturiert ist (Müller 1998; Oesch 2006).[5] Eine andere Widerlegung stellen die repräsentativen Erhebungen zur Milieustruktur dar (Vester u.a. 2001). In diesen wurden die in der Bevölkerung verbreiteten Vorstellungen, wie die soziale Ordnung als ganze gegliedert sein soll, erhoben.[6] Gefunden wurden über Cluster- und Faktorenanalysen sechs grundlegende »Lager«, die sich nach ihren Wunschvorstellungen von der sozialen Gesamtordnung unterscheiden (vgl. Abb. 2).

---

5   Walter Müller legte, wie im ersten Abschnitt dieses Aufsatzes angeführt, Längsschnittuntersuchungen für Deutschland, Daniel Oesch einen internationalen Vergleich vor. Beide bestätigen, dass die Individualisierungsthese nur dann zutrifft, wenn sehr grobe *vertikale* Einteilungen der Sozialstruktur gebildet werden. Werden dagegen die feineren *horizontalen* Differenzierungen der Sozialstruktur untersucht, dann zeigt sich bei den wachsenden moderneren Berufsgruppen durchaus eine Zunahme des ›linken Lagers‹ insgesamt und das Anwachsen ›grüner‹ Orientierungen innerhalb dieses Lagers. Müller hat dies an den oberen Berufsmilieus belegt. Oesch bestätigt diese horizontale Entwicklung auch international und für die Berufsgruppen der Arbeitnehmer.

6   Die Erhebungen sind dokumentiert in: Vester, von Oertzen, Geiling u.a. 2001; Korte/Weidenfeld 2001; Vester 2001. In der Befragung »Gesellschaftlich-politische Milieus in Westdeutschland«, durchgeführt 1991 von Marplan (Offenbach), wurde eine repräsentative Stichprobe der deutschsprachigen Wohnbevölkerung in Westdeutschland und Westberlin (n = 2.699) befragt (Vester u.a. 2001). Auf ihrer Grundlage wurden die sechs Lagertypen gewonnen. In der Befragung »Deutschland im Wandel«, durchgeführt im November 2000 von ipos (Mannheim), wurde eine repräsentative Stichprobe von 1.502 wahlberechtigten Bundesbürgern aus Westdeutschland (79,9 Prozent) und Ostdeutschland (20,1 Prozent) befragt (Korte/Weidenfeld 2001).

Ein Blick auf die sechs Lager zeigt, dass rein wirtschaftsliberale Auffassungen nur in Teilen des in den oberen bürgerlichen Milieus angesiedelten »Radikaldemokratischen Lagers«, also bei weniger als 11 Prozent der Bevölkerung zu finden sind. Die Mehrheit neigt entweder dem konservativ-hierarchischen Solidaritätsmodell Kontinentaleuropas oder dem sozialdemokratisch-egalitären Solidaritätsmodell Skandinaviens zu. Unter den Anhängern beider Solidaritätsmodelle haben die Forderungen nach einer Stärkung der Arbeitnehmerrechte, nach mehr vertikalem Interessenausgleich und nach mehr Rechten der Frauen und der Zuwanderer stetig zugenommen. Dies setzt die Führungsgruppen der Parteien unter den Druck, sozialere und modernere Politiken zu entwickeln. Insbesondere die Volksparteien können ihre Potenziale, die sich auf verschiedene Lager verteilen, nur dann repräsentieren und mobilisieren, wenn sie sich diesen Erwartungen nicht verweigern.

4 Schröders Konzept der »neuen Mitte«: Eine von oben organisierte Auflösung der Wählerbindungen

Warum ist es den Akteuren der Parteien und der intermediären Politik nicht hinreichend gelungen, die so disponierten Potentiale noch erfolgreich zu mobilisieren und zu repräsentieren? Hier stehen verschiedene Mobilisierungskonzepte einander gegenüber. Das Marktmodell der Wahlforschung lenkt die Aufmerksamkeit auf dingliche »Eigenschaften« der Wähler (»Individualisierung«) oder der Gewählten (»Charisma«) bzw. daran anknüpfende Techniken wie agenda setting in den Medien, Personalisierung und Präsidentialisierung (vgl. u.a. Güllner, Dülmer, Klein u.a. 2005). Es läuft dabei Gefahr zu übersehen, dass die Akteure diese ihnen zugeschriebenen Eigenschaften nicht von sich aus hervorbringen können. Die »Wirkung« von Politikern und die »Einstellungen« der Bevölkerung müssen vielmehr als Ergebnis und Ausdruck einer langen Beziehung und Beziehungsarbeit zwischen den Repräsentanten und den Repräsentierten verstanden werden. Wird dieser Entstehungshintergrund von Bindungen vergessen, dann wird die Begeisterungs- und Mobilisierungsfähigkeit dem Zauber der Politikerpersönlichkeit zugeschrieben, sie wird zum Fetisch. Und es wird ganz unerklärbar, warum dieser Fetisch eines Tages, etwa bei einer Bundestagswahl wie 2005, seine Zauberkraft verliert.

Das Vertrauen oder der »Kredit« ist keine dingliche Eigenschaft einzelner Akteure, sondern eine Beziehungseigenschaft, die sich die Politiker bzw. ihre Organisationseinheiten nur durch anhaltende Arbeit mit ihren Klientelen erwerben können. Wie dies geschieht, lässt sich nach Bourdieus (von Marx' Analyse des Kapitalfetischismus angeregtem) Konzept des »sozialen Kapitals« überzeugender erklären (Bourdieu 1983; vgl. Marx 1970 [1867]: 49–98). Ein Kapital der Verlässlichkeit und des Vertrauens kann nicht in einem einmaligen Tauschakt, etwa einem gelungenen öffentlichen Auftritt, erworben werden, sondern nur über eine sehr lange Zeit. Auch die Bedeutung, die die Wahlsoziologie der Personalisierung und der Präsidentialisierung beimisst, setzt ein zuvor akkumuliertes Vertrauenskapital voraus. Wenn die SPD über zwei Jahrzehnte hinweg neun Mal ihre Vorsitzenden auswechseln musste, dann waren Kräfte am Werk, die den langwierigen Prozess der Anhäufung von Vertrauenskapital immer wieder unterbrochen haben.

In der politischen Soziologie Bourdieus ist das »soziale Kapital« ein Schlüsselkonzept. Im politischen Feld, als Kampf- und Kräftefeld, hängt die Wirkungsmacht der Akteure nicht allein von ihren aktuellen Bewegungen, eingesetzten Techniken und Inszenierungen ab, sondern auch von dem »Gewicht«, das sie durch lange Akkumulation sozialen Kapitals, des Kredits bei ihren Klientelen, akkumuliert haben. Aus dem Eigengewicht einmal erworbener Bindungen, d.h. des Kapitals an »sozialen Verpflichtungen oder ›Beziehungen‹« (Bourdieu 1983: 185) resultiert auch ein gewisser Trägheitseffekt, den die Politiker, deren Stärke die schnelle Aktion ist, besonders seit Beginn der rot-grünen Koalition immer wieder als »Mentalitätsproblem«, als Hindernis ihrer Handlungsspielräume beklagt und mit dem sie begründet haben, dass sie sich von ihren alten Klientelen abwenden und neuen, weniger unbeweglichen sozialen Zielgruppen, wie dies die »neue Mitte« sein sollte, zuwenden wollten. Werden aber die Wählerinnen und Wähler, wie auf einem Markt, als austauschbare Interessenträger gesehen und nicht als Menschen mit einer Geschichte, Sorgen und Wünschen, dann ist der Grundsatz, dass das in einer Wahl geschenkte Vertrauen eine nicht abhandelbare, eine gewissermaßen *heilige Verpflichtung* begründet, verletzt. Die Verletzung dieser Verpflichtung ist in den Wahlen seit der rot-grünen Regierungsperiode zunehmend so heftig geahndet worden, als handele es sich um den Bruch eines Tabus.

Um so erstaunter muss man zehn Jahre nach dem rotgrünen Erfolg bei der Bundestagswahl von 1998 zur Kenntnis nehmen, dass das sozialdemokratische Konzept der »neuen Mitte« nicht als das gehandelt wird, zu dem es faktisch geführt hat – nämlich zu einem Fiasko, sondern als ein zur Legendenbildung der Schröderschen Politik beitragender Mythos. Dagegen ist daran zu erinnern, dass die verlorene Bundestagswahl von 2005 der entscheidende Test für das Konzept der »neuen Mitte« war, das dem sozialdemokratischen Wahlkampf von 1998 und nicht zuletzt Schröders ›Agenda 2010‹ von 2003 zu Grunde lag. Die Niederlage der SPD (und der CDU) bestätigt, dass die Volksparteien die Ernsthaftigkeit unterschätzt hatten, mit der mehr als vier Fünftel der Bevölkerung ein Programm der sozialen Schieflagen ablehnen und die Fortsetzung eines solidarischen Sozialmodells – in seinen verschiedenen Varianten – unterstützen.

Das Konzept der »neuen Mitte« hat die gesellschaftspolitischen Lager absichtlich nicht in sein Zielgruppenmodell aufgenommen. In einem u.a. von Manfred Güllner herausgegebenen Sammelband schreibt Hermann Dülmer (2005: 33): »Indem der Begriff bewusst vage formuliert war, sollte er von der immer stärker individualisierten Wählerschaft weniger als sozialstrukturelles Merkmal denn als Mentalität im Sinne engagierter und aufgeschlossener Leistungsbereitschaft verstanden werden. Indem er das Bedürfnis nach Wandel und Kontinuität gleichermaßen betonte, sollte er potenziellen Wechselwählern die Furcht vor einem Regierungswechsel nehmen«, d.h. »neben den Stammwählern auch andere Wählersegmente anzusprechen« versuchen.

Als Wahlkampfkonzept, das 1998 zusätzliche Zielgruppen gewinnen sollte, war dies sicher sinnvoll. Aber als Politikkonzept der »neuen Mitte«, wie es 1999 unter Beratung der Ideengeber der englischen Politik von »New Labour« zustande kam, verwischte es die Grenzen zwischen oben und unten derart, dass es die soziale Balance zugunsten der oberen Schichten verschob. Einem wichtigen Berater Schröders, dem Soziologen Anthony Giddens (1999), ging es um die Belohnung der sog. »Leistungsträger«. Diese grenzte er nach unten ab gegen die Arbeitslosen und Sozialhilfeempfänger, die aufgrund der nach seiner Auffassung zu hohen sozialstaatlichen Leistungen kein Motiv zum Arbeiten hätten und daher die Arbeitslosigkeit hauptsächlich verursachten. Giddens und ein anderer Vordenker von Tony Blairs ›New Labour‹, Peter Mandelson, rieten der SPD, sich von der »schrumpfenden Basis der traditionellen Arbeiterschicht« zu lösen, die nur materielle Umverteilung wolle, um sich auf der komfortablen Vergangenheit auszuruhen. Statt dessen müsse man auf die »neuen Dienstleistungsschichten« und ihre »postmaterialistischen Werte« – »jenseits von links und rechts« setzen. Diese Diagnose mündet in einen neuen puritanischen Tugend-Diskurs. Der Staat müsse die Bürger zum Sparen und zur Verantwortung aktivieren und alle Möglichkeiten des ›Missbrauchs‹ und der Verschwendung der sozialen Leistungen abbauen.

Das Konzept der »neuen Mitte« wurde im Wahlkampf von 1998 allerdings mit dem Versprechen, die sozialen Schieflagen der neunziger Jahre zu beheben, kombiniert. Mit der entsprechenden Parole – »Innovation und Gerechtigkeit« – erreichte 1998 die von Schröder geführte SPD die Abwahl der schwarzgelben Koalition und des Kanzlers Helmut Kohl.

Die Versprechen, mit denen die Wahl gewonnen worden war, wurden jedoch nicht in eine anhaltende Mobilisierung umgesetzt. Bald erlitt die SPD bei den Landtagswahlen immer schwerere Niederlagen. Das von Schröder propagierte Gesellschaftsbild provozierte die Volksmilieus, die sich nicht aus puritanischer Perspektive als faul, sittenlos und selbstsüchtig abwerten lassen wollten und die auch nicht die besondere Idealisierung der oberen Gruppen, die von der Forderung nach Umverteilung ausgenommen wurden, teilten.

Während in der früheren Geschichte der Bundesrepublik Stimmenverschiebungen fast immer deutlich unter fünf Prozent lagen, wurden die Stimmenverluste der SPD in der rot-grünen Regierungsperiode zunehmend zweistellig. In der ersten Wahlperiode gab es aber noch Erholungsperioden der SPD. 1999 verlor sie die Regierungsmacht in Hessen und hohe Prozentsätze in Brandenburg (-14,8 Prozent), im Saarland (-5,0 Prozent), in Thüringen (-11,1 Prozent) und in den Kommunen Nordrhein-Westfalens (-8,4 Prozent).

Gewarnt, verlangsamte Schröder das Tempo neoliberaler ›Reformen‹. So zeigte sich ab 2000 eine gewisse Erholung der SPD. Bei der Landtagswahl 2000 in Nordrhein-Westfalen teilten sich Rot und Grün einen gemeinsamen Verlust von etwa 6 Prozent; sie konnten ihre Mehrheit noch knapp behaupten. 2001 erzielte die SPD sogar wieder Gewinne in Schleswig-Holstein (+3,3 Prozent), Baden-Württemberg (+8,2 Prozent) und Rheinland-Pfalz (+4,9 Prozent).

Doch ab Ende 2001 sanken die Umfragewerte der SPD von etwa 40 Prozent auf 35 Prozent. 2002 erhielt sie in Sachsen-Anhalt eine erneute ernste Warnung (-15,9 Prozent). Seit 1999 hatte die SPD nun bereits in vier Bundesländern die Regierungsmehrheit verloren. Vor allem Stammwähler gingen aus Enttäuschung über den Abbau sozialer Sicherungen nicht zur Wahl. Allerdings schienen die zweistelligen Verluste zunächst ostdeutsche Ausnahmen zu sein. Das Vertrauen der Wähler war deutlich erschüttert, aber möglicherweise noch zurückzugewinnen.

In der Tat gelang Schröder eine kurzfristige, nur einen Monat anhaltenden Remobilisierung der SPD-Klientele auf die 38,5 Prozent der Bundestagswahl im September 2002. Die SPD verlor damit nur moderate 2,4 Prozent, was durch die 1,9 Prozent Gewinne der Grünen knapp ausgeglichen wurde. Die rot-grüne Koalition erhielt eine zweite Chance.

Allerdings erwies sie sich als Chance auf Widerruf. Schon ab Oktober 2002 fielen die Umfragewerte wieder, ab Januar 2003 (anhaltend bis zum Sommer 2005) unter 30 Prozent, begleitet von immer schwereren Wahlniederlagen und mehr als 40.000 Austritten von aktiv engagierten Mitgliedern aus der SPD.

Die Chance war der Politik Schröders ebenso zu verdanken wie der bald erfolgende Widerruf. Die Flutkatastrophe an der Elbe und der drohende Irak-Krieg hatten ihm seit August 2002 ermöglicht, sich gegenüber dem konservativen Kanzlerkandidaten Stoiber als Retter vor Krieg und Not darzustellen, indem er die Symbolik der sozialen Gerechtigkeit und des Friedens einsetzte. (Durch diese symbolische Botschaft wurde u.a. auch die im Wahlkampf 2002 erneuerte Annäherung an die Gewerkschaften ausgedrückt.) Die Enttäuschung hatte sich, wie an den bis dahin teilweise eher moderaten Verlusten der SPD in Westdeutschland abzulesen war, noch nicht ganz verfestigt. Doch nach der Wahl blieb erneut die erhoffte klare Perspektive für Innovation *und* Gerechtigkeit aus. Schon in den Koalitionsverhandlungen kehrte die Regierung zur Rhetorik kleininformatiger ressortpolitischer Sparmaßnahmen zurück.

Als sich das Solidaritätsversprechen nach der Wahl wieder als ungedeckter Scheck erwies, wirkte dies wie eine kalte Dusche auf die soeben mobilisierten Anhänger. In den nachfolgenden regionalen Wahlen beschränkte sich der Enttäuschungseffekt nicht mehr auf eine gemäßigte Demobilisierung der Stammwählerschaft der SPD. Die Kette hoher Niederlagen begann am 2. Februar 2003, als die SPD in Niedersachsen von 47,9 Prozent auf 33,4 Prozent und in Hessen von 39,4 Prozent auf 29,1 Prozent abstürzte, und am 2. März, als die SPD in den Kommunen Schleswig-Holsteins von 42,4 Prozent auf 29,5 Prozent fiel.

5 Wie soziales Kapital erworben und wie es verspielt wird

Bei der Betrachtung der Wahlergebnisse seit 2005 zeigt sich, dass zur Erklärung der Vertrauenskrise der Volksparteien der Cleavage-Ansatz zwar wesentlich beiträgt, aber dass er gleichwohl nicht hinreichend ist. Er kann nicht erklären, warum die gleichen sozialen Milieus und die politischen Lager je nach Bundesland und Region von *verschiedenen* Parteien mobilisiert oder sogar dauerhaft gebunden werden können. Dies wird besonders deutlich an den Arbeitnehmermilieus, die ja teils konservativeren und teils moderneren Ordnungsbildern sozialer Solidarität anhängen. Die konservativen Arbeitnehmer vor allem werden in Bayern und Baden-Württemberg eher von der Union, in Sachsen eher von Union und PDS, in Schleswig-Holstein und Bremen eher von der SPD langfristig gebunden. In Niedersachsen, Nordrhein-Westfalen und im Saarland waren sie lange eher an die SPD gebunden, bevor sie von SPD-geführten Regierungen enttäuscht waren und einen Regierungswechsel zur CDU ermöglichten.

Die Mechanismen, durch die ein solcher Wechsel dauerhaft werden kann, lassen sich am Beispiel Nordrhein-Westfalens beschreiben: Das soziale Kapital, das sich linkskatholische Betriebsräte und Kommunalpolitiker seit 1945 durch ständige fürsorgliche Präsenz für die Arbeitnehmer erworben hatten, besaß eine so starke Bindekraft, dass die Klientele den Wechsel dieser Basispolitiker von der CDU zu SPD mitvollziehen konnten. Dieser Wechsel hatte auch zu tun mit der von Niethammer u.a. (1983ff.) beschriebenen Veränderung von der autoritär-ständischen Arbeiterkultur an Rhein und Ruhr zu dem selbst- und interessenbewussten Habitus der Arbeitnehmer nach 1945.

Während es in Nordrhein-Westfalen damals die Betriebsräte und Kommunalpolitiker waren, ging der schrittweise Aufbau einer sozialdemokratischen Landtagsmehrheit in Rheinland-Pfalz, der seit den 1980er Jahren ganz gegen den allgemeinen SPD-Trend erfolgte, im wesentlichen von der sozialdemokratischen Landesregierung und ihren Ministerpräsidenten Rudolf Scharping und Kurt Beck aus. Der Wechsel begann mit einer Autoritätskrise der lange erst von Helmut Kohl und dann von Bernhard Vogel erfolgreich geführten CDU. Der Streit um die Nachfolge und Vogels Weggang nach Thüringen, wo er erneut ein Vertrauenskapital als langjähriger Ministerpräsident aufzubauen verstand, offenbarte eine tiefe Zerrissenheit und Krise der führenden CDU-Milieus, aus der sich die rheinland-pfälzische CDU bis heute nicht erholt hat. Parallel zu diesem Verfall sozialen Kapitals bauten die Ministerpräsidenten der SPD ihr eigenes soziales Kapital aus. In der Kommunalpolitik, die schon Helmut Kohl mit Recht als die eigentliche Basis des Parteivertrauens gefördert hatte, gelang der SPD eine Revitalisierung. Der in Berlin allenfalls belächelte Stil Kurt Becks entsprach dem eines fürsorglichen Gemeindebürgermeisters, der sich um die kleinen Sorgen der Einzelnen kümmert. Gegen den technokratischen mainstream in seiner Partei erneuerte er die identitätsstiftende Sozialpolitik des »vorsorgenden Staats«. In seinem Bundesland realisierte er ein modernes und basisnahes Mobilisierungs- und Förderprogramm für das zivilgesellschaftliche Engagement der etwa 12.000 Vereine des Landes. Besonders wirksam umgesetzt wurde seine Bildungspolitik. Sein Konzept eines durchlässigen dreigliedrigen Schulsystems nahm der CDU den Wind aus den Segeln. Die von der Union bekämpfte Gesamtschule wurde nicht durch zentralistisches Dekret aufgezwungen, sondern, als »Regionalschule«, eine Art kooperative Gesamtschule, vom Elternwillen, der sich zunehmend mobilisiert, abhängig gemacht. Ein vierter Politikbereich liegt ansatzweise in dem Umstellungsprogramm für die zahlreichen von den USA aufgegebenen Militärbasen, das die Schaffung neuer Arbeitsplätze und die Neunutzung der Einrichtungen einschloss. Die langfristig von Wahl zu Wahl angestiegenen SPD-Stimmen in Rheinland-Pfalz, vor allem im ländlich-industriellen Süden des Landes, waren der Pegel eines Schritt für Schritt akkumulierten sozialen Kapitals, gleichsam als gedeckter Scheck eines Versprechens gesellschaftlich-politischer Solidarität.

Die Versprechen einer solidarischen, die Erwartungen der Wählenden erfüllenden Politik bewirken wenig, wenn sie nicht eingelöst werden. Dass die Schrödersche Regierung ihr Versprechen nicht einlösen wollte, hat die schockartigen Niederlagen der SPD seit der rotgrünen Regierungszeit möglich gemacht. Aber andere Parteien können davon nur bedingt bzw. befristet profitieren, weil soziales Kapital voraussetzende politische Bindungen nicht im Hauruckverfahren hergestellt werden können.

Werden politische Bindungen allein im Sinne eines ökonomischen Tauschaktes oder gar als einseitige Abhängigkeitsverhältnisse verstanden, dann erscheinen politische Prozesse als Ergebnis kalkulierbarer Strategien und nicht selten als Ausdruck von Manipulationen von oben. In Wirklichkeit handelt es sich um das Ergebnis von feldspezifischen Kämpfen, in denen die politischen Repräsentanten die im wesentlichen symbolisch vermittelte und durch Praxis erworbene Vollmacht der jeweilig Repräsentierten zur Geltung bringen. Wird diese auch als soziales Kapital zu verstehende Vollmacht jedoch als Blankoscheck verstanden, liegt dem ein grundlegendes Missverständnis zu Grunde über die Art und Weise der Konstituierung und Pflege politischer Loyalitäten. Wie die eigentlich wenig überraschenden Wahlergebnisse der letzten zehn Jahre zeigen, wird eine Politik der Verordnungen über theoretische und konzeptionelle Blaupausen in Gesellschaften mit funktionierenden korporativen und intermediären Aushandlungsebenen scheitern müssen, weil sie Gefahr läuft, das bis in die Alltagsmilieus reichende Band der politischen Loyalitäten und Parteipräferenzen zu überdehnen, wenn sie ausschließlich vermeintlichen Sachzwängen und nicht den Möglichkeiten und Erwartungen der Wählerschaft folgt. Überdehnung geschieht auch immer dann, wenn soziales Kapital verwechselt wird mit auf Dauer gestellten persönlichen Eigenschaften, die jederzeit und überall zur Geltung gebracht werden können. Soziales Kapital erweist sich als in soziale Beziehungen eingebundene Ressource, die weder einfach ›erkauft‹ noch abseits der sozialen Beziehungspraxis ›konstruiert‹ werden kann. Soziales Kapital realisiert sich immer nur persönlich in glaubwürdiger Rückkopplung mit der Praxis sozialer Milieus. Je weiter sich Mandatsträger oder Parteifunktionäre von dieser Praxis entfernen, sich primär über mediale Inszenierungen darstellen und dabei den Eindruck erwecken, sich gegen das Ethos der Wählerschaft selbst ermächtigen zu wollen, desto prekärer wird ihre Legitimationsbasis. Übrig bleibt der Hasardeur, der in der Regel ad hoc entscheidet und rücksichtslos das ihm Anvertraute aufs Spiel setzt. Er wird allenfalls temporäre Bewunderung erwarten können, aber ihm wird nicht mehr vertraut.

Im Unterschied zum Hasardeur erfordert der Erwerb und die Pflege sozialen Kapitals einen gemeinsamen Erfahrungshintergrund von Vertretern und Vertretenen bzw. von Patron und Klient; ein Hintergrund, der gegen die Gefahr zunehmender Entfremdung mit hohem zeitlichen Aufwand immer wieder aktualisiert werden muss. Die zeitintensive Pflege von Näheöffentlichkeit kommt einer ›politischen Diakonie‹ gleich, bei der sich der Mandatsträger in den permanenten Dienst der ihm Vertrauenden stellen darf, weil er ›einer von ihnen‹ ist, und weil von ihm erwartet werden kann, dass er sein Mandat nicht einfach als Sprungbrett für individuelle Vorteilsnahmen missbrauchen wird. Entsprechend zeigt sich in den Kohäsionsanalysen von Stadtteiluntersuchungen (Geiling 2006), dass soziales Kapital primär denjenigen Personen zugestanden wird, die über lange Jahre hinweg, in der Regel unabhängig von einem politischen Mandat, vor Ort Präsenz zeigen und ihre Kompetenzen, dabei durchaus nicht immer uneigennützig, in das Gemeinwesen einbringen können. Dabei hat soziales Kapital immer auch eine milieuspezifische Gestalt: sei es, dass in eher gutsituierten bürgerlichen Stadtteilen Meinungsführerschaft an den sozialen Status gebunden bleibt, sei es, dass in Stadtteilen mit vorwiegend moderner Facharbeiter- und Angestelltenschaft soziales Kapital auch über den Einsatz professioneller Kompetenzen in Kommunikation und Konfliktlösung akkumuliert werden kann und somit den Geruch altbackener Vergemeinschaftungspraktiken abstreift.

Die gegenwärtige Krise der Volksparteien ist die Niederlage eines Politikmodells, das die Beziehung zwischen Wählern und Gewählten auf eine zweipolige Marktbeziehung zwischen Anbietern und Nachfragern einer bestimmten Programmatik, die dann technokratisch von oben nach unten durchgesetzt werden soll, reduzieren will. Mit diesem Modell, das trotz der Marktterminologie verblüffend an das archaische Modell von Führer und Masse erinnert, wird praktisch das gesamte intermediäre Politikfeld der Klientele und organisierten Interessen ausgeblendet. Deren ungebrochene Macht zeigt sich aber gerade bei den Wahlen. Die von der Bundestagswahl 2005 ermächtigte Große Koalition hatte zunächst den Eindruck erweckt, vom *Programmnexus* zum *Klientelnexus* als gestaltender Kraft der Politik zurückkehren zu wollen. Dazu hätte aber das politische Feld nicht mehr als Feld großer Macher und Magier, sondern als vielgestaltiges Kampf- und Kräftefeld begriffen werden müssen, das nicht mehr nur durch die aktuellen Bewegungen Einzelner, sondern durch das »Gewicht« korporativer Akteure, das diese durch lange Akkumulation sozialen Kapitals erworben haben, gestaltet wird.

6 Aussichten: Zwischen autoritärer und lebendiger Demokratie

Die Bundestagswahl von 2005 hatte zunächst eine Parteienkonstellation geschaffen, die eine andere Dynamik der gesellschaftspolitischen Kräfte zu ermöglichen schien. Denn die vorhergehende Konstellation entsprach dem bekannten erweiterten Zweiparteiensystem, dominiert von der Konfrontation zwischen Union und Sozialdemokratie, die – über die Stärkung der jeweiligen Opposition auf Länderebene – ein weitgehendes Patt, eine Blockierung gesellschaftspolitischer Alternativen nach sich zog. Diese Konfrontation verstärkte gleichzeitig den inneren Disziplinierungsdruck nicht nur auf die kleinen Partner, sondern auch auf die inneren Flügel der Volksparteien. Die kleinen Partner wie auch die Flügel, aus denen sich die Volksparteien zusammensetzen, agieren faktisch als die direkteren Repräsentanten der feiner fraktionierten gesellschaftlichen Interessen und Strömungen, die sich im korporativen Politikfeld, d.h. auf der intermediären Ebene politischer Macht in Bewegungen, Institutionen, Verbänden und Teilöffentlichkeiten, organisieren. Sie sind dem Druck und der Erfahrung sozialer Strukturveränderungen stärker ausgesetzt und reagieren auf diese zwar auch meist verspätet, aber doch reger als die zentrale Politik.

Die mit der Großen Koalition seit 2005 aufgebrochenen Konflikte innerhalb wie auch außerhalb der beiden Volksparteien bestätigen das Bild vergeblichen Disziplinierungsdrucks der Berliner Parteizentralen auf ihre jeweiligen Parteiflügel. So schien der noch unter der Schröder-Regierung immer wieder unter die Partei- und Regierungsräson gepresste linke Flügel der SPD nach der Wahlniederlage 2005 gleichsam aufzuatmen. Die zwischenzeitlichen Mobilisierungserfolge der hessischen SPD mit Andrea Ypsilanti und auch der Hamburger SPD-Parteitag mit Kurt Beck weckten 2007 Hoffnungen, die bis dahin blockier-

ten gesellschaftspolitischen Potenziale der SPD innerparteilich gegen die durch-
regierenden Parteieliten zur Geltung bringen zu können. So, wie vom Aufbruch
des Hamburger Parteitags in der SPD mittlerweile nichts mehr zu verspüren ist,
zeigen die Ereignisse um Kurt Beck und Andrea Ypsilanti, dass in den mit der
Entblockierung aufgebrochenen Kämpfen zwischen den verschiedenen Parteiflügeln das bereits vor 2005 herrschende Establishment der Bundes-SPD sich
rigoros durchgesetzt hat.

Kurt Becks kurzfristige Wahl zum Bundesvorsitzenden der SPD und sein
mit dem nicht minder plötzlichen innerparteilichen Putsch endender Wechsel
auf die ›Polit-Bühne‹ Berlins 2008 verweist andererseits auch auf die Prekarität
seines regional erworbenen sozialen Kapitals. Es ist offenbar im Übergang von
einem zum anderen politischen Feld nicht beliebig übertragbar; zumal dann,
wenn relevante Kräfte der eigenen Partei nicht bereit sind, den mit diesem Kapital verbundenen politischen Strategien zu folgen. Wie kaum jemals zuvor in der
Geschichte der SPD ist ein Parteivorsitzender von der Führungselite der eigenen
Partei desavouiert worden. Ganz im Unterschied zu dieser innerparteilichen sozialdemokratischen Demobilisierung agierte die CSU. Sie war mit der bayerischen
Landtagswahl 2008 unter Druck geraten und hob – wenn dabei auch nicht ganz
freiwillig – den zuvor von der eigenen Parteielite ausgebooteten Horst Seehofer
auf ihr Schild. Er repräsentiert für die CSU offenbar jenes soziale Kapital, was
seine unter Modernisierungsdruck geratenen Vorgänger um Stoiber und Huber
zuvor verspielt hatten.

Das zur gleichen Zeit erfolgte Scheitern der hessischen Ministerpräsident-
Kandidatin Andrea Ypsilanti 2008 ist darauf zurück zu führen, dass sie in
eine mehr oder minder aussichtslose Situation manövriert worden war. Wie die
Mehrheit sozialdemokratischer Kommunal- und Landespolitiker hatte sie vor
dem Problem gestanden, auf die massiven Vertrauensverlusten der eigenen Partei reagieren zu müssen. Im ersten Anlauf hatte sie sich erfolgreich gegen den
wirtschaftsliberalen Kurs der eigenen Parteiführung behaupten können, indem
sie mit ihrem landespolitischen Programm der »Sozialen Moderne« jene intermediären korporativen Akteure für ihre Politik remobilisieren konnte, die sich
zuvor von der SPD abgewandt hatten. Dies war eine Kampfansage gegen die
Politik des eigenen Parteiestablishments, das sich wie zuvor schon beim Sturz
Kurt Becks gezwungen sah, zu reagieren. Insofern war es absehbar, dass Andrea
Ypsilanti kaum Chancen hatte, die den rechten Flügel der Landespartei reprä-
sentierenden Landtagsabgeordneten auf ihre Seite zu ziehen. Denn wenn ihr dies
gelungen wäre, hätte sich das innerparteiliche Machtzentrum um Müntefering,

Steinmeier und Steinbrück grundlegend in Frage stellen lassen müssen. Andererseits verweisen die innerparteilichen Kämpfe auch darauf, dass es insbesondere bei knappen Mehrheiten nahezu unmöglich ist, Politik, ob nun linke oder rechte, autoritativ durchsetzen zu wollen. Die in Hessen im innerparteilichen Konflikt geltend gemachte erfolgreiche Mobilisierung sozialdemokratischer Vorfeldorganisationen sowie gewerkschaftlicher und rot-grüner Wählergruppen musste parallel zur Demobilisierung Kurt Becks auch deswegen scheitern, weil die mit den Konflikten erlittenen gegenseitigen Verletzungen die Partei kompromissunfähig gemacht hatte und damit im Ergebnis das zuvor mobilisierte soziale Kapital leichtfertig wieder verspielt worden war.

Festzustellen bleibt, dass die Große Koalition das Mantra der rot-grünen Regierungsperiode, »die Politik« könne auf »die Globalisierung« nicht eigenständig reagieren, fortgeführt hat. Auch die seit Herbst 2008 als Reaktion auf den Zusammenbruch des weltweiten Finanzsystems entwickelten Aktivitäten der Bundesregierung scheinen daran nichts zu ändern. Obwohl auf die Finanzmarktkrise nicht vorbereitet, suchen die technokratischen Zentren der Volksparteien ihre Vorherrschaft durch eine finanzpolitische Kehrtwende zu festigen. So haben sie ihre rigorose anti-keynesianische »Sparpolitik« unter dem Druck der Wirtschaftskrise aufgeben müssen und mit dem ersten Konjunkturpaket vom Januar 2009 sich für die Kaufkraftstärkung über Investitionen in durchaus nützliche Infrastrukturbereiche wie Schul-, Krankenhaus- und Straßenbauten entschieden. Doch nutzen sie dabei nicht die Chance, die Schieflage des deutschen Produktionsmodells zu korrigieren, das den Ausbau der Beschäftigung in den Humandienstleistungen bremst.

Hier, im personalintensiven Bildungs-, Sozial-, Gesundheits- und Kultursektor, könnten dauerhaft Arbeitsplätze geschaffen werden, und ebenso könnte der Trend zu prekären und unsicheren Soziallagen umgekehrt werden. Solange dies nicht geschieht, wird der Zulauf zu den kleinen Parteien, einschließlich der Rechtspopulisten, sowie zu den Nichtwählern weiter anhalten. Es kann sich allerdings als Illusion erweisen, auf eine kommende Linkskoalition zu setzen. Wie in den Niederlanden, könnte das Machtkartell der beiden Volksparteien mit seiner überwältigenden Mehrheit es sich durchaus leisten, nach rechts und links immer wieder Stimmen zu verlieren, aber doch über einige Wahlperioden weiterzuregieren und dann aus ihrer Politik der staatlichen Wirtschaftsstabilisierung eine zunehmende autoritäre Staats-Wirtschafts-Allianz zu entwickeln.

Es kann aber ebenso auch eine Illusion sein, nur auf die geschlossene Welt der institutionell organisierten Politikprozesse zu achten, zumal diese von den technokratischen Machtzentren ohnehin weitgehend kontrolliert werden. Wenn die wirtschaftlichen Kettenreaktionen immer mehr Finanzinstitute, aber zunehmend auch Unternehmen der Realwirtschaft in den Ruin reißen sollten, ist in einer Demokratie mit einem Wiederaufleben der institutionellen Gegenmächte und der sozialen Bewegungen zu rechnen. Im Unterschied zu kommunal- und landespolitischen Akteuren vor Ort sind die Bürokraten des politischen Systems und der Parteizentralen auf eine Zeit der Bewegung und demokratischen Beteiligung nicht vorbereitet. Aus ihrer technokratischen Politikperspektive verkennen sie in aller Regel, dass es den Menschen nicht nur um die Teilhabe am Wohlstand, um strukturelle Verteilungsfragen geht. Es geht ihnen immer auch um unmittelbare Teilnahme an Entscheidungen, um Mitbestimmungsfragen.

Die sozialen Zumutungen treffen heute überwiegend nicht mehr auf eine gering qualifizierte und verelendete »Masse«. Sie treffen auf differenzierte, beruflich gut qualifizierte soziale Milieus, deren Angehörige als mündige Bürgerinnen und Bürger verstanden werden wollen. Ihre hohe Verdrossenheit über die Politik entzündet sich nicht nur an den Schieflagen des Wohlstands, sondern auch an den Praktiken autoritärer Reglementierung von oben, die immer noch davon ausgeht, die Menschen als Kostenfaktor und nicht als wirtschaftliche und politische Produktivkraft behandeln zu müssen. Die Menschen werden mit den Starrheiten der etablierten Institutionen in Konflikt geraten und auf Alternativen drängen: die Erneuerung eines solidarischen Sozialsystems und einer partizipatorischen Demokratie. Dies war auch das Thema der sozialen Kämpfe in der großen Wirtschaftskrise nach 1929. Und es ist auch das Thema der gegenwärtigen politischen Dynamiken in den USA, die ebenso international ausstrahlen wie in den 1960er Jahren die unter Präsident Kennedy entstandenen neuen sozialen Bewegungen.

Literatur

BOURDIEU, Pierre (1982 [1979]): Die feinen Unterschiede, Frankfurt a.M.: Suhrkamp.

BOURDIEU, Pierre (1983): Ökonomisches Kapital - Kulturelles Kapital - Soziales Kapital, in: Kreckel, Reinhard (Hrsg.): Soziale Ungleichheiten. Göttingen: Schwartz (Soziale Welt Sonderband 2), S.183–198

BÜRKLIN, Wilhelm / REBENSTORF, Hilke / U.A. (1997): Eliten in Deutschland. Rekrutierung und Integration, Opladen: Leske + Budrich.

CLARKE, John / HALL, Stuart / U.A. (1979): Jugendkultur als Widerstand, Frankfurt a.M.: Syndikat.

DURKHEIM, Émile (1988 [1893/1902]): Über soziale Arbeitsteilung, Frankfurt a.M.: Suhrkamp.

EITH, Ulrich / MIELKE, Gerd (Hrsg.) (2001): Gesellschaftliche Konflikte und Parteiensysteme. Länder- und Regionalstudien, Wiesbaden: VS.

ESPING-ANDERSEN, Gösta (1990): The Three Worlds of Welfare Capitalism, Cambridge: Polity Press.

ESPING-ANDERSEN, Gösta (1993): Changing Classes. Stratification and Mobility in Post-Industrial Societies, London: Sage.

ESPING-ANDERSEN, Gösta (1998): Die drei Welten des Wohlfahrtskapitalismus. Zur Politischen Ökonomie des Wohlfahrtsstaates, in: Stephan Lessenich / Ilona Ostner (Hg.), Welten des Wohlfahrtskapitalismus, Frankfurt a.M.: Campus, S. 19–56.

GEILING, Heiko (2006): Zur politischen Soziologie der Stadt. Stadt- und Stadtteilanalysen in Hannover. Hamburg: LIT.

GEILING, Heiko / VESTER, Michael (2007): Das soziale Kapital der politischen Parteien. Die Akzeptanzkrise der Volksparteien als Frage der Individualisierung oder der sozialen Gerechtigkeit, in: Brettschneider, Frank / Niedermayer, Oskar / Wessels, Bernhard (Hrsg.), Die Bundestagswahl 2005. Analysen des Wahlkampfes und der Wahlergebnisse, Wiesbaden: VS, S.457–489

GIDDENS, Anthony (1999): Der dritte Weg – die Erneuerung der sozialen Demokratie, Frankfurt a.M.: Suhrkamp

GOLDTHORPE, John H. (2000): On Sociology, Oxford: Oxford University Press.

GÜLLNER, Manfred / DÜLMER, Hermann / KLEIN, Markus / OHR, Dieter / QUANDT, Markus / ROSAR, Ulrich / KLINGEMANN, Hans-Dieter (2005): Die Bundestagswahl 2002. Eine Untersuchung im Zeichen hoher Dynamik, Wiesbaden: VS Verlag.

HARRINGTON, Michael (1963 [1962])): The Other America. Poverty in the United States. Harmondsworth: Penguin.

KATZ, Elihu / LAZARSFELD, Paul F. (1955): Personal Influence. The Part Played by People in the Flow of Mass Communications. Glencoe/Ill.: The Free Press.

KLAPPER, Joseph T. (1960): The Effects of Mass Communication. Glencoe/Ill.: The Free Press.

Kriesi, H. (1989): New Social Movements and the New Class in the Netherlands, in: American Journal of Sociology, 94, S. 1078–116.

Kriesi, H. (1998): The Transformation of Cleavage Politics – The 1997 Stein Rokkan Lecture, in: European Journal of Political Research, 33 (2), S. 165–185.

Lazarsfeld, Paul F. / Berelson, Bernard / Gaudet, Hazel 1969 [1944]: Wahlen und Wähler, Neuwied/Berlin: Luchterhand.

Lepsius, M. Rainer (1993 [1966]): Parteiensystem und Sozialstruktur. Zum Problem der Demokratisierung der deutschen Gesellschaft, in: ders., Demokratie in Deutschland, Göttingen: Vandenhoek & Ruprecht, S. 25–50.

Lipset, Seymour Martin / Rokkan, Stein (Hrsg.) (1967): Party Systems and Voter Alignments, New York: The Free Press.

Magalhaes, Pedro C. (2006): Voting and Intermediation: Informational Biases and Electoral Choices in Comparative Perspective. Gunther, Richard / Montero, José Ramón / Puhle, Hans-Jürgen (Hrsg.): Election Intermediation, Values and Political Support in Old and New Democracies: Europe, East Asia, and the Americas in Comparative Perspective. Oxford: Oxford University Press.

Marx, Karl (1970 [1867]): Das Kapital. Kritik der politischen Ökonomie, Bd.1, Karl Marx / Friedrich Engels, Werke, Bd. 23, Berlin: Dietz.

Mills, C. Wright (1948): The New Men of Power. America's Labor Leaders. New York: Harcourt.

Müller, Walter (1997): Sozialstruktur und Wahlverhalten. Eine Widerrede gegen die Individualisierungsthese, in: Kölner Zeitschrift für Soziologie und Sozialpsychologie, Jg. 49, S. 747–760.

Müller, Walter (1998): Klassenstruktur und Parteiensystem. Zum Wandel der Klassenspaltung im Wahlverhalten, in: Kölner Zeitschrift für Soziologie und Sozialpsychologie, Jg. 50, H.1, 1998, S. 3–46.

Müller, Walter (2000): Klassenspaltung im Wahlverhalten – eine Reanalyse, in: KZfSS, Jg. 52, H.4, S. 790–795.

Müller, Walter / Pollak, Reinhard (2004): Weshalb gibt es so wenige Arbeiterkinder in Deutschlands Universitäten?, in: Becker, Rolf / Lauterbach, Wolfgang: Bildung als Privileg? Erklärungen und Befunde zu den Ursachen der Bildungsungleichheit, Wiesbaden: VS, S. 311–352.

Niethammer, Lutz (Hg.) (1983 ff.): Lebensgeschichte und Sozialkultur im Ruhrgebiet, 3 Bde., Berlin, Bonn: Dietz.

Oesch, Daniel (2006): Redrawing the Class Map. Stratification and Institutions in Britain, Germany, Sweden and Switzerland, Basingstoke.

Rokkan, Stein (1965): Zur entwicklungssoziologischen Analyse von Parteisystemen, in: Kölner Zeitschrift für Soziologie und Sozialpsychologie, Jg. 17, S. 675 - 702.

Rupp, Jan C. C. (1995): Les classes populaires dans un espace social à deux dimensions, in: Actes de Recherche en Sciences Sociales, 109, Oct. 1995, S. 93-98.

Rupp, Jan C. C. (1997): Rethinking Cultural and Economic Capital, in: John R. Hall (Hg..), Reworking class, Ithaca (N.Y.): Cornell University Press, S. 221-241.

SAVAGE, Mike (2000): Class Analysis *and* Social Transformation, Buckingham/Philadelphia: Open University Press.

SAVAGE, Mike / BARLOW, James / DICKENS, Peter / FIELDING, Tony (1992): Property, Bureaucracy and Culture. Middle-Class Formation in Contemporary Britain, London/New York: Routledge.

VESTER, Michael (2001): Milieus und soziale Gerechtigkeit, in: Karl-Rudolf Korte / Werner Weidenfeld (Hg.), Deutschland-TrendBuch, Opladen: Leske + Budrich, S. 136–183.

VESTER, Michael (2005): Der Mythos des individualisierten Wählers. Soziale Milieus und gesellschaftspolitische Lager. ›Vorgänge‹ 171/172, 44.Jg., H3/4, S. 56–73.

VESTER, Michael / OERTZEN von, Peter / GEILING, Heiko / HERMANN, Thomas / MÜLLER, Dagmar (2001 [1993]): Soziale Milieus im gesellschaftlichen Strukturwandel, Frankfurt a.M.: Suhrkamp.

VÖGELE, Wolfgang / BREMER, Helmut / VESTER, Michael (2002): Soziale Milieus und Kirche, Würzburg: Ergon.

WEBER, Max (1972 [1921]): Wirtschaft und Gesellschaft. Grundriss der verstehenden Soziologie, Tübingen: Mohr.

WIEBKE, Gisela (2007): Gleiche Ziele – gleiche Chancen? Lebensziele, Lebenschancen und das Zusammenleben von Jugendlichen unterschiedlicher Herkunft: Sozialstrukturelle Analyse von Alltagskulturen bei türkischen und deutschen Jugendlichen, Dissertation an der Universität Hannover [Buchausgabe in Vorbereitung].

WILLIAMS, Raymond (1972 [1963]): Gesellschaftstheorie als Begriffsgeschichte. Studien zur historischen Semantik von »Kultur«, München: Rogner & Bernhard.

MAX REINHARDT

Parteiflügelkämpfe seit der Bundestagswahl 2002 – Der Kampf um die Macht in der SPD[1]

> »Denn ›Rechts‹ und ›Links‹, die Totgeglaubten,
> bestimmen hintergründig immer noch
> die Entscheidungen der SPD wie der Mond Ebbe und Flut.«
> *Anke Fuchs (1991): »Mut zur Macht«, S. 23.*

Die SPD ist eine Flügelpartei[2], und beide Parteiflügel repräsentieren unterschiedliche Wählergruppen, auch wenn sich Schnittmengen aus beiden, wie zum Beispiel die von Willy Brandt propagierte Arbeitnehmergesellschaft, ergeben, in der »Station für Station eine wachsende Gleichheit der Chancen«[3], »humane Arbeitsbedingungen«[4] und »die Demokratisierung von Wirtschaft und Gesellschaft«[5] erkämpft wurden. Die Bündnisfähigkeit mit der sozialliberalen FDP ergab sich durch das gemeinsame Ziel der Demokratisierung der Gesellschaft einschließlich der Wirtschaft. Der Sozialliberalismus beinhaltet anders als der Klassische Liberalismus das Ziel einer Demokratisierung der Wirtschaft durch Mitbestimmungsrechte. Allerdings steht der Sozialliberalismus wie der Klassische Liberalismus für die Stärkung und Sicherung der »Rechte des einzelnen durch Stärkung der persönlichen Autonomie und nicht durch gesellschaftliche Solidarität.«[6] Hierin unterscheidet er sich vom »Demokratischen Sozialismus«, auch wenn »die Grenzen zwischen der klassischen Tradition des demokratischen Sozialismus und der Vorstellungswelt des Sozialliberalismus [...] fließend«[7] sind.

Die von Willy Brandt vertretene und in Teilen umgesetzte Arbeitnehmergesellschaft war eine sozialdemokratisch-wohlfahrtsstaatliche Pfadabweichung vom bisherigen konservativen Wohlfahrtsstaatsmodell in Deutschland, das durch das Subsidiaritätsprinzip, den Erhalt von Status- und Klassenunterschie-

---

1 Der vorliegende Artikel ist mit einigen Veränderungen Teil des historischen Kapitels der Dissertation des Autors.
2 Bereits das Bild der Parteiflügel suggeriert die Notwendigkeit der etwa gleichen Größe beider Flügel, damit der Vogel, also die Partei, überhaupt fliegen kann.
3 Brandt 1974, S. 312
4 ebd.
5 ebd.
6 Verheugen 1986, S. 402
7 Meyer 2007, S. 39

den und die »Aufrechterhaltung traditionaler Familienformen«[8] und insbesondere durch den vergleichsweise hohen Einfluss der Kirchen gekennzeichnet ist. Der sozialdemokratische Pfad in Skandinavien hat »die Prinzipien von Universalismus und de-kommodifizierenden sozialen Rechten auch auf die neuen Mittelschichten ausgedehnt«[9] und vergleichsweise hohe soziale Rechtsansprüche zu bieten. »Idealerweise werden nicht die Abhängigkeiten von der Familie, sondern die Möglichkeiten individueller Unabhängigkeit maximiert.«[10]

Die Parteirechte befürwortet eher den konservativen Pfad und die Parteilinke eher den sozialdemokratischen Pfad des Wohlfahrtsstaates. Während die Parteilinke stärker die Facharbeiter und soziale Berufe repräsentiert und Bündnispartner des linken Gewerkschaftsflügels sowie der sich aus der Außerparlamentarischen Bewegung (APO) entwickelten Neuen Sozialen Bewegungen (NSB) ist, ist die Parteirechte in stärkerem Maße Repräsentant der kleinbürgerlichen und traditionslosen Arbeitnehmer sowie Bündnispartner der rechten Gewerkschafter.[11] Die Parteirechte ist eher in der Lage, die konservativen Arbeitnehmer mit einem ständischen Gesellschaftsbild zu mobilisieren und der CDU/CSU streitig zu machen, während die Parteilinke besser linke Wähler mit einem solidarisch-progressiven Gesellschaftsbild mobilisieren und den »Grünen« sowie der Partei Die Linke streitig machen kann.[12]

Aufgabe eines Parteivorsitzenden ist es, die Parteiflügel zusammenzuführen, um möglichst viele Wähler zu erreichen.[13] Die Heterogenität der SPD und ihre milieuübergreifende Wählerbasis waren bei den erfolgreichen Bundestagswahlen der SPD insbesondere der Jahre 1969, 1972 und 1998 entscheidend für ihre Wahlsiege. Der Öffnung für neue rechte Wählermilieus war die Integration linker Splittergruppen vorausgegangen. Die Parteiflügel waren in den Jahren der

---

8 Esping-Andersen 1998 (1989), ebd., S. 44

9 ebd.

10 ebd., S. 45

11 Während die Parteirechte insbesondere personelle Überschneidungen mit den Gewerkschaften des sozialpartnerschaftlichen Modells wie der Industriegewerkschaft (IG) Bergbau und Energie und IG Chemie-Papier-Keramik (beide heute IG Bergbau, Chemie, Energie), IG Bau-Steine-Erden (heute IG Bauen-Agrar-Umwelt), IG Nahrung-Genuss-Gaststätten (weiterhin selbstständig) und IG Textil und Bekleidung (heute IG Metall) hat, hat die Parteilinke personelle Überschneidungen insbesondere mit den Gewerkschaften, die das Konfrontationsmodell stärker betonen, wie der Gewerkschaft für Erziehung und Wissenschaft, der IG Metall, sowie der Gewerkschaft Handel, Banken und Versicherungen, der Gewerkschaft Öffentliche Dienste, Transport und Verkehr und der IG Druck und Papier (die letzten drei: heute Vereinte Dienstleistungsgewerkschaft). (Siehe Gebauer 2005, S. 167)

12 Siehe Vester 2001; siehe Vester 2007, S. 50

13 Siehe Thörmer / Einemann 2007, S. 156

höchsten Bundestagswahlsiege der SPD auf Augenhöhe und gezwungen, Kompromisse der unterschiedlichen politischen Positionen auszuhandeln.

Die innerparteilichen Entwicklungen der SPD bis zur Bundestagswahl 2002 werden in diesem Artikel nachgezeichnet und analysiert, weil sie die Grundlage der weiteren Entwicklungen sind. Deutlich wird hierbei auch, dass die derzeitigen Flügelkämpfe historisch gewachsen sind. Zentrales Thema dieses Artikels sind die innerparteilichen Konflikte der SPD seit der Bundestagswahl 2002, da sie eine qualitative Veränderung der SPD zur Folge hatten, die mit einem massiven Wählerverlust einherging. Die Flügelkämpfe im Sommer 2008 zeigten erneut die Notwendigkeit wissenschaftlicher Analyse der Parteiflügel.

1 Korporatistisch-ständischer Wohlfahrtsstaat versus sozialdemokratischer Teilhabe- und Verteilungsstaat[14]

Der innerparteiliche Konflikt der Parteiflügel ist auch der Kampf um alternative Pfade der Gesellschaftsordnung wie zum Beispiel in der Frage des Wohlfahrtsstaates. Der Kampf um eine sozial- und wirtschaftspolitische Wende von einer sozialdemokratisch-keynesianischen zu einer sozialdemokratisch gefärbten wirtschaftsliberalen Sozial- und Wirtschaftspolitik war in der SPD bereits in den 1950er Jahren geführt und in den 1970er Jahren sowie insbesondere zum Ende der Regierung Helmut Schmidt verstärkt worden. Die SPD vertrat nach dem Regierungswechsel im Jahre 1982 in der Opposition wieder eine nachfrageorientierte Sozial- und Wirtschaftspolitik. Doch auch in den 1980er Jahren setzte sich der innerparteiliche Konflikt über eine wirtschaftspolitische Wende fort. Insbesondere die Fusion mit der eher wirtschaftsliberalen Ost-SPD stärkte die Parteirechte in ihrem Werben um die sozial- und wirtschaftspolitische Wende. Die Parteirechte hatte zudem in einigen »Enkeln« Willy Brandts und (anderen) ehemaligen Linken Bündnispartner für einen sozial- und wirtschaftspolitischen Wechsel gefunden.[15]

Die Parteirechte hat mit der »Agenda 2010« ihr Modell des korporatistisch-ständischen Wohlfahrtsstaates in Richtung des marktliberalen Wohlfahrtsstaatsmodells verschoben. Auch die Parteilinke hat sich qualitativ verändert. Die Partei Die Linke konnte in das entstandene Vakuum in der Parteienlandschaft

---

14 Siehe Esping-Andersen 1998
15 Siehe Nawrat 2006; siehe Butterwegge 2006 (2005), S. 115 ff.

stoßen, das bis dahin noch die heute geschwächte SPD-Linke ausfüllen konnte.[16] Die Parteirechte ist seit dem Rücktritt Oskar Lafontaines in der SPD wieder deutlich dominierend und hat trotz der schlechten Abstimmungsergebnisse von Wolfgang Clement, Hans Eichel und Olaf Scholz des Parteitages im Jahre 2003, die stellvertretend für Gerhard Schröders »Agenda 2010«-Politik abgestraft wurden, ihre gesellschaftspolitische Konzeption mit dem Druckmittel der Regierungsloyalität und dem Argument der politischen Alternativlosigkeit gegen die Parteilinke durchsetzen können. Auffällig ist hierbei die Parallelität der Entwicklungen zur Gründungsgeschichte der »Grünen«, die ebenfalls entstanden waren, als die SPD-Linke von der Parteirechten während der Regierung Helmut Schmidt dominiert wurde. Die außen- (Nato-Doppelbeschluss) und die umweltpolitische Wende der SPD folgten erst in der Oppositionszeit seit 1983. Gleichzeitig traten neben der Parteirechten auch zahlreiche andere Sozialdemokraten, darunter auch zahlreiche ehemalige Linke, für eine sozial- und wirtschaftspolitische Wende ein.

Der ehemalige Parteivorsitzende Kurt Beck, der als Zentrist der Partei versuchte, einen Kompromiss der Parteiflügel herbeizuführen, hat als Reaktion auf die Gründung der Partei Die Linke und ihre absehbaren Wahlerfolge insbesondere in Zusammenarbeit mit der Parteilinken die »Agenda 2010«-Politik in Teilen korrigiert und den Erhalt des »Demokratischen Sozialismus« im Grundsatzprogramm durchgesetzt, obwohl er sich selbst nie als »Demokratischen Sozialisten«, sondern als Sozialdemokraten verstanden hat. Die Parteirechte hatte bereits diese Politik sehr kritisch gesehen und Kurt Beck insbesondere für seinen Annäherungskurs an die Partei Die Linke erheblich kritisiert, weil sie um ihren innerparteilichen Einfluss fürchtete und die Regierungsfähigkeit der SPD in Gefahr sah. Der Konflikt um diesen Annäherungsprozess war auch ein Konflikt über die Ausrichtung der SPD und ihren Kanzlerkandidaten. Die am 07. September 2008 getroffene Entscheidung des Parteivorstandes für den Kanzlerkandidaten ist zu Gunsten der Parteirechten ausgefallen. Während der vom Parteivorstand einstimmig nominierte Kanzlerkandidat Frank-Walter Steinmeier ebenso wie der bei fünf Enthaltungen und einer Gegenstimme vom Parteivorstand nominierte Franz Müntefering für die »Agenda 2010«-Politik eintritt und ihre partielle Revision nicht unterstützt hat, stand Kurt Beck für einen integrativen Kurs, der die Kompetenz der SPD in der Sozialpolitik wieder stärken und der Partei Die Linke streitig machen sollte.

---

16 Siehe Nachtwey / Spier 2007, S. 52

2 Innerparteiliche Entwicklungen bis zur Bundestagswahl 2002

Zentral für die SPD nach 1945 war die Integration linker Splittergruppen, die Integration linker Protestanten wie Erhard Eppler, Gustav Heinemann und Johannes Rau sowie die Öffnung der Partei für weitere Wählergruppen u. a. durch die Parteireformen des Stuttgarter Parteitages im Jahre 1958 und des Godesberger Parteitages im Jahre 1959. Die SPD hatte sich allerdings nicht nur für eine so genannte »Neue Mitte«[17] geöffnet, sondern ebenso für die protestbewegte Jugend, die sich auch deshalb radikalisiert hatte, weil die SPD mit dem Unvereinbarkeitsbeschluss des SDS einem Teil der kritischen Jugend und ihren Sympathisanten die parteipolitische Option verschlossen hatte. In dieser repressiven Politik der SPD, insbesondere ihres regierungsloyalen Flügels, liegt der Schlüssel für das politische Vakuum links von der SPD, in das immer wieder neue politische Gruppierungen und Parteien stießen. Die Parteilinke war allerdings lange Zeit in der Lage, durch ihre Bündnispolitik dieses Vakuum immer wieder zu füllen und eine erfolgreiche Parteigründung links von der SPD zu verhindern. Dies war ihr auch deshalb möglich gewesen, weil sie sich nach der Linkswende der Jungsozialisten im Jahre 1969 und der Stärkung der SPD-Linken durch die junge Generation gegründet hatte und damit von einer politischen Strömung oder personalisierten »Faktion« zu einer institutionalisierten »Faktion«[18] geworden war:

- als »Möller-Kreis« und später als »Frankfurter Kreis« (seit 1970) in der Partei
- sowie als »Gruppe der 16. Etage« und später als »Leverkusener Kreis« (seit 1969)[19] in der Bundestagsfraktion der SPD.

---

17 Der Begriff der »Neuen Mitte« ist sehr unscharf. Willy Brandt definierte den Begriff der »Neuen Mitte« politisch und meinte damit die »sozialliberale Allianz« (Brandt 1974, S. 77) von SPD und FDP. Anders als im 1998er Wahlkampf von Gerhard Schröder umfasste der Begriff der »Neuen Mitte« noch eindeutig die Arbeitnehmerschaft. Michael Vester hat den Begriff der »Neuen Mitte« nach Milieus ausdifferenziert. Die »Neue Mitte« seien die Arbeitnehmermilieus mit ihrer Maxime »Leistung gegen Teilhabe«. (Siehe Vester 2000) Der spätere Kanzlerkandidat Gerhard Schröder habe aber insbesondere das postmoderne Milieu der Aufsteiger und Neuen Manager angesprochen. (Siehe Perger 1999)

18 Siehe Köllner / Basedau 2006, S. 19 ff. Eine politische Strömung ist die Vorstufe zur Faktion und unterscheidet sich von der Faktion darin, dass sie weder dauerhaft personalisiert noch formal organisiert ist. Vor der formalen Organisation als »Frankfurter Kreis« existieren einige linke Gruppierungen, die insbesondere als Autoren für Zeitschriften engagiert waren. (Siehe Kritidis 2008)

19 Siehe Müller-Rommel 1982, S. 69 ff; 132 ff.

Die Parteirechten (seit 1969 »Metzger-Kreis«, seit 1973/1974 »Lahnsteiner Kreis« und seit 1978 »Seeheimer Kreis«) organisierten sich aufgrund von Auseinandersetzungen mit den sich »radikalisierenden« Nachwuchsverbänden in der SPD, um – wie Hans-Jochen Vogel in einem Brief an Willy Brandt im September 1970 formuliert hatte – »den Kampf [gegen die neomarxistischen Kräfte] mit aller Entschlossenheit«[20] zu führen und nicht hinter das Godesberger Programm zurückzufallen. Die auf Personal- und Tagespolitik beschränkte Arbeit der »Kanaler«, die sich eher als geselliger und personalpolitischer Zusammenschluss verstanden[21], genügte aus seiner Sicht nicht mehr, um »langfristig brauchbare Ideen zu produzieren, die sich argumentativ gegen die Parteilinken verwenden ließen«[22].

Auch der Umgang mit den NSB war zwischen den Parteiflügeln umstritten. Die SPD verlor in den 1970er Jahren den Anschluss an einen Teil der Wähler aus dem Sympathisantenkreis der NSB an die »Grünen«. Diese Entwicklung war kein Zufall, sondern die Folge eines innerparteilichen Machtkampfes. Die außen- und umweltpolitische Wende der SPD war zu spät erfolgt. Dennoch konnte die SPD-Linke durch ihre Dominanz in den 1980er Jahren verhindern, dass die »Grünen« noch mehr gestärkt wurden.

Die SPD-Linke verlor nach der »samtenen Revolution« im Ostblock im Jahre 1989 an Einfluss, weil sie zu spät erkannt hatte, dass die Wähler, auch und insbesondere die Arbeiter in der DDR, eine Währungsunion und die Einheit Deutschlands forderten, um »der Gleichberechtigung mit ihren Landsleuten im Westen«[23] näher zu kommen. Auch »die Vorstellungen von einem »dritten Weg««[24] sowohl einiger Bürgerrechtsgruppen im Osten als auch vieler linker Sozialdemokraten und Intellektueller im Westen, der ein »demokratischer Sozialismus« hätte sein können, »galten der überwältigenden Mehrheit als Ausdruck von Wirklichkeitsverlust und Wunschdenken.«[25] Die SPD hatte sich nach der Fusion mit der Ost-SPD verändert, da die SDP, der Vorgänger der Ost-SPD, eine bürgerrechtsbewegte Partei war, sich zu einer »ökologisch orientierte(n) soziale(n) Demokratie«[26] bekannte und »am politischen wie wirtschaftlichen System des Westens«[27] orientierte. Ihre Ziele waren nicht »eine systemimmanente Reform

---

20 Kahrs / Viehbeck 2005, S. 16
21 ebd., S. 9
22 Müller-Rommel 1982, S. 163
23 Winkler 2002 (2000), S. 574
24 ebd., S. 560
25 ebd.
26 zit. nach Sturm 2006, S. 134
27 ebd.

der DDR«[28] oder eine »unmittelbare Demokratie«[29], wie sie andere Bürgerrechtler forderten. Für die ostdeutschen Sozialdemokraten waren Begriffe wie »Genosse« und »Sozialismus«, auch als »Demokratischer Sozialismus«, diskreditiert.[30]

Die SPD-Linke hatte »ihre Diskursfähigkeit gegenüber der Gesellschaft«[31] verloren und ihre organisatorische und ideologische Stärke »durch die Vereinigung von DDR und Bundesrepublik«[32] eingebüßt. Dem »Regierungslager bzw. seinen Ratgebern«[33] war es gelungen, die Linke »in jener Phase des Umbruchs semantisch (zu) enteignen [...]: »Subsidiarität«, »Selbsthilfe« und »Solidarität« wurden binnen kürzester Zeit zu wirksamen Kampfbegriffen ihrer liberalkonservativen Gegner. Hier dürfte einer der wichtigsten Gründe dafür liegen, dass Maßnahmen einer neoliberalen Modernisierung in Medien und politischer Öffentlichkeit auf relativ wenig, noch dazu kaum organisierten und schlecht koordinierten Widerstand stießen.«[34] Die neoliberale Hegemonie forderte auch die SPD insgesamt heraus und stellte sie Anfang der 1990er Jahre vor die Entscheidung, sich wie die heute nicht mehr existierende italienische PSI »zur neoliberalen Wirtschaftspartei«[35], wie die heute bedeutungslos gewordene »PSDI in Italien«[36] zu einem »rechtsliberale(n) Mittelstandsverein«[37] zu entwickeln oder aber linke Massenpartei zu bleiben. Im Grunde handelte es sich dabei aber nie um eine einheitliche Strategie, sondern die Entwicklungsfrage wurde von den Parteiflügeln unterschiedlich beantwortet. Die Besonderheit war, dass das Ziel der wirtschaftspolitischen Wende mit dem Ziel der »Regierungsfähigkeit« nicht allein vom »Seeheimer«-Flügel, sondern auch von anderen politischen Strömungen in der SPD befürwortet wurde, die sich nach 1990 herausgebildet hatten. Hierzu gehörten insbesondere Sozialdemokraten in Regierungsverantwortung wie Rudolf Scharping und Gerhard Schröder, die noch in den 1970er Jahren zur SPD-Linken zählten. Die wirtschaftspolitische Wende wurde bereits unter Helmut Schmidt Anfang der 1980er Jahre vorbereitet und in den 1990er Jahren immer wieder medienwirksam eingefordert und letztlich durchgesetzt:

---

28 ebd.
29 ebd., S. 135
30 Siehe ebd., S. 136
31 Peter 1999, S. 119
32 Butterwegge 2006 (2005), S. 127
33 ebd.
34 ebd., S. 127 f.
35 Scheer 1993, S. 35
36 ebd.
37 ebd.

(1) Helmut Schmidt bereitete in Kooperation insbesondere mit dem »Seeheimer«-Flügel »durch eine Politik, die gegen Ende seiner Amtszeit kaum noch sozialdemokratisches Profil erkennen ließ, der Union praktisch den Boden zur Regierungsübernahme.«[38]

(2) Oskar Lafontaine hatte bereits als saarländischer Ministerpräsident im Jahre 1985 »auf die Wirkungslosigkeit antizyklischer Fiskalpolitik im nationalen Rahmen«[39] hingewiesen und die These des Politikwissenschaftler Fritz Scharpf von der Notwendigkeit der Umverteilung in einer Klasse statt der Umverteilung von oben nach unten vertreten.[40]

(3) Der Kampf um die Deutungshoheit in der SPD, der »Angriff auf das Berliner Programm«[41] und die Einleitung der wirtschaftspolitischen Wende erfolgten bereits im Jahre 1991, als die NRW-SPD eine Revision des 1989 verabschiedeten, betont Kapitalismus-kritischen und postmaterialistischen »Berliner Programms« forderte.

(4) Engholm hatte mit den »Petersberger Beschlüssen« aus dem August 1992 der »Konsolidierung der Staatsfinanzen höchste Priorität einräumen«[42] wollen, die allerdings von der SPD-Linken noch durch die Forderung nach Generationengerechtigkeit und die finanzielle Solidarität der Unternehmen ersetzt werden konnte.[43]

(5) Rudolf Scharping, der durch einen Mitgliederentscheid im Jahre 1993 gewählt worden war, setzte den Kurs Engholms nicht nur fort, sondern verschärfte ihn. Er sprach vom Ende der Umverteilung und der Konjunkturpolitik und befürwortete beispielsweise das Lohnabstandsgebot zur Höhe der Sozialhilfe und den möglichen Wegfall von Feiertagen zur Finanzierung der Pflegeversicherung. Auch Lafontaine plädierte für einen langsameren Lohnanstieg im Osten.[44]

(6) Gerhard Schröder forderte gemeinsam mit seinem wirtschaftsliberalen Ratgeber und damaligem Staatssekretär im niedersächsischen Wirtschaftsministerium Alfred Tacke in untereinander abgestimmten Interviews Mitte Juni des Jahres 1995 »die Einführung des Samstags als Regelarbeitstag«[45].

---

38 Butterwegge 2006 (2005), S. 118 f.
39 Nawrat 2006, S. 69
40 Siehe ebd., S. 72
41 Krämer 1991, S. 10
42 SPD-Zentrale 1992, S. 11
43 Siehe Vorstand der SPD 1992
44 Siehe Arenz / Peter 1993
45 Widuckel-Mathias 1995, S. 28

(7) Die Periode des Vorsitzes von Oskar Lafontaine der Jahre 1995 bis 1999 war letztlich für die SPD ein kurzes Intermezzo und konnte die wirtschaftspolitische Wende der SPD nicht aufhalten. Die Wahl Lafontaines im Jahre 1995 war nicht nur ein »persönlicher« Sieg Lafontaines und eine politische (Teil-)Wandlung Lafontaines zum Parteilinken, sondern auch eine Stärkung der Parteilinken, nachdem sie seit 1990 immer mehr an Einfluss zu verlieren gedroht hatte. Lafontaine war ein Befürworter einer rot-grünen Koalition[46] und einer ökologischen Wende, die er als wirtschaftliche Modernisierung verstand[47], während die »Seeheimer« fürchteten, dass »Lafontaines ökologische Orientierung (…) die Sozialpolitik verdrängen«[48] könne. Lafontaine war allerdings weder friedenspolitisch noch innenpolitisch ein Bündnispartner der SPD-Linken, auch wenn er bei seiner Rede auf dem Mannheimer Parteitag im Jahre 1995 die friedenspolitische Tradition der Sozialdemokratie hervorhob, »die sich bei militärischen Kampfeinsätzen zurückhalten sollte.«[49] Lafontaine interpretierte aber beispielsweise auch noch nach dem späteren Bundestagswahlsieg der SPD im Jahre 1998 die Änderung des Asylgesetzes als entscheidende Voraussetzung für den Wahlsieg der SPD.[50]

Der Mythos der Politik der »Neuen Mitte« wurde wie bereits bei der Bundestagswahl 1969 auch bei der Interpretation des Wahlsiegs der SPD bei der Bundestagswahl 1998 wiederholt: Die SPD habe die Wahlen gewonnen, weil Gerhard Schröder die »Neue Mitte«, insbesondere also die »gesellschaftlichen Leistungsträgerinnen und Leistungsträger«[51] vom hochqualifizierten Arbeitnehmer bis zum Manager und Wissenschaftler, habe mobilisieren können.

Der Wahlkampfberater Gerhard Schröders und spätere Kanzleramtsminister Bodo Hombach, der bereits die Wahlkämpfe für Johannes Rau in Nordrhein-Westfalen organisiert hatte, wollte die »Leistungsträger« erreichen und »linksori-

---

46 Das Projekt »Rot-Grün« war ein Erfolgsmodell und wurde insbesondere von der SPD-Linken in den 80er Jahren vorbereitet, während die »Seeheimer« dieses Modell lange Zeit abgelehnt hatten.

47 Siehe Krämer u. a. 1995, S. 6; siehe Lafontaine 1990

48 Sturm 2006, S. 383

49 Krämer u. a. 1995, S. 6

50 Siehe Schröder 2007, S. 13 Lafontaine war einer derjenigen, die vor der Verabschiedung des Gesetzes zur doppelten Staatsbürgerschaft warnten und diese als Wahlhindernis für die Landtagswahl in Hessen im Jahre 1999 gesehen haben, und er hatte den Innenminister Otto Schily darin unterstützt, dass »afrikanische Flüchtlinge, bevor sie ihren Kontinent verlassen können, präventiv in Lager« (ebd., S. 14) gesperrt werden sollten.

51 Vester 2001, S. 103

entierte WählerInnen wohl an die Grünen preis[ge]geben«[52]. Die Schröder-SPD hatte im Bundestagswahlkampf 1998 »auf eine Polarisierung gegen den politischen Gegner [...] ebenso verzichtet, wie auf eine Darstellung der gesellschaftlichen Spaltungslinien«[53] und wollte »verunsicherten Teilen der gesellschaftlichen Mittelschichten die Angst vor einem Regierungswechsel nehmen«[54] sowie die »sozialdemokratische(n) StammwählerInnen vor allem über die persönliche Autorität des ›charismatischen Führers‹ Schröder«[55] einbinden. Die Schröder-SPD repräsentierte nur einen Teil der SPD im Wahlkampf, die nicht nur für eine von dem »Genossen der Bosse«, Gerhard Schröder, repräsentierte unternehmerfreundliche Wirtschaftspolitik geworben hatte. Die Lafontaine-SPD hatte nämlich andererseits für mehr soziale, ökologische und Bildungsgerechtigkeit geworben.[56] Diese »Doppelstrategie« offenbarte sich auch in der gegensätzlichen Wahlkampfführung. Während die Kampa '98, die mit den ehemaligen »Stamokaps«[57] besetzte Wahlkampfzentrale der SPD, den Wahlkampf bereits im Jahre »1997 mit einem Kanzlerkandidaten Lafontaine geplant«[58] hatte, führte Bodo Hombach für Schröder einen »Innovationswahlkampf«, wie ihn auch der Unternehmer und Kandidat für das Wirtschaftsministerium Jost Stollmann verkörpern sollte.

Auch wenn die neoliberalen Forderungen möglicherweise dazu beigetragen haben, einige konservative Arbeitnehmer zu mobilisieren, waren die entschei-

---

52 Mikfeld 1998, S. 5
53 ebd.
54 ebd.
55 ebd.
56 Siehe Dülmer 2005; siehe Güllner 2007 Manfred Güllner betitelt einerseits seinen Artikel damit, dass die Sozialdemokratie zum Regieren nicht geschaffen sei und kritisiert andererseits, dass »die Regierungsbeteiligung keine Aufbruchstimmung« (Güllner 2007, S. 62) vermittelt habe. Die sozialdemokratischen Minister seien »im besten Fall solide Machttechnokraten.« (ebd.) Er kritisiert aber auch die Radikalisierung der SPD durch die neuen Mitglieder aus »bürgerlichen Mittelschichten«. (ebd., S. 64). Güllner verschweigt aber, dass die Aufbruchstimmung gerade auch von den »radikalen« Mitgliedern getragen worden war. Er sieht in der Öffnung für die »bürgerlichen Mittelschichten« das Allheilmittel für den Wahlsieg der SPD und übersieht dabei, dass erstens die »bürgerlichen Mittelschichten« aus unterschiedlichen Gründen SPD wählen und keineswegs immer eine wirtschaftsliberale Politik befürworten. Zweitens ist eine einseitige Ausrichtung auf das Bürgertum dann wahlgefährdend, wenn die SPD die Arbeitnehmerklientel durch eine wirtschaftsliberale Politik vernachlässigt. Ähnlich einseitig wie Güllner argumentiert auch Dülmer.
57 »Stamokaps« war die Bezeichnung für eine der linken Gruppierungen der Jungsozialisten in den 1970er Jahren. Die Stamokaps« vertraten die Theorie des »Staatsmonopolistischen Kapitalismus«, nach der der Staat der Agent des Kapitals ist.
58 Thörmer / Einemann 2007, S. 99

denden Mobilisierungsthemen der SPD das Versprechen des Abbaus der Arbeitslosigkeit und die Frage der sozialen Gerechtigkeit.[59] Die SPD löste nach der Bundestagswahl einige ihrer Wahlversprechen ein, für die insbesondere Lafontaine und der linke Parteiflügel standen. Andere »Erblasten der CDU/CSU/FDP-Koalition blieben unangetastet«[60]. Der Reformprozess in der SPD drohte schon nach wenigen Monaten beendet zu werden. Hierfür verantwortlich war auch ein erneuter innerparteilicher Machtzuwachs für die Parteirechte durch die Gründung des »Netzwerks Berlin«, bestehend aus jungen sich in ihrem Lebensstil als modern verstehenden konservativen Sozialdemokraten. Zusätzlich zeigte sich auf der symbolischen Ebene eine zunehmende Distanz Schröders gegenüber seinen gewerkschaftsorientierten, eher bescheidenen Wählern und auch der Parteilinken. Er posierte als Brioni-Kanzler und ließ sich Cohiba-rauchend im Stile eines neuen Managers filmen und ablichten.

Die Flügelkonstellation in der SPD änderte sich mit der Gründung des »Netzwerks Berlin« nach der Bundestagswahl im Jahre 1998 und verschob die Kräfteverhältnisse weiter zu Ungunsten der Parteilinken. Die »Netzwerker« verstehen sich als Nachfolger der Enkel-Generation Willy Brandts in der SPD.[61] Die »Seeheimer« waren ihnen »zu kanzlertreu, zu wenig an grundsätzlichen Diskussionen interessiert und kulturell fremd«[62], während sie die »Parlamentarische Linke«, die Nachfolger des »Leverkusener Kreises« seit dem Jahre 1980, als zu »eingefahren, starr-hierarchisch und im Denken der achtziger Jahre verhaftet«[63] betrachteten. Die »Netzwerker« pflegen einen individualisierten, unkonventionellen Lebensstil in der Tradition der 68er, grenzen sich aber von dem ihrer Ansicht nach dogmatischen Denken der 68er ab. Die »Netzwerker« betonen den Wert der Eigenverantwortung und den Aufstieg durch eigene Leistung. Die Linken sind ihnen deshalb zu »starr-hierarchisch«, weil ihnen Kollektive fremd erscheinen und sie ihren eigenen Aufstieg als Folge der eigenen Leistung verstehen.

Der »Frankfurter Kreis« hatte Ende 1998 ebenso wie die »Juso-Linke« mit dem Regierungswechsel auch einen Politikwechsel im Sinne eines umfassenden »sozialen und ökologischen Aufbruch(s)«[64] eingefordert. Der Rücktritt Oskar Lafontaines am 11.03.1999 bedeutete für die SPD-Linke einen weiteren inner-

---

59 Siehe Larcher 1998, S. 9
60 Butterwegge 2006 (2005), S. 159
61 Siehe Bartels 2001, S. 27
62 Forkmann 2007, S. 67
63 ebd.
64 »Frankfurter Kreis« 1998, S. 14; siehe Wischmeier 1998

63

parteilichen Machtverlust. Sein Rücktritt war keinesfalls Folge seiner Eitelkeit oder Ausdruck seiner fehlenden Loyalität, auch wenn er sicherlich, ähnlich wie Schröder, kein Parteisoldat war, sondern der Rücktritt war Folge der »massive(n) Kritik«[65] der Öffentlichkeit und des innerparteilichen Machtkampfes zwischen Lafontaine auf der einen und Hombach und Schröder auf der anderen Seite. Hombachs Ziel war es, die Parteilinke und Lafontaine innerparteilich zurückzudrängen, um die Angebotspolitik des »aktivierenden Staates« durchzusetzen, wie es auch die Publikation des so genannten Schröder-Blair-Papiers am 08. Juni 1999 beweist, das maßgeblich von Hombach verfasst worden war. Schröder wurde am 14. April 1999, einen Tag nach der Präsentation des Schröder-Blair-Papiers, von den Delegierten des SPD-Sonderparteitages zum Vorsitzenden der SPD gewählt, und der »Netzwerker« Olaf Scholz wurde sein Generalsekretär.

Einige Youngster, eine Gruppe junger Bundestagsabgeordneter, die heute zu den »Netzwerkern« und »Seeheimern« zählen, forderten Gerhard Schröder im Juli 1999 zur Modernisierung der SPD auf und werteten das Schröder-Blair-Papier als »konstruktiven Versuch«[66]. Sie warnten vor einer Links-Rechts-Debatte und vor einer Programmdebatte als »Politikersatz«[67]. Sie befürworteten die Forderungen nach einem »aktivierenden Staat«, der Eigenverantwortung und Freiheit stärker berücksichtigen solle.

Der Wechsel im Amt des Finanzministers von Lafontaine zu Hans Eichel, der die hessische Landtagswahl nach der Unterschriftenkampagne der CDU gegen die Einführung der doppelten Staatsbürgerschaft trotz guter Wahlumfragen verloren hatte, war ein politischer Wechsel von der keynesianisch-nachfrageorientierten Politik der Parteilinken zur angebotsorientierten Politik der Parteirechten, einschließlich der Politik der Haushaltskonsolidierung und der Körperschaftssteuerreform, durch die insbesondere die »großen Kapitalgesellschaften«[68] ihre Gewinne steigern konnten. Auch die »Umstellung vom Vollanrechnungs- auf das Halbeinkünfteverfahren«[69] benachteiligte Kleinaktionäre und damit insbesondere Arbeitnehmer, während »Spitzenverdiener und Konzerne«[70] steuerlich besser gestellt wurden. Zwar wurde durch die rot-grüne Steuerreform auch der Eingangssteuersatz verringert. Andererseits wurden aber der Progressionsbereich

---

65 »Frankfurter Kreis« 1999, S. 5
66 Hauer u. a. 1999, S. 2
67 ebd., S. 1
68 Butterwegge 2006 (2005), S. 173
69 ebd., S. 174
70 ebd.

von etwa 130.000 auf 102.000 Euro verkürzt und Freibeträge und Zulagen verringert, von denen insbesondere Arbeitnehmer profitiert hatten.[71]

Die Einführung der Riester-Rente 2000/2001 verringerte den Rentenanstieg »durch die Berücksichtigung tatsächlicher oder fiktiver Beiträge zur privaten Altersvorsorge«[72] und führte im Jahre 2005 sogar zu einer Nullrunde. Schröder gerierte sich zu dieser Zeit als »Basta-Kanzler«, weil er auf einem Kongress der ÖTV in Leipzig den Delegierten auf ihre Kritik an der Rentenpolitik entgegnete: »Wir werden das machen. Basta!«[73] Die Risse im Bündnis von SPD und Gewerkschaften vergrößerten sich.

Die Parteilinke formierte sich im Jahre 2000 als Verein neu. Das neu gegründete »Forum Demokratische Linke 21« löste den »Frankfurter Kreis« ab. Gründungsvorsitzende war Andrea Nahles und ihr Stellvertreter Detlev von Larcher. Die Gründung der »DL 21« war ein Neuanfang und sollte die Rolle des »Frankfurter Kreises« als visionäre Faktion und soziales Gewissen abstreifen und stattdessen »zukunftsorientierte, praktische Lösungen entwickeln«[74], während »die anderen [...] kritisieren«[75] dürfen. Horst Arentz, Abgeordneten-Mitarbeiter der SPD-Bundestagsfraktion, kritisierte die damalige Vorsitzende der »DL 21« Andrea Nahles dafür, dass sie »die Endfassung der Riesterrente als Erfolg der Parteilinken mit der Begründung verkauft«[76] habe, dass »mehr [...] nicht durchsetzbar gewesen«[77] sei. Die »DL 21« habe auch ein Jahr nach ihrer Gründung ihre Arbeit, die bereits bei dem »Frankfurter Kreis« brach gelegen habe, noch nicht systematisiert. Die »DL 21« dürfe nicht wie das »Netzwerk Berlin« zum Karrierenetzwerk werden, sonst laufe sie Gefahr, in dem von dem SPD-Bundesgeschäftsführer Matthias Machnig gegründeten »Netzwerk 2010« aufzugehen, das die Parteilinke über die Parteispitze steuern sollte und nicht mit dem »Netzwerk Berlin« zu verwechseln ist. Das »Netzwerk 2010« wurde allerdings nach dem Rückzug Matthias Machnigs als Bundesgeschäftsführer der SPD wieder aufgegeben.[78]

---

71 Siehe ebd., S. 167 ff.
72 Steffen 2005, S. 98
73 Siehe manager-magazin.de 2000
74 Larcher / Nahles 2000, S. 13
75 ebd.
76 Arenz 2001, S. 57
77 ebd.
78 Siehe Schrapers 2002, S. 2 f.

Rot-Grün vollzog einen Kurswechsel in der Arbeitsmarktpolitik im Jahre 2001, nachdem die Arbeitslosenzahlen, auch bedingt durch die wirtschaftliche Krise, weiter anstiegen und die »›Politik der ruhigen Hand‹ des Kanzlers in Frage«[79] gestellt wurde. Das auch von den Gewerkschaften und Parteilinken mit Ausnahme der »Verlängerung der Ausleihzeiten«[80] begrüßte und im November 2001 verabschiedete Job-AQTIV-Gesetz, das »auf weitreichende Kürzungen bei Leistungen verzichtet«[81] hatte, sollte »durch das individuelle profiling der Arbeitslosen, die Verkürzung der Wartezeiten auf eine arbeitsmarktpolitische Maßnahme, die Verlängerung der möglichen Leiharbeitszeiten, Job-Rotation und verstärkte Qualifizierungsanstrengungen«[82] aktivierend wirken. Die von der Bundesregierung im Februar 2002 beschlossene Förderung des Niedriglohnsektors war der zweite Baustein für den arbeitsmarktpolitischen Wandel »zu einer aktivierenden Strategie des ›Förderns und Forderns‹ wie im Schröder-Blair-Papier angekündigt.«[83]

Mit der Entscheidung für die Gründung einer Kommission zur Reform der Bundesanstalt, die von dem Personalvorstand Peter Hartz geleitet werden sollte, bereitete Schröder die wirtschafts- und sozialpolitische Wende der SPD vor. Die Kommission schlug eine Modernisierung der Bundesanstalt für Arbeit vor, die die Vermittlung beschleunigen sollte und über aktivierende Instrumente wie die Finanzierung von Ich-AGs oder JobFloater zur Gewährung von Darlehen für Mittelständler zur Einstellung Arbeitsloser sowie die »Verschärfung der Zumutbarkeitskriterien für die Arbeitsaufnahme«[84] und »die Zusammenlegung von Arbeitslosenhilfe und Sozialhilfe«[85] besser als bisher Arbeitslose in den Arbeitsmarkt integrieren sollte. Die Gewerkschaften befürworteten zwar das Ziel des Arbeitslosenabbaus. Insbesondere die IG Metall kritisierte aber die Vorschläge zur »Ausweitung der Leiharbeit durch PersonalServiceAgenturen (PSA), der Senkung der Arbeitslosenhilfe und der Ausweitung der geringfügigen Beschäftigung«[86].

---

79 Blancke / Schmid 2003, S. 225
80 ebd., S. 227
81 ebd.
82 ebd., S. 226 f.
83 ebd., S. 227
84 ebd., S. 229
85 ebd.
86 ebd., S. 230

Die SPD hatte also bereits vor der Bundestagswahl 2002 ihre arbeitsmarktpolitische Wende angekündigt, während gleichzeitig das »Bündnis für Arbeit« und damit »der Beginn eines«[87] von Bodo Hombach geforderten »neuen Korporatismus«[88] im Stile eines »liberal-wertkonservativen Wettbewerbskorporatismus, der soziales Innovations- und Vertrauenspotenzial marginalisierte«[89], gescheitert war. Die Reform der Betriebsverfassung, die »die Chancen der Betriebsratsbildung [...] vor allem im Kreis der mittleren und kleineren Betriebe«[90] erhöhte, diente vor allem »als Zuckerbrot für die Hinnahme«[91] der Steuerreform 2000, einschließlich der Körperschaftssteuer, und der Riester-Rente. Die Bilanz der Regierung Schröder war insofern zwar nicht nur unternehmerfreundlich. Sie war es aber überwiegend.

Die Bilanz in der Innen- und Außenpolitik fällt für die erste rot-grüne Bundesregierung zwiespältig aus. Sie hat Fortschritte beispielsweise in den folgenden Bereichen erzielt, deren Reformdimensionen wie bei der Reform des Staatsbürgerschaftsrechts durch die konservative Opposition gemindert wurden:

–   Entschädigung von NS-Zwangsarbeitern,
–   Modernisierung des Staatsbürgerschaftsrechts durch die Ergänzung des Abstammungsprinzips durch ein »eingeschränktes ius soli«[92],
–   Ausstieg aus der Atomenergie,
–   Ökologische Steuerreform,
–   Einstieg in die Förderung erneuerbarer Energien,
–   Klimaschutzprogramm.[93]

Rot-grün vollzog hingegen eine konservative Wende in folgenden Bereichen:

–   Schutz der Bürger durch die Verabschiedung der Anti-Terror-Pakete nach den Anschlägen vom 11. September,[94]
–   Beteiligung an militärischen Einsätzen im Kosovo, in Mazedonien und Afghanistan; entscheidend aber war die Beteiligung an militärischen Einsätzen im Kosovo und in Afghanistan, die nicht mit einem UNO-Mandat ausge-

---

87 Hombach 1998, S. 115
88 ebd.
89 Butterwegge 2006 (2005), S. 163
90 Schmidt 2003, S. 246
91 ebd.
92 Busch 2003, S. 307
93 Siehe Metz 2003
94 Busch 2003, S. 322 f.

stattet, völkerrechtswidrig und Angriffskriege waren. Die Beteiligung am Einsatz im Kosovo war auch deshalb ein Bruch mit vorherigen deutschen Militäreinsätzen nach 1945, weil mit der Vorstellung des »Hufeisenplans« die Öffentlichkeit über den wahren Gehalt der »ethnischen Säuberungen« im Kosovo getäuscht wurde. Bis heute ist umstritten, welche Dimension diese hatten und ob sie durch den Angriffskrieg verstärkt oder sogar erst ausgelöst wurden.[95] Die »uneingeschränkte Solidarität« mit den USA, durch die sich Rot-grün zur Beteiligung am Afghanistan-Krieg gegen den Terror verpflichtet sah und die Begründung des Verteidigungsministers Peter Struck, »Deutschland werde am Hindukusch verteidigt«, hatte mit einer linken und kritischen Politik nichts mehr zu tun.

Die rot-grüne Koalition hatte zwar in ökologischen und teilweise auch in rechtspolitischen Fragen in ihrer ersten Amtszeit Fortschritte im Vergleich zur Kohl-Regierung erzielt. Nach der Bundestagswahl 2002 sollte aber auch dieser linke Reformkurs gebremst werden.

3 Die SPD nach der Bundestagswahl 2002

Die SPD hat nicht erst bei der Bundestagswahl 2005, sondern bereits bei der Bundestagswahl 2002 im Westen einen Verlust im Vergleich mit der Bundestagswahl 1998 insbesondere in der Gruppe der Arbeiter, auch der gewerkschaftlich organisierten, hinnehmen müssen.[96] Die SPD hatte in der Gruppe der gewerkschaftlich Angestellten leicht hinzugewonnen, insgesamt aber trotz des »Kanzlerbonus von Schröder«[97] über zwei Prozent ihrer Stimmen verloren. Sie war damit auf den Stand ihrer Wahlergebnisse der Bundestagswahlen von 1983 bis 1994 zurückgefallen. Die SPD hatte den angekündigten Abbau der Arbeitslosigkeit nicht umsetzen können und hatte »in den Augen eines Teils der Wähler«[98] in den Arbeitsbereichen Wirtschaft und Arbeit »versagt«[99]. Schröder konnte aber mit einer Neuauflage der Interventionspolitik bei der Flutkatastrophe und seiner ab-

---

95 Siehe Albrecht 2001, S. 80 ff.; siehe Pfetsch 2003 S. 381
96 Siehe Alemann 2003, S. 61
97 ebd., S. 64
98 Stöss / Neugebauer 2002, S. 53
99 ebd.

lehnenden Haltung zu einer Beteiligung deutscher Soldaten am Irakkrieg insbesondere im Osten, aber auch im Westen, punkten und erneut das Thema »soziale Gerechtigkeit« besetzen. Auch war die erneute Gewerkschaftshilfe, wenn auch nicht in den Dimensionen von 1998, für die Wahl entscheidend gewesen.[100] Die PDS war für die Gewerkschaften 2002 noch keine Alternative. Ansonsten war der Wahlkampf aber nicht auf die Stammklientel der SPD ausgerichtet, sondern zielte darauf, mögliche Wechselwähler aus der »neuen Mitte«, statt verunsicherte SPD-Wähler zu remobilisieren.[101] Die Besonderheiten dieser Wahlen waren:

- Die überdurchschnittliche Mobilisierung von Frauen durch Rot-grün,
- die Mobilisierung von bisherigen PDS-Wählern durch die SPD insbesondere im Osten
- und der Verlust von SPD-Wählern insbesondere an die CDU/CSU, »Grünen« und die FDP.[102]

Die SPD musste also gewarnt sein,

- weil sie nun wissen musste, dass der »Kanzlerbonus« nicht der wahlentscheidende Faktor für die nächste Bundestagswahl sein würde, auch wenn Schröder im Stile eines charismatischen Staatspatrons Sicherheit für die Flutopfer versprochen hatte;
- weil die Unzufriedenheit und Desorientierung zahlreicher Funktionäre und Mitglieder bei dieser Wahl *noch nicht* zum Tragen gekommen war.[103] Die Resignation drohte aber für den Fall einzutreten, dass die SPD ihren Kurs einer vagen »Neuen Mitte« fortsetzen sollte;
- weil die Gewerkschaften nicht erneut für die SPD Wahlkampfhilfe leisten würden, wenn sie sich als Bündnispartner als unzuverlässig erweisen würde.

Der SPD gelang es trotz dieser Warnsignale nicht, sich auf dem erreichten Niveau zu stabilisieren. Die SPD wurde weiter in der Öffentlichkeit, beispielsweise vom Spiegel, für ihre Nähe zu den Gewerkschaften kritisiert, obwohl dieses Bündnis schon brüchig geworden war.[104] Bereits am 1. Januar 2003 wurde das erste »Hartz«-Gesetz verabschiedet, das für Arbeitslose »die Barrieren der Be-

---

100 Siehe Alemann 2003, S. 57
101 Siehe ebd., S. 56
102 Siehe ebd., S. 45 ff.
103 Siehe Thörmer / Einemann 2007, S. 105
104 Siehe Butterwegge 2006 (2005), S. 202

dürftigkeitsprüfung erhöht(e)«[105], »die Vermögensfreibeträge deutlich«[106] senkte, die Mindestfreibeträge für verdienende »Ehe-Partner/innen um 20 Prozent«[107] kürzte und den »Erwerbstätigen-Freibetrag«[108] abschaffte. Die SPD fiel in den Wählerumfragen auf unter 30 Prozent und verlor die beiden Landtagswahlen in Hessen und Niedersachsen im Februar 2003. Diese Wahlen waren von CDU/CSU und FDP zu »Denkzettelwahl(en)« erklärt worden, um die SPD für ihren »Wahlbetrug« in der Frage der Absage an Steuererhöhungen zu »bestrafen«.[109] Gerhard Schröder fuhr zudem dem niedersächsischen Ministerpräsidenten Sigmar Gabriel in die Parade, der gemeinsam mit dem nordrhein-westfälischen Ministerpräsidenten Peer Steinbrück ein Steuerkonzept entwickelt hatte, das eine Wiedereinführung der Vermögenssteuer vorsah, um ein besseres Bildungsangebot zu finanzieren. Schröder konterkarierte ihr Konzept, um sein Konzept der »Neuen Mitte« nicht zu gefährden, einen möglichen Konkurrenten klein zu halten und weiterhin in der SPD unangefochten zu bleiben, zumal Gabriel bis dahin als möglicher Nachfolgekanzler gehandelt wurde.[110]

Die SPD verlor beide Landtagswahlen auch deshalb, weil sie ihre Wähler erneut verunsichert hatte. Grund für diese Wahlniederlage war insbesondere der Umstand, dass die SPD in der Gruppe der Arbeiter und Gewerkschaftsmitglieder erheblich verloren hatte, und zwar in einem historisch einmaligen Ausmaß.[111] Viele SPD-Wähler haben die sozialen Folgen der Hartz-Gesetze keineswegs für richtig gehalten und erwarteten eine soziale Ausbalancierung, auch wenn einige SPD-Wähler von den Hartz-Vorschlägen bei der Bundestagswahl noch einen künftigen Abbau der Arbeitslosigkeit erwartet hatten. Erst schien die SPD eine Kurskorrektur vornehmen zu wollen, weil sie »beispielsweise über eine Wiedereinführung der Vermögens- sowie eine kräftige Erhöhung der Erbschaftssteuer, die Abschaffung des steuerlichen Ehegattensplittings zwecks Verbesserung der Kinderförderung sowie eine drastische Anhebung der Beitragsbemessungs- und Versicherungspflichtgrenze in der Krankenversicherung«[112] diskutierte. Schröder reagierte aber nicht mit einer Offensive einer Politik der »sozialen Gerechtigkeit«,

---

105 ebd., S. 189
106 ebd.
107 ebd.
108 ebd.
109 Siehe Peter / Sprafke 2003, S. 9
110 Siehe Thörmer / Einemann 2007, S. 61
111 Siehe Forschungsgruppe Wahlen 2003, S. 1
112 Butterwegge 2006 (2005), S. 202

sondern verkündete in seiner Regierungserklärung »Mut zum Frieden und Mut zur Veränderung«[113] am 14. März 2003 die »Agenda 2010«, die ein kommunales Konjunkturprogramm in Höhe von 15 Milliarden Euro, die »Flexibilisierung der Handwerksordnung, Lockerung des Kündigungsschutzes, Öffnungsklauseln in den Tarifverträgen, Erhöhung des Ausbildungsplatzangebots, die Sanierung der öffentlichen Finanzen durch Abgeltungssteuer auf Zinseinkommen und Stärkung der Gemeindefinanzen«[114] und insbesondere den »nachhaltige(n) Umbau des Sozialstaates mit der Zusammenlegung von Arbeitslosenhilfe und Sozialhilfe, Verkürzung der Bezugsdauer, Kürzung der Arbeitslosenhilfe auf Sozialhilfeniveau, einer ›Sanierung‹ der Altersversicherung und einem Umbau der gesetzlichen Krankenversicherung (einschließlich einer Privatisierung des Krankengeldes und des Ausbaus der privaten Zuzahlungen)«[115] beinhaltete. Sowohl die »Seeheimer« als auch die »Netzwerker« unterstützten Schröders Kurs. Die »Seeheimer« erklärten, dass »jeder Bürger, jede gesellschaftliche Gruppe [...] einen eigenen Beitrag zu leisten«[116] habe, um das »Solidarsystem (zu) erhalten«[117].

Der »Netzwerker« Hans-Peter Bartels stritt in der Zeitschrift der »Netzwerker«, der »Berliner Republik«, mit den »Netzwerkern« Hubertus Heil und Carsten Stender darüber, ob die Bundestagswahl der Beweis für das wahlentscheidende Thema der »sozialen Gerechtigkeit« war. Bartels bejahte dies und plädierte für einen sozialeren Reformkurs. Er rief dazu auf, die Wirtschaftspolitik zu vergessen[118] und forderte aufgrund fehlender Wahlankündigungen eine »zusätzliche Legitimation«[119] für die »Agenda 2010« ein. Hubertus Heil und Carsten Stender betrachteten hingegen die ökonomische Kompetenz als wahlentscheidend und werteten die im Vergleich zur CDU/CSU schwächere Wirtschaftskompetenz der SPD als Grund für den Stimmenrückgang.[120] Die Kritik von Bartels war aber eine Einzelmeinung innerhalb der »Netzwerker«. Zudem schloss er sich der Erklärung der »Netzwerker« an, in der ganz im Sinne von Schröder formuliert wur-

---

113 Schröder 2003 Als ob Schröder es gewusst hätte, hat er das politische Ziel des Friedens durch die Nichtbeteiligung deutscher Soldaten am Irakkrieg als erstes genannt. Dieser Teil wurde bekanntlich von einer breiten Mehrheit der Bevölkerung befürwortet, während die »Agenda 2010« höchst umstritten war.
114 Hengsbach 2006, S. 13
115 ebd.
116 DIE SEEHEIMER e. V. 2003, S. 1
117 ebd.
118 Siehe Bartels 2003
119 Herrmann 2003
120 Siehe Heil / Stender 2003

de, dass »sozial gerecht ist, was dazu beiträgt, dass Menschen ihr eigenes Leben aus eigener Kraft in die eigenen Hände nehmen können.«[121] Die »Netzwerker« befürworteten »das Motto »Fördern und Fordern«[122] und betonten, »dass keine Rechte ohne Pflichten gewährt werden«[123] könnten. Sie lehnten »kreditfinanzierte Konjunkturprogramme«[124] ab, sprachen sich für die Fortsetzung der Haushalts-konsolidierung sowie für begrenzte Flexibilisierungen im Kündigungsschutz aus und forderten die Tarifparteien auf, »die bestehenden Möglichkeiten der Tarif-verträge zur Flexibilisierung im Hinblick auf die unterschiedliche Ertragskraft der Unternehmen voll zu nutzen und im Sinne von mehr Beschäftigung zu er-weitern.«[125] Die »Netzwerker« forderten aber ebenso »eine Bildungsoffensive auf allen Ebenen«[126], um Chancengleichheit zu gewährleisten.

Parteilinke thematisierten hingegen das Thema »soziale Gerechtigkeit«. Zwölf Bundestagsabgeordnete initiierten am 11. April 2003 das erste Mitgliederbegeh-ren[127] in der Geschichte der SPD mit dem Ziel, ein »sozial ausgewogene(s) Re-formprogramm«[128] zu initiieren, »das neue Wachstumsimpulse«[129] für »Arbeit, Wohlstand und soziale Gerechtigkeit«[130] enthielt.[131] Die zwölf SPD-Bundestags-abgeordneten waren der Meinung, dass die SPD ihre Wähler bei den Landtags-wahlen nicht mobilisieren konnte und deshalb »Vertrauen zurück[zu]gewinnen«[132] müsse. Auch müsse die SPD ihre »Meinungsunterschiede«[133] austragen, um die Partei wieder zu stabilisieren. Die SPD-Spitze führte deshalb Regionalkonfe-renzen durch, um den Rückhalt der SPD-Funktionäre zu gewährleisten. Die ers-te Regionalkonferenz über die »Agenda 2010« bewies allerdings, dass in den Dis-kussionen insbesondere die Politprominenz diskutierte und den Funktionären nur wenig Raum zur Diskussion eingeräumt wurde. Auch die späteren Regional-

---

121 Bätzing u. a. 2003, S. 8
122 ebd.
123 ebd.
124 ebd., S. 6
125 ebd., S. 8
126 ebd., S. 10
127 Das Mitgliederbegehren war allerdings in der SPD-Linken umstritten und wurde beispiels-weise von dem damaligen Bundesvorsitzenden der Jungsozialisten, Nils Annen, nicht mitge-tragen. (Siehe Gumny 2006, S. 79)
128 Pronold 2003, S. 6
129 ebd.
130 ebd.
131 Siehe auch Büchner 2003
132 Pronold 2003, S. 6
133 ebd.

konferenzen führten zu keinen wirklichen Diskussionen, sondern sollten insbesondere die Kritik »totlaufen«[134] lassen, um die »Agenda 2010« durchzusetzen.

Die »Seeheimer« drohten Schröder mit dem Entzug ihrer Unterstützung, wenn er den Parteilinken zu weit entgegenkommen sollte. Die »Parlamentarische Linke« (PL) erarbeitete ein Kompromisspapier, das versuchte, zwischen Gerhard Schröders Vorschlag und den Abweichlern zu vermitteln. Die PL forderte eine soziale »Agenda 2010« ein, die einer Politik der sozialen Demokratie gerecht werden sollte und sich von einer Politik eines liberalen Kapitalismus unterscheiden müsse:[135] »Reformen müssen den Menschen Ängste nehmen und ihnen Sicherheit geben.«[136] Die PL unterstützte die »Agenda 2010«, wollte aber die Reform abmildern und forderte deshalb »Modifizierungen zur vorgesehenen Arbeitslosenhilfe, zum Kündigungsschutz und zum Krankengeld.«[137] Die PL verstand zudem die »Agenda 2010« als Gesamtpaket und forderte deshalb, die »vorgesehene Abschaffung der Abgeltungssteuer auf Zinserträge«[138] zu verwerfen und vielmehr »eine angemessene Belastung der großen Vermögensbesitzer«[139] durch die Wiedereinführung der Vermögens- und die Erhöhung der Erbschaftssteuer zu erwägen. Auch sei es notwendig, Veränderungen beim Kündigungsschutz auf fünf Jahre zu befristen und anschließend zu überprüfen.

Die Parteilinken »Andrea Nahles, Sigrid Skarpelis-Sperk, Ulrich Maurer, Ottmar Schreiner und DGB-Vize Ursula Engelen-Kefer«[140] hatten im Parteivorstand gegen den Leitantrag gestimmt, und »der saarländische SPD-Landeschef Heiko Maas sowie der frühere Juso-Vorsitzende Benjamin Mikfeld«[141] hatten sich der Stimme enthalten, weil nur wenige Details verändert worden waren.

Die Entfremdung des Generalsekretärs Olaf Scholz von der SPD zeigte seine Namensgebung für ein ergänzendes Papier, mit dem er die Parteilinke beruhigen wollte: IWAN (Innovation, Wachstum, Arbeit, Nachhaltigkeit). Es enthielt Forderungen für »eine Neuregelung der Erbschaftssteuer, die Möglichkeit für eine Kammerabgabe für Betriebe, die nicht ausbilden, Hilfe für Langzeitarbeitslose in strukturschwachen Regionen, Übergangsvorschriften bei der geplanten Zusammenlegung der Sozial- und Arbeitslosenhilfe sowie bei Job-Angeboten für

---

134 Rünker 2003
135 Siehe »Parlamentarische Linke« (PL) in der Bundestagsfraktion 2003, S. 3 f.
136 ebd., S. 4
137 Gumny 2006, S. 85
138 ebd.
139 »Parlamentarische Linke« (PL) in der Bundestagsfraktion 2003, S. 8
140 Deggerich 2003, S. 1
141 ebd.

Ältere und eine Verbesserung für die Kommunen.«[142] Der Sonderparteitag der SPD am 01.06.2003 zerstörte dann die Hoffnung der Parteilinken auf entscheidende Änderungen an der »Agenda 2010« endgültig:

- Der Leitantrag wurde von etwa 90 Prozent der Delegierten angenommen.
- Das Mitgliederbegehren war gescheitert, weil nur 21.000 statt der notwendigen 67.000 Mitglieder (10 Prozent der Parteimitglieder) unterschrieben hatten.
- Der ehemalige IWAN-Antrag wurde auf den Parteitag im November verschoben.[143]

Gerhard Schröder hatte sich die hohe Zustimmung der Delegierten mit Rücktrittsdrohungen erzwungen.[144] Die Parteiflügel stritten in den folgenden Monaten über den Kurs der Partei. Sechs Bundestagsabgeordnete, die zur Parteilinken zählten, drohten mit der Abgabe ihrer Neinstimme und verweigerten bei der Abstimmung über die Gesundheitsreform tatsächlich ihre Zustimmung. »Die mit der Union ausgehandelte Gesundheitsreform«[145] hatte nur deshalb verabschiedet werden können, »weil 27 Abgeordnete von CDU und CSU an der Abstimmung nicht teilgenommen hatten.«[146] Gabriel forderte die SPD-Abweichler für ihr negatives Votum zum Austritt aus der Partei auf.[147] Die Parteilinke erreichte aber bei den »Hartz IV«-Gesetzen Verbesserungen wie die Sicherung der Altersvorsorge für Über-55-Jährige und die Herausnahme »einer Unterhaltsverpflichtung zwischen Eltern und Kindern«[148] im Falle der Arbeitslosigkeit.

Der Bochumer Parteitag im Jahre 2003 bewies, dass die Parteilinke keineswegs »tot« war, auch wenn sie nicht immer einheitlich agiert hatte. Sie organisierte Denkzettelwahlen für den Generalsekretär Olaf Scholz, der in der Programmdebatte »den Begriff ›Demokratischen Sozialismus‹ ohne Not zur Disposition«[149] gestellt hatte, und den stellvertretenden Parteivorsitzenden und Wirtschafts- und Sozialminister Wolfgang Clement. Für ihre Wiederwahl erhielten beide nur etwas mehr als 50 Prozent der Stimmen. Auch Eichel war mit etwas über 60

---

142 ebd., S. 1 f.
143 Siehe SpiegelOnline 2003a
144 Siehe Butterwegge 2006 (2005), S. 208
145 SpiegelOnline 2003b
146 ebd.
147 Siehe ebd.
148 Szent-Ivanyi / Vestring 2003
149 Larcher 2003, S. 1

Prozent abgestraft worden. Aufgrund dieser Wahlergebnisse war es »hinter den Kulissen« zu einer Auseinandersetzung zwischen dem Vorsitzenden des niedersächsischen Landesverbandes und Parteilinken Wolfgang Jüttner und Schröder gekommen, die sich beide bereits aus ihrer Juso-Zeit kannten, als sie gemeinsam zur Strömung der »Antirevisionisten«[150] zählten. Schröder soll Jüttner aufgrund des Wahlergebnisses gedroht haben: »Euch mache ich fertig.«[151] Clement sprach sich trotz des positiven Votums der Parteitagsdelegierten für eine Arbeitsplatzabgabe gegen deren Einführung aus und erklärte damit indirekt, dass er Parteitagsergebnisse nicht ernst nahm.[152]

Die weitere Entwicklung der SPD zeigte, dass der innerparteiliche Konflikt lange noch nicht ausgestanden war. Die SPD gewann zwar mit ihrem populären, bodenständigen Bremer Bürgermeister Henning Scherf die Bremer Bürgerschaftswahl, verlor aber deutlich bei der bayerischen Landtagswahl. Schröder, der auf dem Parteitag im Jahre 2003 noch nicht abgestraft worden war, trat im Jahre 2004 nicht wieder für das Amt des Parteivorsitzenden an, sondern überließ dieses Amt Franz Müntefering, der der Partei und ihrer Tradition mehr verbunden war, auch wenn er selbst den Reformkurs der »Agenda 2010« unterstützte und bereits 1995 als Repräsentant der »Erneuerer-SPD« in NRW davon gesprochen hatte, »dass die großen Visionen vermisst werden«[153], die Problemlösung aber bereits »schon was«[154] sei. Generalsekretär wurde der ehemalige Juso-Bundesvorsitzende und Parteilinke Klaus-Uwe Benneter, der aber nicht den Anspruch hatte, die »Agenda 2010« zu revidieren.

Im Sommer 2004 organisierte sich ein neues Netzwerk und zwar die »Denkfabrik« als Zusammenschluss junger Abgeordneter der Parteilinken, um ein gewerkschaftsnahes Konkurrenznetzwerk gegen das »Netzwerk Berlin« aufzubauen.[155] Damit wurde die Fraktionslinke bei den jungen Abgeordneten wieder etwas gestärkt.

---

150 Die »Antirevisionisten« waren wie die »Stamokaps« eine linke Gruppierung der Jungsozialisten und kritisierten ebenfalls ihre Mutterpartei, die SPD, für ihren Reformismus. Die »Antirevisionisten« unterschieden sich aber von den »Stamokaps« darin, dass sie nicht für die Eroberung des Staates durch die Arbeiterklasse, sondern für eine Basismobilisierung eintraten, um die Gesellschaft zu demokratisieren und langfristig den Kapitalismus zu überwinden (vgl. Stephan 1979, S. 37 ff.).
151 SpiegelOnline 2003c
152 Siehe manager-magazin.de 2003
153 Müntefering 1995, S. 9
154 ebd.
155 Siehe www.spd-denkfabrik.de

Die SPD-Spitze ließ »einige[n] kleinere[n] Detailänderungen an Hartz IV«[156] in Folge der insbesondere von Gewerkschaften organisierten Massenproteste zu. Auch die Verabschiedung des Berufssicherungsgesetzes, »das eine Ausbildungsplatzabgabe für Betriebe mit mehr als zehn Beschäftigten möglich machen sollte«[157], war ein Zugeständnis an die Parteilinke und die Gewerkschaften. Das Gesetz wurde allerdings vom Bundesrat gestoppt und von der Bundesregierung nicht wieder eingebracht. Müntefering entdeckte zudem die Kapitalismuskritik (»Heuschrecken«) für die SPD wieder. Das war jedoch deshalb unglaubwürdig, weil die rot-grüne Regierung ein Gesetz verabschiedet hatte, das die als »Heuschrecken« bezeichneten Hedgefonds nach der Verabschiedung durch Bundestag und Bundesrat im Jahr 2004 legalisiert und steuerlich begünstigt hatte.[158] Der SPD gelang es auch trotz dieser »Heuschrecken«-Debatte in der Folgezeit nicht,

- ihre Wähler in ausreichendem Maße zu remobilisieren. Deshalb verlor sie zahlreiche Wahlen bis zur Bundestagswahl 2005;
- das Thema »soziale Gerechtigkeit« für sich zurückzugewinnen und damit
- die Gründung einer zur SPD alternativen Partei überflüssig zu machen;
- sich zu stabilisieren und ihre Funktionäre und Mitglieder zu motivieren.[159]

Wie abgehoben einige SPD-Politiker waren, verdeutlicht der »Report vom Arbeitsmarkt im Sommer 2005«, der den »Vorrang für die Anständigen«[160] einforderte und »gegen Missbrauch, ›Abzocke‹«[161] und Selbstbedienung im Sozialstaat«[162] aufrief. Das Vorwort hatte der Bundesminister Wolfgang Clement geschrieben, der »Fehlentwicklungen [zu] unterbinden«[163] wollte und eine »Mitnahme-Mentalität«[164] kritisierte, auch wenn Clement immerhin »der großen Mehrheit von Arbeitswilligen und tatsächlich Bedürftigen«[165] Ehrlichkeit zugestand. Besonders drastisch ist dieser Bericht, weil er den biologischen Sprachgebrauch von »Parasiten«[166] verwendet, die, so der Bericht, »zeitweise oder dauerhaft zur Befriedigung ihrer Nahrungsbedingungen auf Kosten anderer Lebe-

---

156 Zohlnhöfer / Egle 2007, S. 17
157 ebd., S. 16
158 Siehe Adamek / Otto 2008, S. 91; siehe auch Vester 2005
159 Siehe ebd., S. 21
160 Bundesministerium für Wirtschaft und Arbeit 2005, S. 1
161 ebd.
162 ebd.
163 ebd., S. 2
164 ebd., S. 3
165 ebd.
166 ebd., S. 10

wesen – ihren Wirten – leben«[167]. Zwar wird auch geschrieben, dass es »völlig unstatthaft«[168] sei, »Begriffe aus dem Tierreich auf Menschen zu übertragen«[169]. Begründet wird dieses aber damit, dass »Sozialbetrug nicht durch die Natur bestimmt, sondern vom Willen des Einzelnen gesteuert«[170] sei. Trotz dieser Einschränkung bleibt die Frage, warum dennoch der Vergleich gezogen wird.

4 Innenpolitik der SPD bis zur Bundestagswahl 2005

Die Innenpolitik der SPD wurde in der zweiten rot-grünen Legislaturperiode restriktiver. Die rot-grüne Koalition verabschiedete folgende Gesetze:

– Das Luftsicherheitsgesetz sollte auch den Abschuss von mit Passagieren besetzten Flugzeugen erlauben, die als Waffe eingesetzt werden sollen. Dieses Gesetz wurde vom Bundesverfassungsgericht für verfassungswidrig erklärt. Die SPD kritisierte in der Großen Koalition die Position der CDU, die Genehmigung zum Abschuss erneut zu verabschieden, und war damit wie nach 1982 in der Situation, ihre eigene Politik zu kritisieren. Dies ist ihr möglich geworden, weil sie in der Großen Koalition nicht mehr den Innenminister stellt.[171]
– Das Gesetz zur Einschränkung des Versammlungsrechts
– Das Gesetz zur Wohnraumüberwachung, das nach dem Urteil des Bundesverfassungsgerichts zum Lauschangriff eingebracht werden musste.

Das Informationsfreiheitsgesetz, mit dem den Bürgern ein Recht auf Akteneinsicht gewährt wird, und das Zuwanderungsgesetz, dessen Regelungen aber sehr restriktiv ausfielen, waren Gesetze, mit denen die Rechte von Bürgern zumindest etwas erweitert wurden. Die Koalition hatte aber in entscheidendem Maße die Rechte der Bürger weiter eingeschränkt. Die SPD hatte ihren Ruf als liberale Partei damit weitestgehend verloren und war zur Partei des »Sheriffs« Otto Schily geworden, dessen Ziel es war, seinem CDU-Vorgänger Manfred Kanther nachzueifern.

---

167 ebd. Dieses Zitat ist im Original auch als Zitat gekennzeichnet und vermutlich einem Lexikon entnommen. Die Quelle wird allerdings nicht genannt.
168 ebd.
169 ebd.
170 ebd.
171 Siehe Busch 2007, S. 415 ff.

5 Die SPD nach der Bundestagswahl 2005

Franz Müntefering und Gerhard Schröder beschlossen nach der am 22. Mai 2005 ebenfalls verlorenen Landtagswahl in NRW, Neuwahlen anzukündigen. Es war vermutlich Müntefering, der Schröder dazu drängte, diesen Schritt zu tun, um die SPD vor weiteren Verlusten zu retten. Ein weiterer entscheidender Grund für die Ankündigung von Neuwahlen war auch die Hoffnung, mit vorgezogenen Wahlen die Kandidatur einer möglichen neuen Linkspartei zu verhindern, nachdem die WASG bereits im Jahre 2004 aus der Initiative »Arbeit und soziale Gerechtigkeit« und dem Netzwerk zum Aufruf »Für eine wahlpolitische Alternative 2006« als Verein und im Jahre 2005 als Partei »von Menschen mit eher klassischen gewerkschaftlich-sozialistischen Einstellungen«[172] gegründet worden war. Zwar war die WASG eng an ihr gewerkschaftliches Umfeld und die Kritik an der »Agenda 2010« und »Hartz IV« gebunden. Sie enthielt aber das Potential für ein heterogenes Bündnis, wie es bereits die »Wahlpolitische Alternative 2006« angestrebt hatte:

»Es gibt ein Potential, das deutlich über das bisherige links von SPD und Grünen hinausgeht und in erheblichen Teilen auch gar kein im Selbstverständnis linkes Potential ist – auch das konnte die PDS im Westen nie annähernd erreichen. (…) Programmatisch müssen die Gegenpositionen und Alternativen zur Politik des neoliberalen Gesellschaftsumbaus, des Sozialabbaus und der Umverteilung von unten nach oben im Mittelpunkt stehen. Aber auch die anderen zentralen Anliegen der demokratischen Bewegungen müssen aufgegriffen werden (v. a. Frieden, Ökologie, Frauen, Globalisierungskritik, offener Bildungszugang, Wissenschaftskritik, Interessen der MigrantInnen).«[173]

Die SPD führte einen Rechtfertigungswahlkampf, in dem sie die »Agenda 2010«-Reformen zur Wahl stellte und einige Schritte zur Herstellung der »sozialen Gerechtigkeit« ankündigte:

- »Einführung einer ›Reichensteuer‹
- Fördermaßnahmen für ältere Arbeitnehmer
- und die Verteidigung des Kündigungsschutzes«[174]
- sowie »die Familienförderung«[175].

---

172 Nachtwey 2007, S. 179
173 Krämer 2004, S. 4 f.
174 Alemann / Spier 2008, S. 45
175 ebd.

Die Gewerkschaften unterstützten dieses Mal die SPD nicht. Vielmehr signalisierten einige Gewerkschafter bis hin zum IG Metall-Vorsitzenden Jürgen Peters eine deutliche Sympathie für das Wahlbündnis Demokratische Linke.PDS.

Die SPD verlor ihren »Legitimations«-Wahlkampf für die »Agenda 2010« deutlich und konnte lediglich ihre niedrigen Umfragewerte von teilweise unter 25 Prozent Lügen strafen. Die SPD verlor die meisten Stimmen an das linke Wahlbündnis sowie auch erheblich an die CDU/CSU und die Nichtwähler. Auch CDU/CSU haben die Wahl verloren, weil sie mit ihrem Kandidaten Paul Kirchhof ein wirtschaftsliberales Konzept vertreten haben, das die Wähler abschreckte. Nur durch diesen Kurs hatte die SPD noch einen Teil ihrer Wähler mobilisieren können, weil sie mit der CDU/CSU eine noch marktradikalere Alternative anprangern konnte.[176] Während die PDS bei den beiden vorherigen Wahlen an Stimmen verloren und insbesondere Mobilisierungsschwächen bei den Arbeitern generell sowie den gewerkschaftlich organisierten Arbeitern hatte, war das linke Wahlbündnis nun in der Lage, diese Gruppe besser zu mobilisieren und auch im Westen ihre Stimmen deutlich zu steigern. Das Wahlbündnis konnte zudem verstärkt gewerkschaftlich organisierte Angestellte, die die SPD ebenfalls deutlich verloren hatte, und insbesondere im Osten mehr jüngere, weibliche und arbeitslose Wähler mobilisieren.[177] Die Wahlniederlage bei der Bundestagswahl des Jahres 2005 hatte folgende Konsequenzen:

–   Schröder musste sich aus der Politik zurückziehen, weil CDU/CSU etwas mehr Stimmen als die SPD gewonnen hatten und die Kanzlerin stellen sollten. Schröder handelte allerdings den Koalitionsvertrag mit aus, der zum Beispiel »die Einführung von Real Estate Investment Trusts (REIT) unter der Bedingung, dass die verlässliche Besteuerung beim Anleger sichergestellt wird und positive Wirkungen auf Immobilienmarkt und Standortbedingungen zu erwarten sind«[178], den »Ausbau des Verbriefungsmarktes, die Erweiterung der Investitions- und Anlagemöglichkeiten für Public-Private Partnerships«[179] und »die Überarbeitung der Regelungen für den Bereich Private Equity im Wege der Fortentwicklung des bestehenden Unternehmensbeteiligungsgesetzes in ein Private-Equity-Gesetz«[180] enthält. Die Große Koalition war hin-

---

176   Siehe Kornelius / Roth, S. 38
177   Siehe Neller / Thaidigsmann 2007; siehe Kornelius / Roth 2007, S. 55
178   CDU/CSU/SPD 2005, S. 86
179   ebd.
180   ebd.

gegen bei der Regulierung der Finanzmärkte sehr zurückhaltend und wollte sich lediglich »auf internationaler Ebene [...] für eine angemessene Aufsicht und Transparenz von Hedgefonds einsetzen.«[181]

– Die erneute Regierungsbeteiligung bewahrte die Stärke der Parteirechten. Wäre die SPD in die Opposition gegangen, wäre die Parteilinke wie nach dem Regierungswechsel im Jahre 1982 gestärkt worden. Der damalige stellvertretende Parteivorsitzende Hans Koschnick hatte bereits im Jahre 1976 über die SPD-FDP-Koalition in einem Interview mit dem Spiegel bemerkt, »dass Bündnisse dieser Art dann ihren strategischen und sachlichen Zweck erfüllt haben, wenn die eigentlichen Fragen, für die man angetreten ist, bewältigt sind.«[182] Die regierungsloyale Parteirechte (Müntefering: »Opposition ist Mist«) hat erreicht, dass sich kein sozialdemokratischer Funktionär in Spitzenfunktionen mehr traut, eine ähnliche Aussage wie die von Koschnick zu treffen, obwohl die Lage der Partei noch weitaus schlechter ist als die damalige.

– Die Regierungsbesetzung war eindeutig zu Gunsten der Parteirechten ausgefallen. Einzig die Parteilinke Heidi Wieczorek-Zeul wurde (erneut) Ministerin.

– Das Versprechen, die Mehrwertsteuer nicht zu erhöhen, wurde gebrochen. Die Koalitionsparteien vereinbarten eine Erhöhung von drei Prozent. Insbesondere die SPD hatte damit ihr Versprechen gebrochen, während CDU/CSU mit ihrer Ankündigung einer Erhöhung von zwei Prozent sich noch dazu legitimiert sahen, die Erhöhung so durchzuführen. Die SPD startete hingegen wiederum mit einer Glaubwürdigkeitskrise.

– Müntefering zog sich vom Parteivorsitz zurück, nachdem er seinen Kandidaten für das Amt des Generalsekretärs, Kajo Wasserhövel, nicht hatte durchsetzen können und Andrea Nahles erfolgreich auf ihrer Kandidatur beharrte. Müntefering schien trotz Sympathien für Nahles eine starke Parteilinke in vorderer Front zu fürchten und sah sich vor eine Zerreißprobe zwischen Regierung und Partei gestellt.

– Matthias Platzeck wurde neuer Parteivorsitzender und Hubertus Heil Generalsekretär. Die »Netzwerker« standen nun also an der Spitze der Partei.

---

181 ebd., S. 87
182 Koschnick 1976, S. 25

Müntefering blieb in der Regierung und plädierte als Sozialminister für die Heraufsetzung des Rentenalters auf 67, ohne sich mit der Parteispitze abgesprochen zu haben. Er geriet deshalb auch in einen Konflikt mit Platzeck, der sich nach einem Vorschlag von Kurt Beck für »berufsspezifische Lösungen«[183] aussprach, die Müntefering ablehnte. Selbst einer der Sprecher des »Seeheimer Kreises«, Johannes Kahrs, kritisierte Müntefering dafür, dass er im Alleingang »Änderungen bei der Rente mit 67 durchgesetzt«[184] hatte, auch wenn die »Seeheimer« Münteferings Vorhaben prinzipiell unterstützten. Münteferings Ankündigung verschlechterte die Umfrageergebnisse erneut, weil er die Stammwähler der SPD verunsichert hatte.

Platzeck konnte sich letztlich als Vorsitzender nicht durchsetzen und hatte den innerparteilichen Druck auch gesundheitlich nicht durchgestanden. Deshalb trat er zurück, bevor er sein Konzept zum »vorsorgenden Sozialstaat« im Spiegel publiziert hatte. Kurt Beck folgte ihm nach und führte in den ersten Monaten die Politik Platzecks fort, die keine Änderungen in der Frage der »Agenda 2010« beinhaltete und die Chancengleichheit statt der Verteilungsgerechtigkeit zum Ziel erhoben hatte. Die Parteilinke war es, die ihre Chance sah, einen Parteivorsitzenden zu unterstützen, der keiner der Faktionen zuzurechnen war, auch wenn Beck in seiner politischen Position eher zur Parteirechten zählt, wie auch seine Koalitionswahl in Rheinland-Pfalz mit der FDP statt den »Grünen« verdeutlicht. Der Parteilinken gelang es, die Verwirrung nach dem Rücktritt Platzecks auszunutzen; sie erreichte entscheidende Erfolge in folgenden Punkten:

(1) Erhalt des »Demokratischen Sozialismus« im neuen Grundsatzprogramm. Während beispielsweise Platzeck, Steinbrück und Steinmeier sich vom »Demokratischen Sozialismus« lossagten, für den »vorsorgenden Sozialstaat« plädierten und sich damit »auf der Höhe der Zeit«[185] fühlten, trat die Parteilinke für den Erhalt des traditionellen Begriffs »Demokratischer Sozialismus« ein, der historisch zur Abgrenzung zum undemokratischen Sozialismus diente, aber anders als der Begriff »soziale Demokratie« immer auch eine alternative Gesellschaftskonzeption beinhaltete. Platzeck, der sich der Tradition der antisozialistischen Ost-SPD verbunden fühlt, konnte sich nie für den Begriff erwärmen, und Steinbrück, der seine Genossen aufgrund ihrer Kritik an

---

183 FAZ.NET 2006
184 ebd.
185 Siehe Platzeck u. a. 2007

der »Reformpolitik« als »Heulsusen«[186] beschimpfte und in der SPD auf viel Misstrauen stößt, sowie Steinmeier sahen in diesem Begriff eine Kampfansage an die »Agenda 2010«. Allerdings setzte sich sogar der zur Parteirechten zählende Hans-Jochen Vogel, der als Parteivorsitzender die Parteiflügel zu integrieren verstand, für den Erhalt des Begriffs »Demokratischer Sozialismus« ein, weil er um seine Geschichte und seinen Wert für viele Sozialdemokraten weiß. Das Hamburger Grundsatzprogramm ist gegenüber dem Berliner Programm dennoch weitaus milder in seiner Kritik am Kapitalismus und den Vorschlägen zu seiner Überwindung. Zwar wird am »globalen Kapitalismus ein Mangel an Demokratie und Gerechtigkeit«[187] kritisiert, insbesondere wenn er nur eine höhere Rendite zum Ziel hat und zu hoher Arbeitslosigkeit und der Verhinderung von Innovationen führt. Es fehlt aber eine in den Grenzen des Grundgesetzes systemüberwindende Komponente, wie sie noch im »Berliner Programm« beispielsweise mit dem Konzept der »Wirtschaftsdemokratie« enthalten war. Die konkrete Forderung nach einem Mindestlohn zeigt aber, dass die SPD sich sozialen Zielen weiterhin verpflichtet fühlt.

(2) Die Verlängerung des Arbeitslosengeldes I für Ältere auf bis zu 24 Monate, die vom Parteivorstand und vom Parteitag im Jahre 2007 beschlossen wurde.

(3) Die Entscheidung gegen eine Privatisierung der Bahn

(4) Die Wahl von Andrea Nahles zur stellvertretenden Parteivorsitzenden. Allerdings zählen die beiden anderen Stellvertreter, Peer Steinbrück und Frank-Walter Steinmeier, als Parteirechte, so dass diese in der SPD-Spitze nun dominieren.

Die Entscheidungen, den »Demokratischen Sozialismus« im Grundsatzprogramm zu erhalten und das ALG I zu verlängern, sollten der Partei Die Linke, die im Juni 2007 gegründet wurde, die Möglichkeit nehmen, sich als soziale Alternative im Parteiensystem weiter zu etablieren. Müntefering reagierte auf den Parteitag mit seinem Rücktritt, den er mit der Krankheit seiner Frau begründete. Olaf Scholz folgte Müntefering als Sozialminister nach und setzte die Arbeit seines Vorgängers für die Einführung eines Mindestlohns fort. Der Mindestlohn wurde zunächst für die Briefdienstbranche gegen den Willen des Präsidenten des »Arbeitgeberverbandes Neue Brief- und Zustelldienste«, Florian Gerster, der mit dem Ziel der Verhinderung eines Branchenmindestlohns eine vom Arbeit-

---

186 SpiegelOnline 2007a
187 SPD-Parteivorstand 2007, S. 7

geberverband erzwungene Gewerkschaft gründete[188], auf der Grundlage des Arbeitnehmerentsendegesetz festgelegt. Weitere Branchen folgten im Januar 2009. Hier hat die SPD also durchaus Erfolge zu verzeichnen, die aber bislang vom Wähler noch nicht honoriert wurden.

Kurt Beck erreichte zudem eine Verbesserung in der Zusammenarbeit mit den Gewerkschaften, auch weil die SPD wieder auf soziale Themen wie den Mindestlohn oder die Verlängerung des ALG I setzt. Der ehemalige SPD-Vorsitzende sprach nach einigen Jahren getrennter Auftritte wieder gemeinsam mit dem DGB-Vorsitzenden, Michael Sommer, auf der DGB-Veranstaltung in Mainz am 01. Mai 2008. Zudem plante die SPD-Zentrale, »die Arbeit der SPD-Betriebsgruppen«[189] zu verstärken und »den Kontakt zu Gewerkschaftern und Betriebsräten ›auf allen Ebenen wieder zu intensivieren‹«.[190] Der IG Metall-Vorsitzende Berthold Huber[191] wehrte sich zudem gegen eine Vereinnahmung durch die Partei Die Linke, zumal sich die SPD den Gewerkschaften wieder angenähert hat.[192] Der DGB-Vorsitzende Michael Sommer hat allerdings nach der Wahl Franz Münteferings zum Parteivorsitzenden angekündigt, keine Wahlaussage zu Gunsten der SPD zu treffen.[193] Dies ist ein erheblicher Nachteil der SPD im Vergleich zu den Bundestagswahlen 1998 und 2002.

6 Die Innenpolitik der SPD nach der Bundestagswahl 2005

Brigitte Zypries gestaltete nach dem Ausscheiden Otto Schilys als Innenminister die SPD-Politik wieder etwas liberaler. Die CDU und insbesondere der neue Innenminister Wolfgang Schäuble versuchten ihrerseits, der SPD ihren neu gewonnenen Ruf als Sicherheitspartei wieder streitig zu machen. Zypries sprach sich beispielsweise gegen die von Schily verantwortete Praxis aus, Onlinedurchsuchungen ohne gesetzliche Grundlage zu genehmigen. Sie kritisierte zudem die Versuche von Verteidigungsminister Franz Josef Jung (CDU) und von Wolfgang

---

188 Siehe Jaschensky 2007
189 Seils 2008
190 ebd.
191 Huber ist Repräsentant des »reformorientierten« Flügels, während Peters Repräsentant des »Konfrontationsflügels« war.
192 Siehe Fischer / Waldermann 2008
193 Siehe SpiegelOnline 2008g

Schäuble, zum Verfassungsbruch aufzurufen, um einen Abschuss von als Waffen entfremdeten Flugzeugen zu ermöglichen, oder aber das Grundgesetz ändern zu wollen.[194] Das Motto von Zypries ist: »Bürgerrechtspolitik muss klare Grenzen setzen.«[195] Die Verabschiedung des Antidiskriminierungsgesetzes war allerdings notwendig geworden, weil Deutschland sein Recht an EU-Recht angleichen musste. Das Gesetz schützte aber vor Diskriminierungen weitaus weniger , als von der EU gefordert worden war, auch weil nicht nur CDU/CSU, sondern auch viele SPD-Politiker einen zu weitgehenden Schutz vermeiden wollten, um die Wirtschaft nicht zu sehr in ihrer Freiheit zu behindern.

Brigitte Zypries hat zudem im Oktober 2008 gemeinsam mit Frank-Walter Steinmeier mit der CDU-Spitze ausgehandelt, dass der Bundeswehreinsatz im Inneren im Falle eines drohenden besonders schweren Unglücks genehmigt werden kann. So könnte die Bundeswehr ein Flugzeug abschießen, aber nur für den Fall, dass keine unbeteiligten Dritten in diesem Flugzeug betroffen wären. Die SPD-Fraktion kritisierte den Entwurf als zu weitreichend, obwohl die rot-grüne Koalition das Luftsicherheitsgesetz verabschiedet hatte, das den Abschuss eines Passagierflugzeugs im Verteidigungsfall zum ersten Mal regelte und zuließ. Dieses Gesetz war aber vom Bundesverfassungsgericht im Jahr 2006 für verfassungswidrig erklärt worden.[196]

7 Flügelkämpfe im Jahr 2008 bis zur Nominierung des Kanzlerkandidaten durch den Parteivorstand

Die SPD hatte auch ihre Landtagswahlen in Hessen und Niedersachsen im Januar 2008 sowie die Bürgerschaftswahl in Hamburg im Februar 2008 verloren, obwohl ihre jeweiligen Landesverbände einen linken Bildungswahlkampf geführt hatten. Die SPD hatte in Hessen deshalb das beste Ergebnis im Vergleich der drei Wahlen erzielt, weil sie vom »Vertrauensverlust der CDU profitieren«[197] konnte, die mit ihrem Wahlkampf gegen kriminelle Ausländer polarisierte und aufgrund eigener Versäumnisse in der Innenpolitik und ihrer überhasteten Ein-

---

194 Siehe SpiegelOnline 2007b
195 Zypries, S. 244
196 Siehe Hebestreit 2008
197 Siehe Neu 2008, S. 6

führung des auf acht Klassen verkürzten so genannten G8-Gymnasiums nicht überzeugen konnte. Ypsilanti hatte zudem ein überzeugendes Kompetenzteam aufgestellt, in dem mit dem Preisträger des alternativen Nobelpreises Hermann Scheer als Kandidat für das Umweltministerium und dem Bildungsforscher Rainer Domisch als Kandidat für das Schulministerium überzeugende Experten Mitglied waren. Während die SPD in Hessen sowohl bei Arbeitern und Arbeitslosen als auch bei Angestellten und Beamten erfolgreich war, konnte die SPD in Hamburg insbesondere Arbeiter und Arbeitslose mobilisieren, während die Partei Die Linke insbesondere die Partei der Arbeitslosen und gewerkschaftlich Organisierten war.[198] Auffällig sind auch die Stimmenverluste bei den Rentnern für die SPD, die vermutlich mit der »Rente mit 67« zusammenhängen, und die andererseits überdurchschnittlich hohe Mobilisierung von jungen Frauen, auch in Niedersachsen. Die Linkspartei ist nach diesen Wahlen in vier westdeutsche Länderparlamente eingezogen, da sie auch bei der Senatswahl in Bremen die Fünfprozenthürde deutlich übersprungen hat. Die SPD stand deshalb vor der Herausforderung, sich gegenüber der Partei Die Linke zu positionieren. Beck nahm dies zum Anlass, einige Tage vor der Hamburgwahl mit seiner Formulierung »Keinerlei aktive Zusammenarbeit mit der Linken«[199] eine mögliche Tolerierung nicht auszuschließen. Es folgte ein heftiger Konflikt in der Öffentlichkeit, weil befürchtet wurde, dass Becks Aussage zu Wählerverlusten bei der Bürgerschaftswahl in Hamburg führen könnte. Tatsächlich aber erreichte die SPD in etwa das Ergebnis der vorangegangenen Wählerumfragen. Sowohl »Seeheimer« als auch »Netzwerker« sprachen sich deutlich gegen eine mögliche Zusammenarbeit aus. Die Parteilinke war zumindest überrascht über den Zeitpunkt der Ankündigung.[200] Beck erreichte aber immerhin einen Beschluss des Parteivorstandes, der die Entscheidung über eine mögliche Zusammenarbeit mit der Partei Die Linke den Landesverbänden überlässt, gleichzeitig aber eine Zusammenarbeit aufgrund der unüberbrückbaren Gegensätze in der Sozial- und Außenpolitik im Bund ausschließt. »Seeheimer« und »Netzwerker« hielten diesen Beschluss für falsch.[201] Nach der Wahl folgte ein heftiger innerparteilicher Konflikt über eine mögliche Tolerierung einer rot-grünen Landesregierung in Hessen durch die Partei Die Linke, der dadurch vorerst beendet wurde, dass die neu gewählte Land-

---

198 Siehe ebd., S. 40; siehe Forschungsgruppe Wahlen 2008
199 FAZ.NET 2008a
200 Siehe ebd.
201 Siehe Volkery 2008

tagsabgeordnete Dagmar Metzger aufgrund ihrer Ablehnung der Partei Die Linke ankündigte, ihre Stimme im Landtag zu verweigern. Andrea Ypsilanti wollte das Risiko nicht eingehen, sich mit nur einer Stimme Mehrheit wählen zu lassen und nahm daraufhin Abstand von ihrem Vorhaben. Dagmar Metzger ist die Schwiegertochter von Günther Metzger, dem Begründer des »Metzger-Kreises« und damit der Parteirechten. Außerdem ist sie mit Brigitte Zypries befreundet, die bereits in Niedersachsen Staatssekretärin war und zum Schrödernetzwerk zählt, das allerdings keine offizielle Faktion ist. Dagmar Metzger wurde in ihrer Ablehnung beispielsweise von Hans-Jochen Vogel bestärkt, der wie sie deutliche Vorbehalte gegenüber der Partei Die Linke hat. Während der Debatte haben »Seeheimer« und »Netzwerker« Beck und Ypsilanti angegriffen und beide erheblich unter Druck gesetzt. Bereits während des Wahlkampfes hatte sich Clement gegen eine Wahl Ypsilantis ausgesprochen, weil er der Auffassung war, dass ihre Energiepolitik für Deutschland schädlich sei. Der Parteilinke Detlev von Larcher hatte sich hingegen für die Wahl der Partei Die Linke ausgesprochen, weil die SPD eine linke Konkurrenz brauche; dies zeige Becks Versuch, »entgegen einem eindeutigen Parteitagsbeschluss eine Teilprivatisierung der Bahn zu forcieren.«[202] Während Larcher ohne Anhörung aus der Partei ausgeschlossen wurde, wurde Clement von der Schiedskommission der Bochumer SPD nur eine Rüge erteilt. 14 Ortsvereine und zwei Unterbezirke, einschließlich des Unterbezirks von Andrea Ypsilanti, der UB Frankfurt, hatten Clements Ausschluss beantragt.[203] Clement setzte seine Kritik in der Öffentlichkeit trotz der Rüge weiter fort und legte wie einige seiner Antragsgegner Einspruch beim Landesschiedsgericht ein,[204] das ihn aufgrund parteischädigenden Verhaltens aus der Partei ausschloss. Clement legte wieder Revision ein und setzte gleichzeitig seine Angriffe in der Öffentlichkeit fort, sicherlich auch deshalb, weil prominente Parteirechte sich deutlich gegen seinen Ausschluss ausgesprochen hatten, während einige Parteilinke wie Erhard Eppler und der schleswig-holsteinische Parteivorsitzende Ralf Stegner den Ausschluss offen begrüßten.[205] Erst nach dem Eingreifen der Parteispitze und dem Zureden prominenter Parteirechter entschuldigte sich Wolfgang Clement, der

202 Focus.Online 2008 Die SPD-Spitze hat der Teilprivatisierung der Bahn in Höhe von 24,9 Prozent zugestimmt und das Volksaktienmodell (25,1 Prozent) verworfen, für das der Parteitag gestimmt hatte. (manager-magazin.de 2008)
203 Siehe SpiegelOnline 2008a In der Ausgabe der sueddeutsche.de vom 23.04.2008 werden acht Ortsvereine als Antragssteller genannt. (sueddeutsche.de 2008a)
204 WeltOnline 2008b
205 Andrea Nahles hielt sich allerdings betont zurück.

zunächst ein Kompromissangebot der klagenden Ortsvereine abgelehnt hatte, öffentlich bei seinen hessischen Genossen, ohne allerdings seine wirtschafts- und energiepolitische Position zu revidieren.[206] Besonders aufschlussreich ist der offene Brief des Ortsvereins Bochum-Hamme an Wolfgang Clement, in dem der Vorsitzende und sein Stellvertreter Clement vorwerfen, dass er sich sozial- und energiepolitisch von der Sozialdemokratie entfernt habe und Diskussionen nicht mehr in den notwendigen Gremien, sondern nur noch über die Öffentlichkeit führe und damit der Partei schade.[207]

Die Parteilinke konnte in Kooperation mit zahlreichen SPD-Frauen einen Erfolg mit der Entscheidung für eine Bundespräsidentenkandidatur von Gesine Schwan erringen, die weder Beck noch Steinbrück und Steinmeier erwogen hatten. Obwohl Gesine Schwan ebenfalls zur Parteirechten zählt und deutlich antikommunistisch ausgerichtet ist, ist ihre Kandidatur mehrfach vorteilhaft:

- Die SPD kann sich profilieren, auch gegenüber dem Koalitionspartner.
- Die SPD kann das Verhältnis zur Partei Die Linke normalisieren und eine Kandidatin mit ihren Stimmen wählen lassen, auch wenn die Linkspartei erst einmal eine eigene Kandidatur erwägt.

Die innerparteilichen Konflikte finden auch deshalb statt, weil es um den Kurs der SPD und ihren Kanzlerkandidaten geht. Die Parteilinke und Kurt Beck verfolgten eine Politik der Korrekturen an der »Agenda 2010«, mit der sie enttäuschte Wähler zurückgewinnen wollen. Auch deshalb präsentierte Beck Mitte Juni 2008 ein Programm gegen Kinderarmut und für eine Verlängerung der Altersteilzeit. Steinmeier hingegen hatte einen Tag vor dieser Präsentation verkündet, dass mit ihm ein Kurswechsel nicht zu machen sei – seine Aussage war auch auf eine mögliche Kanzlerkandidatur bezogen –, woraufhin Andrea Nahles in einem Radiointerview die SPD als »versetzungsgefährdet« bewertete und formulierte, dass sie Beck als Kanzlerkandidaten vorzöge. Außerdem wurde gemeldet, dass Steinmeier den Geschäftsführer der SPD-Bundestagsfraktion, Thomas Oppermann, und den Staatssekretär im Außenministerium, Heinrich Tiemann, – beide zählen zur Parteirechten und zum Schröder- Steinmeier-Netzwerk – gebeten habe, »Grundzüge eines Wahlkampfprogramms zu entwerfen.«[208] Gabriel rief nach diesen Meldungen zur Ordnung auf und wendete sich gegen eine zu

---

206 Siehe SpiegelOnline 2008c; siehe Schrinner 2008
207 Siehe Malzahn / Amoneit 2008 Der Ortsverein Bochum-Hamme gehört zu den Antragsstellern des Ausschlussverfahrens.
208 Braun 2008

frühe Festlegung auf einen Kandidaten. Gabriel gilt in den Medien als eventueller Kanzlerkandidat nach der Bundestagswahl 2009, obwohl er als Kandidat in Niedersachsen im Jahre 2003 deutlich verloren hatte[209], auch weil er sein wenig überzeugendes Schulkonzept unabgesprochen präsentiert und seine Partei überrascht hatte. Diese innerparteilichen Konflikte sind tatsächlich entscheidende Auseinandersetzungen über die Frage, ob die SPD weiterhin die Partei der »Neuen Mitte«, also der »Leistungsträger« bleibt und Arbeitslose sowie gewerkschaftlich organisierte Arbeitnehmer nicht zurückgewinnt oder ob sie sich weiterhin als linke Volkspartei aufstellen will. Eine entschiedene Politik der »Neuen Mitte« würde dazu führen, dass die SPD weitere Stimmen an die Partei Die Linke und die Nichtwähler verlieren würde und bei Wahlen auf 20 Prozent der Stimmen zurückfallen könnte.

Die Parteirechte hat starke Verbündete in den Medien, zu denen auch der Meinungsforscher und Schröderfreund Manfred Güllner gehört, der Beck keinerlei Chancen zugestanden hatte und Steinmeier als Kanzlerkandidaten befürwortet. Güllner hatte in seinen Analysen verschwiegen, dass die offensive Kritik der Parteirechten die schlechten Umfragewerte für Beck mitverursacht hatte.

Wahlkämpfe funktionieren nicht nach ökonomischen Prinzipien, nach denen der Wähler Kunde ist und der Kandidat gewinnt, der medial am stärksten ist.[210] Die Parteirechte hinterfragt die »Herrschaft der (Berufs-) Politiker/innen«[211] weitestgehend nicht mehr und beschränkt sich auf eine Demokratie des Wahlaktes in der Tradition des österreichischen Ökonomen Joseph Schumpeter. Verkannt wird dabei, dass die Lagerbindungen weiterhin entscheidend sind. Steinmeier und Müntefering sind für das ökonomische Denken in Wahlfragen die typischen Repräsentanten. Beide verkörpern wie schon Gerhard Schröder das Bild der SPD als »Allerweltspartei«. Sie bevorzugen »Aktionen, die sich aus Gegebenheiten und Chancen einer konkreten historischen Situation ergeben; allgemeine gesellschaftliche Ziele sind«[212] Politikern einer »Allerweltspartei« »weniger wichtig. Die erhoffte oder bereits erreichte Rolle in der geschichtlichen Dynamik liegt im Mittelpunkt ihres Interesses; und die Wähler werden aufgerufen, dafür ihre Unterstützung zu geben. Deswegen richtet sich die Aufmerksamkeit der Partei und der gesamten Öffentlichkeit am stärksten auf Probleme der Führerauslese«[213]

---

209 Siehe SpiegelOnline 2008b
210 Siehe Lösch 2008 (2007), S. 228
211 ebd., S. 226, siehe Schumpeter 1993 (1946), S. 428
212 Kirchheimer 1968 (1965), S. 364; siehe auch Nachtwey 2008, S. 66
213 Kirchheimer 1968 (1965), S. 364

und die Umfragewerte des Kandidaten. »Franz Müntefering hat als Parteifunktionär stets das getan und vertreten, was nach seiner Überzeugung gerade für die Partei gut war.«[214] Er war bereits für und gegen den Mindestlohn oder die Ausbildungsplatzabgabe. Während für Steinmeier seine positiven Umfragewerte und die Unterstützung der Parteirechten sprechen, ist das Kapital von Franz Müntefering seine Ansprache an die Partei, mit der er immer wieder zu mobilisieren weiß.[215] Kurt Beck hatte die Entscheidung für Frank-Walter Steinmeier als Kanzlerkandidaten bereits Wochen vor der Verkündung getroffen, obwohl er selbst auch geplant hatte, als Kanzlerkandidat anzutreten, wie die Publikation seiner Autobiographie verdeutlicht. Das Buch war so terminiert, dass es kurz vor der von ihm geplanten Entscheidungsverkündung publiziert worden wäre. Kurt Beck wurde aber weiterhin immer wieder in der Öffentlichkeit von der Parteirechten und zahlreichen Medienvertretern aufgrund seines Auftretens und seines politischen Kurses massiv angegriffen und unter Druck gesetzt. Einige Parteirechte hatten Beck aufgefordert, nicht als Kanzlerkandidat zu kandidieren. Die öffentliche Demontage wurde sogar noch anlässlich der Entscheidungsverkündung fortgesetzt. Die Entscheidung wurde bereits vor der offiziell geplanten Bekanntgabe des Kanzlerkandidaten an den »Spiegel« lanciert, der am Samstag schon gedruckt war, obwohl nur Beck, Müntefering und Steinmeier eingeweiht waren. Für Beck bedeutete diese Informationsweitergabe die Einschränkung des Vorschlagsrechts des Parteivorsitzenden, der die Kanzlerkandidatur demnach auch bekannt zu geben hat. Damit war Beck in seiner Position noch weiter geschwächt worden. Er habe diesen Vorgang »im Sinne des Selbstrespekts, den sich jeder Mensch schuldet«[216], nicht hinnehmen wollen. »Das offene Spiel, das offene Gespräch, sein kollegialer Führungsstil, seine Maxime Vertrauen gegen Vertrauen – das alles sei in der Bundespartei nicht mit entsprechenden Gegenleistungen honoriert, sondern mit ›Vertrauensbruch konterkariert‹ worden.«[217] Beck trat deshalb von seinem Amt als Vorsitzender zurück und plädierte für Olaf Scholz als seinen Nachfolger, auch um Müntefering zu verhindern, aus dessen Kreis er die Lancierung der Informationen an den »Spiegel« in der Ausgabe vom 1. September 2008 vermutete, während er Steinmeier dieses Vorgehen nicht zutraute.

Mit Steinmeier ist der Mann vom Parteivorstand zum Kanzlerkandidat nominiert worden, der die Agenda 2010 maßgeblich zu verantworten hatte. »Er

---

214 Prantl 2008, S. 3
215 Siehe auch Grasselt / Korte 2007, S. 167
216 SpiegelOnline 2008d
217 Klingelschmitt 2008

war es, der entschied, dass Schröders Regierungserklärung zur Agenda keine ausführlichen Begründungen oder Rechtfertigungen enthielt. Wie ein Buchhalter beschränkte er sich darauf, die Absprachen mit den einschlägigen SPD-Gruppierungen detailgenau wiederzugeben. So geriet Schröders Agenda-Rede zu jener technokratischen Auflistung von Einsparvorhaben und Kürzungsplänen, bei deren Schlüsselsätzen es vielen Genossen noch heute eiskalt den Rücken herunterläuft. ›Wir werden Leistungen des Staates kürzen, Eigenverantwortung fördern und mehr Eigenleistung von jedem Einzelnen abfordern müssen.‹«[218] Steinmeier hatte vermutlich den Rat des schwedischen Ministerpräsidenten befolgt »Sei rüde, sei ehrlich, mach es schnell«[219]. Diese Form einer Top-down-Politik führte aber zu einer Lähmung der Partei, in der sich viele Mitglieder und Funktionäre übergangen fühlten.

Die Kür Steinmeiers zum Kanzlerkandidaten ist ein Sieg der Parteirechten. Die Schwächung der Parteilinken ist perfekt, insbesondere nachdem 60 linke Abgeordnete, Funktionäre und Gewerkschafter aus der SPD sich in ihrem Papier »Reichtum nutzen, Armut bekämpfen, Mittelschicht stärken«[220] für eine deutlichere Vermögensverteilung und damit einen Linksruck ausgesprochen hatten. Dieses Papier, das allerdings von Andrea Nahles nicht unterzeichnet worden war, war am 1. September publiziert worden und von Beck als »Diskussionsgrundlage«[221] bezeichnet worden. Vermutlich auch deshalb rieten Helmut Schmidt und Gerhard Schröder Frank-Walter Steinmeier dazu, »er müsse selbst nach der Kandidatur greifen, statt sie von Kurt Becks Gnaden zu empfangen.«[222] Die Parteirechte Susanne Kastner, Mitglied im »Seeheimer Kreis«, bekundete offen, dass die Parteilinke »mit Kurt Beck einen Fürsprecher verloren«[223] habe, obwohl Beck sich selbst nie zur Parteilinken gezählt hat.

Die Parteilinke hat sich auf eine Arbeitsteilung geeinigt: Einige Parteilinke mobilisieren Widerstand gegen die Parteirechte, und die »Regierungslinke« um Andrea Nahles versucht zu vermitteln, wie sie dieses beispielsweise in der Frage des Abgrenzungsbeschlusses der SPD gegenüber der Partei Die Linke auf Bundesebene getan hatte, nachdem Müntefering einen Parteitagsbeschluss gefordert hatte. Andrea Nahles trug im August 2008 einen Beschluss Becks, seiner Stell-

---

218 Beste u. a. 2008a, S. 20
219 Jung 2004, S. 32
220 Barthel u. a. 2008
221 Höll 2008, S. 7
222 Beste u. a. 2008a, S. 19
223 SpiegelOnline 2008e

vertreter und des Generalsekretärs mit, in dem es hieß, dass »das vom Landes-vorstand beschlossene Vorgehen zur Bildung einer rot-grünen Minderheitsregie-rung im Landtag [...] ›mit erheblichen Risiken behaftet«« [224] sei. Andrea Nahles kann sich diese Arbeitsteilung innerhalb der Parteilinken auch deshalb leisten, weil sie seit Februar 2008 nicht mehr Vorsitzende des »Forums Demokratische Linke« ist, sondern der ehemalige Bundesvorsitzende der Jungsozialisten Björn Böhning, der bereits verkündet hat, dass die SPD nicht hinter das Hamburger Programm zurückfallen dürfe, zumal das Hamburger Programm ein Kompro-miss sei und nicht das alleinige Werk der Parteilinken. Er sprach sich auch für das Zurückdrängen prekärer Beschäftigung durch die Begrenzung der wöchent-lichen Arbeitszeit bei Mini-Jobs auf 15 Stunden, für eine Bürgerversicherung und eine gerechte Bildungspolitik aus. [225]

Die Parteilinke sollte sich aber in dem Spagat zwischen Regierungsloyali-tät und Programmatik nicht verzetteln, sondern bemüht bleiben, einheitlich zu handeln, um die soziale Seite der SPD zu stärken. Insofern ist zu hoffen, dass das uneinheitliche Bild der Parteilinken auch auf Absprachen über eine Rollen-teilung beruht.

Steinmeier muss als Kanzlerkandidat in der Lage sein, beide Flügel zu ver-treten, um die Wahlen gewinnen zu können. Er muss aber erst noch beweisen, ob er seine Aussage ernst meinte, dass der Kern der sozialdemokratischen Ideen beibehalten werden müsse, nach dem »die starken Schultern für die Schwachen einstehen und wo den Schwachen geholfen wird, stark zu werden.« [226] Auch soll-te Steinmeier, der ein guter Bürokrat ist, bislang aber noch kein Wahlmandat ausgeübt hat, noch seinen eigenen Weg suchen, statt Schröder in seinen Reden zu imitieren. [227] Die bloße Imitation wird nicht ausreichen, um Wähler mobili-sieren zu können. Sie werden sehr genau prüfen, ob die Aussagen zur sozialen Gerechtigkeit nur Wahlkampfgetöse oder aber glaubwürdig sind. Auch bleibt abzuwarten, ob Müntefering die Einigung der Partei gelingt, zumal er in seiner Funktion als Parteivorsitzender einen sehr autoritären Führungsstil gepflegt hat-te. Müntefering und Steinmeier werden versuchen, auch die Wähler für die SPD

---

224 WeltOnline 2008c
225 Böhning 2008
226 Steinmeier 2008
227 Siehe Graalmann 2008, S. 3 Steinmeier wirkt in der Öffentlichkeit sympathisch, weil er bescheiden und nicht auftrumpfend auftritt. Diese Eigenschaft ist gerade in der Arbeitneh-merschaft ein positives Merkmal, das er auch bei seinen Auftritten beibehalten sollte. Al-lerdings muss er die »unsichtbare Distanzgrenze« zu seinen Wählern überwinden, die er als Technokrat noch verkörpert.

zu mobilisieren, die die »Agenda 2010« unterstützt haben. Sie werden aber mit der Agenda 2010 kaum einen Bundestagswahlkampf bestreiten können, in der die SPD die Partei Die Linke mit dem Etikett des linken Konservativismus versieht.[228] Dies würde die Partei Die Linke nutzen, um sich als Partei der sozialen Alternative noch weiter zu etablieren und weitere SPD-Wähler zu gewinnen.

8 Finanzmarktkrise 2008/2009 als Chance für die SPD?

Die SPD hatte die Hedgefonds in Deutschland legalisiert und steuerlich begünstigt. Finanzminister Peer Steinbrück war es zudem nicht gelungen, Regulierungen des Finanzmarktes auf internationaler Ebene durchzusetzen. Die Finanzmarktkrise, die sich seit der Pleite der Lehmann-Bank im September 2008 verschärft hatte, veränderte außerdem in den ersten Wochen danach noch keineswegs die Politik der Bundesregierung, einschließlich der SPD-Minister. Vielmehr wollte sie »noch nicht einmal wahrhaben [...], dass die Finanzkrise Deutschland wirklich ernsthaft betrifft«[229]. Erst mit der Beinahe-Insolvenz der Hypo Real Estate (HRE) wurde offensichtlich, dass auch Deutschland von der Finanzmarktkrise betroffen und die Bundesregierung zum Handeln gezwungen war. Sie bürgte zwar für 35 Milliarden, musste aber ihre Bürgschaft erhöhen, weil sich herausstellte, dass die finanziellen Belastungen der HRE höher waren als in einer ersten Verhandlungsrunde von der HRE zugesichert worden war. Die Bundesregierung wollte die HRE deshalb vor der Insolvenz retten, weil die HRE seit der Übernahme der Depfa-Bank »ein bedeutender Staats- und Infrastrukturfinanzierer«[230] ist.

Die Bundesregierung verweigerte sich einer europäischen Lösung der Bewältigung der Finanzkrise, weil sie weiterhin annahm, dass die deutschen Banken weniger betroffen sein würden als zum Beispiel die britischen. Sie »kritisierte [...] den irischen Vorstoß zur Garantie aller nationalen Bankeinlagen – und gab wenig später selbst ein ähnliches Versprechen ab.«[231] Die Bundesregierung handelte erst nach einem Treffen der europäischen Staats- und Regierungschefs und offensichtlich auch auf Intervention der deutschen Banken. Sie bereitete einen

---

228 Siehe Fischer 2008
229 Dullien 2008
230 ZEIT ONLINE 2008
231 Dullien 2008

»500 Milliarden schweren Rettungsplan für angeschlagene Banken«[232] vor, der dann vom Bundestag im Eilverfahren verabschiedet wurde.

Diese Vorgehensweise verdeutlicht, wie marktgläubig die Bundesregierung handelte, nachdem bereits der Chef der Deutschen Bank, Josef Ackermann, im März 2008 die Regierungen aufgefordert hatte, mehr Einfluss auf die Finanzmärkte zu nehmen, weil die Selbstheilungskräfte des Marktes nicht mehr ausreichen würden.[233]

Peer Steinbrück hatte seine Skepsis gegenüber Konjunkturprogrammen in seiner Rede am 16.09.2008 anlässlich der 1. Lesung des Bundeshaushaltes 2009 geäußert[234], um dann sechs Wochen später einem Konjunkturpaket in Höhe von etwa 30 Milliarden zuzustimmen, das allerdings lediglich fünf Milliarden an wirklichen Neuinvestitionen enthielt.[235] Die Gewerkschaften und SPD-Linke hatten angesichts der Finanzkrise schon Mitte Oktober 2008 ein Konjunkturprogramm in Höhe von mindestens 25 Milliarden Euro an Neuinvestitionen gefordert.[236] Insbesondere Peer Steinbrück hatte in Übereinstimmung mit Angela Merkel ein größeres Konjunkturprogramm verhindert, weil er weiterhin an dessen Wirksamkeit zweifelte. Die Bundesregierung isolierte sich in den folgenden Wochen auf internationaler Ebene zunehmend, weil sie sich entgegen der großen Mehrheit der Wirtschaftsexperten einem deutschen Konjunkturprogramm mit einem hohen Finanzvolumen, aber auch einem gemeinsamen europäischen Konjunkturprogramm verweigerte.[237]

Die Bundesregierung war aber trotz ihrer angebotspolitischen Wirtschaftspolitik gezwungen zu handeln, da

– sowohl SPD als auch CDU/CSU angesichts des Ausmaßes der Finanzkrise damit rechnen mussten, dass auch die Realwirtschaft betroffen sein und die Arbeitslosigkeit zunehmen wird;
– SPD sowie CDU/CSU fürchten mussten, dass ansonsten die Partei Die Linke von der Finanzmarktkrise profitieren und mit ihrer Forderung nach Konjunkturprogrammen ihr Wählerpotential noch erweitern würde.

---

232 ebd.
233 Siehe WeltOnline 2008a
234 Siehe Steinbrück 2008
235 Siehe FAZ.NET 2008b
236 SpiegelOnline 2008f; siehe Beste u. a. 2008b, S. 25
237 Siehe Feldenkirchen u. a. 2008

Insofern handelte es sich bei der Verabschiedung des zweiten Konjunkturprogramms in Höhe von 50 Milliarden durch die Bundesregierung am 27.01.2009 keineswegs um einen »Paradigmenwechsel« in der politischen Einstellung der handelnden Personen. Vielmehr ist diese Wirtschaftspolitik der Finanzmarktkrise geschuldet, zumal diese ein schlagender Beweis für die Notwendigkeit keynesianischer Wirtschaftspolitik ist. Steinmeier hatte allerdings bewiesen, dass er willens ist, die Partei zu einigen, indem er einem zwischen Weihnachten und Neujahr ausgearbeiteten Papier die Einführung einer Reichensteuer und die teilweise Verstaatlichung gefordert hatte. Er setzte diese Forderungen aber keineswegs in den Verhandlungen mit CDU/CSU durch.[238]

Die Projektgruppe des SPD-Vorstandes »Mehr Transparenz und Stabilität auf den Finanzmärkten«[239] hatte bereits am 27.10.2008 unter dem Vorsitz von Peer Steinbrück mit ihrem Vorschlag zur Regulierung der Finanzmärkte weitgehende Forderungen zum Beispiel nach einer höheren Liquiditäts- und Eigenkapitalvorsorge sowie nach strengeren Bilanzierungspflichten der Finanzinstitute, einem Selbstbehalt von mindestens 20 Prozent bei Verbriefungen, einem Verbot schädlicher Leerverkäufe, der Regulierung von Hedgefonds und Private Equity-Fonds und der Austrocknung von Steueroasen publiziert. Es war noch Kurt Beck, der diese Projektgruppe Ende 2007 eingesetzt und damit seinen politischen Instinkt bewiesen hatte, die Programmatik der SPD nicht auf eine reine Marktlogik auszurichten.[240] Der SPD gelang es aber bis Januar 2009 keineswegs, Profit aus der finanzpolitischen Krise zu schlagen.

9 Die Zerreißprobe in der hessischen SPD

Der hessische SPD-Parteivorstand und Parteirat entschieden sich im September 2008 erneut dafür, eine rot-grüne Koalition unter Duldung der Partei Die Linke zu bilden. Die Bundes-SPD hielt sich an ihren Beschluss, dass der Umgang mit der Partei Die Linke Sache der Landesverbände ist, und mischte sich nicht ein. Dieses Mal war allerdings die in einem einstimmig verabschiedeten Forderungskatalog genannte Bedingung für eine solche Duldung, dass sich die Partei Die

---

238 Siehe Dettmer 2009, S. 22
239 Projektgruppe des SPD-Parteivorstandes: »Mehr Transparenz und Stabilität auf den Finanzmärkten« 2008
240 Siehe Medick 2008

Linke von ihrem DDR-Erbe abgrenzt, sich zur Verfassung bekennt, die Haushalte bis zum Ende der Legislaturperiode mitträgt, den Ausbau des Frankfurter Flughafens unterstützt und die Neuverschuldung bis 2013 reduziert wird.[241] Die hessische SPD organisierte in den folgenden Wochen vier Regionalkonferenzen, bei denen die Mitglieder einer Minderheitenregierung mit großer Mehrheit zustimmten, zumal die Partei Die Linke den Forderungskatalog akzeptierte. Zwar verstummten auch in der Folgezeit die kritischen Stimmen insbesondere von Seiten der hessischen Parteirechten nicht. Aber auch aus ihrer Sicht waren die Regionalkonferenzen »gut gelaufen«[242]. Auch bei der Probeabstimmung der Landtagsfraktionen von SPD, »Grünen« und der Partei Die Linke hatte Ypsilanti die erforderliche Mehrheit Ende September 2008 erhalten.[243] Erst eine Woche vor dem entscheidenden Sonderparteitag der SPD erklärte der Parteirechte Jürgen Walter[244], nicht dem Kabinett beizutreten, weil er sich bei der Zusammensetzung der Ministerien übergangen fühlte und Hermann Scheer als Wirtschaftsminister ablehnte. Er erklärte dann auf dem Sonderparteitag der hessischen SPD am 01.11.2008, dass er den von ihm selbst mitausgehandelten Koalitionsvertrag von SPD und »Grünen« aus wirtschaftspolitischen Gründen nicht mittragen werde. Er kritisierte nun den Prüfauftrag für den Flughafen Kassel-Calden und den Beschluss, das ausstehende Gerichtsurteil über den Ausbau des Flughafens in Frankfurt am Main abzuwarten, da beide Entschlüsse Arbeitsplätze gefährden würden. Er hatte aber dennoch Ypsilanti seine Stimme für die entscheidende Sitzung im Landtag am 04.11.2008 zugesichert.[245] Erst einen Tag vor dieser Sitzung verkündete er dann gemeinsam mit Dagmar Metzger sowie zwei weiteren, zur Parteirechten zählenden Landtagsabgeordneten, Carmen Merks und Silke Tesch, dass sie aus Gewissensgründen angesichts der Vergangenheit der Partei Die Linke Ypsilanti nicht ihre Stimme geben könnten. In den Tagen zuvor war Walter unter Druck geraten, indem über die Medien berichtet wurde, dass bei einer weiteren fehlenden Stimme für Ypsilanti klar sei, wer ihr die Stimme versagt habe. Walter wollte also tatsächlich Ypsilanti nicht wählen und vermutlich mit der Pressekonferenz dem Vorwurf entgehen, er habe als »Heckenschütze« agiert.

---

241 WeltOnline 2008d
242 Bebenburg 2008
243 Siehe sueddeutsche.de 2008b
244 Jürgen Walter hatte die Wahl zum Vorsitz der hessischen SPD 2006 auf dem Parteitag verloren, obwohl sich die Basis auf vier Regionalkonferenzen für ihn ausgesprochen hatte. (Siehe sueddeutsche.de 2006)
245 Siehe Kinkel 2008

Zahlreiche Sozialdemokraten, wie die nordrhein-westfälische Vorsitzende Hannelore Kraft, Ralf Stegner, die ehemalige schleswig-holsteinische Ministerpräsidentin Heide Simonis, die selbst aufgrund einer fehlenden Stimme eines SPD-Landtagsabgeordneten ihre Wahl zur Ministerpräsidentin nicht erreicht hatte, und der Regierende Bürgermeister von Berlin Klaus Wowereit, verurteilten das Verhalten der drei Landtagsabgeordneten als »unsolidarisch« oder »moralisch verwerflich«.[246] Der Frankfurter Ortsverein Bonames stellte umgehend einen Antrag auf Parteiausschluss, weil das Verhalten der vier Sozialdemokraten parteischädigend gewesen sei.[247]

Sowohl Franz Müntefering als auch Hans-Jochen Vogel bezeichneten Ypsilantis Umgang mit der Partei Die Linke als Fehler, da sie ihr Wahlversprechen gebrochen habe. Müntefering und Vogel, beide erklärte Gegner eines Bündnisses mit der Linkspartei, unterstützten Ypsilanti in ihren Statements nach der Erklärung der vier Landtagsabgeordneten nicht explizit darin, dass sie weiterhin SPD-Vorsitzende bleiben soll. Müntefering sprach vielmehr allgemein davon, dass die hessischen Sozialdemokraten mit dem bisherigen Personal weiterarbeiten könnten. Er bezog damit Jürgen Walter mit ein. Vogel lehnte ausdrücklich einen Ausschluss der drei Landtagsabgeordneten ab. Gleichzeitig kritisierten beide das Verhalten der drei Landtagsabgeordneten.[248] Wolfgang Clement übte seinerseits erneut Kritik und warf der Bundes-SPD vor, dass sie sich nicht eingemischt hatte.[249]

Die hessische SPD stand nach der gescheiterten Wahl von Andrea Ypsilanti vor der Zerreißprobe. Problematisch war die Situation der hessischen SPD in zweierlei Hinsicht:

– Die Flügel der hessischen SPD waren so zerstritten, dass eine Einigung unmöglich erschien. Andrea Ypsilanti war die flügelübergreifende Integration misslungen. Um Wahlen gewinnen zu können, ist es aber notwendig, einen personellen und programmatischen Kompromiss zwischen den Parteiflügeln zu erzielen.

– Die SPD hätte in Hessen ein Aufbruchsignal für eine bildungspolitisch fortschrittliche, sozial gerechte und umweltfreundliche Politik setzen können, das ihren linken Flügel wieder gestärkt hätte. Dieses ist nun von den vier Landtagsabgeordneten verhindert worden. Deren ansonsten immer bekundete Regierungsloyalität erscheint nun ebenfalls unglaubwürdig.

246 Siehe SpiegelOnline 2008h
247 Siehe SpiegelOnline 2008i
248 Siehe SpiegelOnline 2008j; siehe SpiegelOnline 2008k
249 Siehe taz.de 2008

Andrea Ypsilanti beugte sich aber insbesondere dem Druck der Bundes-SPD und der Öffentlichkeit, bei den nun notwendig gewordenen Neuwahlen in Hessen nicht erneut als Spitzenkandidatin anzutreten, weil sie fürchtete, von den Wählern abgestraft zu werden. Stattdessen trat der Landtagsabgeordnete Thorsten Schäfer-Gümbel an, nachdem der Vorsitzende des Parteibezirks Hessen-Nord, Manfred Schaub, abgelehnt hatte. Er versuchte, die Partei wieder zu einigen. Andrea Ypsilanti blieb aber Partei- und Fraktionsvorsitzende und erweckte den Anschein, die Politik der hessischen SPD weiterhin maßgeblich mitzubestimmen.[250] Es gelang der SPD in der Folgezeit nicht, sich erstens angesichts der Finanzmarktkrise arbeitsmarkt-, finanz- und wirtschaftspolitisch in Hessen zu profilieren und zweitens ihre verloren gegangene Glaubwürdigkeit zurückzugewinnen. Auch Roland Koch überzeugte insgesamt nicht in ausreichendem Maße, auch wenn die Wähler ihm und der CDU mehr Wirtschaftskompetenz zusprachen. Vielmehr gelang es der FDP, mit einem Zuwachs von 6,8 Prozent 16,2 Prozent der Stimmen und den »Grünen« mit einem Zuwachs von 6,2 Prozent 13.7 Prozent der Stimmen und zwar jeweils insbesondere von ihren potentiellen Koalitionspartnern zu gewinnen. Insbesondere enttäuschte SPD-Wähler hatten sich der Wahl enthalten und so in erheblichem Ausmaß zu dem schlechtesten Wahlergebnis der SPD im Bundesland Hessen in Höhe von 23,7 Prozent gegenüber 37,2 Prozent für die CDU beigetragen.[251] Besonders enttäuscht von der SPD waren jüngere Frauen und Akademiker. Die SPD hat zudem nur noch 25 Prozent der Arbeiter mobilisieren können, während die CDU immerhin 40 Prozent der Arbeiterstimmen erhielt. Die SPD-Wahlniederlage wurde ausserdem dadurch verstärkt, dass die Partei Die Linke mit 5,4 Prozent wieder in das Landesparlament einziehen konnte, auch wenn es ihr nicht gelungen ist, noch stärker als bei der vorherigen Landtagswahl von der Schwäche der SPD zu profitieren.[252]

Der Konflikt der hessischen SPD hat sich auch auf die Bundes-SPD ausgewirkt und ihre Glaubwürdigkeit weiter geschwächt, zumal die Wähler der SPD auch bundesweit nicht mehr abnehmen, nicht mit der Partei Die Linke zu koalieren. Die SPD wird gleichzeitig Schwierigkeiten haben, an die Partei Die Linke verloren gegangene Wähler zurückzugewinnen, weil das linke Projekt in Hessen gescheitert ist. Andrea Ypsilanti hat die Verantwortung für die Wahlniederlage übernommen, indem sie von ihren Ämtern als Fraktions- und Parteivorsitzende

---

250 Siehe Bartsch 2008
251 Siehe Forschungsgruppe Wahlen 2009; siehe Infratest-dimap 2009
252 Siehe taz.de 2009

zurückgetreten ist. Ihr Nachfolger Thorsten Schäfer-Gümbel bemüht sich darum, die Einigung der Partei voranzutreiben. Dafür wurden sogar die Fraktionsflügel aufgelöst.[253]

10 Resümee

Die Zeit-Journalisten Peter Dausend und Tina Hildebrandt schreiben, dass die »Agenda 2010« für die SPD »ein Putsch von oben«[254] bleibt. Dies hat auch der Ablauf der innerparteilichen Debatten gezeigt und sich in dem Vorgehen bei der Abstimmung über die Kanzlerfrage bestätigt. Auch diese wirkte wiederum wie ein erneuter Putsch von oben, den Beck als Affront interpretierte und deshalb zurücktrat.

Die SPD hat zahlreiche Mitglieder und Wahlen seit ihrem Regierungsantritt 1998 verloren, weil die autoritär durchgesetzte Politik, insbesondere der »Agenda 2010«, dem Verständnis vieler Wähler von einer sozialen, demokratischen Politik widersprach und sie in die Wahlenthaltung trieb. Diese Chance nutzte die WASG, indem sie zahlreiche Sozialdemokraten und Gewerkschafter von der SPD abwarb und gemeinsam mit der PDS eine gesamtdeutsche Linke gründete, die zu dem autoritären Kurs der SPD eine Alternative anbietet und sich als Opposition zum neoliberalen Mainstream der »etablierten« Parteien und Eliten versteht.[255]

Diese Repräsentationskrise der SPD äußerte sich insbesondere auch in der durch den autoritären Führungsstil einiger Sozialdemokraten verursachten Distanz zwischen Politikern und Wählern. Auffällig ist die Kontinuitätslinie der »Basta«-Politik von Schröder, über Gersters herrschaftliches Verhalten, Clements »Parasiten«-Report und Steinbrücks »Heulsusen«-Vorwurf, die zusätzlich zur »Agenda 2010«-Politik viele Wähler irritiert hat. Der Kampf um die Deutungshoheit in der SPD begann erst nach der Verabschiedung der »Agenda 2010«, weil Schröder eine vorangestellte Diskussion gefürchtet hatte. Auch deshalb warnte die Parteilinke nach dem Rücktritt von Beck vor einer Rückkehr zum autoritären Führungsstil, der zu einer weiteren Verunsicherung bei-

---

253 Siehe FAZ.NET 2009
254 Dausend / Hildebrandt 2008, S. 7
255 Siehe Nachtwey / Spier 2007, S. 52

tragen und die Distanz zwischen Politikern und Wählern sowie Mitgliedern erhöhen würde. Das Ergebnis der »Agenda-2010«-Politik war eine gelähmte Partei, die Beck durch die Programmdiskussion wieder beleben konnte. Beck ist auch deshalb zurückgetreten, weil sein Integrationskurs von der Parteirechten und zahlreichen Medienvertretern gezielt kritisiert wurde. Die Parteirechte versuchte jegliche Kurskorrektur der Agenda 2010 oder im Umgang mit der Partei Die Linke zu verhindern und nahm die Beschädigung des Vorsitzenden Beck in Kauf, der seiner Aufgabe als Parteivorsitzender nachkam, die Parteiflügel zu integrieren. Die Verlagerung der Debatten in die Medienwelt entmachtet die Mitglieder und mittleren Funktionäre und hindert sie daran, an der Diskussion ausreichend beteiligt zu werden. Diese Missachtung rächt sich bei den Wahlkämpfen, da die Mitglieder und mittleren Funktionäre Positionen vertreten und Politiker bewerben sollen, die sie selbst nur unzureichend mitbestimmen können, insbesondere wenn sie ihnen auf Parteitagen durch die Parteispitze aufgezwungen werden. Ihnen fehlt dann die notwendige Überzeugung, um einen motivierten Wahlkampf führen zu können.

Zahlreiche Parteirechte wie Hombach oder Schröder wollen insbesondere in der »Neuen Mitte« Stimmen gewinnen und stehen damit in der direkten Konkurrenz zu CDU/CSU und zur FDP. Die linken Stammwähler sind nicht mehr in ihrem Blick. Sie wollen außerdem die Dominanz der Parteirechten nicht aufgeben und der Parteilinken das notwendige Gewicht in der Partei zugestehen. Die Parteirechten fürchten eine Koalition mit der Partei Die Linke auch deshalb, weil sie in einer solchen Konstellation an Einfluss verlieren und die Parteilinken an Einfluss gewinnen würden.

Die SPD hatte mit ihrer autoritären »Agenda 2010«-Politik der Partei Die Linke das Bündnis mit den Neuen Sozialen Bewegungen überlassen und auch ihre Bündnisfähigkeit mit den Gewerkschaften geschwächt. Die Benennung des Hochschulverbandes der »Linken« als »Die Linke.SDS«, die bereits einen Monat vor dem Gründungsparteitag der Linkspartei erfolgt war, verdeutlicht, in welcher Tradition sich Teile der Linkspartei verorten.[256] Die Partei Die Linke hat der SPD den Rang als »Partei der »alten sozialen Bewegung««[257] streitig gemacht. Die Partei Die Linke ist auch Partei eines Teils der NSB geworden und damit in Konkurrenz mit den »Grünen« getreten. Besonders stark sind im Osten die sozialen Proteste für Arbeitnehmer ausgeprägt, die insbesondere von der Partei Die

---

256 Siehe Füllner 2007
257 Neu 2008, S. 5

Linke repräsentiert werden.[258] Die SPD hat aber dennoch weiterhin das Potential, diese Wähler zurück zu gewinnen, wenn sie ihren linken Flügel wieder stärkt, zumal sie bei der Landtagswahl in Hessen am 27.01.2008 mit einem linken Wahlkampf bei der Mobilisierung der Arbeiter und insbesondere bei jüngeren Wählern, Frauen und Beamten am erfolgreichsten war.[259]

Die heutige SPD ist das Ergebnis eines qualitativen Wandels. Die heutige SPD-Linke vertritt keine systemüberwindenden Positionen mehr und ist letztlich zu einem »Mitte-Links-Bündnis«[260] geworden. Ihr fehlen die entschiedenen Sozialisten, die Schumacher noch integriert hatte. Gleichzeitig ist die Parteirechte deutlich nach rechts gerückt und vertritt heute neoliberale Positionen. In die offene Lücke ist die Partei Die Linke getreten, deren Vergangenheit sie aber eines Tages wieder einholen wird, wenn die SPD ihr Profil als Partei des »Demokratischen Sozialismus« zurückgewinnen kann und die Partei Die Linke wieder als technokratisch-kommunistische Partei entlarvt wird. Dafür müsste die SPD aber einige ihrer früheren, aus der SPD ausgetretenen Funktionäre aus der Partei Die Linke sowie insbesondere ihre gewerkschaftsorientierten Wähler zurückgewinnen, die sich im »Forum demokratischer Sozialismus« organisiert haben und sich von der »Antikapitalistischen Linken« abgrenzen. Die Chance der SPD besteht darin, die Konflikte zwischen beiden Parteiflügeln der Partei Die Linke durch ihre Regierungsbeteiligung zu verstärken und den regierungsorientierten Flügel der Partei Die Linke gegen die »antikapitalistische Linke« auszuspielen. Die SPD könnte zudem die Zerstrittenheit der Parteiflügel der Linkspartei in der West-Ost-Auseinandersetzung, in der Frage des Umgangs mit Bürgerrechtsbewegungen nicht nur in Bezug auf den Umgang mit der DDR, sondern generell in Bezug auf die Behandlung von Menschenrechten und in der Frage des Bündnisses mit den Gewerkschaften ausnutzen, wenn sie selbst wieder eine klare programmatische Linie gefunden hat.[261]

Auch die Parteirechte weiß, dass sie auf Bundesebene eine Alternative zur Großen Koalition aus machtstrategischen Gründen anbieten muss. Deshalb wird sie versuchen, die FDP als Koalitionspartner für die SPD und die »Grünen« zu gewinnen. Diese Variante wird allerdings wie die Große Koalition der Partei Die Linke die Chance einräumen, ihre eigenen Konflikte nicht austragen zu müssen

---

258 Siehe Rucht / Roth 2008, S. 649
259 Siehe Neu 2008, S. 16
260 Brodkorb 2002, S. 6
261 Siehe Meuche-Mäker 2007

und die SPD als unsoziale Partei zu brandmarken. Auch ist es fragwürdig, wie es gelingen soll, mit der FDP zu regieren, die in ihrer Programmatik noch weitaus wirtschaftsliberaler als die CDU ist. Allerdings erhofft sich die Parteirechte von einer Ampelkoalition auch, ihren Kurs fortsetzen zu können. Die Parteilinke hingegen wäre in einem solchen Bündnis weiterhin geschwächt, während sie in einem Bündnis mit der Partei Die Linke automatisch gestärkt wäre, da sie einen weiteren Bündnispartner hätte, dessen Politik ihr weitaus näher ist als die der FDP. Auch deshalb werden insbesondere die SPD-Landesverbände, in denen die SPD-Linke durchsetzungsfähig ist, ein Bündnis mit der Partei Die Linke eingehen. Es bleibt abzuwarten, wie hierauf die Parteirechten reagieren werden. Sie wären klug beraten, sich von der Bundesebene aus weiterhin nicht einzumischen, um die Partei nicht immer wieder zu spalten.[262] Letztlich würde durch die Bündnispolitik mit der Partei Die Linke auch die Gesamtpartei gestärkt, da die SPD dann wieder Reformpolitik für die Menschen gestalten könnte. Diese würden auch die Wähler goutieren, auch wenn derzeit noch ein Teil der SPD-Wähler einem Bündnis mit der Partei Die Linke skeptisch gegenüber steht.

Literatur

ADAMEK, Sascha / OTTO, Kim (2008): Der gekaufte Staat. Wie Konzernvertreter in deutschen Ministerien sich ihre Gesetze selbst schreiben. Köln

ARENZ, Horst / PETER, Horst (1993): Anpassung oder Alternative – die SPD auf dem Weg zu »Petersberg II«? In: spw 4/1993: S. 53–58

ARENZ, Horst (2001): Rechtsruck der SPD-Linken? Anmerkungen zur Frühjahrestagung des Forum DL 21. In: spw 4/2001: S. 56–58

ALBRECHT, Ulrich (2001): Die Rot-Grüne Koalition im Krieg und die neue NATO-Doktrin. In: Loccumer Initiative kritischer Wissenschaftlerinnen und Wissenschaftler: Rot-Grün – noch ein Projekt? Versuch einer ersten Bilanz. Hannover: S. 80–91

ALEMANN, Ulrich von (2003): Der Zittersieg der SPD. In: Niedermayer, Oskar (Hrsg.): Die Parteien nach der Bundestagswahl 2002. Opladen: S. 43–69

---

262 Der »Seeheimer« Joachim Poß war Mitte Oktober 2008 einer der ersten Parteirechten, die die Notwendigkeit erkannt haben, die Partei Die Linke an Regierungen zu beteiligen, auch um sie in die Regierungsverantwortung zu zwingen, in der sie kompromissfähig sein muss und nicht weiter Maximalforderungen stellen kann. Joachim Poß forderte, dass die hessische SPD mit der Partei Die Linke koalieren solle, statt sich nur tolerieren zu lassen. (Siehe SpiegelOnline 2008e)

ALEMANN, Ulrich von / SPIER, Tim (2008): Doppelter Einsatz, halber Sieg? Die SPD und die Bundestagswahl 2005. In: Niedermayer, Oskar (Hrsg.) 2008: Die Parteien nach der Bundestagswahl 2005. VS Verlag für Sozialwissenschaften. Wiesbaden: S. 37–65

BARTELS, Hans-Peter (2001): So weit. Zwei Jahre Netzwerk – eine Zwischenbilanz. In: Berliner Republik 1/2001: S. 27–30

BARTELS, Hans-Peter (2003): Vergesst die Wirtschaftspolitik! In: Berliner Republik 1/2003: S. 20–26

BARTSCH, Matthias (2008): Hessen. Verzerrter Blick. In: DER SPIEGEL 47/2008: S. 29

BEBENBURG, Pitt von (2008): Regionalkonferenzen für Rot-Grün-Rot. Ypsilanti ist sich ihrer SPD sicher. In: FR Online 20.09.2008 (http://www.fr-online.de/frankfurt_ und_hessen/nachrichten/hessen/1597631_Ypsilanti-ist-sich-ihrer-SPD-sicher.html)

BESTE, Ralf / FELDENKIRCHEN, Markus / KULLMANN, Kerstin / NELLES, Roland / SCHWENNICKE, Christoph (2008a): Sozialdemokraten. Das Wagnis. In: DER SPIEGEL 37/2008: S. 18–24

BESTE, Ralf / NELLES, Roland / KURBJUWEIT, Dirk / ROSENBACH, Marcel / SAUGA, Michael / SCHWÄGERL, Christian (2008b): Sozialdemokraten. Tiger bleibt Tiger. In: DER SPIEGEL 47/2008: S. 25–28

BLANCKE, Susanne / SCHMID, Josef (2003): Bilanz der Bundesregierung Schröder in der Arbeitsmarktpolitik. In: Egle, Christoph / Ostheim, Tobias / Zohlnhöfer, Reimut (Hrsg.): Das rot-grüne Projekt. Eine Bilanz der Regierung Schröder 1998–2002. Wiesbaden: S. 215–238

BRANDT, Willy (1974): Über den Tag hinaus. Eine Zwischenbilanz. Hamburg

BRAUN, Stefan (2008): SPD-Kanzlerkandidatur. Nahles will Steinmeier bremsen. In: sueddeutsche.de 15.06.2008 (http://www.sueddeutsche.de/deutschland/artikel/986/180431/)

BRODKORB, Matthias (2002): Die Rückkehr des Frankfurter Kreises? Kritische Anmerkungen zum SPD-Bundesparteitag. In: spw 1/2001: S. 6–7

BÜCHNER, Gerot (2003): Die »Wir sind die Partei«-Gefahr. In: Berliner Zeitung. 15.04.2003 (http://www.berlinonline.de/berliner-zeitung/archiv/.bin/dump. fcgi/2003/0415/tagesthema/0010/index.html)

BUSCH, Andreas (2003): Die Innen- und Rechtspolitik der rot-grünen Koalition. In: Egle, Christoph / Ostheim, Tobias / Zohlnhöfer, Reimut (Hrsg.): Das rot-grüne Projekt. Eine Bilanz der Regierung Schröder 1998–2002. Wiesbaden: S. 305–327

BUSCH, Andreas (2007): Von der Reformpolitik zur Restriktionspolitik? Die Innen- und Rechtspolitik der zweiten Regierung Schröder. In: Zohlnhöfer, Reimut / Egle, Christoph (Hrsg.) Ende des rot-grünen Projektes. Eine Bilanz der Regierung Schröder 2002–2005. Wiesbaden: S. 408–430

BUTTERWEGGE, Christoph 2006 (2005): Krise und Zukunft des Sozialstaates. Wiesbaden

DAUSEND, Peter / HILDEBRANDT, Tina (2008): Die Vermessung des Leids. Mit dem Sturz Rudolf Scharpings fing alles an: Obwohl die SPD seit bald zehn Jahren regiert, war sie nur selten glücklich. Warum eigentlich? Rekonstruktion einer Krise. In: Zeit 23/2008: S. 6–7

DEGGERICH, Markus (2003): Iwan, Oskar und die Rücktrittsdrohung. In: SpiegelOnline 19.05.2003 (www.spiegel.de/politik/deutschland/0,1518,druck-249318,00.html)

DETTMER, Markus / KUBJUWEIT, Dirk / NELLES, Roland / NEUKIRCH, Ralf / REIER-MANN, Christian (2009): Koalition. Diebische Freude. In: DER SPIEGEL 3/2009: S. 20–22

DÜLMER, Hermann (2005): Der Ausgangspunkt: Der Wahlsieg von Rot-Grün bei der Bundestagswahl 1998. In: Güllner, Manfred / Dülmer, Hermann / Klein, Markus / Ohr, Dieter / Quandt, Markus / Rosar, Ulrich / Klingemann, Hans-Dieter: Die Bundestagswahl 2002. Eine Untersuchung im Zeichen hoher politischer Dynamik. Wiesbaden: S. 31–39

DULLIEN, Sebastian (2008): Hilfspaket für Deutsche Banken. Wie die Briten Merkel das Retten lehrten. In: SpiegelOnline 13.10.2008 (http://www.spiegel.de/wirtschaft/0,1518,583861,00.html)

ESPING-ANDERSEN, Gøran (1998): Die drei Welten des Wohlfahrtskapitalismus. Zur Politischen Ökonomie des Wohlfahrtsstaates. In: Lessenich, Stephan / Ostner, Illona (Hrsg.) Welten des Wohlfahrtskapitalismus. Der Sozialstaat in vergleichender Perspektive. Frankfurt am Main / New York: S. 19–56

FAZ.NET (2006): Streit in der SPD. Müntefering lehnt alle Änderungen bei Rente mit 67 ab. 08.02.2006 (http://www.faz.net/s/Rub594835B672714A1DB1A121534F010EE1/Doc-E72378B5725C048FF8BAEC06FF2FB352E-ATpl-Ecommon-Scontent.html)

FAZ.NET (2008a): Frau Ypsilanti und die Linkspartei. SPD fassungslos über Kurt Beck. 22.02.2008 (http://www.faz.net/s/Rub5785324EF29440359B02AF69CB1BB8CC/Doc-E6DD02273124640349F4A52D05F098EAC-ATpl-Ecommon-Scontent.html)

FAZ.NET (2008b): Regierung einigt sich auf Konjunkturpaket. »Impuls von bis zu 30 Milliarden«. 31.10.2008 (http://www.faz.net/s/Rub-594835B672714A1DB1A121534F010EE1/Doc-E4EA2B4AFE95A4C39BA4119B0A13F2C07-ATpl-Ecommon-Scontent.html)

FAZ.NET (2009): Nach dem Wahldesaster. Auch »Aufwärts«-Kreis der SPD im Landtag aufgelöst. 21.01.2009 (http://www.faz.net/s/Rub5785324EF29440359B02AF69CB1BB8CC/Doc-E3F82FDD8DC404B7E9F4DEB9168ACA7D5-ATpl-Ecommon-Scontent.html)

FELDENKIRCHEN, Markus / Kurbjuweit, Dirk / Neubacher, Alexander / Neukirch, Ralf / Pfister, René / Reuter, Wolfgang / Sauga, Michael / Simon, Stefan / Steingart, Gabor 2008: Madame No. In: DER SPIEGEL 49/2008: S. 22–36

FISCHER, Sebastian / Waldermann, Anselm (2008): Unterwanderungsvorwurf. Wie sich die Gewerkschaften von der Linken befreien. 26.06.2008 (http://www.spiegel.de/politik/deutschland/0,1518,562026,00.html)

FISCHER, Sebastian (2008): Comeback in Bayern. SPD-Weckruf von Messias Müntefering. In: SpiegelOnline 04.09.2008 (http://www.spiegel.de/politik/deutschland/0,1518,576155,00.html)

FOCUS.ONLINE (2008): SPD-Linker. Larcher muss Partei verlassen. 10.04.2008 (http://www.focus.de/politik/deutschland/spd-linker-larcher-muss-partei-verlassen_aid_269201.html)

FORKMANN, Daniela (2007): Konsens statt Konflikt. Das sozialdemokratische »Netzwerk junger Abgeordneter Berlin«. In: vorgänge 4/2007: S. 67–75

»FRANKFURTER Kreis« (1998): Vom Regierungswechsel zum Politikwechsel. Eckpunkte für einen sozialen und ökologischen Aufbruch. In: spw 5/1998: S. 14–15

»FRANKFURTER Kreis« (1999): Der Politikwechsel muss fortgesetzt werden! Erklärung des »Frankfurter Kreises«. In: spw 2/1999: S. 5

FUCHS, Anke (1991): Mut zur Macht. Selbsterfahrung in der Politik. Hamburg

GEBAUER, Annekathrin (2005): Der Richtungsstreit in der SPD. Seeheimer Kreis und Neue Linke im innerparteilichen Machtkampf. Mit einem Geleitwort von Helmut Schmidt. Wiesbaden

GRAALMANN, Dirk (2008): Sie nannten ihn Prickel. In: Süddeutsche Zeitung 21.08.2008: S. 3

GRASSELT, Nico / KORTE, Karl-Rudolf (2007): Führung in Politik und Wirtschaft. Instrumente. Stile und Techniken. Wiesbaden

GÜLLNER, Manfred (2007): Zum Regieren nicht geschaffen. Die Tragik der deutschen Sozialdemokratie. In: vorgänge 1/2007: S. 53–66

GUMNY, Armin (2006): Regieren im politischen System der BRD am Beispiel der Agenda 2010. Marburg

HEBESTREIT, Steffen (2008): Interview: »Alles was schießt«. Bundesjustizministerin Zypries verteidigt den Bundeswehreinsatz im Innern – und will nicht nachbessern. In: FR Online 15.10.2008 (http://www.fr-online.de/in_und_ausland/politik/aktuell/1610245_Alles-was-schiesst.html)

HEIL, Hubertus / STENDER, Carsten (2003): Ohne Wirtschaft ist alles nichts. In: Berliner Republik 1/2003: S. 28–33

HENGSBACH, Friedhelm (2006): Agenda 2010. In: Urban, Hans-Jürgen: ABC zum Neoliberalismus. Von »Agenda 2010« bis »Zumutbarkeit«. Hamburg: S. 13–15

HERRMANN, Ulrike (2003): »Das steht so nicht im Wahlprogramm«. Schröders Reformkurs »benötigt zusätzliche Legitimation«, meint Hans-Peter Bartels – und will einen Sonderparteitag. In: taz.de 14.04.2003

HÖLL, Susanne (2008): Streit der SPD. Angst vor neuen Flügelkämpfen. In: Süddeutsche Zeitung 03.09.2008: S. 7

HOMBACH, Bodo (1998): Aufbruch. Die Politik der Neuen Mitte. Mit einem Nachwort von Gerhard Schröder. München

JASCHENSKY, Wolfgang (2007): Die Post-Konkurrenz und der Mindestlohn. Angriff mit der »Gerster-Gewerkschaft«. In: sueddeutsche.de 14.12.2007 (http://www.sueddeutsche.de/wirtschaft/artikel/681/148330/3/)

JUNG, Alexander (2004): »Sei rüde, sei ehrlich, mach es schnell«. Viele Industriestaaten haben ihr Sozialsystem bereits grundlegend umgebaut. In: DER SPIEGEL 34/2004: S. 32

KAHRS, Johannes / VIEHBECK, Sandra (2005): In der Mitte der Partei. Gründung, Geschichte und Wirken des Seeheimer Kreises. Berlin

KINKEL, Lutz (2008): SPD-Parteitag. Walter lehnt Koalitionsvertrag ab. In: stern.de 01.11.2008 (http://www.stern.de/politik/deutschland/:SPD-Parteitag-Walter-Koalitionsvertrag/644181.html)

KIRCHHEIMER, Otto 1968 (1965): Der Weg zur Allerweltspartei. In: Lenk, Kurt und Neumann, Franz (Hrsg.): Theorie und Soziologie der politischen Parteien. Neuwied am Rhein und Berlin: S. 345–367

KLINGELSCHMITT, Klaus Peter (2008): Kurt Beck über seinen Rücktritt. Vertrauensbruch und Intrigen. In: taz.de 09.09.2008 (http://www.taz.de/1/politik/deutschland/artikel/1/beck-beklagt-vertrauensmissbrauch)

KÖLLNER, Patrick / BASEDAU, Matthias (2006): Faktionalismus in politischen Parteien: Eine Einführung. In: Köllner, Patrick / Basedau, Matthias / Erdmann, Gero (Hrsg.): Innerparteiliche Machtgruppen: Faktionalismus im internationalen Vergleich. Frankfurt am Main / New York: S. 7–37

KORNELIUS, Bernhard / ROTH, Dieter (2007): Bundestagswahl 2005: Rot-Grün abgewählt. Verlierer bilden die Regierung. In: Zohlnhöfer, Reimut / Egle, Christoph (Hrsg.): Ende des rot-grünen Projektes. Eine Bilanz der Regierung Schröder 2002–2005. Wiesbaden: S. 29–59

KOSCHNICK, Hans (1976): Ich sehe Veränderung auf Landesebene. Der Stellvertretende Hans Koschnick über die Zukunft der Koalition. In: DER SPIEGEL 12/1976: S. 25

KRÄMER, Ralf (1991): Opportunismus gegenüber neokonservativem Zeitgeist. Zur Kritik des NRW-Papiers »Zur Modernisierung der SPD«. In: spw 1/1991: S. 10–15

KRÄMER, Ralf / MIKFELD, Benjamin / SCHUSTER, Joachim (1995): Just »Lafontainement«? Der SPD-Bundesparteitag 1995 in Mannheim. In: spw 6/1995: S. 6–8

KRITIDIS, Gregor 2008: Linkssozialistische Opposition in der Ära Adenauer. Ein Beitrag zur Frühgeschichte der Bundesrepublik Deutschland. Hannover

LAFONTAINE, Oskar (1990): Einführung in den Arbeitsbericht Fortschritt '90. In: Vogel, Hans-Jochen / Lafontaine, Oskar / Fuchs, Anke u. a. (Hrsg.): Fortschritt '90. Fortschritt für Deutschland. München: S. 19-–24

LARCHER, Detlev von (1998): Aufbruch nach links oder ab durch die »neue Mitte«? Thesen zum Ausgang der Bundestagswahl. In: spw 5/1998: S. 9

LARCHER, Detlev von / NAHLES, Andreas (2000): Vom Frankfurter Kreis zum Forum Demokratische Linke 21. In: spw 4/2000: S. 11–13

LARCHER, Detlev von (2003): Um was es auf dem Bochumer SPD-Parteitag geht. In: spw Sonderseiten Oktober 2003: S. 1

LÖSCH, Bettina 2008 (2007): Die neoliberale Hegemonie als Gefahr für die Demokratie. In: Butterwegge, Christoph / Lösch, Bettina / Ptak, Ralf: Kritik des Neoliberalismus. Wiesbaden: S. 221–283

MANAGER-MAGAZIN.DE (2000): Gerhard Schröder: Rentenstreit unter Freunden. 06.11.2000 (www.manager-magazin.de/geld/artikel/0,2828,101594,00.html)

MANAGER-MAGAZIN.DE (2003): SPD-Parteitag. Spitzensteuer bleibt, Erbschaftsthema verschoben. 19.11.2003 (http://www.manager-magazin.de/unternehmen/artikel/0,2828,274578,00.html)

MANAGER-MAGAZIN.DE (2008): Bahn. SPD will nur noch 24,9 Prozent privatisieren.14.04.2008 (http://www.manager-magazin.de/unternehmen/artikel/0,2828,547116,00.html)

MEDICK, Veit (2008): Steinbrück tendiert nach links. SPD will Finanzmärkte zähmen. In: taz.de 28.10.2008 (http://www.taz.de/1/politik/deutschland/artikel/1/spd-will-finanzmaerkte-zaehmen/)

METZ, Lutz (2003): Energie- und Umweltpolitik – Eine vorläufige Bilanz. In: Egle, Christoph / Ostheim, Tobias / Zohlnhöfer, Reimut (Hrsg.): Das rot-grüne Projekt. Eine Bilanz der Regierung Schröder 1998–2002. Wiesbaden: S. 329–349

MEUCHE-MÄKER, Meinhard (2007): Der Blick von Innen. Die Sicht von Akteuren auf die Bildung der Partei DIE LINKE. In: Brie, Michael / Hildebrandt, Cornelia / Meuche-Mäker, Meinhard (Hrsg.): Die Linke. Wohin verändert sich die Republik? Berlin: S. 46–87

MEYER, Thomas (2007): Sozialer Liberalismus und soziale Demokratie. Politisch-philosophische Konvergenzen. In: Neue Gesellschaft Frankfurter Hefte 3/2007: S. 37–39

MIKFELD, Benjamin (1998): »Das marktwirtschaftlichste Programm, das die SPD je hatte.« Knappe Anmerkungen zum Wahlprogrammentwurf der SPD. In: spw 2/1998: S. 5–7

MÜLLER-ROMMEL, Ferdinand (1982): Innerparteiliche Gruppierungen in der SPD. Eine empirische Studie über informell-organisierte Gruppierungen von 1969–1980. Opladen

MÜNTEFERING, Franz (1995): »Wenn wir Probleme lösen, ist das schon was«. Interview mit Franz Müntefering. In: spw 4/1995: S. 6–10

NACHTWEY, Oliver (2007): Im Westen was Neues. Die Entstehung der Wahlalternative Arbeit & soziale Gerechtigkeit. In: Spier, Tim / Butzlaff, Felix / Micus, Matthias / Walter, Franz (Hrsg.): Die Linkspartei. Zeitgemäße Idee oder Bündnis ohne Zukunft? Wiesbaden: S. 155–184

NACHTWEY, Oliver / SPIER, Tim (2007): Günstige Gelegenheit? Die sozialen und politischen Entstehungshintergründe der Linkspartei. In: Spier, Tim / Butzlaff, Felix / Micus, Matthias / Walter, Franz (Hrsg.): Die Linkspartei. Zeitgemäße Idee oder Bündnis ohne Zukunft? Wiesbaden: S. 13–69

NACHTWEY, Oliver (2008): In der Mitte gähnt der Abgrund. Die Krise der SPD. In: Blätter für deutsche und internationale Politik 8/2008: S. 58–68

NAWRAT, Sebastian (2006): Heimliches Godesberg. Die Vorbereitung der Agenda 2010 in der Opposition. In: Diskurs. Politikwissenschaftliche und geschichtsphilosophische Interventionen 2/2006: S. 66–77

NELLER, Katja / THAIDIGSMANN, S. Isabell (2007): Gelungene Identitätserweiterung durch Namensänderung? »Treue« Wähler, Zu- und Abwanderer der Linkspartei bei der Bundestagswahl 2005. In: Brettschneider, Frank / Niedermayer, Oskar / Wessels, Bernhard (Hrsg.): Die Bundestagswahl 2005. Analysen des Wahlkampfs und der Wahlergebnisse. Wiesbaden: S. 421–453

NEU, Viola 2008: Landtagswahlen in Hessen und Niedersachsen am 27.01.2008. Wahlanalyse. Berlin (http://www.kas.de/wf/de/33.12893/)

PERGER, Werner A. (1999): Die Neue Mitte ist anders. Botschaft an Schröder: Die Deutschen sind bereit zu Reformen – aber nicht auf Kommando von oben. In: Zeit 49/1999 (http://images.zeit.de/text/1999/49/199949.neue_mitte_.xml)

PETER, Horst (1999): Mehr Demokratie wagen und / oder den Standort sichern? In: Klönne, Arno / Spoo, Eckart / Butenschön, Rainer (Hrsg.): Der lange Abschied vom Sozialismus. Eine Jahrhundertbilanz der SPD. Hamburg: S. 107–110

PETER, Horst / SPRAFKE, Norbert (2003): Aspekte der Landtagswahlen in Hessen und Niedersachsen. In: spw 6/2003: S. 9

PFETSCH, Frank R. (2003): Die rot-grüne Außenpolitik. In: Egle, Christoph / Ostheim, Tobias / Zohlnhöfer, Reimut (Hrsg.): Das rot-grüne Projekt. Eine Bilanz der Regierung Schröder 1998–2002. Wiesbaden: S. 381–398

PLATZECK, Matthias / STEINMEIER, Frank-Walter / STEINBRÜCK, Peer (2007): Auf der Höhe der Zeit. Im 21. Jahrhundert muss sich die Sozialdemokratie auf ihre ursprünglichen Ideen und Ziele besinnen. In: dies. (Hrsg.): Auf der Höhe der Zeit. Soziale Demokratie und Fortschritt im 21. Jahrhundert. Berlin: S. 243–246

PRANTL, Heribert (2008): Die neue Tour des Franz. In: Süddeutsche Zeitung 05.09.2008: S. 3

PRONOLD, Florian (2003): »Wir sind die Partei«. Für eine SPD mit klarem sozialdemokratischen Profil. In: spw 3/2003: S. 6

RUCHT, Dieter / ROTH, Roland (2008): Soziale Bewegungen und Protest – eine theoretische und empirische Bilanz. In: dies. (Hrsg.): Die Sozialen Bewegungen in Deutschland seit 1945. Ein Handbuch. Frankfurt am Main / New York: S. 636–668

RÜNKER, Reinhold (2003): Disziplin frisst Seelen auf … Anmerkungen zur AGENDA 2010-Diskussion. In: spw 3/2003: S. 7

SCHEER, Hermann (1993): Auf dem Weg zu einer neuen Neuen Linken. In: spw 4/1993: S. 35–37

SCHMIDT, Manfred G. (2003): Rot-grüne Sozialpolitik. In: Egle, Christoph / Ostheim, Tobias / Zohlnhöfer, Reimut (Hrsg.) 2003: Das rot-grüne Projekt. Eine Bilanz der Regierung Schröder 1998–2002. Wiesbaden: S. 239–258

SCHRINNER, Axel (2008): Wolfgang Clement und das Parteiausschlussverfahren. Entschuldigung mit Nachtreten. In: Handelsblatt 07.08.2008 (http://www.handelsblatt.com/politik/deutschland/entschuldigung-mit-nachtreten;2020640)

Schröder, Ralf (2007): Patron der Proleten. National-sozialistische Offensive: Warum Oskar Lafontaine wieder einem Verein vorsitzen darf, der das Kapital dressieren will. In: konkret 7/2007: S. 12–14

Schumpeter, Joseph A. 1993 (1946): Kapitalismus, Sozialismus und Demokratie. München

Seils, Christoph (2008): SPD und Gewerkschaften. Wann wir schreiten Seit an Seit.... In: ZEIT ONLINE 30.04.2008 (http://images.zeit.de/text/online/2008/19/SPD-DGB-Mai)

SpiegelOnline (2003a): SPD-Linke. Statt Mitgliederbegehren neue innerparteiliche Opposition. 15.06.2003 (www.spiegel.de/politik/deutschland/0,1518,druck-253038,00.html)

SpiegelOnline (2003b): SPD-Rebellen. Gabriel verlangt Rücktritt der Abweichler. 10.10.2003 (www.spiegel.de/politik/deutschland/0,1518,druck-269142,00.html)

SpiegelOnline (2003c): SPD-Parteitag. Denkzettel für Scholz wurde doch vorbereitet. 11.11.2003: (http://www.spiegel.de/politik/deutschland/0,1518,275029,00.html)

SpiegelOnline (2007a): Steinbrück schimpft über Heulsusen-Genossen. 18.08.2007 (http://www.spiegel.de/politik/deutschland/0,1518,500591,00.html)

SpiegelOnline (2007b): Terror-Debatte. Merkel knöpft sich Schäuble und Jung vor. 22.09.2007 (http://www.spiegel.de/politik/deutschland/0,1518,507241,00.html)

SpiegelOnline (2008a): Rüge. SPD rüffelt Clement – Parteiausschluss verworfen. 23.04.2008 (http://www.spiegel. de/politik/deutschland/0,1518,548990,00.html)

SpiegelOnline (2008b): SPD in der Krise. Gabriel ruft die Genossen zur Ordnung. 15.06.2008 (http://www.spiegel.de/politik/deutschland/0,1518,559819,00.html)

SpiegelOnline (2008c): SPD-Flügelkampf. Clement schlägt Kompromissangebot aus, 03.08.2008 (http://spiegel.de/politik/deutschland/0,1518,druck-569795,00.html)

SpiegelOnline (2008d): SPD-Machtwechsel. Beck stichelt gegen Müntefering. 09.09.2008 (http://www.spiegel.de/politik/deutschland/0,1518,577137,00.html)

SpiegelOnline (2008e): Nach-Beck-Debatte. SPD-Flügel nehmen neue Führung in die Zange. 10.09.2008 (http://www.spiegel.de/politik/deutschland/0,1518,577320,00.html)

SpiegelOnline (2008f): Rezessionsangst. SPD-Linke und Gewerkschaften fordern Konjunkturprogramm. 17.10.2008 (http://www.spiegel.de/politik/deutschland/0,1518,584689,00.html)

SpiegelOnline (2008g): Reaktionen auf Parteitag. Gewerkschaften versagen SPD ihren Segen. 20.10.2008 (http://www.spiegel.de/politik/deutschland/0,1518,585075,00.html)

SpiegelOnline (2008h): Ypsilanti-Debakel. »Das ist eine menschliche Katastrophe«. 03.11.2008 (http://www.spiegel.de/politik/deutschland/0,1518,588108,00.html)

SpiegelOnline (2008i): Hessisches SPD-Desaster. Ypsilanti-Stoppern droht Parteiausschluss. 04.11.2008 (http://www.spiegel.de/politik/deutschland/0,1518,588315,00.html)

SPIEGELONLINE (2008j): Desaster in Hessen. Müntefering wirft Ypsilanti Fehler vor. 04.11.2008 (http://www.spiegel.de/politik/deutschland/0,1518,588249,00.html)

SPIEGELONLINE (2008k): Ex-Parteichef Vogel: »SPD ist das Risiko bewusst eingegangen«. 04.11.2008 (http://www.spiegel.de/politik/deutschland/0,1518,588360,00.html)

STEFFEN, Johannes (2005): Zurück zur Fürsorge-Rente. In: Bischoff, Joachim / Burkhardt, Wolfram / Cremer, Uli / Gerntke, Axel / Gössner, Rolf / Rock, Joachim / Steffen, Johannes / Walter, Franz: Schwarzbuch Rot-Grün. Von der sozial-ökologischen Erneuerung zur Agenda 2010. Hamburg: S. 86–110

STEINMEIER, Frank-Walter (2008): Dokumentation. Die Erklärung von Frank-Walter Steinmeier. In: TAGESSPIEGEL.DE 07.09.2008 (http://www.handelsblatt.com/politik/deutschland/erklaerung-von-frank-walter-steinmeier;2033799)

STEPHAN, Dieter (1979): Jungsozialisten: Stabilisierung nach langer Krise? Theorie und Politik 1969–1979 – Eine Bilanz. Verlag Neue Gesellschaft. Bonn

STÖSS, Richard / NEUGEBAUER, Gero (2002): Mit einem blauen Auge davon gekommen. Eine Analyse der Bundestagswahl 2002. Arbeitshefte aus dem Otto-Stammer-Zentrum Nr. 7. Berlin (http://www.polsoz.fu-berlin.de/polwiss/forschung/systeme/empsoz/schriften/arbeitshefte/AHOSZ7.pdf)

STURM, Daniel Friedrich (2006): Uneinig in die Einheit. Die Sozialdemokratie und die Vereinigung Deutschlands 1989/90. Bonn

SUEDDEUTSCHE.DE (2006): Hessen-SPD. Ypsilanti fordert Koch heraus. Die Politikerin wird SPD-Spitzenkandidatin bei der Landtagswahl 2008. Mit ihrer Wahl widersprach der Landesparteitag einem Mitgliedervotum. 02.12.2008 (http://www.sueddeutsche.de/deutschland/artikel/502/93409/)

SUEDDEUTSCHE.DE (2008a): Clement will sich gegen Rüge wehren. 23.04.2008 (http://www.sueddeutsche.de/tt3m1/deutschland/artikel/352/170851/)

SUEDDEUTSCHE.DE (2008b): Probelauf im Hessen-Landtag. Ypsilanti kann auf Mehrheit hoffen. Die hessische SPD-Chefin hat ausreichend Rückhalt für eine von der Linken tolierte rot-grüne Minderheitsregierung. 30.09.2008 (http://www.sueddeutsche.de/politik/380/312295/text/)

SZENT-IVANYI, Thomas / Vestring, Bettina (2003): SPD geht auf Abweichler zu. In: Berliner Zeitung 233/2003 (http://www.berlinonline.de/berliner-zeitung/archiv/.bin/dump.fcgi/2003/1007/seite1/0031/index.html)

TAZ.DE (2008): Geplatzte Machtübernahme in Hessen. Clement wirft SPD-Spitze Mitschuld vor. 04.11.2008 (http://www.taz.de/1/politik/deutschland/artikel/1/clement-wirft-spd-spitze-mitschuld-vor/)

TAZ.DE (2009): Wahlanalyse Hessen. Schlechte Nachrichten für die Bundes-SPD. 21.01.2009 (http://www.taz.de/1/archiv/dossiers/dossier-hessenwahl-09/artikel/1/schlechte-nachrichten-fuer-bundes-spd/)

THÖRMER, Heinz / EINEMANN, Edgar (2007): Aufstieg und Krise der Generation Schröder. Einblicke aus vier Jahrzehnten. Mit zwei Beiträgen von Rolf Wernstedt. Marburg

Verheugen, Günter (1986): Liberalismus. In: Meyer, Thomas / Klär, Karl-Heinz / Miller, Susanne / Novy, Klaus / Timmermann, Heinz 1986: Lexikon des Sozialismus. Bund-Verlag. Köln: S. 399–402

Vester, Michael (2000): Gibt es eine »Neue Mitte«? Die gesellschaftliche Basis für eine sozialdemokratische Reformpolitik. In: Perspektiven ds 1/2000: S. 17–31

Vester, Michael (2001): Gibt es eine neue Mitte? Die SPD und die Modernisierung der sozialen Milieus. In: Loccumer Initiative kritischer Wissenschaftlerinnen und Wissenschaftler 2001: Rot-Grün – noch ein Projekt? Versuch einer ersten Bilanz. Hannover: S. 103–128

Vester, Michael (2005): Zwischen Innovation und Gerechtigkeit. Die Vertrauenskrise der Sozialdemokratie und die Schieflagen sozialer Gerechtigkeit. In: SLR – Sozialwissenschaftliche Literatur Rundschau 1/2005: S. 21–33

Vester, Michael (2007): Soziale Milieus in Bewegung. In: Vester, Michael / Teiwes-Kügler, Christel / Lange-Vester, Andrea: Die neuen Arbeitnehmer. Zunehmende Kompetenzen – wachsende Unsicherheit. Hamburg: S. 31–51

Volkery, Carsten (2008): Linke-Debatte. SPD in Aufruhr – Zweifel an Becks Führungsqualität. In: SpiegelOnline 28.02.2008 (http://www.spiegel.de/politik/deutschland/0,1518,538442,00.html)

WeltOnline (2008a): Finanzkrise. Josef Ackermann glaubt nicht mehr an den Markt. 18.03.2008 (http://www.welt.de/wirtschaft/article1812002/Josef_Ackermann_glaubt_nicht_mehr_an_den_Markt.html)

WeltOnline (2008b): Parteiausschluss. Wolfgang Clement wehrt sich gegen SPD-Rüge, 06.05.2008 (http://www.welt.de/politik/article1970595/Wolfgang_Clement_wehrt_sich_gegen_SPD_Ruege.html)

WeltOnline (2008c): Hessen. SPD-Spitze geht auf Distanz zu Ypsilanti. 14.08.2008 (http://www.welt.de/politik/article2308596/SPD-Spitze-geht-auf-Distanz-zu-Ypsilanti.html)

WeltOnline (2008d): Hessen-SPD. Andrea Ypsilanti stellt der Linkspartei Bedingungen. 03.09.2008 (http://www.welt.de/politik/article2392818/Andrea-Ypsilanti-stellt-der-Linkspartei-Bedingungen.html)

Widuckel-Mathias, Werner (1995): Aufbruch in die Vergangenheit! Anmerkungen zu den arbeitszeitpolitischen Vorstößen von Gerhard Schröder und Alfred Tacke. In: spw 4/1995: S. 28–29

Winkler, Heinrich August 2002 (2000): Der lange Weg nach Westen. Zweiter Band. Deutsche Geschichte vom ›Dritten Reich‹ bis zur Wiedervereinigung. München

Wischmeier, Jessica (1998): Politikwechsel '98. Alternatives 100-Tage-Programm. In: spw 5/1998: S. 16

ZEIT ONLINE (2008): Hypo Real Estate. Der Bund garantiert 27 Milliarden. 29.09.2008 (http://www.zeit.de/online/2008/40/hypo-milliardenpaket)

Zohlnhöfer, Reimut / Egle, Christoph (2007): Der Episode zweiter Teil – ein Überblick über die 15. Legislaturperiode. In: dies. (Hrsg.): Ende des rot-grünen Projektes. Eine Bilanz der Regierung Schröder 2002–2005. Wiesbaden: S. 11–25

ZYPRIES, Brigitte (2007): Die Freiheit sichern. Perspektiven einer sozialdemokratischen Bürgerrechtspolitik. In: Platzeck, Matthias / Steinmeier, Frank-Walter / Steinbrück, Peer (Hrsg.): Auf der Höhe der Zeit. Soziale Demokratie und Fortschritt im 21. Jahrhundert. Berlin: S. 243–246

Quellen[263]

BÄTZING, Sabine u. a. (2003): Reformen für Arbeit und Gerechtigkeit. Für eine Politik der sozialen und wirtschaftlichen Erneuerung Deutschlands. Berliner Republik. Dokumentation, Berlin (http://www.netzwerkberlin.de/getfile.php?file=ReformenAG. pdf&download=1)

BARTHEL, Klaus u. a. (2008): Aufruf: Reichtum nutzen, Armut bekämpfen, Mittelschicht stärken. 01.09.2008 (http://www.forum-dl21.de/service/Mattheis_ReichtumnutzenArmutbekaempfenMittelschichtstaerken.pdf)

BÖHNING, Björn (2008): Meldung vom 07.09.2008. Es kann kein zurück hinter Hamburg geben! (http://www.forum-dl21.de/meldung.php?meldung=99&page=)

BUNDESMINISTERIUM für Wirtschaft und Arbeit (2005): Vorrang für die Anständigen – Gegen Missbrauch, »Abzocke« und Selbstbedienung im Sozialstaat. Ein Report vom Arbeitsmarkt im Sommer 2005. Vorwort von Bundesminister Wolfgang Clement (http://www.harald-thome.de/media/files/Gesetzestexte%20SGB%20II%20 +%20VO/Gesetzestexte%20SGB%20XII%20+%20VO/Seminare/Clement/Sozialmissbrauch_Bericht_BMWA.pdf)

CDU/CSU/SPD (2005): Gemeinsam für Deutschland. Mit Mut und Menschlichkeit. Koalitionsvertrag von CDU, CSU und SPD (http://www.bundesregierung.de/nsc_ true/Content/DE/__Anlagen/koalitionsvertrag,templateId=raw,property=publicati onFile.pdf/koalitionsvertrag)

DIE SEEHEIMER E.V. (2003): Pressemitteilung 13.03.2003: Deutschland stark machen – Den Sozialstaat sichern (www.seeheimer-kreis.de/pressemitteilungen/pressemitteilungen_2003)

FORSCHUNGSGRUPPE WAHLEN (2003): Landtagswahlen in Hessen und Niedersachsen. 02.02.2003 (www.forschungsgruppe.de/studien/wahlanalysen/kurzanalysen/Hess-Nied03.pdf)

FORSCHUNGSGRUPPE WAHLEN (2008): Bürgerschaftswahlen in Hamburg. 24.02.2008. Kurzanalysen (www.forschungsgruppe.de/Studien/Wahlanlysen/Kurzanalysen/ Newsl_Hamb08_1.pdf)

FORSCHUNGSGRUPPE WAHLEN (2009): Landtagswahl in Hessen. 18.01.2009 (http://www. forschungsgruppe.de/Studien/Wahlanalysen/Kurzanalysen/Newsl_Hess09.pdf)

---

263 Soweit nicht anders angegeben datieren alle Internetquellen auf den 28.1.2009

Füllner, Jonas (2007): »Linke Hochschulgruppen finden zusammen. Über die Chancen des neuen Hochschulverbandes Die Linke.SDS (http://www.linke-sds.org/spip.php?article101)

Hauer, Nina / Schneider, Carsten / Bartels, Hans-Peter / Berg, Axel / Bury, Hans Martin / Edathy, Sebastian / Heil, Hubertus / Hempel, Frank / Kahrs, Johannes / Lange, Christian / Manzewski, Dirk / Roth, Birgit / Schönefeld, Karsten (1999): Aufbruch nach Berlin: (www.thomas-goger.de/themen/aktheorie/06_01_10_Aufbruch_nach_Berlin_Youngsters.pdf)

Infratest-dimap (2009): Landtagswahl Hessen 2009. Analysen: Wählerwanderungen (http://stat.tagesschau.de/WA-2009-0118/he/analysewanderung6.shtml)

Krämer, Ralf (2004): Für eine wahlpolitische Alternative 2006 (http://www.wahlalternative-asg.de/uploads/media/Wahlalternative.pdf)

Malzahn, Rudolf / Amoneit, Klaus (2008): Offener Brief an Wolfgang Clement v. 11.07.08 (http://www.spd-hamme.de/index.php?nr=12975&menu=1)

»Parlamentarische Linke« (PL) in der SPD-Bundestagsfraktion (2003): Agenda 2010. Positionsbestimmungen und Vorschläge aus der Sicht der PL. Berlin (http://www.sozialpolitik-aktuell.de/docs/Spd-linke.pdf)

Projektgruppe des SPD-Parteivorstandes: »Mehr Transparenz und Stabilität auf den Finanzmärkten« 2008: Eine neue Balance von Markt und Staat: Verkehrsregeln für die Internationalen Finanzmärkte. Sozialdemokratische Antworten auf die Finanzmarktkrise (http://www.spd.de/show/1760590/031108_projektbericht_finanzmaerkte.pdf)

Schröder, Gerhard (2003): Mut zum Frieden und Mut zur Veränderung, In: Deutscher Bundestag 2003: Plenarprotokoll Nr. 15/32 zur 32. Sitzung vom 14.03.2003, S. 2479–2493 (http://dip21.bundestag.de/dip21/btp/15/15032.pdf)

SPD-Parteivorstand (Hrsg.) (2007): Hamburger Programm. Grundsatzprogramm der Sozialdemokratischen Partei Deutschlands. Berlin (http://www.spd.de/show/1731549/Hamburger%20Programm_final.pdf)

SPD-Zentrale (1992): Petersberger Entwurf: (http://www.glasnost.de/db/DokZeit/92asylpeberg.html)

Schrapers, Harald (2002): Netzwerker überall. 2010, Berlin, NRW und Youngster. Ein Überblick: (www.netzwerknrw.de/blick.html)

Steinbrück, Peer (2008): Rede des Bundesfinanzministers. »Keine Schulden. Alle Chancen« anlässlich der 1. Lesung des Bundeshaushaltes 2009 im deutschen Bundestag http://www.bundesfinanzministerium.de/nn_54098/DE/Presse/Reden_20und_20Interviews/093__Bundeshaushalt__09.html

Vorstand der SPD (1992): Sofortprogramm. In: ders. (Hrsg.): Protokoll vom außerordentlichen Parteitag Bonn 16.-17. November 1992. Frankfurt am Main: S. 392–416

www.spd-denkfabrik.de

STEPHAN MEISE

»…wozu die Sozialdemokratie eigentlich verpflichtet wäre« – Verprellte Mitglieder, Parteiaustritte und die Vertrauenskrise der SPD[1]

Die Beteiligung an der Großen Koalition nach der Bundestagswahl 2005 hat die SPD nicht aus ihrer schon seit längerem anhaltenden schwierigen Lage befreit. Im Gegenteil stellt die derzeit alternativlos erscheinende Zusammenarbeit mit der Union ein Risiko für die Profilierung der Sozialdemokraten dar. Gleichzeitig hat die SPD durch den Zusammenschluss von Linkspartei.PDS und WASG zur neuen Partei Die Linke im Juni 2007 stärkere Konkurrenz von links bekommen. Die Aussichten der SPD auf einen Sieg bei den nächsten Bundestagswahlen sind absehbar gering, die Umfragewerte liegen Ende 2008 bei nur 25 Prozent, also unter dem Niveau von Ende 2004 (Infratest-dimap 2008).

Die Probleme der SPD sind jedoch nicht einfach in der Tagespolitik begründet. Vorausgegangen ist der heutigen Lage der Partei eine ganze Reihe von Misserfolgen und Vertrauensverlusten während der Zeit der rot-grünen Koalition, aus denen die SPD 2005 mit vorgezogenen Neuwahlen die Konsequenz gezogen hatte. Die Partei hatte vor allem in den Jahren 2003 und 2004 bei zahlreichen Landtagswahlen zum Teil dramatische Verluste hinnehmen müssen. In mehreren Fällen lagen die Stimmenrückgänge im Vergleich zu den letzten Landtagswahlen bei mehr als 10 Prozent. So verlor die SPD bei den Landtagswahlen in Niedersachsen 2003 14,5 Prozent und 2008 weitere 3,1 Prozent und rutschte damit auf 30,3 Prozent der Wählerstimmen, ihr schlechtestes Ergebnis in der Geschichte des Landes. Die zum Teil dramatischen Wahlniederlagen kamen vor dem Hintergrund eines seit längerem außerordentlich schlechten Ansehens der SPD in der Bevölkerung zustande. In Umfragen äußerten mehr als drei Viertel der Bürger regelmäßig ihre Unzufriedenheit mit der SPD-geführten Bundesregierung. In den Jahren 2003 und 2004 waren zwischenzeitlich nur noch etwas mehr als 10 Prozent der Bevölkerung mit der Arbeit von Rot-Grün zufrieden

---

1 Dieser Beitrag basiert auf der Diplomarbeit des Autors (Meise 2005). Herzlicher Dank gilt Prof. Dr. Michael Vester für zahlreiche hilfreiche Anregungen.

(Infratest-dimap 2007). 2004 vertraten in einer Allensbach-Umfrage nur 11 Prozent die Ansicht, dass die SPD die Probleme der Bürger verstehe (Köcher 2004). Die Jahre 2003 und 2004 stellten zwar den bisherigen Höhepunkt der Krise der SPD dar, doch das Schwinden der Akzeptanz für die Politik von Rot-Grün ließ sich bereits kurz nach dem Beginn der ersten Legislaturperiode der Regierung Schröder nachweisen (Oberndörfer u.a. 2002, 7; Vester u.a. 2001, 102).

Auch die Mitgliederentwicklung der SPD belegt, dass der Vertrauensverlust in die deutsche Sozialdemokratie ein kontinuierlicher ist. Bei der Regierungsübernahme 1998 hatte die Partei noch circa 775.000 Mitglieder, von denen sie schon während der ersten rot-grünen Legislaturperiode etwa 100.000 verlor. Besonders 2003 und 2004 war eine große Austrittswelle zu verzeichnen. In beiden Jahren ging der Mitgliederbestand jeweils um rund 40.000 zurück. Ende Juni 2008 zählte die SPD nur noch knapp 530.000 Mitglieder und damit erstmals weniger als die CDU. Eine Umkehr des Negativtrends ist nicht abzusehen. In der Mitgliedschaft der SPD ist ein hohes Maß an Unzufriedenheit mit der Parteiführung offenkundig: Repräsentativen Forsa-Umfragen zufolge haben 36 Prozent der befragten SPD-Mitglieder in jüngster Zeit einen Austritt in Erwägung gezogen (FR online 2008); 58 Prozent vertraten die Meinung, dass die SPD »in der Zusammenarbeit mit der Union ihre Prinzipien verraten« habe (Spiegel online 2007).

Die SPD befindet sich also schon mindestens seit 1998, dem Beginn ihrer Regierungszeit, in einer schweren Krise. Der Umfang und die Höhe des erlittenen Vertrauensverlustes vor allem in den Jahren 2003 und 2004 sind für eine deutsche Volkspartei beispiellos. Bis heute ist kein grundlegender Trendwechsel in Sicht, im Gegenteil gibt die Zukunft der SPD auch in den eigenen Reihen Anlass zur Sorge (z.B. Thörmer/Einemann 2007).

Fragt man nach den Gründen der Akzeptanzkrise der SPD, so scheint eine Erklärung auf der Hand zu liegen: »Ohne tiefere Analyse dürfte unstrittig sein, dass es dem Kanzler [Schröder, S.M.] und der Parteiführung nicht gelungen war, die einfachen Mitglieder z.B. von der in der Agenda 2010 formulierten Politik zu überzeugen« (ebd.: 106). Wenn die Hypothese zutrifft, dass die Agenda-Politik der SPD ein Hauptgrund für Wähler und Mitglieder war, der Partei den Rücken zu kehren, lässt dies aber zwei ganz gegensätzliche Interpretationen zu:

In Teilen der SPD-Führung scheint nach wie vor die Ansicht verbreitet zu sein, dass die von der Partei enttäuschten Sozialdemokraten von außen (sei es von den Medien oder von den Gewerkschaften) gegen die Sozialreformpolitik der SPD-geführten Bundesregierung aufgebracht wurden. Unzufriedene Sozialdemokraten werden damit pauschal als fehlgeleitet und – angesichts angeblich unbestreitbarer politischer Notwendigkeiten – als unbelehrbar hingestellt. Nicht nur, dass auf diese Weise die eigenen Grundüberzeugungen der Mitglieder und Wähler ausgeblendet werden, auch die politische Konsequenz dieser Interpretation erscheint höchst problematisch, lautet sie doch: Die verbreitete Unzufriedenheit mit der Politik der SPD ist unberechtigt und verdient keine weitere Beachtung. Eine solche Schlussfolgerung wäre aber nicht nur im Hinblick auf das damit verbundene Demokratieverständnis fragwürdig, sondern auch für die Zukunft der Volkspartei SPD ein fatales Signal. Schließlich stellen die von der Partei Enttäuschten einen nicht unbedeutenden Teil der Wählerinnen und Wähler, die die SPD für sich zurückgewinnen will.

Wer die mit der Politik der SPD Unzufriedenen nicht einfach als Fehlgeleitete (miss-)verstehen will, denen gegenüber eine ›Basta-Politik‹ angemessen ist, sondern sie mit ihren Sorgen ernst nimmt, um sie wieder von der Partei zu überzeugen, muss ihre politischen und moralischen Überzeugungen zur Kenntnis nehmen und respektieren. Für die Interpretation des Vertrauensverlustes der SPD hieße das, Austritte und Entzug von Wählerstimmen als Reaktion darauf aufzufassen, dass die Betreffenden einen Verstoß gegen ihre politischen Grundüberzeugungen feststellen. Die Konsequenz wäre, den Kurs der SPD nicht einfach von oben festzulegen und von Mitgliedern und Wählern zu erwarten, dass sie bedingungslos folgen, sondern auch den ›einfachen‹ Mitgliedern sowie den Bürgerinnen und Bürgern eine aktive Rolle bei der demokratischen Meinungsbildung zuzugestehen.

Der vorliegende Beitrag fragt danach, warum Menschen, die lange Jahre der SPD als Mitglieder oder als Wähler nahe gestanden haben, sich von ›ihrer‹ Partei abwenden. Welche Grundüberzeugungen sind in den Einstellungen zur SPD zu erkennen, und wie stabil bleiben diese angesichts des Parteiaustritts? Insbesondere insofern die Agenda 2010 als Grund für die Unzufriedenheit mit der SPD benannt wird, ist zu fragen, ob für die vorgebrachte Kritik an der SPD-Politik äußere Beeinflussung oder stabile eigene Grundüberzeugungen maßgeblich sind.

Den Fragen wird beispielhaft anhand einer empirische Untersuchung von Partei-Austrittsbriefen aus den Jahren 2003 und 2004 aus Hannover nachgegangen. Dieses ungewöhnliche Material, das mir freundlicherweise von der hannoverschen SPD zur Verfügung gestellt wurde, bietet die Gelegenheit, die Motive der Ausgetretenen und die dahinter liegenden Dispositionen des Habitus systematisch zu untersuchen. Die Ergebnisse der habitusanalytischen Untersuchung werden in einer Typologie von ehemaligen Mitgliedern der SPD präsentiert. Dabei kommen anhand von Originalzitaten die aus der SPD Ausgetretenen selbst zu Wort.

Im folgenden ersten Abschnitt wird ausgehend von der Betrachtung des inhaltlichen Wandels der deutschen Sozialdemokratie die Hypothese entwickelt, dass die derzeitige Schwäche der SPD vor allem das Resultat einer Entfremdung von Teilen ihrer früheren Wählerklientel im Zuge ihres programmatischen Wandels, der Sozialreformen der rot-grünen Bundesregierung und des selbstverschuldeten Scheiterns des diesbezüglichen Begründungsdiskurses darstellt. Im zweiten Abschnitt wird kurz auf einige Überlegungen zum Verhältnis von alltagskulturellen Lebenswelten in den sozialen Milieus und politisch-ideologischen Grundorientierungen eingegangen, die den theoretischen Ausgangspunkt der empirischen Untersuchung von Partei-Austrittsbriefen darstellen, deren methodologischer Ansatz im dritten Teil dargelegt wird. Im darauf folgenden vierten Abschnitt werden sechs empirisch ermittelte Typen von aus der SPD Ausgetretenen vorgestellt.

1 Wandel und Akzeptanzkrise der SPD

Die Gemengelage aus konservativer und liberaler Hegemonie, aus politischen Herausforderungen nach dem Ende des Kalten Krieges sowie aus den weiter voranschreitenden Veränderungen in der Weltwirtschaft, die unter dem Begriff ›Globalisierung‹ diskutiert werden, hat seit den 1990er Jahren verstärkt Druck zur inhaltlichen Neubestimmung auf die Sozialdemokratie ausgeübt (vgl. Meyer 2002). Die weltweite Integration der Märkte wie auch die europäische Integration schränkten nach mehrheitlicher Meinung den Handlungsspielraum des Nationalstaats ein. Insbesondere marktbeschränkende Eingriffe mit regulativem oder redistributivem Ziel würden dadurch erschwert (vgl. Egle u.a. 2004, 113; Scharpf 2000; Müller/Scherer 2003). Auf der »mühsamen Suche nach einem neuen sozialdemokratischen Politikmodus« (Frenzel 2003, 86) zwischen wirtschaftsliberalem Mainstream und keynesianistischem Etatismus, der die alte Sozialdemokratie angeblich ausgezeichnet haben soll (Giddens 1999, 18ff.; zur Kritik: Seeleib-Kaiser 2002, 481), haben sich in der Politik der sozialdemokratischen Parteien in Europa mehrere ›dritte Wege‹ etabliert (vgl. Merkel, W. 2000). Deren Gemeinsamkeit wird in der Regel als eine Neudefinition der staatlichen Aufgaben unter teilweiser Anpassung an neoliberale Positionen interpretiert (vgl. Egle u.a. 2004; Eith/Mielke 2000; Frenzel 2003). Die alte sozialdemokratische Leitidee, dass der Kapitalismus ›gezähmt‹, d.h. durch staatliche Interventionen in das Marktgeschehen sozial reguliert werden müsse, wird tendenziell ersetzt durch eine Politik, die soziale Gerechtigkeit vor allem durch Chancengleichheit im Ausgangspunkt erreichen will. Die Marktgesetze sollen in stärkerem Maß frei wirken, Ungleichheiten im Ergebnis werden eher akzeptiert als korrigiert.

Eine Bemerkung Wolfgang Merkels, der sich wohlwollend zum »Dritten Weg« äußert, verdeutlicht den Paradigmenwechsel, der mit dieser Form der Modernisierung der SPD verbunden ist: »Das Konzept des Dritten Weges setzt nicht mehr auf die politische Kultur einer solidarischen Arbeits- und Gesellschaftsmoral, sondern rechnet mit rationalen, den individuellen Nutzen maximierenden Akteuren« (Merkel, W. 2000, 103). Dieser Auffassung der SPD-Modernisierer entspricht eine weit verbreitete Position in der öffentlichen Debatte, nach der das Konsensmodell der Bundesrepublik auf einem »Adam Smithschen Mechanismus in der Wählerschaft« (Seibt 2004, 3) beruht habe, nach dem jede soziale Gruppe unmittelbar nach ihren materiellen Interessen wähle. Entsprechend einfach und pauschal wird damit auch aktuelles Wahlverhalten erklärt: »Weil es keine ökonomische Sicherheit und damit keine politischen Gewissheiten in diesem Land mehr gibt, kippt die Stimmung extrem schnell. Die Wähler flüchten mal ins eine, mal ins andere Lager, ohne sich dort wirklich heimisch zu fühlen« (Schäfer 2004, 4). Unverkennbar ist in dieser Argumentation das hohe Maß an Ökonomismus: Grundlage der Wahlentscheidung sei ausschließlich das materielle Interesse. Unter dieser Prämisse wird jede wirtschaftliche Krise unmittelbar zu einer politischen, die für sich gar nicht weiter erklärungsbedürftig zu sein scheint. Und obwohl das ökonomische Interesse allein nicht in der Lage ist, dauerhafte Bindungen zu stiften, wird immer wieder erneut behauptet, dass sich stabile politische Grundüberzeugungen weitgehend auflösen und die Wähler immer ›volatiler‹ würden.

Zwar ist nicht abzustreiten, dass feste Parteibindungen in den letzten 20 Jahren zurückgegangen sind (Roth 2003). Die Ausmaße dieser Entwicklung sind jedoch eher als gering einzuschätzen. In Phasen hoher Mobilisierung vor Bundestagswahlen hat sich die Zahl der Wähler ohne Parteibindung zwischen 1994 und 2002 in Westdeutschland lediglich von 23,1 Prozent auf 26,5 Prozent und in Ostdeutschland von 35,8 Prozent auf 40,4 Prozent erhöht (vgl. Eith 2005, 8). Empirische Untersuchungen zeigen, dass die Unterstützung für Kandidaten einer Partei in der Regel erst auf Grundlage der Bindung an eine Partei wächst. Auch einzelne Sachthemen werden vor allem im Zusammenhang einer vorhandenen Parteibindung beurteilt (vgl. Schoen 2004a; Pappi u.a. 2004). Relativ feststehende Wertorientierungen sind dabei von grundsätzlichem Einfluss auf das politische Verhalten (vgl. Arzheimer/Rudi 2007).

Bemerkenswert ist es hingegen, wenn beispielsweise Emnid-Chef Klaus-Peter Schöppner im Zusammenhang mit den abnehmenden Parteibindungen behauptet, die Menschen seien »so ahnungslos und politisch desinteressiert [...], dass Stimmungen und ›situative Faktoren‹ [...] den Ausschlag gäben« (Drieschner 2002, 1). Forschungsergebnisse widerlegen diese Auffassung: Wechselwähler sind keineswegs weniger kompetent als Stammwähler, und heutige Wähler wissen durchaus, was sie wollen (vgl. Schoen 2004; Hartenstein/Müller-Hilmer 2002). Auch das Verhältnis zwischen sozialstruktureller Position und Parteiensystem bleibt erwiesenermaßen relevant für die Wahlentscheidung (vgl. Müller 1998 und 2000): »There is little doubt that an individual's location in the employment structure continues to determine his or her life chances and to affect his or her political behaviour« (Oesch 2006, 281).

Wer als Politiker und Wahlkämpfer vom pauschalen Leitbild eines individualisierten Wählers ausgeht, scheint also schlecht beraten. Dieses Denkmodell ist eine empirisch nicht begründbare Abstraktion von der kulturellen und politischen Realität der Milieus und Ordnungsvorstellungen in Deutschland (vgl. Geiling/Vester 2007). Tatsächlich plädieren die Wähler mehrheitlich für ein Festhalten an einer solidarischen Gesellschaft (vgl. Mielke 2006; Hilmer/Müller-Hilmer 2006; Krömmelbein/Nüchter 2006).

Die Modernisierer der SPD haben an die Wertvorstellungen in der Bevölkerung jedoch nur mangelhaft angeknüpft. Deutlich gezeigt hat sich dies sowohl bei der »unvermittelten Annäherung an die Politik des ›Dritten Weges‹ mit dem Schröder-Blair-Papier« (Oberndörfer u.a. 2004, 2) als auch bei der Vorstellung der Agenda 2010 (vgl. Schröder 2003). Tobias Dürr fand dafür schon 1999 prägnante und kritische Worte: »Es ist das Problem aller Reformer von oben und von außen, die sich nicht klarmachen, in welchem Maße die großen gesellschaftlichen Konfliktlinien [...] noch immer gegenwärtig sind – tief eingelagert in den Mentalitäten und Einstellungen [...]. Dass sie meinen, mit dem Reformieren gleichsam voraussetzungslos loslegen zu können, darin liegt ihr Missverständnis« (Dürr 1999, 777). Durch eine mangelnde Verbindung zu den konkreten Lebenswelten, die sich auch in der Sprache ausdrückt, mit der sozialdemokratische Politik begründet wird, scheint vielen früheren Anhängern »der Gemeinschaftsgedanke [...] bei diesem Drahtseilakt [der ›neuen Sozialdemokraten‹] zwischen Wohlfahrts- und Wettbewerbsstaat eher stark unterbelichtet« (Frenzel 2003, 87) zu sein. Der unvermittelte Modernisierungskurs der SPD wurde »von weiten Teilen der SPD-Wähler als Kulturbruch mit den Traditionen empfunden, die als ›Markenkern‹ der Sozialdemokratie galten und eine ansonsten durchaus heterogene Wählerschaft zusammenhielten« (Oberndörfer u.a. 2004, 2), insbesondere, dass die Partei den identitätsstiftenden Konflikt um die soziale Frage aufgegeben hat (vgl. auch Oberndörfer u.a. 2003, 8f.).

Die vernachlässigte Anknüpfung an die Wertvorstellungen in der Bevölkerung ist auch deshalb besonders problematisch, weil dem öffentlichen Begründungsdiskurs mit Bezug auf die vorherrschenden gesellschaftlichen Werte eine zentrale Bedeutung für Erfolg und Misserfolg von Reformmaßnahmen zukommt (vgl. Schmidt, V.A. 2000). Insofern kann es kaum überraschen, wenn nach Umfrageergebnissen 2004 zwei Drittel der Deutschen der Ansicht waren, dass die SPD »nicht ausreichend begründet hat, wofür die beschlossenen Reformen [der Agenda 2010, S.M.] notwendig sind und wohin sie führen sollen« (Infratest-dimap 2004, 7). Hinzu kommt noch, dass das im Zuge der Reformpolitik verschlechterte Verhältnis der SPD zu den Gewerkschaften (Infratest-dimap 2004; Schröder 2005) als schwere Belastung für die Ausstrahlungskraft der SPD in die arbeitnehmerischen Milieus hinein zu werten ist.

2 Theoretischer Hintergrund

Wenn es stimmt, dass ein glaubwürdiger Wahlkampf an der Vorstellungs- und Lebenswelt der Wähler ansetzen muss (vgl. Hategan 2004), dann kann dieses Postulat ebenfalls für die Wahlforschung Gültigkeit beanspruchen. Die folgenden kurzen Überlegungen sollen dazu dienen, den theoretischen Ausgangspunkt einer politisch-soziologischen Analyse politischen Handelns und damit den theoretischen Hintergrund dieses Beitrags zu umreißen. Die Untersuchung setzt an der Alltagspraxis der sozialen Milieus an und will deren Zusammenhang mit dem politischen Feld klären, ohne dabei zu widerspiegelungstheoretischen Kurzschlüssen zu greifen.

Die Lebenswelt ist für die große Mehrzahl der Menschen eine Welt der sozialen Bezüge, Vergemeinschaftungen und Kräfteverhältnisse. In einem relationalen Erklärungskonzept sind die Akteure weder »als bloße Objekte vorgegebener objektiver Strukturen noch als völlig freie Subjekte« (Vester u.a. 2001, 150) zu verstehen. Im Rahmen der interdependenten Feldbeziehungen gestalten sie ihre Praxis in milieuspezifischer Weise selbst. Bei Pierre Bourdieu ist es der Habitus, der die Vermittlung zwischen äußerer Struktur und klassenkulturell-individuellem Handeln leistet (vgl. Bourdieu 1976, 164).

Das Feld der Alltagspraxis ist als die Betrachtungsebene zu verstehen, auf der der kulturelle, ›lebensweltliche‹ Umgang der sozialen Akteure mit den jeweiligen ökonomischen und politischen Gegebenheiten vollzogen wird. Die sozialen Milieus, der spezifische soziale Ort der Akteure, an dem die kulturellen Vergemeinschaftungen entstehen (vgl. Durkheim 1999), existieren aber ihrerseits nicht einfach nebeneinander, sondern sind in bestimmte gesellschaftliche Dynamiken und Hierarchien eingebunden. Auch die heutige Alltagskultur in Deutschland ist durch Abgrenzungen zwischen verschiedenen lebensweltlichen Milieus strukturiert (vgl. Vester u.a. 2001; Hofmann/Rink 2006).

Neben das Feld der Alltagspraxis der sozialen Milieus tritt auf der Ebene der Systemintegration das gesellschaftspolitische Feld. Politische Einstellungen der sozialen Akteure sind nicht direkt aus der Alltagspraxis erklärbar, denn »Alltag und Politik folgen relativ verschiedenen Spielregeln« (Vester 2004, 150). Diese Trennung von Alltagsethik und gesellschaftspolitischer Einstellung hat Theodor Geiger (1932) in den 1930er Jahren anhand des Begriffspaares »Mentalität« und »Ideologie« entwickelt: Die Mentalität ist hier im Sinne einer allgemeinen klassenspezifischen Grundhaltung gegenüber den sozialen Welt zu verstehen, moralische Vorstellungen, aus denen heraus ein Akteur spezifische Strategien für das Alltagshandeln entwickelt. Auf dieser Grundlage nimmt ein Akteur eine politische Einstellung, eine Ideologie an, die ihm historisch-spezifisch adäquat erscheint. Nach der Theorie Bourdieus (1999; 2001) kommt dem Habitus eines sozialen Akteurs, der seinem Begriff nach sowohl Mentalität als auch Weltdeutung eines Menschen umfasst, auch die Funktion zu, den Zusammenhang zwischen den Feldebenen des Alltags und der Politik zu stiften. Bourdieu stellt jedoch fest, dass »zwischen jeweils eingenommener Stellung im sozialen Raum und politischen Stellungnahmen keine so einfache und direkte Beziehung wie auf anderen Gebieten [herrscht]« (Bourdieu 1999, 716). Die politische Einstellung deckt sich also keineswegs immer mit der sozialen Lage des Akteurs. Eine weitgehende Übereinstimmung von sozialer Lage und politischer Einstellung ist allenfalls in historischen Ausnahmesituationen besonderer Mobilisierung und Repräsentation der Milieus beobachtbar, wie Thompson (1980) sozialhistorisch nachwies. Mit Bourdieu gesprochen, besteht zwischen den Feldebenen der Alltagserfahrung und der politischen Einstellung ein grundlegender erkenntnistheoretischer Bruch. Auf der Grundlage ähnlicher Erfahrungen können Akteure durchaus zu unterschiedlichen politischen Schlussfolgerungen gelangen (Bourdieu 1999, 721). Empirische Studien zeigen, dass sich die gesellschaftspolitischen Ordnungsvorstellungen der sozialen Akteure nach wie vor entlang relativ stabiler ideologischer Konfliktlinien in politische Lager aufteilen, die zum Teil auf eine lange historische Tradition zurückgehen und gewisse Schwerpunkte in den Milieus aufweisen (vgl. Vester u.a. 2001; Neugebauer 2007; Arzheimer/Schoen 2007). Insoweit im Folgenden auf die einzelnen Milieus und gesellschaftspolitischen Lager in Deutschland Bezug genommen wird, verweise ich auf deren ausführliche Darstellung in Vester u.a. 2001.

3 Untersuchung von Parteiaustrittsbriefen

Der in diesem Beitrag vorgestellten Typologie liegt die Untersuchung von Partei-Austrittsbriefen aus dem SPD-Unterbezirk Hannover-Stadt[2] zugrunde (Meise 2005). Hierfür wurden alle Austrittsbriefe aus dem SPD-Unterbezirk herangezogen, die im Zeitraum April 2003 bis April 2004 wirksam geworden sind. In diesem Zeitraum ist der Höhepunkt der Austrittswelle im Unterbezirk festzustellen: Die Mitgliederzahl der SPD in der Stadt Hannover ging binnen eines Jahres von 5155 auf 4716 zurück, ein Mitgliederverlust von 8,5 Prozent, überwiegend durch Austritt.[3] Im Laufe des Jahres 2003 bis zum Januar 2004 nahmen die Austrittszahlen stark zu, um dann wieder zurückzugehen. Der Beginn des Untersuchungszeitraums liegt übrigens kurz nach der Neubestimmung der wirtschafts- und sozialpolitischen Leitlinien der Bundesregierung durch die im März 2003 von Kanzler Schröder verkündete Agenda 2010. Noch im Jahr 2003 wurde mit deren Umsetzung begonnen. Zum 1. Januar 2004 trat die Gesundheitsreform in Kraft.[4] Daher erlauben die ausgewählten Briefe in besonderem Maß die Zusammenhänge zwischen der neuen Politik der SPD und den vermehrten Austritten zu begutachten.

Von insgesamt 277 Briefen erhielten 100 eine politische Austrittsbegründung und wurden zur Auswertung herangezogen (36,1 Prozent).[5] Den Schreiben war

---

2 Inzwischen haben die SPD-Unterbezirke Hannover-Stadt und Hannover-Land fusioniert und bilden seit Anfang 2005 einen gemeinsamen Unterbezirk in der Region Hannover.

3 Alle Angaben zur Mitgliederstatistik wurden dem Autor freundlicherweise vom Service- und Kommunikationscenter der SPD in der Region Hannover bereit gestellt. Zur Exploration des Untersuchungsfeldes im Vorfeld wurden zudem einzelne Experteninterviews geführt.

4 Das bereits Mitte 2003 beschlossene »Gesetz zur Modernisierung der Gesetzlichen Krankenversicherung« beinhaltete u.a. die Streichung des Entbindungs- und Sterbegeldes und die Einführung einer sogenannten Praxisgebühr.

5 Nicht ausgewertet wurden 18 Briefe mit unterschiedlichen persönlichen Austrittsbegründungen und fünf Schreiben, denen lediglich eine vom zuständigen Ortsvereinsvorsitzenden

zumeist ein Datenblatt beigefügt, das zusätzliche persönliche Angaben über das jeweilige Mitglied enthielt und das ebenfalls zur Auswertung herangezogen wurde. Drei von zehn Briefen wurden von Frauen geschrieben, dies liegt leicht unter dem durchschnittlichen Frauenanteil des Unterbezirks Hannover-Stadt, der im Untersuchungszeitraum bei 36 Prozent stagnierte. Parteifunktionen wurden von 20 der untersuchten Ausgetretenen ausgeübt, das ist jeder fünfte. Mindestens 32, also rund ein Drittel, waren zum Zeitpunkt des Austritts Mitglied einer Gewerkschaft.

Hinter der Tatsache, dass nur ein Teil der ausgetretenen Mitglieder ihren Schritt in den Briefen begründet hat, verbergen sich wahrscheinlich weitere spezifische habituelle Einstellungen, zu denen aber kaum gesicherte Aussagen möglich sind. Die (Selbst-)Selektion des Verzichts auf eine Begründung hat zur Folge, dass die gebildete Typologie notwendig unvollständig ist. Auf den Habitus bezogene Untersuchungen der SPD und der in ihr vorhandenen Typen existieren bislang nicht, daher konnte in dieser Hinsicht kein empirisches Vorwissen genutzt werden.[6]

Zur Auswertung der Parteiaustrittsbriefe wurde die habitushermeneutische Methode angewandt (vgl. Bremer 2004.; Vester u.a. 2001, 211ff.), die, soweit nötig, an das besondere Untersuchungsmaterial angepasst wurde (vgl. Meise 2005, 109ff.). Das Verfahren basiert auf den Annahmen der Habitustheorie von Bourdieu (vgl. Bourdieu 1999; Bremer 2004, 61ff.). Dieser zu Folge lassen sich in allen Verhaltensweisen Spuren des Habitus nachweisen. Auch die in den untersuchten Briefen gewählten Ausdrücke sind somit keineswegs zufällig gewählt. Die Klassifizierungen des Habitus sind den sozialen Akteuren nur einem gewissen Teil bewusst. Die Habitusanalyse zielt darauf ab, die verborgenen klassenspezifischen Mechanismen, »die verinnerlichten unreflektierten Prinzipien [...], nach denen gebastelt wird« (Bremer 2004, 67) herauszuarbeiten.

Die Exploration des Habitus bietet somit die Möglichkeit, über die verstehende Analyse von Einzelfällen zu einer Erklärung von gesellschaftlichen Strukturen und Zusammenhängen zu gelangen. Die Auswertung vollzog sich auf zwei mit einander verschränkten Ebenen. Ein erster Auswertungsschritt hatte die Re-

---

übermittelte Austrittsbegründung beilag.

6 Lösche und Walter (1992, 169ff.) unterscheiden zwar acht Typen von SPD-Aktivmitgliedern (Amateurpolitiker, Jungsozialist, Alt-68er, gewerkschaftlich orientierter Facharbeiter, »Urgestein«, unauffälliger Verwaltungsbeamter/Angestellter, »Modernisierer«, Karrierist). Diese Einteilung verbleibt aber eher auf der Ebene alltäglicher Beobachtung und bietet kaum Ansatzpunkte für den Vergleich mit habitushermeneutisch ermittelten Typen.

konstruktion der subjektiven Akteursperspektive mittels Sequenzanalyse und hermeneutischer Textinterpretation zum Inhalt. Dies wurde im zweiten Schritt mit einer weiter gehenden, distanzierten Interpretation verknüpft, die darauf abzielte, die habitusspezifischen Wahrnehmungsverzerrungen des untersuchten Akteurs aufzudecken. Der Auswertungsprozess ging mit zahlreichen Perspektivwechseln einher. Neben den Brieftexten selbst sind nach und nach auch die persönlichen Daten und die formale Gestaltung der Briefe in die Auswertung mit einbezogen worden. Die Interpretation hat strukturelle und phänomenologische Ähnlichkeiten unter den untersuchten Fällen ergeben, die im weiteren Verlauf zu Typen weiterentwickelt worden sind, für deren Gewinnung sowohl die komplexe Struktur des Handlungsfeldes der SPD sowie, soweit möglich, die Alltagspraxis der sozialen Akteure beachtet wurde.

Zu berücksichtigen waren dabei gewisse Besonderheiten der SPD in Hannover: Auf der Grundlage eines sich im Bundesdurchschnitt befindlichen ökonomischen Strukturwandels und der Modernisierung der sozialen Milieus (vgl. Vester u.a. 2001, 291ff.), weist die regionale SPD einen umfassenden Modernisierungsprozess auf, der schon zu Beginn der 1970er Jahre eingesetzt hatte. Dabei stieg der Einfluss von Intellektuellen, und Sachkompetenz sowie parteiinterne Netzwerke gewannen an Bedeutung. Unter anderem durch den Rückzug von konservativeren, stark ›verwurzelten‹ Funktionären ging gleichzeitig aber die Verankerung der Partei in den Stadtteilen und im gesellschaftlichen Vorfeld zurück. Es herrscht heute »ein breites, nicht sehr detailliertes Selbstverständnis [vor], dass man aufgeschlossener Teil der Sozialdemokratie ist, moderate Linke« (Experteninterview). Bei all diesen Veränderungsprozessen ist die SPD in der Kommunalpolitik der Stadt Hannover seit dem Zweiten Weltkrieg ununterbrochen die hegemoniale politische Partei geblieben. Die SPD in Hannover kann also nicht ohne weiteres als repräsentativ für die gesamte SPD gelten. Zudem sind gewisse Unterschiede in der Milieustruktur der Großstadt gegenüber ländlichen Regionen zu beachten. So ist die SPD in der Stadt Hannover in den vergangenen zehn Jahren um rund 10 Prozent über dem Durchschnitt des Bezirks von Parteiaustritten betroffen gewesen.

Im Folgenden werden die auf die geschilderte Weise ermittelten Typen von ausgetretenen SPD-Mitgliedern vorgestellt. Jedem Typenprofil ist eine kurze Zusammenfassung der wichtigsten Merkmale des Typus vorangestellt.

4 Typologie der aus der SPD Ausgetretenen

4.1 Die Gehobenen Linken

Die *Gehobenen Linken* stammen aus den moderneren Fraktionen der führenden Milieus, verfügen über ein überdurchschnittliches Bildungskapital und üben meist akademische Berufe aus. Mit 15 Prozent der untersuchten Ausgetretenen sind sie eine der Gruppen mittlerer Größe. Sie vertreten eine linke Gesellschaftskritik und sprechen sich für eine nachfrageorientierte Politik aus. Ihre arbeitnehmerorientierte politische Einstellung ist dabei verknüpft mit einer distinktiven Haltung. Die sozialdemokratischen Werte treten bei den *Gehobenen Linken* entsprechend ihrer gehobenen sozialen Lage in eher idealer, weniger alltagspraktischer Form auf. Nach langen Jahren der Mitgliedschaft in der SPD sehen sie ihre politischen Vorstellungen in der Partei nur noch in unzureichendem Maß repräsentiert. Die von der rot-grünen Bundesregierung eingeführten Sozialreformen, deren Begründungen sie ideologiekritisch hinterfragen, weisen ihrer Meinung nach eine inakzeptable soziale Schieflage auf.

Die *Gehobenen Linken* sind meist seit 20 bis 35 Jahren Mitglied der SPD gewesen, eine Minderheit von rund einem Drittel zwischen fünf und 15 Jahre. Dies mag auch mit ihrem uneinheitlichen Alter zusammenhängen, das von 35 bis 70 Jahren streut. Der Altersschwerpunkt liegt bei 50 bis 60 Jahren. Sie sind überwiegend männlich, weniger als ein Drittel von ihnen sind Frauen.

Die *Gehobenen Linken* üben größtenteils akademische Berufe aus, viele sind höhere Beamte, darunter Lehrer, andere leitende Angestellte. Bei ihnen finden sich die höchsten Mitgliedsbeiträge, was auf relativ hohe Einkommen hinweist. Ihre Wohnorte sind ein weiteres Indiz für diese gehobene Soziallage: Rund die Hälfte der *Gehobenen* wohnt in Stadtgebieten mit überwiegend privilegierten Soziallagen (Südstadt-Bult, Oststadt-Zoo), ein anderer Teil in modernisierten ehemaligen Arbeitervierteln (Nordstadt, Linden-Limmer).[7] Aufmachung und Stil ihrer Briefe sprechen für eine reichliche Ausstattung mit kulturellem Kapital.

Die *Gehobenen* betrachten sich selbst als progressiv: Etliche von ihnen grenzen sich ausdrücklich von konservativer Politik bzw. von den Unionsparteien und deren Führung ab, rund ein Drittel ist Mitglied einer Gewerkschaft.

Während sich viele ihrer Argumente auf den ersten Blick kaum von denen der facharbeiterischen Typen zu unterscheiden scheinen (siehe unten), wird bei genauerem Hinsehen stets ein distinktiver Habitus deutlich. So treten viele *Gehobene* ausdrücklich für die »ursprünglichen sozialdemokratischen Grundsätze«

---

7 Zur Verteilung von sozialen Lagen in den hannoverschen Stadtteilen vgl. Buitkamp (2001); Vester u.a. (2001, 296ff.).

(03/050) bzw. den zentralen Wert der Solidarität ein. Diese Arbeitnehmerorientierung äußern sie aber deutlich aus einer Perspektive ›von oben‹: »Ich bin nach meinem Studium aus Solidarität in der gesetzlichen Krankenkasse geblieben und habe mit meinem Beitrag den Einen oder Anderen, der weniger verdient, damit gestützt« (04/069). Solidarität erscheint hier idealler und weniger alltäglich. Zudem ist sie nicht mutuell (nach dem Prinzip Leistung und Gegenleistung) angelegt, wie in der facharbeiterischen Traditionslinie üblich, sondern eher einseitig im Sinne einer idealistischen guten Tat. Dem entspricht die Bezeichnung der idellen Seite der (alten) sozialdemokratischen Grundsätze bei manchen *Gehobenen* als »sozialer Aspekt« (04/098). In anderen Fällen wird der Unterschied zum facharbeiterischen Verständnis von »Solidarität und Gerechtigkeit« (03/050) in der Verknüpfung der angestrebten Verteilungsgerechtigkeit mit anderen staatlichen Zielen wie »Verbesserung der Staatsverschuldung« (04/010) oder Sorge um die »Mittelschicht […] und die gesellschaftlichen Konflikte« (03/028) ersichtlich. Hier offenbart sich ein als selbstverständlich vorgetragener Anspruch auf (ideelle) politische Mitsprache, der typisch für die gesellschaftlich führenden Milieus ist. An der politischen Einstellung der *Gehobenen* fällt insbesondere ihre Intellektualität und Progressivität auf. Nicht wenige lassen durchblicken, dass sie »langfristige Konzepte für den Umbau des Sozialsystems« (03/073) vertreten.

Die gesellschaftspolitischen Ziele der *Gehobenen Linken* sind auch bestimmend für ihre Erwartungen an die SPD, die sie, anders als die aus den mittleren und unteren Arbeitnehmermilieus stammenden Typen, häufig in der Form von Forderungen vorbringen: »Es ist an der Zeit, auch die Großwirtschaft an der Finanzierung des Gemeinwesens zu beteiligen. Von einer sozialdemokratisch geführten Bundesregierung erwarte ich eine Politik, die sich für die genannten Gesellschaftsschichten [Arbeitslose, Rentner, Kranke und ArbeitnehmerInnen, S.M.] einsetzt und vor allem der Stimmungsmache gegen sie entschlossen entgegentritt. Es gilt, die zunehmende Zerstörung von Solidarität innerhalb der Generationen zu verhindern« (04/010). Diese Beamtin stellt in selbstbewusster Weise die Forderung nach einer nachfrageorientierten SPD-Politik auf. Darin fasst sie typische Ansichten der *Gehobenen Linken* prägnant zusammen: Um den als gefährdet wahrgenommenen gesellschaftlichen Zusammenhalt zu gewährleisten, müsse die Verteilung des gesellschaftlichen Reichtums verändert werden, wozu ein offensiver politischer Diskurs nötig sei. Die Tatsache, dass sie sich über die Entwicklung der gesamten Gesellschaft Gedanken macht und alternative Lösungen vorschlägt, verweist erneut auf eine Herkunft aus den oberen Milieus. Zugleich weist sie Ressentiments gegen sozial Schwächere zurück. Solange die *Gehobenen Linken* diese intellektuell-sozialintegrative Gesinnung von der Partei vertreten sahen, haben sie die »liebe, gute, alte SPD« (04/126) als ihre »politische Heimat« (03/050) angesehen und waren ihr tief verbunden. Doch bei ihnen hat sich eine »Unzufriedenheit mit der politischen Entwicklung seit der Regierungsübernahme« (03/073) von Rot-Grün im Jahr 1998 angestaut. Entscheidend hierfür ist die mangelhafte Vertretung ihrer gesellschaftspolitischen Ordnungsvorstellungen durch die SPD: »Ich habe die beabsichtigten Reformen mitragen wollen, was dabei geschaffen wurde, wäre für mich persönlich auch noch tragbar. Als ich dann genauer hinsah und feststellen musste, wie menschenverachtend dabei mit den schwächsten Gliedern unserer Gesellschaft umgegangen wurde, war ich erschrocken. Ich warte auf ein Zeichen der Bereitschaft zur Korrektur, leider vergebens. Der Hinweis, die CDU habe das Paket ja mitgetragen, zeugt von völliger Abkehr von der SPD als Solidargemeinschaft der Schwachen in unserem Land« (04/071). Dieser Beamte hielt die Sozialreformen für notwendig und unterstützenswert. Er ist persönlich nur in geringem Maß von den Reformen betroffen. Seine harsche Kritik gilt jedoch der von ihm festgestellten sozialen Asymmetrie der Sozialreformen, die er zunächst nicht als intendiert ansah. Inzwischen ist er aber zu der Ansicht gelangt, dass die ›Neuen Macher‹ in der SPD-Führung die sozialintegrative Grundausrichtung der Partei aufgegeben haben. Die meisten *Gehobenen Linken* argumentieren ähnlich und lehnen die Politik der SPD-geführten Bundesregierung als eine rücksichtslose Wirtschaftsförderung zugunsten der Bessergestellten ab, die dem Land und der Partei Schaden zufügen würde. Die Begründungen und Rechtfertigungen der Modernisierer für den neuen Kurs der SPD werden in diesem Zusammenhang als durchsichtige Rhetorik kritisiert: »Nun freilich sei das ›Realität‹. Welch dreiste Verdummung« (03/022). Die *Gehobenen Linken* äußern Ideologiekritik und argumentieren in einem konsistenten Gedankensystem, wodurch erneut ihre intellektuelle Perspektive deutlich wird. Obwohl sie sich der SPD teilweise »noch immer innerlich verbunden« (03/137) fühlen, ist eine Mitgliedschaft für sie angesichts ihrer Überzeugungen, die sie in der SPD nicht mehr oder nur noch von marginalisierten Gruppierungen repräsentiert sehen, nicht mehr tragbar.

Bei den *Gehobenen Linken* handelt es sich um Angehörige des Liberal-intellektuellen Milieus. Ihrer politischen Einstellung nach lassen sie sich der Elite des Sozialintegrativen Lagers zuordnen.[8] Sie weisen einen egalitären bis leicht elitären Politikstil auf und haben einen relativ ideellen Zugang zur Politik.

---

8 Eine ausführliche Darstellung der gesellschaftspolitischen Lager der Bundesrepublik Deutschland findet sich in Vester u.a. 2001, 444ff.

Ein typischer ›Gehobener Linker‹

»Schon lange trage ich mich mit dem Gedanken, die SPD zu verlassen, jetzt tue ich es! Warum? Anspruch, insbesondere vor Wahlen, und Handeln haben in dieser Partei nichts mehr miteinander gemein. Begonnen haben meine Zweifel mit Gerhard Schröders Kür zum Kanzlerkandidaten und seiner Wahl zum Parteivorsitzenden. Er hat die Partei nach seinem Bild geformt. Er ist ein begnadeter Rhetoriker und hatte auch mich schon einmal in seinen Bann gezogen. Aber er steht nur für sich selbst und seinen Machttrieb. Die Macht und ihr Erhalt ist sein einziger Programmansatz. Und die Partei hat sich von ihm total vereinnahmen lassen, von einigen Ausnahmen abgesehen. Aber meine Achtung vor den Dissidenten, die nicht immer nach der Parteilinie sprechen, vor Genossen, die nicht stromlinienförmig sind, wie Wolfgang Jüttner, reicht nicht, um zu bleiben.

Angefangen hat meine Emigration spätestens bei der 98er Wahl. »Wir sind bereit«, tönte es und was dann kam, war das Chaos. Die zweite Regierungszeit war nicht viel besser. Gebrochene Wahlversprechen, Rücknahme Blüm'schen Rentenreform, jetzt kommt Gleiches unter neuem Namen. Den von der Kohl-Regierung aufgeweichten Kündigungsschutz hat die SPD nach 1998 aufgehoben; jetzt wird das Rad wieder zurückgedreht.

Nach der Kirch-Pleite wurde für kurze Zeit im sozialdemokratischen Kanzleramt erwogen, die notleidende Bundesliga mit Bürgschaften zu stützen. Der Plan verschwand wieder in der Versenkung. Entscheidend war für mich, dass eine sozialdemokratische Führung so etwas überhaupt gedacht hat. Und wenn ich das in Verbindung setze zu den Streichorgien in der Sozialpolitik, dann erkenne ich, dass diese Partei Maßstäbe nur noch behauptet, aber nicht mehr lebt.

Was noch? Schröders aufgesetzte nationale Rhetorik. Der deutsche Weg. Der Anti-Kriegs-Kurs war in der Sache richtig, gestört hat mich das Getöne. […]

Ich bin nach meinem Studium aus Solidarität in der gesetzlichen Krankenkasse geblieben und habe mit meinem Beitrag den Einen oder Anderen, der weniger verdient, damit gestützt. Mit dieser Gesundheitsreform und anderen Reformen wird Solidarität zerstört. Aber vielleicht ist das ja gewollt. […] 1998 habe ich wenigstens noch meine Erststimme der Partei gegeben. […] Ich werde es nicht wieder tun! Dass die SPD im Vergleich zur CDU das kleinere Übel ist, ist keine Basis für einen Verbleib in der Partei. […] Zum Schluss noch meinen Rat an den letzten Genossen: Mach das Licht hinter Dir aus. Schröder, der Opportunist, wird nicht der Letzte sein.

Mit freundlichen Grüßen« (04/069)

4.2 Die Technokratisch-Konservativen

Die *Technokratisch-Konservativen* repräsentieren die konservativeren Teile der gesellschaftlichen Elitemilieus. Ähnlich wie die *Gehobenen Linken*, von denen sie sich jedoch in politischer und alltagskultureller Hinsicht unterscheiden, verfügen sie meist über akademische Ausbildung und Berufe. Es handelt sich um die zweitkleinste Gruppe von Ausgetretenen (9 Prozent der untersuchten Fälle). Vor dem Hintergrund eines ausgeprägten technokratischen Berufsethos fordern sie eine effektivere Politik zum Wohl des ganzen Landes ein. Dies verbinden sie mit einem eher konservativen Sozialstaatsverständnis, nach dem der Sozialstaat innerhalb der hierarchisch gegliederten Gesellschaft eine Fürsorgefunktion übernimmt. Der ehemaligen SPD-geführten Regierung werfen sie vor, eine so verstandene »gute« Politik aufgrund von Inkompetenz nicht richtig umgesetzt zu haben.

Bei den *Technokratisch-Konservativen* dominieren die Männer, nur zwei von neun sind Frauen. Ein Großteil dieses Typus liegt im Alter zwischen 40 und 60 Jahren, die meisten waren über zehn Jahre Mitglied der SPD. Die *Technokratisch-Konservativen* üben oft akademische Berufe aus. Unter ihnen sind vor allem gehobene Angestellte aus dem verwaltenden und datenverarbeitenden Bereich sowie Beamte. Zu den gezahlten Beiträgen sind keine hinreichenden Daten vorhanden, aufgrund erkennbar gehobener Berufspositionen ist jedoch durchgängig von sicheren Einkommensverhältnissen auszugehen. Die *Technokratisch-Konservativen* wohnen überwiegend in relativ gut situierten Stadtteilen im Osten Hannover (Kirchrode, List-Süd). Des Weiteren verfügen sie auch über eine gute Ausstattung mit kulturellem Kapital, wie an der distinktiven Aufmachung ihrer Schreiben und ihrem Schreibstil abzulesen ist. Mindestens ein Drittel der *Technokratisch-Konservativen* war auf Ortsvereins- oder Unterbezirksebene in der Partei aktiv.

Die *Technokratisch-Konservativen* sind überzeugt, »Vorstellungen von guter Politik und einer konstruktiven Problemlösung« (03/024) im Sinne der »Erhaltung des Gemeinwohls« (03/011) zu vertreten. Als grundsätzliche politische Aufgabe der SPD sehen sie es an, »wirklich etwas zu verändern [und] den Bürgern zu helfen« (03/024). Bereits diese wenigen Äußerungen legen die Vermutung nahe, dass die *Technokratisch-Konservativen* einen eher ideellen Politikzugang mit deutlicher Perspektive ›von oben‹ aufweisen.

Ein Vertreter der Gruppe stellt seine politische Einstellung anlässlich seiner Verärgerung über die SPD-Spitzenkandidaten für die niedersächsische Landtagswahl ausführlich dar: »Dieses Land braucht keinen weiteren Oberlehrer, sondern einen guten Politiker, mit Herz und Verstand, der auch vor unpopulären

Ein typischer ›Technokratisch-Konservativer‹

»Aufgrund der dilettantisch durchgeführten ›Gesundheitsreform‹ sowie hochgradiger Inkompetenz in der Wirtschaftspolitik, sehe ich mich gezwungen, Bundeskanzler Schröder an seinem Anspruch zu messen, er wolle sich an der Entwicklung der Arbeitslosigkeit messen lassen und erkläre meinen sofortigen Austritt aus der SPD. Ich kann nicht einer Partei angehören, die ich nicht mehr wählen kann. […] Außerdem kann ich den eingesparten Parteibeitrag […] gut gebrauchen, da gerade chronisch Kranke durch Ihre Gesundheitsreform belastet werden. Aufgrund der Inkompetenz, sinnvolle wirtschaftliche Reformen zu beschließen, welche Arbeitsplätze schaffen, sehe ich mich auch nicht in der Lage, Herrn Schröder 2006 wiederzuwählen. Sozial wird unter einer CDU-geführten Bundesregierung sicher nichts besser, aber es besteht wenigstens die Hoffnung, dass der politische Dilettantismus endlich ein Ende findet.

Mit der Hoffnung, dass Sie ab 2006 in der Opposition regenerieren und wieder zur Vernunft finden« (04/095)

Entscheidungen nicht zurückschreckt, um dieses Bundesland zu einem Vorbild für die gesamte Bundesrepublik zu machen. Und nicht noch so einen Versager wie Schröder! […] Ich bin zur SPD gekommen, weil ich wirklich geglaubt habe, dass diese Partei noch für die Menschen da ist! Aber letztendlich sind in ihr nur wenige gute Menschen, die wirklich etwas für die normalen Menschen auf der Straße, mit kleinen Einkommen, tun wollen« (03/029). Er stellt an Politiker die Anforderung, dass diese moralische Integrität und Klugheit zum Wohle des Landes vereinen müssten. Mit den *Gehobenen Linken* wird hier also das Selbstbewusstsein geteilt, seine Meinung in der Form von Forderungen vorzubringen, was auch hier auf eine Herkunft aus den gesellschaftlich führenden Milieus hinweist. Inhaltlich zeigt sich aber ein eher konservatives Sozialstaatsbild. Die Sozialpolitik der SPD soll Fürsorge für Bürger mit geringerem Einkommen leisten, zu denen sich die *Technokratisch-Konservativen* selbst meist nicht zählen, sondern die sie aus einer Perspektive ›von oben‹ wahrnehmen.

»Nach den anfänglichen Pannen [nach der Regierungsübernahme 1998, S.M.] – wie z.B. das Kuddelmuddel bei der geringfügigen Beschäftigung – glaubte ich, dass die Regierungsarbeit nunmehr reibungslos und effektiv durchgeführt wird. Aber das Gegenteil ist der Fall!!! […] All die Pannen und neuerlichen Fehlentscheidungen im Kabinett veranlassen mich – nach reiflicher Überlegung – aus der SPD auszutreten. […] Fachwissen ist heutzutage nicht mehr gefragt. Wichtig

ist die Selbstdarstellung eines jeden Einzelnen und weniger die Arbeitsleistung«
(03/033). Diese Angestellte betont besonders Effektivität und Sachkompetenz.
Politisches »Kuddelmuddel« und Selbstdarstellung ohne Leistung werden stark
abgelehnt. In diesem Zusammenhang wird auch strengeren gesetzlichen Regelungen zur »Bekämpfung des Leistungsmissbrauchs« (03/033) das Wort geredet.
Als Alternative zu »Pannen und neuerlichen Fehlentscheidungen« wird techno-
kratisches »Fachwissen« präsentiert.

Entsprechend ihren besonderen Anforderungen an politische Führung nehmen die *Technokratisch-Konservativen* die Reformen der Bundesregierung wahr:
»Zu echten Reformen ist wohl keine Partei mehr fähig, […] alles nur noch Stück-
werk!« (04/008). Sie sprechen sich damit grundsätzlich für Reformen der Sozial-
systeme aus, kritisieren aber die Konzepte der SPD-Regierung: Einer bescheinigt
SPD-Politikern auf Landes- und Bundesebene »politischen Dilettantismus« und
»hochgradige wirtschaftliche Inkompetenz« (04/095). Wie es typisch für Angehörige von führenden Milieus ist, traut sich dieser Akademiker eine kompetente
Beurteilung von politischen Sachfragen zu.

Wirksame Reformen würden angeblich dadurch verhindert, dass die SPD
sich »bei den Gewerkschaften an[biedert]« (03/029). Im Zusammenhang mit der
geringen Anzahl von nur zwei Gewerkschaftsmitgliedern lässt sich damit von
einer deutlichen Gewerkschaftsferne der *Technokratisch-Konservativen* sprechen.

»Als überzeugter Eichelist vertrete ich, wie bis letztes Wochenende unser bl-
anker Hans ja auch, ganz fest die Auffassung, dass Steuererhöhungen abzulehnen
sind, weil sie die Konjunktur schwächen, indem sie den Konsum bremsen. Nun
hat die Bundesregierung, deren Seniorpartner ja unsere Partei stellt, seit dem 1.
Mai mächtig Angst vor Trillerpfeifen auf der Straße bekommen und sich ganz
fix eine Gruppe unseres Volkes gesucht, die man schröpfen kann, ohne Angst
vor Trillerpfeifen haben zu müssen, denn Raucher können da ja gar nicht richtig
reinpusten« (03/011). Dieses Zitat eines Beamten enthält das für gesellschaftliche führende Milieus typische ›Elite-Masse-Schema‹: Die unteren und mittleren Arbeitnehmermilieus werden (hier in ironischer Weise) als potentiell gefähr-
lich und gleichzeitig inkompetent dargestellt, wodurch soziale Hierarchien als
notwendig und gerechtfertigt erscheinen. Die Regierung sei dafür zu kritisieren,
dass sie dem Druck von der Straße nachgegeben und dabei ihre wirtschaftliche
»Vernunft« (04/095) verloren habe. Hinter der witzigen Vortragsweise verbirgt
sich somit eine traditionell-konservative Auffassung. In seiner E-Mail legt der
zitierte Beamte zudem eine an volkswirtschaftliche Berechnungen angelehnte
Nutzenkalkulation vor, um seinen Parteiaustritt zu rechtfertigen.

Während kein Technokratisch-Konservativer Ressentiments gegen gesellschaftliche Randgruppen äußert, distinguieren sich einige von ihnen sehr deutlich von den Volksmilieus an der »sogenannten Basis« (03/013) der SPD. Deren Streitkultur nehmen sie als »polemische, kleinkarierte und zum Teil diffamierende Art« (03/024) oder »unwürdiges Hickhack um die richtige Politik« (03/013) wahr. Ordnung und Status sind den *Technokratisch-Konservativen* in politischen Diskussionen und, soweit zu beurteilen, auch im Alltagsleben zentrale Werte.

Die *Technokratisch-Konservativen* bevorzugen also einen eher hierarchischen Politikstil und zeichnen sich durch einen ideellen Politikzugang aus. Sie entstammen dem Konservativ-technokratischen sowie den eher technokratischen Teilen des Liberal-intellektuellen Milieus, in Einzelfällen möglicherweise auch der Kleinbürgerlichen Tradition. Über die Milieugrenzen hinweg, verbindet sie eine politisch-ideologische Grundhaltung, die dem traditionell-konservativen Lager zuzuschreiben ist (vgl. Vester u.a. 2001, 460ff.).

4.3 Die Anspruchsvoll-Modernen

Die relativ jungen *Anspruchsvoll-Modernen* bilden zwar nur eine kleinere Gruppe (10 Prozent), sie stehen aber für den gebildetsten und modernsten Teil der Arbeitnehmermilieus. Die *Anspruchsvoll-Modernen* stammen meist aus sozialdemokratischen Familien, deren traditionelles Politikverständnis sie erweitert haben: Sie sprechen sich für umfassende Gleichberechtigung, Demokratisierung und die Integration marginalisierter Gruppen in den Sozialstaat aus. Diese progressiven Vorstellungen sahen sie traditionell von der Sozialdemokratie vertreten. Doch die reale Politik der SPD bleibt für sie stark hinter den Erwartungen zurück. Vor allem die Sozialreformen der Agenda 2010 und der als solcher wahrgenommene autoritäre Stil der Regierung erfüllen sie mit ohnmächtiger Wut. Auch nach ihrem Austritt hoffen sie darauf, dass die SPD zu einer in ihrem Sinne fortschrittlicheren Politik zurückkehrt. Dazu zählen sie auch eine demokratische Modernisierung des Sozialstaats.

Die *Anspruchsvoll-Modernen* sind mit einer Altersverteilung von Ende 30 bis Mitte 50 eine der jüngeren ermittelten Gruppen. Sie haben zumeist eine 10- bis 30-jährige Mitgliedschaft hinter sich und mit sieben von zehn den weitaus höchsten Frauenanteil aller Typen.

Bei den *Anspruchsvoll-Modernen* handelt es sich um mittlere Angestellte, meist in Medien- und Sozialberufen sowie in der Verwaltung, daneben zwei Arbeitslose. Ihr Mitgliedsbeitrag deutet überwiegend auf mittlere Einkommen. Ihre Wohnorte liegen in modernisierten Arbeiterstadtteilen (Linden-Limmer,

Nordstadt), teilweise auch in gehobenen Wohnvierteln (Kirchrode, List-Nord, Mitte, Südstadt-Bult). Die Aufmachung ihrer Briefe macht einen modernen bis professionellen Eindruck. Der Schreibstil ist teilweise einfach gehalten, teilweise wird aufwändig argumentiert. Dabei weisen manche Anspruchsvoll-Moderne eine für die Herkunft aus der facharbeiterischen Tradition typische Mischung aus Kompetenz und einer gewissen Unsicherheit im Auftreten auf: »Ihr werdet in den letzten Monaten schon besser ausformulierte Austrittsbegründungen erhalten haben, trotzdem will ich meine Gründe kurz umreißen und euch mitteilen, warum ich diesen Schritt nun vollziehen muss« (03/135), worauf in diesem Fall eineinhalb Seiten Argumentation folgen. Zwei Anspruchsvolle waren im Ortsvereinsvorstand aktiv und Mitglied in kommunalen Parlamenten.

Viele Anspruchsvoll-Moderne betonen besonders ihre Rolle als (ehemaliges) Mitglied der Partei: »Innerhalb meiner Mitgliedszeit war ich [...] ein überdurchschnittlich aktives Mitglied« (03/085). Daran lässt sich ihr Anspruch auf demokratische Mitbestimmung ablesen. Im Mittelpunkt ihrer politischen Einstellung steht die »soziale Gerechtigkeit« (03/116) bzw. »Verteilungsgerechtigkeit« (03/094). Als besonders wichtig wird die Bekämpfung der Arbeitslosigkeit angesehen. Für die politische Identität spielt die sozialdemokratische Tradition eine Rolle: Eine stammt ausdrücklich aus einer »Familie mit alter sozialdemokratischer Tradition« (03/144), ein anderer bezeichnet sich selbst als »bekennender Linker und Freund der Parteitradition und Geschichte« (04/085). Die SPD haben die *Anspruchsvoll-Modernen* früher als die Partei angesehen, die Politik »für uns und die finanziell Schwachen« (04/037) macht: »Es war trotz allem die Partei der Arbeiter, Angestellten und Beamten (weiblich wie männlich) oder, um es altmodisch, aber treffend zu formulieren, der werktätigen Bevölkerung« (03/135). Dieses Verständnis der SPD als »Partei der kleinen Leute« (04/085) zeigt auf der einen Seite eine starke Arbeitnehmerorientierung der *Anspruchsvoll-Modernen*, wobei sie sich im Unterschied zu den *Abgehängten Älteren* nicht direkt zu den »kleinen Leuten« zählen. Die Hälfte der Anspruchsvollen ist Mitglied in einer Gewerkschaft. Viele grenzen sich explizit von der CDU ab. Auffällig ist auf der anderen Seite aber auch der ausdrückliche Universalismus ihrer Politikvorstellung: Alle Arbeitnehmergruppen und die Geschlechter werden gleichermaßen berücksichtigt. Dass das Politikverständnis der *Anspruchsvoll-Modernen* ein universelles ist, zeigt sich auch bei weiteren Themen, die für die anderen Gruppen keine besondere Rolle zu spielen scheinen. So liegt wenigstens einem Teil der Anspruchsvollen die Gleichberechtigung der Geschlechter besonders am Herzen: »Lange wollte ich die Zugehörigkeit nicht aufgeben, weil einstmals die SPD für

Eine typische ›Anspruchsvoll-Moderne‹

»Liebe Genossinnen, liebe Genossen,

nach mehr als 31jähriger Mitgliedschaft gebe ich mein Parteibuch zurück und widerrufe die Einzugsermächtigung von meinem Konto.

Mit der Agenda 2010, der Gemeindefinanzreform, der Debatte um den Eckwert der Verteilungsgerechtigkeit usw. hintertreibt diese Parteiführung viele Ziele, für die ich mich als Mitglied immer eingesetzt habe. Diese faktische CDU-Politik will ich nicht mehr länger unterstützen.

Ich will mit meinen Wertvorstellungen Sozialdemokratin bleiben und sehe mich deshalb gezwungen, aus der Partei auszutreten.

Grüße« (03/094)

die Frau etwas getan hat« (04/079). Neben der Befürwortung der Emanzipation der Geschlechter spricht sich diese Angestellte in ironischer Weise gegen Ressentiments gegen Arbeitslose aus: »Mir wäre ohne die Annahme des Jobs in X von meinem Arbeitgeber Y nach 36 Jahren Betriebszugehörigkeit gekündigt worden. Dann hätte ich zu dem arbeitslosen faulen Volk gehört…« (04/079). Es ist zu erkennen, dass es sich nicht um eine rein ideelle Einstellung aus sicherer sozialer Distanz handelt, sondern dass hier an persönliche Erfahrungen mit der Bedrohung durch Arbeitslosigkeit angeknüpft wird. Insbesondere die Nichtachtung der eigenen Lebensleistung wird von dieser Anspruchsvollen mit bitterem Unterton beklagt.

Vom ihrem Standpunkt eines universellen Politikverständnisses äußern die *Anspruchsvoll-Modernen* Mitleid mit sozial Schwachen und kritisieren Bessergestellte, wie im folgenden Zitat einer anderen Angestellten deutlich wird: »Wenn ich sehe, wie die Ärmsten der Armen – zu denen gehöre ich zum Glück noch nicht – abgezockt werden, wird mir einfach nur noch schlecht!! […] Hauptsache den Reichen geht es weiterhin gut oder gar noch besser als zuvor. […] Solche Leute erhalten für immense Summen, die sie in krimineller Weise der Steuer hinterzogen haben auch noch Amnestie!« (04/037). Auch wenn sie schon in der Vergangenheit »häufig an der Partei gelitten« (03/135) haben mögen, solange die *Anspruchsvoll-Modernen* noch eine grundsätzliche Übereinstimmung der SPD mit »meinem politischen Bewusstsein und meinen politischen Werten« (03/135) feststellen konnten, waren sie bereit, politische Entscheidungen hinzunehmen, die ihrem Ideal nicht entsprachen. Doch in der Regierungszeit Gerhard Schröders hat ihre Enttäuschung Überhand gewonnen: »Lieber Gerhard, [...] was ist von deinen Ankündigungen wahr geworden?« (04/037), fragt eine Anspruchsvoll-Moderne in ihrem Brief an den ehemaligen Bundeskanzler eindringlich. Dabei wird deutlich: Auch wenn die *Anspruchsvoll-Modernen* selbst von den Reformen nur teilweise betroffen sind, ist für ihre Abwendung von der SPD die soziale Schieflage der Wirtschafts- und Sozialreformen der Agenda 2010 entscheidend, die sie, wie auch die benachbarten *Integrativen*, als Ausdruck mangelnden Respekts der SPD-geführten Bundesregierung vor den sozial weniger gut gestellten Menschen ansehen. Die Kritik an den Reformen geht bei ihnen mit einer ebenso politischen wie mitfühlenden Begutachtung der Folgen konkreter Maßnahmen einher: »Das Arbeitslosengeld II treibt rund 3,2 Millionen Menschen in Armut. Wer sich nur ein bisschen auskennt, der weiß, dass Sozialhilfe Armut ist« (03/135). Ein Leben in Würde scheint aus dieser Sicht durch das Handeln sozialdemokratischer Politiker in Frage gestellt. »Beigetreten bin ich 1998, weil ich davon überzeugt war, dass die SPD als soziale und demokratische Partei, wenn sie die Regierungsgeschäfte übernehmen sollte, ihre Aufgabe als solche wahrnimmt. [...] Leider habt Ihr scheinbar vergessen, welchen Auftrag Ihr von Euren Wählern bekommen habt. Als Nochmitglied habe ich den Eindruck, es geht nur noch darum, an der Macht zu bleiben, leider nicht mehr darum, sozial und demokratisch zu regieren« (03/116). Entsprechend ihrer demokratischen und partizipativen Grundhaltung, äußern die Anspruchsvollen zudem eine deutliche Kritik an dem ihrer Meinung nach autoritären Stil von SPD-Politikern: »Für mich stellt sich die Frage, wo ich in der SPD die Demokratie bzw. die Mitbestimmung der Basis finde. Was zur Zeit abläuft ist eine Diktatur der Parteioberen!« (03/031). Sie prangern die Entfremdung zwischen den Berufspolitikern und den mittleren und unteren Arbeitnehmermilieus an: »Sollten sich die BerufspolitikerInnen wieder in die Niederungen des Volkes begeben, werde ich der SPD auch wieder mit gutem Gewissen meine Stimme geben können« (04/085). Die sarkastische Art und Weise dieser Kritik deutet dabei darauf hin, dass sich die *Anspruchsvoll-Modernen* in weit stärkerem Maß als die *Gehobenen Linken* selbst als zunehmend von der Politik distanziert wahrnehmen und dementsprechend ein Gefühl der Ohnmacht entwickeln.

In allen Fällen spricht aus ihren Äußerungen die Bereitschaft zur Modernisierung des Sozialstaats, sofern dabei ihre Ansprüche wenigstens grundsätzlich berücksichtigt werden. Eine Angestellte schreibt dazu ausdrücklich: »Auch ist mir klar, dass es Veränderungen, gerade im Bereich Sozialversicherungen, geben muss. Aber so wie Ihr und Euer Koalitionspartner es auf den Weg bringt, hätte es Herr Kohl nicht schlechter machen können« (03/116). Andere Länder hätten bewiesen, dass solche Veränderung möglich seien, aber »dazu gehört Mut, den habt ihr leider auch nicht« (03/116).

Die *Anspruchsvoll-Modernen* können dem Modernen Arbeitnehmermilieu sowie dem progressivsten Teil des Leistungsorientierten Milieus zugeordnet werden. Ihre gesellschaftspolitische Grundhaltung lässt sich zusammenfassend als sozialintegrativ bezeichnen.

4.4 Die Integrative Arbeitnehmer-Mitte

Die zweitgrößte Gruppe von Ausgetretenen (25 Prozent) findet sich in der gesellschaftlichen Mitte der Arbeitnehmermilieus und hat eine facharbeiterische Herkunft: Die *Integrativen* sind mittleren Alters und verfügen über ein modernes und maßvolles solidarisches Wertesystem. Sie fühlen sich dem »Sozialen« und der Demokratie verpflichtet. Ihr Zugang zur Politik ist stärker über die emotionale als über die intellektuelle Ebene vermittelt. Die SPD nehmen sie schon seit einiger Zeit nicht mehr als das wahr, was sie einmal für sie bedeutet hat: Ihre politische Heimat. Die Sozialreformen der Agenda 2010 haben sie als einen unvermittelten Abbau des Sozialstaates erlebt. Insbesondere den in ihren Augen respektlosen Stil der Parteioberen gegenüber den Arbeitnehmern finden sie unerträglich. Schwer enttäuscht wenden sie sich von der Partei ab, ohne dabei ihre soziale Einstellung zu verlieren. Nicht weniger von ihnen fühlen sich der SPD noch immer innerlich verbunden. Doch die Reformpolitik der Agenda 2010, die sie zwar grundsätzlich als notwendig anerkennen, die in der verabschiedeten Form ihres Erachtens aber vor allem die Schwachen belastet, wollen sie nicht mittragen.

Die *Integrativen Arbeitnehmer*, zu denen sich 25 Briefschreiber zuordnen ließen, sind überwiegend etwa 40 bis 60 Jahre alt, wenngleich auch einzelne Ältere sowie Jüngere in dieser Gruppe vertreten sind. Bezüglich der Dauer der Mitgliedschaft gibt es zwei Schwerpunkte. Während knapp die Hälfte von ihnen vor 25 bis 35 Jahren in die SPD eingetreten ist, also in der Ära von Willy Brandt und Helmut Schmidt politisch sozialisiert wurde, ist etwa ein weiteres Drittel in der zweiten Hälfte der Regierungszeit Helmut Kohls von 1990 bis 1998 der SPD beigetreten. 13 der 25 *Integrativen* sind Frauen, dies liegt deutlich über dem Durchschnitt der Stichprobe.

Die *Integrativen* sind zumeist als Angestellte im sozialpflegerischen, technischen und verwaltenden Bereich in vermutlich einfachen bis mittleren, teilweise auch gehobenen Positionen tätig. Außerdem zählen einige Facharbeiter, Verwaltungsbeamte und Studenten, jedoch nur wenige Rentner zu dieser Gruppe. Ihre Mitgliedsbeiträge deuten auf mittlere und zum Teil niedrigere Einkommen hin. Die *Integrativen* wohnen ganz überwiegend im Westen der Stadt in ehemaligen Arbeitervierteln. Die größte Häufung ist im Stadtbezirk Linden-Limmer feststellbar, der, wie auch die ebenfalls vertretene Nordstadt, als vergleichsweise stark modernisiert gilt. Nicht nur das ökonomische, auch das kulturelle Kapital der *Integrativen* scheint im Mittelfeld der ermittelten Typen zu liegen. Eine Rentnerin hat ihre Austrittserklärung offenbar in ihr Parteibuch hineingeschrieben (04/009), was meines Erachtens auf eine besondere Wut hindeutet. In einigen Fällen ist ein gestelzt erscheinender Stil erkennbar, der im Zusammenhang mit den inhaltlichen Aussagen auf eine erhebliche Unsicherheit angesichts einer als fürchterlich empfundenen Situation hindeutet. Andere scheinen ihre explizit geäußerte emotionale Aufgebrachtheit hinter der Fassade eines nüchtern-abstrakten Schreibstils zu verbergen. Von wenigen Ausnahmen abgesehen haben die *Integrativen* ihren Austritt nur sehr knapp begründet.

Viele *Integrative* nehmen sich selbst offenbar als normale Leute »aus der Arbeitnehmerschaft« (04/123) wahr. Ein Frau nennt sich z.B. »Bürgerin und Angestellte« (04/104), wobei dies wie selbstverständlich mit Solidarität für ihresgleichen und sozial schlechter Gestellte verknüpft ist. »Ich [fühle] mich den traditionellen Werten der SPD sehr verbunden [...] In der Geschichte war die SPD die Partei, die sich für die Belange der Arbeiter und derjenigen eingesetzt hat, welche sozial schlechter gestellt waren« (03/003). Als »überzeugte Sozialdemokraten« (04/021) stehen die *Integrativen* traditionell auf Seiten der »kleinen Leute« (03/117, 04/077). Während die *Abgehängten Älteren* sich selbst eindeutig zu den »kleinen Leuten« zählen und die *Anspruchsvoll-Modernen* und insbesondere die *Gehobenen Linken* Mitleid mit diesen bekunden, finden sich bei den *Integrativen* beide Aspekte, was auf eine mittlere soziale Positionierung zwischen den genannten Typen hinweist. Besonders auffällig ist dabei ein ausgeprägtes und überwiegend wohl bereits von den Eltern ›ererbtes‹ Gefühl für das Soziale, das im Mittelpunkt ihres Politikverständnisses steht. Immerhin ist rund jeder vierte *Integrative* zudem Mitglied einer Gewerkschaft, was nur leicht unter dem Durchschnitt liegt. Es kann insgesamt also von einer deutlichen traditionellen Arbeitnehmerorientierung gesprochen werden, die jedoch mehr gefühlsmäßig als intellektuell-ideologisch präsent zu sein scheint. Mehrfach wird positiv auf die »Politik Willy Brandts« (03/124) Bezug genommen. Dieser dürfte unter seinen Anhängern für eine mutige und progressive Reform-Politik der Demokratisierung und sozialen Integration stehen (vgl. Potthoff/Miller 2002, 226ff.). Die Umsetzung ihrer gesellschaftspolitischen

---

Eine typische ›Integrative‹

»Liebe Genossinnen und Genossen, sehr geehrte Damen und Herren,

Hiermit erkläre ich meinen Austritt aus der SPD und ich gebe meine Mitgliedschaft auf.

Schon seit geraumer Zeit ist mir eine Identifikation mit den Zielen und Taten der SPD nicht mehr möglich und ich vermisse die ursprünglichen Ideen und sozialen Grundprinzipien. So wichtig und lobenswert Ihre Reformanstrengungen auch sind, die jetzt beschlossenen Leitlinien gehen für mich in die falsche Richtung und setzen an der ungeeigneten Stelle an: unten!!!

Von ausgewogener Politik, die alle gleichfalls in die Pflicht nimmt, kann nicht mehr die Rede sein.

Ich verbleibe mit freundlichen Grüßen und großer Enttäuschung über die Entwicklung der SPD« (04/060)

Vorstellungen von sozialem Fortschritt fordern die *Integrativen* jedoch nicht in idealistischer und radikaler Weise ein. Stattdessen meinen sie, dass politische Überzeugung und praktisches Handeln stets übereinstimmen müssen. So hatte jeder fünfte *Integrative* Funktionen in der SPD inne und zwar auf Ortsvereinsebene oder darunter Offenbar ist ihnen die praktische politische und soziale Betätigung vor Ort besonders wichtig.

Ihr Anspruch, an feste »Werte« der sozialen Demokratie sowohl zu »glauben«, als auch für sie einzustehen, wird auch gegenüber der SPD erhoben, wurde jedoch vielfach enttäuscht: »Jedoch musste ich seit meinem Eintritt in die SPD […] immer wieder feststellen, dass große Teile der SPD – vor allem in der Landes- und Bundespolitik – nicht mehr an diese Werte zu glauben scheinen« (03/003). – »Schon seit geraumer Zeit ist mir eine Identifikation mit den Zielen und Taten der SPD nicht mehr möglich und ich vermisse die ursprünglichen Ideen und sozialen Grundprinzipien« (04/060) ist eine typische Äußerung, an der sich die Einstellung der *Integrativen Arbeitnehmer-Mitte* zur SPD ablesen lässt. Ausgehend von ihrer mehr sozialen als dezidiert politischen Einstellung wollen sich die *Integrativen* mit der Partei »identifizieren« können. Das heißt, sie sehen die SPD traditionell dann als ihre politische Vertretung an, wenn sie ihrem eher gefühlsmäßigen Anspruch der Verpflichtung zum sozialen Ausgleich nachkommt und sie sich in der Partei als Mensch akzeptiert und angenommen fühlen. In Sätzen wie »Insgesamt finde ich mich in der Politik der Partei nicht wieder« (04/065) zeigt sich einerseits immer noch dieser Wunsch nach der Sozialdemokratie als einer politischen Heimat, andererseits das Gefühl, von der Parteispitze nicht mehr ausreichend Respekt entgegen gebracht zu bekommen.

Die Tatsache, dass viele *Integrative* die Empfänger mit »Sie« ansprechen und nur gut ein Viertel die übliche Anrede als »Genossinnen und Genossen« verwendet, spricht dafür, dass sie eine soziale Distanz zu den Funktionären der Partei wahrnehmen. Ihr früheres »Vertrauen« (04/003, 04/123) beruhte darauf, dass sie überzeugt waren, dass die Eliten der SPD, obwohl sozial besser gestellt, ihre Werte und Überzeugungen teilen und daher gute Repräsentanten für sie seien. Hier hat sich ganz offenbar ein Bruch ergeben. »Warum hört man sich nicht die Meinung der Basis an? Nur beim Austauschen von einigen Leuten in der oberen Hierarchie kann es nicht bleiben. [...] Leider wird innerhalb der Partei nicht genügend diskutiert und der Vorstand reagiert nicht auf die guten Vorschläge der Basis« (04/123). Demokratie, Transparenz und gegenseitiger Respekt treffen bei den *Integrativen* offenbar auf besondere Wertschätzung, während sie, ganz im Einklang mit der facharbeiterischen Tradition, Hierarchien, die nicht durch das Prinzip der Leistung legitimiert sind, nicht akzeptieren. Ein integrativer und demokratischer Führungsstil ist ihnen unabdingbar. Sowohl »politische Verhaltensweisen« als auch »Handlungen der Spitzenpolitiker der SPD« (beide Zitate: 04/036) stoßen inzwischen aber auf die Kritik der *Integrativen* und werden als respektlos angesehen. Für die große Mehrzahl der *Integrativen* gilt, dass vor allem die mit der Agenda 2010 verbundenen politischen Weichenstellungen aufgrund der von ihnen empfundenen sozialen Schieflage nicht mit ihren eigenen Vorstellungen vereinbar waren und sie erst zu diesem Zeitpunkt heftige Bedenken gegen die SPD-Politik entwickelten: »Da ich mich mit dem von der SPD in der letzten Zeit betriebenen Abbau des Sozialstaates zu Lasten und auf Kosten der kleinen Leute nicht mehr identifizieren kann, trete ich hiermit aus der Partei aus« (03/117). Dem entsprechen auch ihre Austrittsdaten, die einen deutlichen Schwerpunkt im Herbst/Winter 2003/2004 aufweisen, als die ersten Reformen der Agenda umgesetzt wurden. »Meiner Meinung nach ist das jedoch keine Politik, die die sozial Schwachen entlastet, wozu die Sozialdemokratie eigentlich verpflichtet ist!« (03/003). Die SPD habe sich mit den Reformen »von ihrem sozialen Grundgedanken zu weit entfernt« (04/009), indem sie einseitig die Arbeitnehmer belastet. Aufgrund dessen wird der SPD »ihre soziale Identität« (04/036) abgesprochen. Dabei sehen die *Integrativen* Reformen grundsätzlich durchaus als notwendig an, kritisieren aber die derzeitige politische Ausrichtung: »So wichtig und lobenswert Ihre Reformanstrengungen auch sind, die jetzt beschlossenen Leitlinien gehen für mich in die falsche Richtung und setzen an der ungeeigneten Stelle an: unten!!!« (04/060). Einige *Integrative* signalisieren jedoch trotz ihres Parteiaustritts, dass sie (noch) nicht gewillt sind, ihre affektive Bindung an die Partei aufzugeben: »Ich wünsche Euch trotz allem viel Erfolg diese schwierigen Zeiten zu bewältigen« (03/009).

Die meisten *Integrativen* können dem Leistungsorientierten Arbeitnehmer-milieu zugerechnet werden. Insgesamt weisen sie im Vergleich zu den teilweise ebenfalls aus diesem Milieu stammenden *Abgehängten Älteren* und *Anspruchs-voll-Modernen* eine gewisse Tendenz zum weniger politisierten rechten Pol des Milieus auf. Einigen jüngere *Integrative* zählen zudem vermutlich zum realis-tischen Teil des Modernen Arbeitnehmermilieu (vgl. Vögele u.a. 2002, 351ff.). Politisch-ideologisch stimmt der Typus der *Integrativen Arbeitnehmer-Mitte* in hohem Maße mit der Beschreibung des Sozialintegrativen Lagers überein (vgl. Vester u.a. 2001, 446ff.), er weist einen solidarisch-egalitären und gemeinschaft-lichen Politikstil auf.

4.5 Die Abgehängten Älteren

Mit den *Abgehängten Älteren*, die bei weitem die größte Austrittsgruppe darstellen (35 Prozent), brechen der SPD ›sozialdemokratische Urgesteine‹ weg. Sie kommen aus dem ältesten und traditionellsten Teil der facharbeiterischen Arbeitnehmermitte, verfügen als Rentner nur über sehr bescheidene ökonomische Mittel. Jahrzehntelang sind diese traditionell sozialdemokratisch politisierten Arbeiter und Angestellten treue Anhänger der SPD gewesen. Ihre Partei haben sie früher als Vertretung der Interessen der »kleinen Leute« angesehen, als die sie sich selber wahrnehmen. Heute, oft schon im Rentenalter, sehen sie sich gezwungen, die SPD zu verlassen. Denn in ihren Augen beinhalten die Sozialreformen der Agenda 2010 eine ungerechte Schlechterstellung von ein Leben lang ehrlichen und arbeitsamen Arbeitnehmern. Die *Abgehängten Älteren* vermissen in der Politik der SPD zudem die solidarische Hilfe für Schwächere. Stattdessen erscheint ih-nen die Partei nur noch als einseitige Repräsentantin von Bessergestellten. Ihre eigene soziale Lage empfinden sie zunehmend als Entwürdigung. Eine Untergruppe, die »Ent-täuschten« (10 Prozent aller Fälle), droht angesichts besonders eingeschränkter finanziel-ler Möglichkeiten, weiter an den Rand gedrängt zu werden und in völlige Isolation zu verfallen. Von den Politikern, auch von denen der SPD fühlen sie sich missverstanden und in ihrer Situation allein gelassen, so dass ihnen nur ohnmächtige Wut bleibt. Für alle *Abgehängten Älteren* gilt, dass sie den Sozialreformen der Agenda 2010 nicht grund-sätzlich ablehnend gegenüber stehen, aber eine soziale Ausgewogenheit vermissen. Eine Minderheit ist persönlich nicht zu weiteren Einschränkungen bereit, da sie diese kaum mehr verkraften könnten.

Die *Abgehängte Älteren* sind mit einem Alter von meist über 60 Jahren die älteste der ermittelten Gruppen. Mit 25 bis über 50 Jahren Mitgliedschaft, sind sie die Gruppe mit der durchschnittlich längsten Parteizugehörigkeit. Nicht wenige *Abgehängte Ältere* sind bereits vor der ersten Regierungsbeteiligung der SPD dieser beigetreten, zu einem Zeitpunkt, als die Partei noch viele Züge einer traditionellen Arbeiterpartei trug (vgl. Lösche/Walter 1992). Zehn der 35 *Abgehängte Älteren* sind Frauen (28,6 Prozent), der Frauenanteil in dieser Gruppe liegt also unter dem Durchschnitt.

Viele von ihnen waren als Arbeiter und kleinere bis mittlere Angestellte, oft in technischen Berufen beschäftigt und sind nun im Ruhestand. Unter ihnen befinden sich aber auch einige Hausfrauen. Die geringen Mitgliedsbeiträge deuten auf besonders geringe ökonomische Ressourcen hin. Ihre Wohnorte in Vierteln mit einer Häufung sozialer Problemlagen, in von Facharbeitern und Fachangestellten bewohnten Stadtvierteln im Westen sowie eher kleinbürgerlich geprägten Stadtteilen im Osten Hannovers lassen insgesamt auf bescheidene bis mittlere Soziallagen schließen. Die meist handschriftliche Aufmachung und der Stil ihrer Briefe deuten darauf hin, dass das inkorporierte kulturelle Kapital dieses Typus vergleichsweise gering und veraltet ist. Typisch ist ein Schreibstil der kurzen Hauptsätze, der formelhafte Züge aufweist, z.B.: »Ich (Rentner) bin nicht das ›Sparschwein der Nation‹« (03/054). Häufige stereotype Wendungen und bildhafte Ausdrücke verweisen aber auch auf den (früher) unter Arbeitern üblichen Sprachgebrauch. Die Begründungsschreiben sind relativ kurz gehalten und gehen nur selten über zehn Sätze hinaus. Die *Abgehängten Älteren* weisen mit rund 40 Prozent den höchsten Anteil an Gewerkschaftsmitgliedern auf, doch nur ein knappes Sechstel von ihnen hatte politische Ämter innerhalb und außerhalb der Partei inne.

Das Selbstbild der *Abgehängten Älteren* entspricht ihrer bescheidenen Lage als »kleine Leute« und Rentner. Manche thematisieren ihr hartes und entbehrungsreiches Leben: »Ich [...] habe für mein Geld schwer arbeiten müssen« (03/043), sowie ihre heutige als zunehmend bedrückend empfundene Armut: »Die Regelungen treffen mich hart« (04/063). Sie sehen ihre Lage jedoch nicht als Einzelschicksal an, sondern als ein kollektives Problem: »Mein Einkommen wird also um 915 Euro/Jahr geschmälert. Und so wird es allen übrigen armen Leuten ergehen« (03/038). Die solidarische und gemeinschaftliche Haltung der *Abgehängten Älteren* zeigt auch sich daran, dass sie eine Besserstellung nicht nur für sich selbst erhoffen, sondern dass alle »wirklich armen Rentner« (04/103) nach ihrer Ansicht besser gestellt werden müssten. Auch angesichts einer oftmals sehr

Ein typischer ›Abgehängter Älterer‹, Untergruppe ›Traditionelle‹

»Sehr geehrte Damen und Herren, nach 33 Jahren Mitgliedschaft habe ich mich nach reiflicher Überlegung entschlossen, der Partei künftig nicht mehr anzugehören. Hiermit kündige ich zum nächstmöglichen Termin meine Mitgliedschaft auf.

Die Gründe liegen darin, dass die Richtlinien der Partei nicht mehr die Gesinnung beinhalten, der ich früher beigetreten bin. Eine Partei, die den unteren Gesellschaftsschichten drastische Kürzungen verordnet und auf der anderen Seite den Unternehmern die Füße küsst, ist nicht sozial. Wasser predigen und selbst Sekt trinken, das sind keine Reformen, sondern Sozialabbau.

Ich bin seit 4 Jahren Rentner und sehe mit Angst einer unsicheren Zukunft entgegen. Da ich bei den anderen Parteien keine Alternative sehe, werde ich künftigen Wahlen aus Enttäuschung wahrscheinlich fern bleiben.

Mit freundlichen Grüßen« (03/017)

schwierigen finanziellen Situation ist die Selbstwahrnehmung der Abgehängten keineswegs allein durch materielle Erwägungen bestimmt, vielmehr werden Arbeitertugenden, insbesondere die Solidarität, stark betont. Diese traditionelle Arbeitnehmerorientierung ist für sie mit Ressentiments gegenüber anderen Arbeitnehmergruppen, wie zum Beispiel Migranten, nicht vereinbar.

Als »kleine Rentner« (03/055) ist die große Mehrzahl der *Abgehängten Älteren* von der Gesundheits- und Rentenpolitik der ehemaligen rot-grünen Bundesregierung persönlich sehr stark betroffen. Sie äußern unverhohlene Zukunftsangst: »Ich bin seit vier Jahren Rentner und sehe mit Angst einer unsicheren Zukunft entgegen« (03/017). Ihre soziale Lage im Schatten der Gesellschaft nehmen die *Abgehängten Älteren* als zunehmend entwürdigend wahr: »Keine Rentenerhöhung 2004, Arztbesuch 10 Euro, Zahnarzt 10 Euro, voller Krankenkassenbeitrag und Pflegeversicherung, Betriebsrenten voll versichert und was kommt noch auf die Rentner zu?« (04/059).

In den Sozialreformen der Agenda 2010 sehen die *Abgehängten Älteren* vor allem eine erhebliche Ungerechtigkeit. Die Leistung eines ganzen harten Arbeitslebens scheint sich angesichts eines geringen und weiter schrumpfenden Renteneinkommens nicht gelohnt zu haben: »Bei all den kleinen und großen Beträgen, die von meiner unwahrscheinlich hohen Rente – für die ich 37 Jahre hart gearbeitet habe – abgezogen werden, müssen wir nun auch noch mehr zu sparen anfangen« (04/038). Der SPD werfen sie dies als Verstoß gegen das Prinzip der Leistungsgerechtigkeit vor: »Ich sehe mich außerstande, eine Partei durch meine Mitgliedschaft zu unterstützen, die mit ihrer Politik Arme immer ärmer und Reiche immer reicher macht. Die sogenannten Reformen (besser: ›Abzocke nur der kleinen Leute‹) sind von mir aufgrund ihrer Ungerechtigkeit nicht mitzutragen« (04/099). In Äußerungen wie: »Wasser predigen und selbst Sekt trinken, das sind keine Reformen, sondern Sozialabbau« (03/017) klingt zudem die Erinnerung an das Auftreten Schröders nach der gewonnenen Bundestagswahl 1998 an, als dieser im Designer-Anzug und mit Zigarre den Fotografen posierte. Es wird also nicht zuletzt der Stil der Regierung kritisiert. Die SPD wird in der Perspektive der *Abgehängten Älteren* zunehmend zu einer Politikerkaste ohne Mitgefühl für die sozial Schwächeren hinzugezählt: »Dieses ist nun nicht mehr meine Partei. Es werden nur noch die Interessen der eigenen Klientel vertreten, der kleine Mann wird zur Kasse gebeten. Euch ist nach meiner Auffassung das Sozialempfinden verloren gegangen, für die sozial Schwachen ist keine Lobby vorhanden. Sie werden immer mehr im Stich gelassen. Vermögende und Selbständige werden nicht an den Kosten beteiligt. Beamte aus deren Reihen ihr zum großen Teil kommt, werden verschont« (04/023). Trotzdem kommt für die Abgehängten ein Wechsel ins andere politische Lager nicht in Frage: »Da ich bei den anderen Parteien keine Alternative sehe, werde ich künftigen Wahlen aus Enttäuschung wahrscheinlich fern bleiben« (03/017).

Unter den *Abgehängten Älteren* lassen sich zwei Untergruppen differenzieren, die Traditionellen (20 Fälle) und die Enttäuschten (15 Fälle). Ausgehend von einer ähnlichen sozialen Lage und alltagskulturellen Werten zeichnen sich die Traditionellen durch eine relativ starke, von einem facharbeiterischen Klassenstandpunkt ausgehende Politisierung, die besonders den sozialen Aspekt betont, aus. Die Enttäuschten dagegen haben den politischen Dialog mit der SPD weitgehend aufgegeben: »Es gäbe noch viel zu sagen, das möchte ich mir aber ersparen« (03/149). Überhaupt legen die Enttäuschten eine weit größere Distanz zu der Partei (»Ihrer Institution«, 04/073) an den Tag. Die Anrede als »Genossen« kommt im Unterschied zu den Traditionellen kaum vor. Auch bei den Enttäuschten, unter denen bis auf eine Ausnahme niemand Gewerkschaftsmitglied ist, lässt sich eine traditionelle Arbeitnehmerorientierung nachweisen, diese scheint aber weniger politisch-inhaltlich gefüllt zu sein als bei den Traditionellen. In ihrer Kritik steht weniger die Umverteilung des Reichtums im Mittelpunkt als der Wortbruch der führenden SPD-Politiker: »Schröder heißt er – Rentner bescheißt er!« (04/111). Die Enttäuschten scheinen mit den ›Spielregeln‹ des politischen Feldes weniger gut vertraut zu sein, ihre Kritik richtet sich stärker nach

Ein typischer ›Abgehängter Älterer‹, Untergruppe ›Enttäuschte‹

»Kündigung Sozialdemokratische Partei Deutschland

Hiermit kündige ich meine Mitgliedschaft zum 31.12.2003 auf.

Die Renten werden nicht gekürzt! Das kündigte Gerhard Schröder, am 5. Juli 1999, in einem Schreiben an. Das unsoziale Blüm-Modell werde gestoppt. Was macht diese Regierung heute? Verrat am kleinen Mann!

Ich kann die lachenden Politiker-Gesichter auf dem Bildschirm nicht mehr ertragen.

Was habe ich von der Steuerreform? Es gäbe noch viel zu sagen, das möchte ich mir ersparen.

Mit freundlichen Grüßen an den SPD-Bezirk Hannover« (03/149)

den moralischen Maßstäben des Alltagslebens. Anders als bei den Traditionellen schlägt ihre Enttäuschung über die politischen Maßnahmen teilweise in gewisse Ressentiments gegen die SPD-Führung und Politiker im Allgemeinen um: »Was macht diese Regierung heute? Verrat am kleinen Mann! Ich kann die lachenden Politiker-Gesichter auf dem Bildschirm nicht mehr ertragen« (03/149).

Obwohl viele *Abgehängte Ältere* kaum Spielraum für weitere persönliche finanzielle Belastungen sehen, stehen sie Sozialreformen nicht grundsätzlich ablehnend gegenüber: »Ich bin auch für ein modernes Deutschland, aber nicht auf Kosten meiner Rente« (03/054). In der Untergruppe der Traditionellen herrscht die Bereitschaft zum Mittragen von Reformen vor, solange diese sozial gewichtet sind: »Wir sind gern solidarisch und sehen ein, dass die Zeiten es erfordern, den Gürtel enger zu schnallen. Aber nicht nur wir« (04/038).

Angesichts ihrer facharbeiterischen Werte und des Bezugs auf traditionell-gewerkschaftliche Ziele lässt sich bei den *Abgehängten Älteren* von einem solidarisch-egalitären Politikstil sprechen, der jedoch bei der Untergruppe der Enttäuschten von starker skeptischer Distanz überlagert wird. Der Politikzugang der Abgehängten ist überwiegend funktional, da sie die SPD während ihrer Mitgliedschaft im Sinne einer traditionellen Arbeitnehmervertretung angesehen haben. Die *Abgehängten Älteren* stammen aus dem Traditionellen Arbeitnehmermilieu und den unteren Teilen des unteren Leistungsorientierten Milieus. Einzelne gehören ihrer sozialen Herkunft nach möglicherweise auch dem Kleinbürgerlichen bzw. dem Traditionslosen Arbeitnehmermilieu an.

4.6 Die Konservativen und Verbitterten

Die *Konservativen und Verbitterten* leben in mittleren bis niedrigen Soziallagen. Sie repräsentieren die Austritte auf dem rechten SPD-Flügel und des wütendsten Teils der Mitte. Diese kleinste ermittelte Gruppe (6 Prozent) besteht aus zwei deutlich unterscheidbaren, gleich großen Untergruppen, die als Gemeinsamkeit eine (unterschiedlich ausgeprägte) autoritäre und von Ressentiments gekennzeichnete Haltung aufweisen. Die Konservativen stammen aus dem traditionell-kleinbürgerlichen Milieu und weisen Ordnungsvorstellungen mit deutlich hierarchischen Zügen auf. Ihre Kritik an der Reformpolitik von Rot-Grün bezieht sich darauf, dass diese angeblich nicht ordnungsgemäß beschlossen und umgesetzt wurde. Abweichendes politisches Verhalten, wie bei der Debatte um die Gesundheitsreform, wird von ihnen nicht geduldet. Die *Verbitterten* hingegen entstammen einer stärker sozialdemokratisch geprägten Tradition. Ihre maßlose Empörung rührt daher, dass sie ein arbeitsames und asketisches Leben geführt haben, immer in der Hoffnung auf sozialen Aufstieg und sich nun um den Lohn ihrer Leistung betrogen sehen. Bei ihrer Suche nach Schuldigen formulieren sie autoritäre Ressentiments gegen Politiker ebenso wie gegen gesellschaftliche Randgruppen.

Die Mehrheit der *Konservativen und Verbitterten*, bei denen es sich vornehmlich um Angestellte, Beamte und Rentner handelt, war länger als 25 Jahre Mitglied der SPD, die übrigen höchstens einige Jahre. Die meisten von ihnen sind im Alter von Anfang 50 bis Anfang 60. Ein Drittel von ihnen sind Frauen. Unter ihnen ist kein Gewerkschaftsmitglied.

Mitgliedsbeiträge und Wohnorte weisen auf niedrige und mittlere Soziallagen in kleinbürgerlichem, teils facharbeiterischem Umfeld hin. Auch ihr kulturelles Kapital liegt nach Aufmachung und Schreibstil der Briefe zu urteilen im unteren Mittelfeld der untersuchten Fälle.

Wegen der Unterschiede in ihrer politischen Einstellung werden die beiden gleich großen Untergruppen getrennt voneinander vorgestellt. Den *Konservativen*, ausschließlich Männer, deren Austrittsbegründungen eher knapp ausfallen, ist Recht und Ordnung besonders wichtig. Einer spricht von seinem »Ausscheiden aus den Reihen der Sozialdemokraten« (04/045), als handele es sich bei der Partei um eine Armee. Ein anderer kritisiert die Bundesregierung: »Das Durcheinander zurzeit bei der Arbeit der Bundesregierung (Rentenreform und Gesundheitsreform) kann ich nicht mehr nachvollziehen, geschweige denn mittragen« (03/084). Eine Betroffenheit von den genannten Reformen wird angedeutet. Kritisiert wird aber nicht, wie bei den facharbeiterischen Typen, die soziale Schieflage der Reformen, sondern das »Durcheinander bei der Arbeit der Bundesregierung«. Die Reformen müssten vor allem ordentlich und anständig durchgeführt werden, damit sie Unterstützung verdienen.

Ein typischer ›Konservativer‹

»Sehr geehrte Damen und Herren,

das Durcheinander zurzeit bei der Arbeit der Bundesregierung (Rentenreform und Gesundheitsreform) kann ich nicht mehr nachvollziehen, geschweige denn mittragen.

Ich trete daher mit sofortiger Wirkung aus der Partei aus. Das Mitgliedsbuch füge ich bei.

Die erteilte Einzugsermächtigung wird widerrufen.

Mit freundlichen Grüßen« (03/084)

Mit dieser hierarchischen Orientierung geht die Ansicht einher, dass der demokratische Meinungsstreit hinter der Pflicht zur politischen Loyalität zurücktreten muss: »Ich bin zutiefst enttäuscht über das Verhalten einiger Abgeordneter der SPD-Bundestagsfraktion [gemeint sind die ›Abweichler‹ im Streit um die Gesundheitsreform 2003, S.M]. Noch stärker getroffen hat mich die Aussage der Genossin Andrea Nahles. Zitat aus der Hannoverschen Allgemeinen Zeitung vom 30. 9.2003: ›Die Regierung ist konzeptionslos, perspektivlos und instinktlos‹« (03/115). Nicht Kritik an den Reformen der Bundesregierung, nicht die Unzufriedenheit mit der Politik der Partei bewegt diesen Angestellten zu seinem Austritt, sondern das als respektlos empfundene »Verhalten« von SPD-Abgeordneten, die sich nicht dem Fraktionszwang unterwerfen. Die Einordnung in bestehende Hierarchien gilt als Wert für sich, die Treue zur Regierung muss auch dann unbedingt gehalten werden, wenn man nicht einer Meinung ist. Öffentliche Kritik an der Regierung aus der Parteilinken kommt, offenbar weitgehend unabhängig von der inhaltlichen Begründung, fast einem Verrat gleich. Diesem *Konservativen* ist der Verstoß gegen Anstand und Treuepflicht, Werte die in seinem Habitus eine zentrale Bedeutung einzunehmen scheinen, so unerträglich, dass er aus dem festgestellten Treuebruch die Konsequenz zieht, einer Partei mit einer solchen Opposition nicht mehr angehören zu können. Die erwähnten Werte werden anscheinend aus einer kleinbürgerlichen Alltagstradition auf die Ebene der Politik übertragen.

Die *Konservativen* bringen gegen die Sozialreformen keine inhaltlichen Einwände vor, entscheidend ist für sie ein anständiges und ordentliches Verhalten ihrer Regierung und Parlamentarier. Sie entstammen vermutlich dem Kleinbürgerlichen Arbeitnehmermilieu. Ihrer politischen Grundeinstellung nach sind sie gemäßigt konservativ, zum Teil liegen auch Hinweise auf eine autoritäre Haltung vor. Damit repräsentieren die Autoritären die Ausgetretenen auf dem konservativen Flügel der SPD, denen die Praxis der sozialdemokratisch geführten Regierung zu unordentlich war.

Die *Verbitterten* tragen in ihren langen Austrittsbriefen, die ein besonderes Bedürfnis nach Begründung und Rechtfertigung verraten, ein Selbstverständnis als respektable »Normalbürger« bzw. »kleine Leute« (beides: 03/143) vor und grenzen sich nach ›oben‹ und ›unten‹ ab: »Wir sind nicht alle Schneiders oder andere Betrüger, sondern ehrliche Bürger« (04/142). Die *Verbitterten* klagen über harte Lebensbedingungen, sind aber offenbar auch stolz auf ihre asketische Haltung und ihren rechnerischen Umgang damit: »Meine Eltern [...] haben über alle Maßen mit ihrer Gesundheit im Krieg bezahlt und mit ihrer Kraft für den Wiederaufbau gesorgt. Wir Kinder [...] haben unter Wohnungsnot und Hunger gelitten und konnten nicht die Schule besuchen, wozu wir befähigt waren, weil unsere Eltern das Schulgeld nicht bezahlen konnten. [...] Meine Generation Frauen musste noch 48 Stunden arbeiten, auch samstags und von dem wenigen Geld, das wir in den Sechzigern bis Neuzigern verdient haben Kindergartenbeiträge zahlen, hohe Mieten, Sozialversicherungsbeiträge, hohe Fahrtkosten, auch für öffentliche Verkehrsmittel« (03/142). Diesen Entbehrungen steht gegenüber, dass nun ihre Rente nach eigenen Angaben nicht mehr für die steigenden Ausgaben ausreicht. Ausdrücklich sehen sie sich im Alter um die Gegenleistung eines verzichtreichen Lebens betrogen: »Hier wird Leistung wieder nicht belohnt!« (03/142). Angesichts ihres tief erschütterten Glaubens an die Gültigkeit der Leistungsgerechtigkeit, die Betonung dieses Wertes deutet auf ihre Herkunft aus der facharbeiterischen Milieukultur hin, wenden sich die *Verbitterten* zunehmend von sozialintegrativen Werten ab: »Es ist mir unverständlich, dass Menschen an unserem Renten- und Versorgungssystem teilhaben können, die nicht das Geringste zu seinem Funktionieren beigetragen haben. Dies mag vielleicht sozial sein, es ist aber dennoch nicht gerecht« (04/049). Dies beruht auf ihrer aktuellen oder zu befürchtenden starken finanziellen Betroffenheit von den Sozialreformen, insbesondere den zusätzlichen Belastungen von Rentnern und chronisch Kranken. »Werden wir nach 40 Jahren Beitragszahlung im Laufe der Zeit zu Sozialhilfeempfängern und Bittstellern gemacht, oder bekommt dann jeder seine Pille z.b.V.? Die sogenannte ›Würde des Alters‹...« (03/143). Aus dieser durch die persönliche Zukunftsangst stark emotional gefärbten und zynisch vorgetragenen Perspektive einer ›geprellten‹ Grundhaltung erscheinen die Re-

Eine typische ›Verbitterte‹

»Liebe Genossen,

heute gebe ich mein Parteibuch an euch zurück. Die Reformen, speziell die Quote bei den Rentnern ist unsozial. Wenn es so weiter geht, kann und will ich mir eine Mitgliedschaft nicht mehr leisten.

Die Kosten für Arzt (Medikamente auch für chronisch Kranke, Brillen, Hörgerät), Zahnarzt (Gebiß) erreichen astronomische Höhen. Wie Ihr wohl selbst wißt, ab einem gewissen Alter braucht man solche Hilfsmittel. Die pharmazeutische Industrie wird geschont, hier wird kein Druck auf die Preisgestaltung ausgeübt.

Die Behandlung von Asylanten und Sozialhilfeempfängern ist nach wie vor »First Class«, besser als bei jedem Pflichtversicherten, da dies ja nicht die Krankenkassen bezahlen, sondern die Kommune, aber sind das nicht auch wir, die Beitrags- und Steuerzahler?

Ich glaube aber, bei Abgeordneten und auch sonstigen Funktionären ist die Nähe zu den sog. »Normalbürgern« verloren gegangen, durch Bezüge, private Versicherungen, ob nun Beamte oder auch nicht. Man hat bei vielen den Eindruck, daß sie vergessen haben, wo sie hergekommen sind.

Werden wir nach 40 Jahren Beitragszahlung im Laufe der Zeit zu Sozialhilfeempfängern und Bittstellern gemacht, oder bekommt dann jeder seine Pille z.b.V.? Die sogenannte »Würde des Alters«

Der Beamtenstatus gehört abgeschafft, weil schon seit vielen Jahren nicht mehr zeitgemäß – aber das würde doch die ganze Regierungsmannschaft wie auch die Ex-Regierung treffen, man würde sich mit solchen Änderungen ja ins eigene Fleisch schneiden. Steuergerechtigkeit was ist das? Nur bei den kleinen Leuten kann man sich bedienen, bei den Großen (Firmen, AG, Versicherungen und Banken) traut man sich nicht, denn die wissen, wie man zu Fördergeldern etc. kommt.

Dies sind nur ein paar Gedanken, man könnte die Liste beliebig weiterzuführen.« (03/143).

formen als ein Programm, das die Betroffenen verarmt und ihnen zuletzt auch ihre Würde nimmt. Die Schuld für ihre Lage weisen die Empörten jedoch nicht allein den Politikern zu. Kritik an der Regierung, der Wirtschaft und an Besserverdienenden vermischt sich bei den Empörten mit erheblichen Ressentiments gegen Migranten und Sozialhilfeempfänger: »Ich bin nicht mehr bereit Generationen von Sozialhilfeempfängern zu unterstützen, weil ihre Familienmitglieder lieber schwarz arbeiten und die Autos auf die Oma zugelassen sind. [...] Ich bin nicht mehr bereit, zuzusehen, wie seit Jahrzehnten die falsche Zuwanderungspolitik betrieben wird. Wie die Aussiedlerpolitik über Jahrzehnte subventioniert wurde [...] Nach Deutschland kommt man, weil man hier ohne Arbeit besser leben kann als mit derselben« (03/142). In ihrer Verbitterung über ihren eigenen (drohenden) sozialen Abstieg kommen sie zu Anschuldigungen gegen marginalisierte und unterprivilegierte Gruppen, die sich durch Unterstellungen, Pauschalisierungen und falsche Tatsachenbehauptungen auszeichnen. Der bevorzugte Politikstil der *Verbitterten* ist gleichwohl nicht gänzlich hierarchisch, sondern hat auch gewisse aus ihrer facharbeiterischen Tradition übernommene egalitäre Ansätze. Ihre Kritik richtet sich, anders als bei den *Konservativen*, auch gegen die Mächtigen. Außerdem sprechen sie sich nicht für einen radikalen Sozialdarwinismus aus.

Die untersuchten *Verbitterten* stammen aus dem geprellten Teil des Leistungsorientierten Milieu (vgl. Vögele u.a. 2002, 332ff.) und möglicherweise auch aus dem Traditionellen Arbeitermilieu. Ihre politische Grundeinstellung entspricht der des resignierten Teils des Enttäuscht-Autoritären Lagers (vgl. Vester u.a. 2001, 464ff.).

5 Schlussfolgerungen

Die untersuchten Einzelfälle weisen typische Unterschiede in Habitus, politischer Einstellung und Kritik an der SPD auf. Es konnten sechs Typen von ausgetretenen Mitgliedern ermittelt werden (vgl. Abbildung 1 und Tabelle 1). Fast alle der mit Begründung Ausgetretenen lassen sich nach ihren politischen Einstellungen einem der gesellschaftspolitischen Lager der Bundesrepublik zuordnen. Die überwiegende Zahl der Ausgetretenen erscheint weder politisch ›volatil‹, noch vorwiegend individualistisch oder materialistisch orientiert. Vielmehr bestätigt die ermittelte Typologie insgesamt für das Untersuchungsgebiet die anhaltende Bindung an stabile gesellschaftspolitische Grundeinstellungen, die durch historisch-politische Konfliktlinien strukturiert sind (vgl. Vester u.a. 2001: 184ff., 444ff.).

Die Auffassung, dass der Unzufriedenheit mit der SPD im Wesentlichen eine Manipulation der SPD-Wähler und -Mitglieder von Seiten Dritter zugrunde liegt, lässt sich anhand der vorliegenden Fälle widerlegen. Die untersuchten Ausgetretenen berufen sich in ihrer Kritik an der Partei nicht auf Dritte, sondern auf die eigenen Werte und Überzeugungen, denen sie in den meisten Fällen schon seit längerer Zeit anhängen. Die bisherigen Bindungen an die SPD sind zumeist in dem Maß zurückgegangen, in dem die Briefschreiber ihre politischen und moralischen Grundüberzeugungen von der SPD-geführten Regierung nicht mehr vertreten sahen. Die untersuchten Ausgetretenen sind mehrheitlich tief enttäuscht von der SPD, die sie bislang als ›ihre‹ Partei wahrgenommen hatten. Dabei ist die Mehrheit von ihnen einer Modernisierung des Sozialstaates keineswegs abgeneigt. Sie bestehen aber darauf, dass diese auf der Grundlage der bisher gültigen sozialen Kompromisse und der damit verbundenen weit verbreiteten sozialpolitischen Werte, wie dem Gedanken der Leistungsgerechtigkeit, durchgeführt werden. Die Mehrheit der Ausgetretenen repräsentiert nicht etwa einen ›anachronistischen‹ oder extremen Teil der deutschen Gesellschaft, sondern gehört der modernisierten Arbeitnehmermitte an. Die ermittelte Anschlussfähigkeit der gefundenen Typen an die Lager und Milieus der Bundesrepublik lässt die Vermutung zu, dass diese Ergebnisse auch bundesweit Gültigkeit beanspruchen können.

Mehr als zwei Drittel der untersuchten Ausgetretenen weist eine sozialintegrative Grundhaltung auf, in der Ansprüche auf Verteilungsgerechtigkeit und politische Emanzipation zusammen kommen (Typen Gehobene Linke, Anspruchsvoll-Moderne, Integrative Arbeitnehmer-Mitte sowie gut die Hälfte der *Abgehängten Älteren*). Die Unterstützer eines rot-grünen Politikmodells bestehen sehr wahrscheinlich auch bundesweit im Kern aus Mitgliedern und Wählern mit sozialintegrativen Einstellungen und befürworten das bisherige deutsche Sozialmodell. Unter den sozialintegrativ orientierten Typen ist die Enttäuschung von der SPD vor allem deshalb so groß, weil bei deren Politik die leistungsgerechte soziale Ausgewogenheit vermisst wird. Sehr häufig und nach je typusspezifischen Mustern werden insbesondere die Sozialreformen der Agenda 2010 und der als autoritär empfundene Stil eines Teiles der SPD-Führung kritisiert. Die Enttäuschung von der Politik der SPD scheint unter den Sozialintegrativen nicht nur besonders groß zu sein, sondern auch häufig die Konsequenz eines Parteiaustritts nach sich zu ziehen. Daneben sind unter den untersuchten Ausgetretenen auch

Tabelle 1: Die ermittelte Typologie im Überblick

Typ	Altersschwerpunkt (in Jahren)	Dauer der Mitgliedschaft (in Jahren)	Ökonomische Lage	Bildungsgrad	Berufsschwerpunkt
Gehobene Linke (15%)	35 bis über 60	5 bis 35	gehoben	gehoben	Lehrer und leitende Angestellte
Technokratisch-Konservative (9%)	40 bis 60	unter 1 bis über 20	gehoben	gehoben	Gehobene Angestellte in Verwaltung und EDV; Beamte
Anspruchsvoll-Moderne (10%)	35 bis 55	unter 1 bis bis 30	mittel	mittel bis gehoben	Angestellte in Medien- und Sozialberufen
Integrative Arbeitnehmer-Mitte (25%)	40 bis 60	5 bis 35	mittel	mittel	Angestellte in Pflege, Technik und Verwaltung
Abgehängte Ältere (35%)	über 60	25 bis über 55	bescheiden	gering	Arbeiter und technische Angestellte im Ruhestand; Hausfrauen
Konservative und Verbitterte (6%)	40 bis 60	unter 1 und über 25	mittel bis bescheiden	mittel bis gering	Angestellte und Beamte, zum Teil im Ruhestand

Politische Einstellung	Vertretene soziale Milieus	Gesellschaftspolitisches Lager
Arbeitnehmerorientierung von oben, intellektuelle Kritik; Forderung nach nachfrageorientierter Politik; Integration	LIBI	Sozialintegrative
Konservativ bis elitär; Effektivität und Sachkompetenz als Maßstab der Politik; soziales Verantwortungsgefühl folgt hierarchischer Auffassung	KONT, LIBI, MOBÜ(?)	Traditionell-Konservative
Universeller Politikzugang; Forderung nach Gleichberechtigung, Demokratisierung und Integration; Wert der Leistungsgerechtigkeit	MOA, LEO	Sozialintegrative
Gefühlsmäßige Bejahung sozialer Demokratie; Integration; Wert der Leistungsgerechtigkeit	LEO, MOA	Sozialintegrative
Traditionelle Arbeitnehmerorientierung; Selbstbild als »kleine Leute«; Wert der Leistungsgerechtigkeit; z.T. Distanz zu politischen Institutionen	TRA, LEO, KLB(?), TLO(?)	Sozialintegrative und Skeptisch-Distanzierte
Autoritäre Einstellungen und Ressentiments; zwei Untergruppen; Konservative: Betonung von Recht und Ordnung, Treuepflicht; Verbitterte: Gefühl betrogen zu werden; zynische Distanz zu politischen Institutionen	LEO, KLB, TRA(?)	Gemäßigt-Konservative und Enttäuscht-Autoritäre

weitere Faktionen der SPD vertreten, darunter diejenigen, denen die Politik der SPD nicht neoliberal oder ordentlich genug war (Typen *Technokratisch-Konservative* und Konservative) sowie Personen mit einer ausgeprägten, teils zynischen Distanz zu politischen Institutionen (Typen Enttäuschte und die Minderheit der *Abgehängten Älteren*).

Ausgehend von der gefundenen Typologie der Austrittsmotive ergibt sich der Eindruck, dass der inhaltlichen Neuausrichtung und politischen Praxis der SPD kein ausreichend differenziertes Bild ihrer Zielgruppen zugrunde liegt. Als nicht ausgeschlossen erscheint sogar, dass Teile der SPD-Führung es aufgegeben haben, einige der potentiellen Wählergruppen der Partei gewinnen zu wollen, weil sie diese irrtümlich für irrelevant halten. Es weist jedenfalls alles darauf hin, dass der politische Kurs der SPD, der von der Regierung Schröder spätestens mit den Sozialreformen der Agenda 2010 eingeschlagen wurde und der von der SPD auch in der Großen Koalition trotz parteiinterner Auseinandersetzungen bisher letztlich beibehalten worden ist (z.B. Rente mit 67), im Widerspruch zu den Gerechtigkeitskonzepten eines erheblichen Teils der ehemaligen SPD-Stammwähler steht. Die der SPD traditionell nahe stehenden Teile der Arbeitnehmermilieus sehen sich selbst in ihrem Alltagsleben von vielfältigen sozialen Risiken bedroht, die nach ihren Wertvorstellungen ungerechtfertigt erscheinen. Sie fühlen sich von der sozialdemokratischen Partei nicht mehr gut vertreten. Anstatt an diesen Wahrnehmungen anzuknüpfen, wird die verbreitete Unzufriedenheit jedoch häufig von oben herab als illegitim abgetan. Daraus resultierend ist nicht nur ein erheblicher Vertrauensverlust der SPD festzustellen, sondern auch eine sich vertiefende Krise der politischen Repräsentation, die sich als zunehmende Entfremdung relevanter Bevölkerungsteile von den politischen Eliten bemerkbar macht.

Hinzu kommt, dass der technokratische Politikstil der SPD-Führung auch große Teile der eigenen Basis von der Partei entfremdet hat. Dies wirkt sich umso nachhaltiger aus, je aktiver die verprellten Mitglieder gewesen sind. Diese Untersuchung zeigt exemplarisch, dass auch viele der vor Ort besonders engagierten Aktivisten der Partei den Rücken gekehrt haben. Das dabei für die SPD vor Ort verloren gegangene soziale Kapital erscheint kaum ersetzbar. In der Folge sinkt, wie seit längerem beobachtbar, die Mobilisierungsfähigkeit bei Wahlen.

Dabei sind es nicht allein inhaltliche Differenzen, die die untersuchten Ausgetretenen dazu veranlasst haben, in der SPD nicht mehr ihre politische Vertretung zu sehen. In der Beurteilung der sozialdemokratischen Politik kommen in der Regel inhaltliche Gesichtspunkte und die Beurteilung der Umsetzung

Abbildung 1: Die Lage der ermittelten Typen von ausgetretenen
SPD-Mitgliedern im sozialen Raum

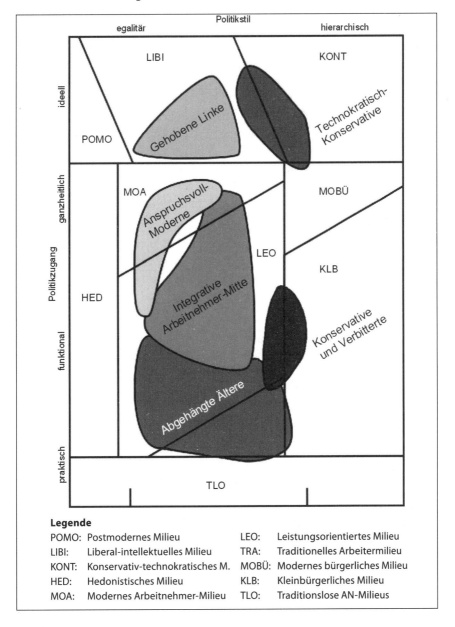

Legende

POMO:	Postmodernes Milieu	LEO:	Leistungsorientiertes Milieu
LIBI:	Liberal-intellektuelles Milieu	TRA:	Traditionelles Arbeitermilieu
KONT:	Konservativ-technokratisches M.	MOBÜ:	Modernes bürgerliches Milieu
HED:	Hedonistisches Milieu	KLB:	Kleinbürgerliches Milieu
MOA:	Modernes Arbeitnehmer-Milieu	TLO:	Traditionslose AN-Milieus

zusammen. Sowohl Policy- als auch Politics-Aspekte werden nach Maßgabe der jeweiligen politischen Grundhaltung bewertet. ›Gute Politik‹ und ›gute Führung‹ (im Sinne der jeweils unterschiedlichen Wertorientierungen der ermittelten Typen) sind daher aus der Sicht der meisten untersuchten Akteure nicht voneinander zu trennen – im Gegenteil: Erst die Übereinstimmung von Worten und Taten, Inhalten und Symbolik macht politische Glaubwürdigkeit aus. Dies gilt mehrheitlich sowohl für die progressiveren als auch für die konservativeren Ausgetretenen.

Die sozialstrukturelle Analyse der Überzeugungen und Wertvorstellungen in verschiedenen Teilen der Bevölkerung erklärt die Parteiaustritte und das Wählerverhalten gegenüber der SPD. Die feststellbaren spezifischen Formen der Enttäuschung von der Politik der SPD enthalten zugleich den Ansatzpunkt für die Überwindung ihrer Akzeptanzkrise. Nur durch einen größeren Respekt vor den Grundüberzeugungen ihrer (potentiellen) Mitglieder und Wähler und die Übereinstimmung von Wähleransprache und politischem Handeln wird verlorenes politisches Vertrauen zurückzugewinnen sein.

Literatur

ARZHEIMER, Kai / RUDI, Tatjana 2007: Wertorientierungen und ideologische Einstellungen. In: Rattinger, Hans / Gabriel, Oscar W. / Falter, Jürgen W. (Hrsg.): Der gesamtdeutsche Wähler. Stabilität und Wandel des Wählerverhaltens im wiedervereinigten Deutschland. Baden-Baden. S. 167–187.

ARZHEIMER, Kai / SCHOEN, Harald 2007: Mehr als eine Erinnerung an das 19. Jahrhundert? Das sozioökonomische und das religiös-konfessionelle Cleavage und Wahlverhalten 1994–2005. In: Rattinger, Hans / Gabriel, Oscar W. / Falter, Jürgen W. (Hrsg.) 2007: Der gesamtdeutsche Wähler. Stabilität und Wandel des Wählerverhaltens im wiedervereinigten Deutschland. Baden-Baden. S. 89–112.

BOURDIEU, Pierre 1976: Entwurf einer Theorie der Praxis auf der ethnologischen Grundlage der kabylischen Gesellschaft. Frankfurt am Main.

BOURDIEU, Pierre 1999 [zuerst 1979]: Die feinen Unterschiede. Kritik der gesellschaftlichen Urteilskraft. 11. Auflage. Frankfurt am Main.

BOURDIEU, Pierre 2001: Das politische Feld. Zur Kritik der politischen Vernunft. Konstanz.

BREMER, Helmut 2004: Von der Gruppendiskussion zur Gruppenwerkstatt. Ein Beitrag zur Methodenentwicklung in der typenbildenden Mentalitäts-, Habitus- und Milieuanalyse. Münster.

BUITKAMP, Martin 2001: Sozialräumliche Segregation in Hannover. Armutslagen und soziodemographische Strukturen in den Quartieren der Stadt. Agis-Texte 23. Hannover.

DÜRR, Thomas 1999: Die erfrischende Niederlage der Sozialdemokraten. In: Blätter für deutsche und internationale Politik, H. 7. S. 775–778.

DRIESCHNER, Frank 2002: Vier Wahlforscher, vier Ansichten. Warum Schröder siegte und Stoiber verlor – Demoskopen streiten sich über ihren Einfluss auf die Bundestagswahl. In: Die Zeit vom 26. September, Nr. 40.

DURKHEIM, Émile 1999 [zuerst 1893/1902]: Über soziale Arbeitsteilung. 3. Aufl. Frankfurt am Main.

EGLE, Christoph / HENKES, Christian / OSTHEIM, Tobias / PETRING, Alexander 2004: Sozialdemokratische Antworten auf integrierte Märkte. Das Verhältnis von Markt und Staat, Hierarchie und Konsens. In: Berliner Journal für Soziologie, H. 1. S. 113–134.

EITH, Ulrich 2005: Parteibindungen in Deutschland. Einstellungsprofile, Wahlrelevanz und politische Handlungsmöglichkeiten. Arbeitspapier Nr. 146 der Konrad-Adenauer-Stiftung. Berlin.

EITH, Ulrich / MIELKE, Gerd 2000: Die soziale Frage als ›neue Konfliktlinie‹? Einstellungen zum Wohlfahrtsstaat und zur sozialen Gerechtigkeit und Wahlverhalten bei der Bundestagswahl 1998. In: Deth, Jan van / Rattinger, Hans / Roller, Edeltraud (Hrsg.): Die Republik auf dem Weg zur Normalität? Wahlverhalten und Einstellungen nach acht Jahren. Opladen. S. 93–115.

FR online 2008: SPD in der Krise. Kurt allein zu Haus. Unter: http://fr-online.de/in_und_ausland/politik/aktuell/?em_cnt=1349264 (Stand: 12.11.2008)

FRENZEL, Martin 2003: Neue Wege der Sozialdemokratie. Sozialliberaler Minimalkonsens oder christdemokratische Kopie? Eine Erwiderung auf Martin Seeleib-Kaiser. In: Politische Vierteljahresschrift, 44. Jg., H. 1. S. 86–93.

GEIGER, Theodor 1932: Die soziale Schichtung des deutschen Volkes. Soziographischer Versuch auf statischer Grundlage. Stuttgart.

GEILING, Heiko / VESTER, Michael 2007: Das soziale Kapital der politischen Parteien. Die Akzeptanzkrise der Volksparteien als Frage der Individualisierung oder der sozialen Gerechtigkeit In: Brettschneider, Frank / Niedermayer, Oskar / Weßels, Bernhard (Hrsg.): Die Bundestagswahl 2005. Analysen des Wahlkampfes und der Wahlergebnisse. Wiesbaden. S. 457–489.

GIDDENS, Anthony 1999: Der dritte Weg. Die Erneuerung der sozialen Demokratie. Frankfurt am Main.

HARTENSTEIN, Wolfgang / MÜLLER-HILMER, Rita 2002: Die Bundestagswahl 2002. Neue Themen – Neue Allianzen. In: Aus Politik und Zeitgeschichte, Nr. 49–50. S. 18–26.

HATEGAN, Christa 2004: Wahlkampf ohne SPD-Wähler. Das wiederkehrende Muster der Wahlniederlagen. In: Neue Gesellschaft / Frankfurter Hefte, 51. Jg., H. 4.

HILMER, Richard / MÜLLER-HILMER, Rita 2006: Die Bundestagswahl vom 18. September 2005: Votum für Wechsel in Kontinuität. In: Zeitschrift für Parlamentsfragen, 37. Jg., H. 1. S. 183 – 218.

HOFMANN, Michael / RINK, Dieter 2006: Vom Arbeiterstaat zur de-klassierten Gesellschaft? Ostdeutsche Arbeitermilieus zwischen Auflösung und Aufmüpfigkeit. In: Bremer, Helmut / Lange-Vester, Andrea (Hg.): Soziale Milieus und Wandel der Sozialstruktur. Wiesbaden: 262–284.

INFRATEST-DIMAP 2004: Reformpolitik spaltet Deutschland. In: Frankfurter Rundschau Nr. 152 vom 3. Juli. S. 7.

INFRATEST-DIMAP 2007: ARD-Deutschland-Trend Juni 2007. Unter: http://www.infratest-dimap.de/?id=39&aid=150#ue5 (Stand: 12.11.2008)

INFRATEST-DIMAP 2008: Sonntagsfrage. Verlauf seit 1997. Unter: http://www.infratest-dimap.de/?id=51 (Stand: 15.11.2008)

KÖCHER, Renate 2004: Mit Verständnis statt Konzepten. Die Renaissance der PDS als Protestbewegung. In: Frankfurter Allgemeine Zeitung Nr. 191 vom 18. August. S. 5.

KRÖMMELBEIN, Silvia / NÜCHTER, Oliver 2006: Bürger wollen auch in Zukunft weitreichende soziale Sicherung. Einstellungen zum Sozialstaat im Spannungsfeld von staatlicher Absicherung und Eigenvorsorge. In: Informationsdienst Soziale Indikatoren, H. 36. S. 1–6.

LÖSCHE, Peter / WALTER, Franz 1992: Die SPD. Klassenpartei, Volkspartei, Quotenpartei. Entwicklung der Sozialdemokratie von Weimar bis zur deutschen Vereinigung. Darmstadt.

MERKEL, Wolfgang 2000: Die dritten Wege der Sozialdemokratie ins 21. Jahrhundert. In: Berliner Journal für Soziologie, H. 1. S. 99–124.

MEISE, Stephan 2005: Die Regierungspartei SPD in der Akzeptanzkrise. Eine Untersuchung am Beispiel von Partei-Austrittsbriefen. Dipl.-Arb. Hannover.

MEYER, Thomas 2002: Soziale Demokratie und Globalisierung. Eine europäische Perspektive. Bonn.

MIELKE, Gerd 2006: Auf der großen Baustelle. Anmerkungen zur Lage der SPD in der Großen Koalition. In: Forschungsjournal NSB, Jg. 19, H. 2. S. 7–21.

MÜLLER, Walter 1998: Klassenstruktur und Parteiensystem. Zum Wandel der Klassenspaltung im Wahlverhalten. In: Kölner Zeitschrift für Soziologie und Sozialpsychologie, Jg. 50., H. 1. S. 3–46.

MÜLLER, Walter 2000: Klassenspaltung im Wahlverhalten – Eine Reanalyse. In: Kölner Zeitschrift für Soziologie und Sozialpsychologie, Jg. 52, H. 4. S. 790–795.

MÜLLER, Walter / SCHERER, Stefanie (Hrsg.) 2003: Mehr Risiken – Mehr Ungleichheit? Abbau von Wohlfahrtsstaat, Flexibilisierung von Arbeit und die Folgen. Frankfurt am Main und New York.

NEUGEBAUER, Gero 2007: Politische Milieus in Deutschland. Die Studie der Friedrich-Ebert-Stiftung. Bonn.

OBERNDÖRFER, Dieter / MIELKE, Gerd / EITH, Ulrich 2002: SPD und Union wirken konzeptionell kraftlos und ausgebrannt. Abweichende Wählerpräferenzen und alte Verhaltensmuster. Eine Detailanalyse der Bundestagswahl. In: Frankfurter Rundschau Nr. 225 vom 27. September. S. 20. Unter: http://www.politik.uni-freiburg.de/pdf/AWF-bt02.pdf (Stand: 12.11.2008).

OBERNDÖRFER, Dieter / MIELKE, Gerd / EITH, Ulrich 2003: Niemand zieht für die Hartz-Kommission in den Wahlkampf. Warum der Kanzler seine zweite Chance schon fast verspielt hat – Die Folgen der Landtagswahlen in Hessen und Niedersachsen. In: Frankfurter Rundschau Nr. 32 vom 7. Februar. S. 7. Unter: http://www.politik.uni-freiburg.de/pdf/hes_nied03.pdf (Stand: 12.11.2008).

OBERNDÖRFER, Dieter / MIELKE, Gerd / EITH, Ulrich 2004: Die Mär von der Besonderheit des Ostens. SPD und Union kommen ihrer Aufgabe als Volksparteien nur unzureichend nach. In: Frankfurter Rundschau Nr. 32 vom 23. September. S. 8. Unter: http://www.politik.uni-freiburg.de/forschung/awf/pdf/Sachsen_Brandenburg_2004.pdf (Stand: 12.11.2008).

OESCH, Daniel 2006: Coming to Grips with a Changing Class Structure. An Analysis of Employment Stratification in Britain, Germany, Sweden and Switzerland. In: International Sociology. Vol. 21 (2), pp. 263–288.

PAPPI, Franz Urban / SHIKANO, Susumi / BYTZEK, Evelyn 2004: Der Einfluss politischer Ereignisse auf die Popularität von Parteien und Politikern und auf das Parteiensystem. In: Kölner Zeitschrift für Soziologie und Sozialpsychologie, Jg. 56, H. 1. S. 51–70.

POTTHOFF, Heinrich / MILLER, Susanne 2002: Kleine Geschichte der SPD. 1848–2002. 8. aktualisierte und erweiterte Auflage. Bonn.

ROTH, Dieter 2003: Das rot-grüne Projekt an der Wahlurne. Eine Analyse der Bundestagswahl vom 22. September 2002. In: In: Egle, Christoph / Ostheim, Tobias / Zohlnhöfer, Reimut (Hrsg.): Das rot-grüne Projekt. Eine Bilanz der Regierung Schröder 1998–2002. Wiesbaden. S. 29–52.

RUDZIO, Wolfgang 2000: Das politische System der Bundesrepublik Deutschland. 5., überarbeitete Auflage. Opladen.

SCHARPF, Fritz W. 2000: Economic Changes, Vulnerabilities, and Institutional Capabilities. In: Ders. / Schmidt, Vivien A. (Hrsg.): Welfare and Work in the Open Economy. Vol. 1. From Vulnerability to Competitiveness. Oxford, pp. 21–124.

SCHÄFER, Ulrich 2004: Eine kurze Freude. Die Regierung legt in den Umfragen zu – und steht doch vor einem Winter des Missvergnügens. In: Süddeutsche Zeitung Nr. 249 vom 26. Oktober. S. 4.

SCHMIDT, Vivien A. 2000: Values and Discourse in the Politics of Adjustment. In: Scharpf, Fritz W. / Dies. (Hrsg.): Welfare and Work in the Open Economy. Vol. 1. From Vulnerability to Competitiveness. Oxford, pp. 229–309.

SCHOEN, Harald 2004: Wechselwähler in den USA, Großbritannien und der Bundesrepublik Deutschland: Politisch versiert oder ignorant? In: Zeitschrift für Parlamentsfragen, H. 1. S. 99–112.

SCHOEN, Harald 2004a: Kandidatenorientierungen im Wahlkampf. Eine Analyse zu den Bundestagswahlkämpfen 1980–1998. In: Politische Vierteljahresschrift, 45. Jg., H. 3. S. 321–345.

SCHRÖDER, Gerhard 2003: Mut zum Frieden. Mut zur Veränderung. Regierungserklärung am 14. März vor dem Deutschen Bundestag. Willy-Brandt-Haus-Materialien. Berlin.

SCHROEDER, Wolfgang 2005: Sozialdemokratie und Gewerkschaften. In: Berliner Debatte Initial, H. 5. S. 12–21.

SEELEIB-KAISER, Martin 2002: Neubeginn oder Ende der Sozialdemokratie? Eine Untersuchung zur programmatischen Reform sozialdemokratischer Parteien und ihrer Auswirkung auf die Parteiendifferenzthese. In: Politische Vierteljahresschrift, 43. Jg., H. 3. S. 478–496.

SEIBT, Gustav 2004: Die große Furcht. Können Reformen überhaupt »vermittelt« werden? In: Süddeutsche Zeitung Nr. 45 vom 24. Februar. S. 3.

SPIEGEL online 2007: Umfrage. SPD-Basis fühlt sich in großer Koalition verraten. Unter: http://www.spiegel.de/politik/deutschland/0,1518,482958,00.html (Stand: 12.11.2008).

THOMPSON, Edward P. 1980: Plebejische Kultur und moralische Ökonomie. Aufsätze zur englischen Sozialgeschichte des 18. und 19. Jahrhunderts. Hrsg. von Dieter Groh. Berlin.

THÖRMER, Heinz / EINEMANN, Edgar 2007: Aufstieg und Krise der Generation Schröder. Einblicke aus vier Jahrzehnten. Mit zwei Beiträgen von Rolf Wernstedt. Marburg.

VESTER, Michael 2004: Die Politik der Stagnation. Die Vertrauenskrise der Volksparteien und die Schieflagen sozialer Gerechtigkeit. In: Pöttker, Horst / Meyer, Thomas (Hrsg.): Kritische Empirie. Lebenschancen in den Sozialwissenschaften. Festschrift für Rainer Geißler. Wiesbaden. S. 147–165.

VESTER, Michael / OERTZEN von, Peter / GEILING, Heiko / HERMANN, Thomas / MÜLLER, Dagmar 2001: Soziale Milieus im gesellschaftlichen Strukturwandel. Zwischen Integration und Ausgrenzung. 2. vollst. überarbeitete, ergänzte und aktualisierte Auflage. Frankfurt am Main.

VÖGELE, Wolfgang / BREMER, Helmut / VESTER, Michael (Hrsg.) 2002: Soziale Milieus und Kirche. Würzburg.

WOLFGANG SCHROEDER

Die hessische SPD: Zwischen Machtanspruch und innerparteilicher Zerrissenheit

Der 3.11.2008 war einer der markantesten Krisentage in der Geschichte der hessischen Sozialdemokratie. An diesem Tag verweigerten sich vier Mitglieder der sozialdemokratischen Landtagsfraktion einer SPD-geführten Minderheitsregierung im letzten Augenblick und machten damit den Weg frei für Neuwahlen. Nie zuvor »verwandelte« eine sozialdemokratische Partei in Hessen binnen weniger Monate ein für die damaligen Verhältnisse sehr gutes Wahlergebnis, das fast den Weg in die Regierung ermöglichte, in eine der tiefsten Niederlagen der deutschen Parteiengeschichte. Vor und nach diesem Ereignis lieferte die SPD ein Bild innerer Zerrissenheit, das jeweils nur notdürftig übertüncht werden konnte, ohne das sich wirklich eine passable, integrationsfähige Strategie herausgebildet hätte, die jenseits des unmittelbaren Wahlkampfgetümmels Bestand beanspruchen konnte. Wie war dies möglich? Was für eine Partei ist das, die so leichtfertig ihre eigenen Chancen verspielt, binnen eines Jahres fast 40 Prozent seiner Wähler verliert und zugleich zum Synonym für die Akzeptanzkrise der SPD in der gesamten Republik wird?

Die hessische SPD war einst so etwas wie der Superstar unter den deutschen Sozialdemokratien. Wer in der Adenauer-Ära den Hauch einer Vorstellung davon bekommen wollte, wie eine sozialdemokratische Realpolitik aussieht, die sich als Gegenmodell zur Adenauerschen Politik begriff, der konnte nach Hessen schauen. Keine andere Sozialdemokratie in Deutschland hat so lange und so intensiv die Geschicke eines Flächenstaates geprägt wie die hessische SPD. Einst waren das Bundesland Hessen und ihre Sozialdemokratie – zumindest von außen betrachtet – zwei Seiten einer Medaille. In diesen fast fünf Jahrzehnten Regierungszeit – zwischen 1949 und 1987 und von 1991 bis 1999 – waren auch in Hessen selbst die Reden vom »roten Hessen«, von »Hessen vorn« und vom »sozialdemokratischen Modellstaat« mehr als geflügelte Worte. Die bitteren Niederlagen in der scheinbar ewigen sozialdemokratischen Hochburg Frankfurt (1977), der Verlust der Landesregierung in Wiesbaden (1987) und der Mehrheit in Kassel (1993) lähmten die Akteure; sie wurden zwar als tiefgreifende Zäsuren empfunden; gleichwohl dominierte das Prinzip des »weiter so«.

Die hessische SPD war zwischen 1949 und 2009 genau 49 Jahre an der Regierung. Sie fühlte sich mithin fast fünf Jahrzehnte als eine Art Hessenpartei; woran auch die CDU-geführten Regierungen von Walter Wallmann (1987–1991) und Roland Koch (1999–2008) scheinbar nichts ändern konnten. Gleichwohl ist es ihr trotz mancher vielversprechender Anläufe, und dazu zählt ausdrücklich auch der Wahlkampf des Ypsilanti-Teams 2008, nicht gelungen, Personal, Themen und Parteiimage so mit einander in Einklang zu bringen, dass die Tradition der Hessenpartei nachhaltig revitalisiert werden konnte. Die hessische SPD ist zwar immer noch eine der mitgliederstärksten sozialdemokratischen Parteien in Deutschland; sie ist aber inzwischen eine regierungsunerfahrene Partei geworden, die als schwieriger Sanierungsfall betrachtet wird. Im Schattenkabinett für eine mögliche SPD-Regierung war 2008 niemand mehr vertreten, der schon Erfahrungen als Minister oder Staatssekretär mitbrachte. Stärker als andere Landesparteien positioniert sich die SPD seit 2003 gegen den Kurs der Bundes-SPD und deren Agenda-Politik; stärker als in anderen Bundesländern pflegen die hessische SPD und die hessische Union einen unversöhnlichen Konfliktkurs, der für Lagerwahlkämpfe jedweder Art wie maßgeschneidert ist. So richtete sich die hessische SPD in den Jahren 2003 bis 2009 in einer doppelten Frontposition ein: Einerseits gegen die regierende CDU im Lande und andererseits gegen den realpolitischen Kurs der Bundes-SPD in Regierungsverantwortung. Sie war damit so etwas wie eine CSU in der SPD ohne jedoch deren Machtposition zu besitzen. Schließlich scheiterte die hessische SPD 2008 nicht nur damit, die CDU aus der Regierung zu drängen, kläglich, sondern ebenso mit ihren Versuchen, durch einen Sieg über die CDU auch den Kurs der Bundes-SPD zu beeinflussen. So entwickelte sich der einstige Superstar der deutschen Sozialdemokratie zu einem Krisen- ja zu einem Sanierungsfall. Um den Wandlungen und Perspektiven der hessischen Sozialdemokratie auf die Spur zu kommen, werden folgende Fragen verfolgt: Was kann man unter dem klassischen Profil der hessischen Sozialdemokratie verstehen? Worin lag eigentlich die politische Basis des »Roten Hessen«? Worin bestehen die wesentlichen Elemente des Wandels der hessischen Sozialdemokratie? Wie hat sie selbst auf die veränderten Verhältnisse reagiert? Was ist ihr heutiges Profil?

1 Entwicklung der hessischen SPD

Die hessische SPD war stets mehr als eine Staatskanzleipartei oder die Partei der
Landräte und Oberbürgermeister, die lange Zeit eine wichtige Rolle in und für
die SPD spielten. Bis weit in die 1970er Jahre hinein wurden fast alle größeren
hessischen Städte von sozialdemokratischen Oberbürgermeistern geführt. Ein
wesentliches Merkmal der hessischen SPD besteht darin, dass sie sich bis auf den
heutigen Tag als diskussionsfreudige Mitgliederpartei versteht. Gemeint ist damit, dass die Partei, genauer die Bezirke, Unterbezirke und Ortsvereine, ein eigenes Leben jenseits von Regierung, Opposition, Fraktion und Mandat führen, das
einer anderen Logik als jener des engen, wählerorientierten Parteienwettbewerbs
folgt. Diese eher lebensweltlich fundierte und zugleich inhaltlich ambitionierte
Partei hat sich phasenweise selbstbewusst von den kurzfristigeren Zyklen des
Mainstream und der politischen Macht dispensiert, um ihre etablierte Identität
zu pflegen. Daraus resultieren eine durchaus traditionsbehaftete, innerparteiliche
Konfliktbereitschaft sowie eine mobilisierungsfähige Wettbewerbsorientierung.
Auffallend ist, dass sich trotz krisenhaften Wandels, und gepflegter politischer
Fragmentierung in Flügel und Strömungen und trotz einer nicht nur organisa-
torischen Trennung in die Bezirke Hessen-Süd und -Nord, die Zuschreibung als
linker und mitgliederorientierter Landesverband durchgehalten hat.

1.1 Entwicklung der Wahlergebnisse der hessischen SPD

Wie unterschiedlich die hessischen Wähler das Angebot der SPD auf den Ebenen
des Bundes, des Landes und der Kommune wahrnehmen, zeigen die zuweilen
sehr gegenläufigen Ergebnisse für die Sozialdemokratie auf diesen Ebenen. Bis
Ende der 1960er Jahre schnitt die SPD bei Landtagswahlen wesentlich besser ab
als bei Bundestags- und Kommunalwahlen. Seit dieser Zeit näherten sich die
Wahlergebnisse auf den verschiedenen Ebenen einander an; wobei die Landtags-
wahlergebnisse der SPD seither selten besser ausfielen als die Kommunal- und
Bundestagswahlergebnisse.

Das hessische Elektorat ist strukturell weder mehrheitlich konservativ-liberal
ausgerichtet noch rot-grün; es will umworben werden und dankt dies meist mit
knappen Ergebnissen, womit den Parteiführungen gewisse Gestaltungsspielräume hinsichtlich der Koalitionsoptionen gegeben sind. Seit Anfang der 1950er
Jahre wuchs die kommunalpolitische Stärke der SPD zunächst stetig: von 32

Prozent im Jahre 1952 bis auf fast 50 Prozent im Jahre 1971; seither ist zwar ein dauerndes Auf und Ab festzustellen, das 2006 mit etwas weniger als 35 Prozent seinen Tiefstand erreichte. Die Hochburgen der Sozialdemokratie lagen in den 1950er bis 1970er Jahren in den Städten und in Nordhessen. Auffallend ist, dass die Ergebnisse in den Hochburgen in dieser Zeit nicht so stark von den durchschnittlichen Wahlkreisergebnissen abgewichen sind. Sozialdemokratische Diasporagebiete waren vor allem die Wahlkreise der Bischofsstädte Fulda und Limburg. Im Zeitverlauf stellte sich eine zunehmende Differenz zwischen Süd- und Nordhessen ein, wobei der Süden Hessens in einzelnen Bereichen sogar zur sozialdemokratischen Diaspora wurde. Vor allem ist es gegenwärtig die auffallende Schwäche der SPD in den großen Städten, die den landespolitischen Einfluss der hessischen SPD besonders stark einschränkt (Hennig 2008). Bei der Landtagswahl 2009 lag die SPD mit Ausnahme Kassels in allen kreisfreien Städten Hessens unter ihrem durchschnittlichen Gesamtergebnis. In Darmstadt verlor sie sogar achtzehn Prozent und in Frankfurt konnte sie mit 19,8 nur hauchdünn den zweiten Platz vor den Grünen (19,6) verteidigen. Die Wahlergebnisse in Frankfurt, Darmstadt, Wiesbaden und Offenbach gleichen einer Vertreibung der SPD aus den urbanen Wahlräumen des Landes.

1.2 Regierungspartei im Abonnement (1950–1987): Das »Rote Hessen«

Von 1946 bis 1987 stellte die SPD ohne Unterbrechung den Ministerpräsidenten. Bereits die hessische Verfassung von 1947 brachte Vorstellungen von sozialer Demokratie zum Tragen wie keine andere deutsche Länderverfassung. Wesentliche Elemente, die dies unterstreichen, sind etwa das Aussperrungsverbot, die Wertschätzung der Betriebsräte, die Sozialisierung von Schlüsselbetrieben. Hinzu kam ein selbstverständlicher Antifaschismus, der diese Haltung in bewussten symbolischen Gesten herausstellte und politisch kommunizierte. Unter Georg August Zinn, dem wohl erfolgreichsten hessischen Ministerpräsidenten, wurde die Idee vom »roten Hessen« inhaltlich so gefüllt, dass die SPD zweimal sogar eine absolute Mehrheit erreichte, ohne eine grundsätzliche inhaltliche Polarisierung in Gesellschaft und Parteiensystem zu riskieren, wie sie in den 1970er und 1980er Jahren zum politischen Alltag gehören sollte.

Schon unter ihrem ersten Vorsitzenden Wilhelm Knothe (1946–1950) erreichte die hessische Sozialdemokratie eine politische Artikulation der Arbeitnehmergesellschaft, die durch eine kluge Kooperations- und Integrationspolitik

Abbildung 1: Wahlergebnisse der SPD in Hessen

nach innen und außen ergänzt wurde. Mit ihren wegweisenden Koalitionspro-
jekten (mit der BHE, später der FDP und den Grünen) sicherte die SPD-Führung über viele Jahre hinweg ihre Machtbasis in Hessen. Diese Regierungspolitik wurde in anderen Teilen Deutschlands ebenso oft kopiert wie kritisiert. Vor
allem die Koalition mit den Grünen sorgte für eine außerordentliche bundesweite Ausstrahlung. Die politische Basis dieser Politik bestand in einer engen
Kopplung zwischen Regierungs- und Parteigeschäften. Besonders eindrucksvoll
praktizierte dies Georg August Zinn, der von 1951 bis 1969 sowohl Bezirks-
vorsitzender in Hessen-Nord wie auch hessischer SPD-Vorsitzender war. Das
politische Steuerungszentrum um Zinn balancierte die diversen Ansprüche des
Nordens und Südens sowie die dahinter liegenden ideenpolitischen Differenzen
mit Hilfe des südhessischen Bezirkschefs Willi Birkelbach (1954–1962), der zeitweise auch als Leiter der Staatskanzlei agierte, derart verlässlich aus, dass für
die 1950er und 1960er Jahre durchaus von einer robusten sozialdemokratischen
Innenarchitektur in Hessen gesprochen werden kann.

Auf Basis dieser innerparteilichen Geschlossenheit, bei Existenz konkurrierender Flügel, ließen sich der Aufbau einer hessischen Identität sowie die ökonomische Integration des Nordens, vor allem der sogenannten Zonenrandgebiete, glaubwürdig und erfolgreich vorantreiben. So gelang es mit den Projekten, Hessen-Tag, Hessen-Plan, und »Hessen-vorne«-Pathos nicht nur die ländliche Infrastruktur zu fördern und die regionalen Disparitäten abzubauen, sondern auch die SPD – zumindest vorübergehend – als »die Hessenpartei« zu platzieren. Tatsächlich war bald die Rede vom »agrar-sozialen Musterländchen« und von der »soziale Aufrüstung des Dorfes« (Bullmann 2003). All dies förderte das Ansehen im Bund, sodass sich Hessen in der Adenauer-Republik als dessen Gegenmodell und in einzelnen Fällen gar zu dessen Vetopunkt entwickelte. Manchmal ist Adenauer auch tatsächlich am hessischen Widerstand gescheitert, wie z.B. beim Verfassungsgerichtsurteil gegen einen eigenen Fernsehkanal zu Adenauers Gnaden. Die Kritik der hessischen Sozialdemokraten gegen den Zentralstaat konnte sich aber auch gegen die eigene Bundespartei richten, wie etwa die zum Teil heftigen Attacken gegen das Godesberger Programm zeigten.

Gegen Ende der 1960er Jahre schwächte sich diese scheinbar selbst tragende Hessen-SPD-Welle ab. Die Zeiten wurden rauer, widersprüchlicher und die Partei wandelte sich durch einen außerordentlichen Generationenwandel, der kaum in einer anderen Partei je so stark ausfiel wie in der hessischen SPD. 1969 wuchs die Mitgliederzahl um 6,3 Prozent, 1970 um 5,7 Prozent, 1971 um 3,4 Prozent und 1972 sogar um 10,8. Prozent. Binnen dreier Jahre steigerte sich die Mitgliedschaft um fast 25 Prozent (Beier 1989: 472). Ein solch dynamisches Wachstum war nicht nur seit den 1950er Jahren einmalig; es wurde erst recht danach nie wieder erreicht. Die Schattenseite dieses Zustroms lag in einer neuen Heterogenität, die Identitätsprobleme aufwarf, Prozesse innerparteilicher Polarisierung förderte und kaum überwindliche Steuerungsprobleme schuf. So entwickelte sich in dieser Zeit die personelle und programmatische Basis für die späterhin zu beobachtende Transformation einer Sozialdemokratie, die sich als pragmatische, soziale Fortschrittspartei in der Tradition der Arbeiterbewegung stehend hin zu einer stark akademisch-projektorientierten Linkspartei mit starker Orientierung am »sorgenden Sozialstaat« und großer Fortschrittsskepsis, ohne nennenswerte Verankerung in den ursprünglichen arbeiterlichen und mittelschichtenorientierten sozialdemokratischen Milieus. Eine erste Zäsur, die den Weg in die selbstverschuldete Schwächung anzeigte, war das unversöhnliche, wenig pragmatische Vorgehen in der Bildungspolitik. Statt den Weg der kleinen Schritte fort zu setzen und die eigenen egalitären, bildungspolitischen Ambitionen mehrheitspolitisch abzusichern oder plural einzuordnen, suchte man die Entscheidungsschlacht, womit man nicht nur das Land polarisierte, sondern auch die eigene Partei. Und schließlich bildete diese Vorgehensweise, die zuweilen apodiktische Züge besaß, auch eine wesentliche Grundlage für den Aufstieg der CDU zur hessischen Mehrheits- und schließlich sogar Regierungspartei. Zudem entwickelten sich daraus bundesweite Negativschlagzeilen, die unter dem Stichwort des Schulkampfes gleichsam kulturkampfähnliche Dimensionen beförderten. So führten manche unausgereiften Veränderungsprojekte, insbesondere auf den Feldern der Schulpolitik und der Gebietsreformen nicht nur zur Konfrontation mit der konservativen Opposition, Teilen der Bevölkerung, der Kultusministerkonferenz, der Bundesregierung und der Verfassungsgerichtsbarkeit. Vor allem wurde die hessische Sozialdemokratie das größte Opfer dieser Kämpfe und ihrer Wirkungen.

Der 1969 erfolgte Wechsel von Zinn zum damaligen Finanzminister Albert Oswald (Ministerpräsident 1969 bis 1976, Parteivorsitzender 1970 bis 1977), der seine politische Karriere als Gießener Oberbürgermeister begonnen hatte, stand unter keinen guten Vorzeichen. Neben bildungspolitischen Zuspitzungen führten Fehlmanagement bei der Hessischen Landesbank (HELABA) und nicht zuletzt die Fusion von Gießen und Wetzlar zur »Kunststadt« Lahn zu erheblichen Legitimationsdefiziten gegenüber der Wählerschaft, was auch in der SPD nicht ohne personelle Konsequenzen blieb. Als erster musste Kultusminister von Friedeburg (1974) auf Druck der FDP seinen Hut nehmen; es folgte bald der Ministerpräsident selbst (1976). Die SPD war in einer schwierigen Lage: Innerparteilich war sie nicht zuletzt infolge des Generationenwandels zerrissen und durch umstrittene Reformprojekte geschwächt. Dagegen drängte die CDU-Opposition mächtig nach vorne und konnte 1974 erstmals die SPD in der Wählergunst überholen und stärkste Partei im Landtag werden. Besonders spektakulär waren 1977 der erstmalige Gewinn der Kommunalwahlen und die Eroberung des Frankfurter Oberbürgermeisteramtes durch Walter Wallmann. In dieser Situation übernahm der aus Kassel stammende, ehemalige SPD-Bundesgeschäftsführer Holger Börner das Amt des Ministerpräsidenten. Mit seinem Amtsantritt verband sich die Hoffnung, den drohenden Regierungsverlust abzuwenden und die Partei wieder mit sich selbst und der nunmehr von Helmut Schmidt geführten Bundesregierung zu versöhnen.

1.3 Der Weg zu »Rot-Grün«

Hessen entwickelte sich in den 1980er Jahren zum Zentrum der bundesdeutschen Debatte um die Zukunft des sozialdemokratischen Fortschrittsmodells. In der Gegnerschaft zum Bau von Kernkraftwerken, neuen Autobahnen, Flughafenausbau und einer geplanten Wiederaufarbeitungsanlage entwickelten sich einerseits die Grünen von einer sozialen Bewegung zu einer handlungsfähigen, mit Machtwillen ausgestatteten Partei. Andererseits nahm aber auch der innerparteiliche Widerstand gegen das sozialdemokratische Fortschrittsmodell derart zu, dass deutliche Integrationsdefizite sichtbar wurden, was sich letztlich vor allem in einer schwachen Anziehungskraft auf die Jugend der 1980er Jahre auswirkte. Als einer der letzten großen pragmatischen Vertreter der alten Arbeiterbewegung personifizierte Holger Börner (Ministerpräsident 1976 bis 1987, Parteivorsitzender von 1977 bis 1987) in seiner Biographie den Glauben an den immerwährenden Fortschritt durch Technik und Wachstum. In diesem Sinne unterstützte er von Hessen aus mit Leibeskräften die Politik von Bundeskanzler Helmut Schmidt. Zugleich gelang ihm mit seiner ideologieeindämmenden Politik des »Endes der Fahnenstange«[1], sowie mit klugen strategischen Reaktionen auf die neue Konstellation des Postmaterialismus eine realpolitische Krisenpolitik, die letztlich auch das Koalitionsspektrum des deutschen Parteiensystems nachhaltig veränderte. Damit ist nicht nur die erste bundesweite Koalition mit den Grünen in einem deutschen Länderparlament (1985–1987) gemeint, sondern auch die Praxis einer durch die Grünen geduldeten und tolerierten geschäftsführenden Minderheitsregierung (1983 bis 1985). Das alles war notwendig geworden, weil sich im Kontext eines Vierparteiensystems und einer inhaltlich neu ausgerichteten FDP keine andere Machtperspektive für die SPD ergab.

1.4 Erstmals in der Opposition

1987 verlor die SPD unter dem Spitzenkandidaten Hans Krollmann (Parteivorsitzender 1987 bis 1989) die Regierungsmacht an eine schwarz-gelbe Mehrheit. Damit war die hessische CDU erstmals seit 1950 wieder in einer hessischen Regierung vertreten. Die Niederlage des ehemaligen hessischen Finanzminis-

---

1 Hier handelt es sich um einen Vorläufer der schröderschen »Basta-Politik«. Die Formulierung entstand im Streit um die hessischen Rahmenrichtlinien und war als Ansage zur Entideologisierung der parteipolitischen Kontroversen gedacht.

ters Krollmann gegen den damaligen Frankfurter Oberbürgermeister Walter Wallmann fiel mit einer Differenz von etwa 1700 Stimmen denkbar knapp aus. Gerd Beier, Chronist der hessischen Sozialdemokratie, erklärte das Ergebnis des »Schwarzen Sonntags« vom 5. April 1987 aus den ungeklärten Widersprüchen des damaligen sozialdemokratischen Politikverständnisses: »Eine Landespartei, die sich so stark fühlte, dass sie am Ende Regierung und Opposition zugleich spielen zu können glaubte, ist seit dem April 1987 nur noch Opposition, nicht mehr Regierung, sondern nur noch Partei« (Beier 1989: 7). Da die Sozialdemokratie seinerzeit den schwarzen Sonntag als einmaligen Betriebsunfall zu begreifen versuchte, der vor allem durch das aus Sicht der Bürger unrühmliche Ende der ersten rot-grünen Koalition verursacht worden war, arbeitete man auf die nächste Chance im Jahr 1991 hin, ohne jedoch strukturelle Veränderungen in der Organisation oder Programmatik einzuleiten.

1.5 Eichel-Jahre

1991 praktizierte die hessische SPD ihren ersten Landtagswahlkampf aus der Opposition heraus und war sogleich erfolgreich. Neben der wenig glücklichen Arbeit der Regierung Wallmann waren nicht zuletzt die emotionalisierten Bedingungen des ersten Irak-Krieges günstig für die Abwahl der ersten hessischen CDU-Regierung. Zugleich erwies sich die damals getroffene Kandidatenwahl als wegweisend für die weitere Entwicklung der Hessen-SPD. Denn mit dem damaligen Kasseler Oberbürgermeister Hans Eichel (Parteivorsitzender 1989 bis 2001) fand sich nicht nur ein neuer Ministerpräsident, sondern auch eine Persönlichkeit, die zusammen mit Heidemarie Wieczorek-Zeul[2] über viele Jahre eine wichtige Rolle in der Bundes-SPD spielen sollte. 1991 setzte sich der Nordhesse Hans Eichel im parteiinternen Auswahlwettbewerb als Spitzenkandidat gegen den Wiesbadener Bürgermeister Achim Exner durch. Möglich war dieser Triumph des pragmatischen Nordhessen, der ursprünglich zur Parteilinken des Frankfurter Kreises zählte, gegen den charismatischen Südhessen Exner, weil er die Protektion der südhessischen Führung unter Heidemarie Wieczorek-Zeul genoss. Die mittlerweile etablierte grüne Partei konnte in den 1990er Jahren in eine pragmatischere Koalitionspolitik eingebunden werden als noch in den 1980er Jahren. So lange in Bonn die Kohl-CDU regierte und die Abgrenzung

2 Heidemarie Wieczorek-Zeul ist die einzige Bundesministerin, die seit 1998 ununterbrochen im Amt ist.

zu deren Politik dominierte, blieb die rot-grüne Regierung in Wiesbaden mehr durch interne Unstimmigkeiten herausgefordert als durch energische Konkurrenz des politischen Gegners in Wiesbaden selbst. Das änderte nichts daran, dass auch in dieser Zeit im Bereich der Energie-, Verkehrs-, und Bildungspolitik die üblichen Grabenkämpfe zwischen Rot-Grün und Schwarz-Gelb tobten.

1.6 Gekocht und geschrödert

Seit 1998 versetzten zwei politische Akteure die hessischen Sozialdemokraten in Schwierigkeiten: Der eine hieß Koch und wurde häufig unterschätzt. Der andere hieß Schröder und beabsichtigte als sozialdemokratischer Bundeskanzler Deutschland zu verändern, ohne sich dabei sonderlich an sozialdemokratischen Mitgliedervoten und Traditionsbeständen zu orientieren. Wie so häufig in der hessischen Geschichte beeinflusste 1999 der lange Schatten der Bundespolitik den Ausgang der Landtagswahl – wenngleich diesmal nicht zu Gunsten der SPD. Trotz leichter Zugewinne der SPD wurde die rot-grüne Regierung von Schwarz-Gelb abgelöst (s. hierzu ausführlicher 3.2). Die Wahlniederlage mobilisierte die Suche nach neuem Personal und nach einer besseren Anbindung an die Bundespolitik. Doch beide Suchprozesse währten nur sehr kurz und scheiterten. Statt einen Aufbruch zu organisieren, hoffte die SPD darauf, dass es sich wieder um einen Betriebsunfall handele, dem eine baldige Rückkehr zur Regierungsbeteiligung folgen werde. Anlass dazu gab zumindest die CDU-Spendenaffäre (2000 bis 2002).

Trotz der Niederlage im Frühjahr 1999 stieg Hans Eichel – nach der »Flucht« von Oskar Lafontaine – zum Bundesfinanzminister auf und wurde zeitweise nach Gerhard Schröder einer der wichtigsten bundesdeutschen Politiker. Bis 2001 blieb Eichel auch Landesvorsitzender der hessischen SPD, die mehr oder weniger paralysiert, die großen steuer- und finanzpolitischen Veränderungen hinnahm, ohne sich in dieser Zeit wahrnehmbar oppositionell gegenüber der eigenen Bundesspitze zu positionieren. Im Zuge der Vorbereitungen auf die Wahl 2003 traten Hans Eichel als Parteivorsitzender und Armin Clauss als Fraktionsvorsitzender im Jahre 2001 zurück. An ihre Stelle trat in Doppelfunktion der dem pragmatischen Lager angehörende Hessen-Süd-Vorsitzende Gerhard Bökel. Er sollte mit diesen Funktionen im Rücken als SPD-Spitzenkandidat die Landtagswahl 2003 gewinnen. In seinem Windschatten entwickelte sich Jürgen Walter als Landesgeschäftsführer und wirkungsvoller Chefaufklärer im CDU-Spendenskandal zu einem jungen Hoffnungsträger. Doch statt Rückenwind blies der hessischen SPD Anfang 2003 der Wind erneut heftig ins Gesicht. Dafür war aus Sicht der Hessen vor allem die Politik der sozialdemokratischen Bundesregierung verantwortlich. Tatsächlich entwickelte sich 2003 für die hessische SPD, unter dem Spitzenkandidaten und Parteivorsitzenden Bökel (2001 bis 2003), zu einem schicksalhaften Leidensjahr. Bei den Landtagswahlen musste sie mit 29,1 Prozent das zum damaligen Zeitpunkt schlechteste Ergebnis ihrer hessischen Geschichte verzeichnen. Auch diesmal drohte die Suche nach einem Neuanfang bereits im Keim zu ersticken; denn die Mehrheit der Verantwortlichen sah die eigentliche Ursache des schlechten Abschneidens »zu achtzig Prozent« in Berlin (FAZ 7.2.2003). Es sei »vorrangig eine Folge der Entfremdung der sozialdemokratischen Politik von ihrer gesellschaftlichen Wählerbasis (...) durch neoliberale Experimente«. Nach dem Desaster der Landtagswahl von 2003 sahen außen stehende Beobachter die hessische SPD vor einem Scherbenhaufen, den ein Journalist der Frankfurter Neuen Presse am 5. Februar 2003 so umschrieb: »Die hessische SPD, gerade mit dem schlechtesten Wahlergebnis seit 1946 ins Ziel getaumelt, ist ein Sanierungsfall. Personell und programmatisch hat die Partei den Menschen im Land nichts mehr anzubieten, was sie mittelfristig wieder zu einer Konkurrenz für die inzwischen schier unerreichbar scheinende CDU Roland Kochs werden lassen könnte« (Georg Haupt 5.2.2003).

Nach der Wahl wurde in der hessischen SPD über programmatische, organisatorische und personelle Konsequenzen diskutiert, um einen Neuanfang möglich zu machen. Dabei war das »Ende der Fahnenstange« für die SPD noch lange nicht erreicht, wie sich als erstes mit der »Agenda 2010« zeigen sollte, die Bundeskanzler Gerhard Schröder im März kurz nach der Hessenwahl vorstellte. In der Folge agierte die südhessische SPD als einer der Kristallisationskerne des Widerstandes gegen die Bundes-SPD. So unterstützten führende hessische Sozialdemokraten das im Frühjahr 2003 durchgeführte Mitgliederbegehren gegen den Kurs der Agenda 2010. Manche sprachen gar davon, dass es um die Wiederherstellung der innerparteilichen Demokratie gehe und dafür ein außerordentlicher Bundesparteitag notwendig sei. In diesem Sinne insistierte die im selben Jahr neu gewählte hessische SPD-Vorsitzende Andrea Ypsilanti darauf, dass es »die Reise in die Mitte... nicht sein« kann, statt dessen »müssen (wir) uns an unseren Kernwählern orientieren« (FNP 27.2.2003). Ypsilanti machte Berlin für die Schwäche der Partei verantwortlich: »Die Regierung darf sich nicht auf die Grundwerte der Partei beziehen, wenn man diese in den Gesetzen nicht wiederfindet«. Mit Blick auf die eigene Programmatik lautete die Kritik: »Alles wird nur noch unter dem Gesichtspunkt der Ökonomie diskutiert. Die Motivationslage der Mitglieder geht an die Substanz« (FR 8.9.2003). Nach der Ablehnung der Agenda 2010 durch den Parteitag des SPD-Bezirks Hessen-Süd suchte man von dort auch den Kampf gegen die Agenda mit zu organisieren: Ein »Parteitag von unten« (FR 17.5.2003) sollte als Signal gegen die Annahme der Agenda auf dem außerordentlichen SPD-Parteitag am 1. Juni 2003 in Berlin wirken. Das hessische Credo im Kampf um die daheim gebliebenen Wähler und für ein starkes sozialdemokratisches Bewusstsein konzentrierte sich fortan auf folgende Kernforderungen: Die Bezugsdauer des Arbeitslosengelds I müsse beibehalten werden, Ausbildungsplatzabgabe und Vermögenssteuer eingeführt werden. Die hausgemachten Ursachen der Wahlniederlage, wie zum Beispiel der nicht vermittelbare Spitzenkandidat Gerhard Bökel sowie die eigenen inhaltlichen Schwächen wurden jedoch in der allgemeinen sozialdemokratischen Krisenstimmung an den Rand gedrängt.

Die hessischen Sozialdemokraten, vor allem die Führung von Hessen-Süd, mussten aber bald feststellen, dass sie sich mit ihrer ablehnenden Haltung gegenüber der Regierungspolitik innerhalb der eigenen Partei zu isolieren drohten, sodass sich eine offensive Gangart aus vielerlei Gründen verbot, wollte man nicht selbst einer Spaltung der SPD Vorschub leisten. Um einen grundlegenden Bruch zu verhindern, suchte man in einzelnen Fragen, wie bspw. der Bürgerversicherung im Gesundheitswesen oder im Engagement gegen eine Rente ab 67, wieder Boden gut zu machen. Dazu gehört auch das Bemühen, erneut einen engeren Schulterschluss mit den Gewerkschaften zu finden. Die Beziehung zu diesen war seit dem Landtagsausstieg von Armin Clauss (2001), der zwischen 1972 und 1976 sowohl hessischer DGB-Vorsitzender und Landtagsabgeordneter war, brüchiger und loser geworden. Die damalige Führung der SPD um Andrea Ypsilanti trug dazu bei, den Kontakt zu den DGB-Gewerkschaften zu vertiefen. Was nicht zuletzt nach der Gründung der WASG, später Linkspartei, die sich fortan als antisozialdemokratische Linkspartei verstand, wichtig werden sollte, um Abgänge in diese Richtung einzudämmen. Mit der Übergabe des Fraktionsvorsitzes an Jürgen Walter ist eine paritätische Verteilung der Ämter vorgenommen worden: für den linken Flügel der Parteivorsitz; für den sogenannten rechten Flügel der Fraktionsvorsitz. Diese Arbeitsteilung hielt von 2003 bis zum 1.12. 2006.

2 Entwicklung der Parteiorganisation

2.1 Mitgliederentwicklung

Die hessische SPD versteht sich als Mitgliederpartei. Bezogen auf die Zahl der Wahlberechtigten im Land verfügt Hessen nach dem Saarland über die größte Dichte von SPD-Mitgliedern.[3] Ihrem eigenen Selbstverständnis entsprechend ist die SPD nicht nur an passiven Beitragszahlern interessiert, sondern sieht die Mitglieder auch als Aktivposten, um gesellschaftliche Verankerung, Beteiligung und Aktivierung für sozialdemokratische Ziele zwischen den Wahlen und während der Wahlkämpfe zu ermöglichen. Aus demselben Grund ist die SPD auch nie nur Regierungs- oder Mitgliederpartei gewesen, sondern hat vielmehr immer auch den Kontakt zu den sozialen Bewegungen gesucht und gepflegt.

Mit den alten sozialen Bewegungen wie den Gewerkschaften, Sozialverbänden, der Frauen- und Friedensbewegung war dies eine Selbstverständlichkeit. Mit den neuen sozialen Bewegungen taten sich die Sozialdemokraten anfangs schwer, waren diese doch aus den Konfliktlagen der 1980er Jahre heraus teilweise explizit gegen die SPD gegründet worden. Im Zuge programmatischer und praktischer Veränderungen gelang es der SPD aber immer wieder, auch Anschlüsse zu diesen Bewegungen herzustellen, um somit neue Ideen und Mitstreiter zu gewinnen. Dies trifft nicht nur auf die Aktivitäten der Umwelt-, Dritte-Welt-, Kirchen- und Selbsthilfegruppen zu, sondern auch für Teile der globalisierungskritischen Gruppen.

Das alltagsweltliche Zentrum sozialdemokratischer Politik ist der Ortsverein. Dort beginnt die Ochsentour für die Führungsauslese; dort ist die Partei für den Bürger greifbar und angreifbar. Hessen ist in der Rangliste der Mitgliederzahlen nach Nordrhein-Westfalen, Niedersachsen und Bayern der viertgrößte Landesverband. Aber kein anderer Landesverband hat so viele Ortsvereine pro Mitglied wie der hessische. Die Zahl der Ortsvereine hat sich im Laufe der Zeit zwar reduziert, doch verlief dieser Prozess sehr langsam und vorsichtig. Im Zeitraum zwischen 1990 und 2008 hat sich die Zahl der Ortsvereine in Hessen von 1.055 auf 953

---

3   Das Saarland verfügt mit 2,7 über den mit Abstand höchsten Organisationsgrad in der SPD, dahinter folgt Hessen mit 1,34 fast gleich auf mit Rheinland-Pfalz mit 1,31. Die nächsten Plätze belegen mit etwas Anstand Niedersachsen (1,08) und NRW (0,98), Stand 2004 (Niedermayer 2007: 383; Werte für 2006). Der Organisationsgrad gibt an, wie viel Prozent der Bevölkerung ab 16 Jahren Mitglied einer bestimmten Partei sind. Für Hessen bedeutet dies, dass im Jahr 2004 1,44 von hundert Hessen über 16 Jahren Mitglieder der SPD waren.

reduziert. Das entspricht einem Rückgang um 9,7 Prozent, wobei davon 11 Prozent auf Hessen Nord und 7,6 Prozent auf Hessen Süd entfallen. Die insgesamt höhere Zahl der Ortsvereine in Hessen Nord, obwohl der Bezirk nur ein Drittel der Mitglieder des Landesverbands stellt, ist der dortigen ländlichen Struktur geschuldet. In Hessen Nord haben auch einzelne kleinere Dörfer einen eigenen Ortsverein. Überhaupt keine Veränderung gab es bei der Zahl der Unterbezirke, die nach wie vor bei 26 liegt. Die Struktur der hessischen SPD ist damit trotz eines erheblichen Mitgliederrückgangs seit der Wiedervereinigung konstant.

Die Mitgliederentwicklung der hessischen Sozialdemokratie lässt sich in vier Phasen unterteilen. Einer ersten Wachstumsphase, die sich von 1945 bis 1947 erstreckte, folgte bald ein abrupter Mitgliedereinbruch, der zu einem stetigen Rückgang führte; dessen Talsohle 1955 erreicht war. Zwischen 1956 und 1978 kann die dritte Phase angesiedelt werden, die durch einen permanenten Zuwachs gekennzeichnet ist. Während 1955 mit etwa 60.000 Mitgliedern der bisherige Tiefpunkt der Mitgliederentwicklung zu datieren ist, fällt der Höchststand ins Jahr 1978 (142.850). Anders als im Bundesdurchschnitt, wo erst Ende der 1960er Jahre ein rasanter Mitgliederanstieg einsetzte, erreichte die hessische SPD schon seit Mitte der 1950er Jahre erhebliche Zuwächse. Der Trend setzte sich bis 1978 stetig fort. Der hessischen SPD gelang es, ihre Mitgliederzahl aus dem Jahr 1946 zu verdoppeln, während der Bundesverband im gleichen Zeitraum einen Mitgliederzuwachs von »nur« etwa 40 Prozent verzeichnete.

Während der Amtszeit des Ministerpräsidenten Holger Börner begann der Mitgliederschwund. Durch Verluste von über 23.000 Mitgliedern zwischen 1977 und 1987 stammt nahezu jedes fünfte verlorene Mitglied im Bundesverband aus Hessen. In der Regierungszeit von Walter Wallmann (CDU), also während der Oppositionszeit, gab es ein letztes Mal eine Phase stabiler Mitgliederzahlen. 1989 stieg die Zahl der Mitglieder gegen den seit 1978 beobachtbaren Trend sogar um einen Prozentpunkt an. Seither bewegt sich die Mitgliederzahl mit zunehmender Geschwindigkeit in Richtung des Tiefststandes der 1950er Jahre, ohne diesen aber bisher zu erreichen. Auch in der vierten Phase, in der seit 1979 ein ständiger Mitgliederrückgang zu verzeichnen ist (nunmehr ca. 65.000 Mitglieder), versteht sich die hessische Sozialdemokratie weiterhin als Mitgliederpartei. Auffallend ist, dass der prozentuale Mitgliederrückgang in Hessen seit dem Höchststand von 1978 stärker ausfällt als im SPD-Bundesdurchschnitt. Der hessische Mitgliederanteil stieg in der Bundespartei bis in die Mitte der Siebziger von 9 Prozent in den 1950er Jahren auf über 14 Prozent an. Derzeit liegt der hessische Mitgliederanteil im Bund bei etwa 12 Prozent. Im Krisenjahr

Abbildung 2: Anzahl der Ortsvereine in den Bezirken der hessischen SPD

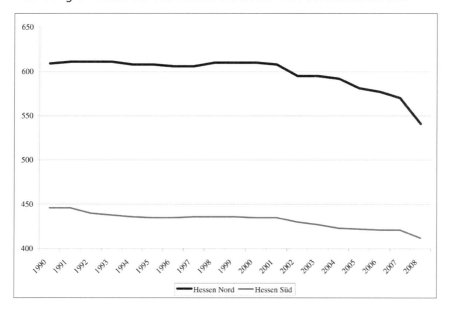

Abbildung 3: Mitgliederentwicklung der hessischen SPD und Amtszeit der Vorsitzenden seit 1946

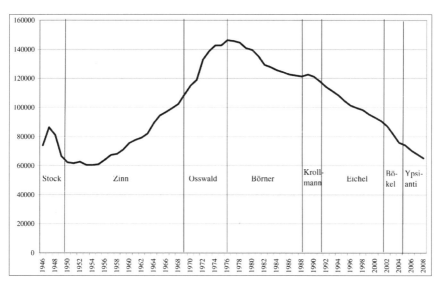

2008 verlor die SPD 3,8 Prozent ihrer Mitglieder, der höchste Wert, der je in einem Jahr gemessen wurde.

Um den Mitgliederrückgang zu erklären, können wir neben allgemeinen Ursachen[4], die grundlegend für das gewandelte Verhältnis der Bürger zu den deutschen Parteien und Verbänden sind, einige hessenspezifische Aspekte, die in besonderem Maße die Entwicklung der hessischen SPD erklären können, benennen:

- Schwächen im Agenda-Setting: unzureichende thematische Zeitgenossenschaft;
- Fehlendes, lebensweltlich, verankertes Spitzenpersonal, vor allem in den Städten, das über eine »natürliche« Reputation verfügt und in der Lage wäre, das Lebensgefühl ihrer Zeit zu verkörpern, also auch in der Lage ist, die Vielfalt der Berufe und Lebenslagen annähernd abzubilden;
- Personelle Verengung mit der Tendenz zur Berufspolitikerpartei: Auf den ersten 30 Plätzen der Landesliste für den hessischen Landtag fanden sich fast nur Absolventen sozialwissenschaftlicher Studiengänge. Vertreter aus den Bereichen Wirtschaft, Produktion oder Handwerk fehlten ganz;
- Erosion der Laufbahnpartei – Abnehmender Einfluss der SPD auf berufliche Karrieren: Mit dem Rückzug der SPD aus der immerwährenden Regierungsbeteiligung, gekoppelt mit der Direktwahl der Bürgermeister, ist auch die Attraktivität der SPD-Mitgliedschaft für die eigene berufliche Laufbahn deutlich gesunken;
- Reduzierte Präsenz in den größeren hessischen Städten: 2009 stellte die SPD nur noch in Darmstadt, Kassel und Offenbach die Oberbürgermeister;
- Eingeschränkte Kooperation zwischen Gewerkschaften, Sozialverbänden und SPD auf allen Ebenen.

Die Entwicklung der hessischen SPD zeichnete sich in den letzten zehn Jahren durch einen sich wechselseitig verstärkenden Prozess aus: Einerseits gab es ein unzureichendes Angebot für Mitglieder und Wähler wegen zurückgehender Regierungsbeteiligung sowie fehlender zeitgenössischer Gestaltungsprofile. Andererseits beeinflusste der Mitglieder-, Wähler- und Aktivistenrückgang die

---

4 Zu den allgemeinen Ursachen für den stetigen Rückgang der Mitgliederzahlen zählen: Veränderung von Arbeit (vor allem Tertiarisierung, Arbeitszeitverlängerung, Flexibilität, Zeitknappheit, Mobilität, Unsicherheitsgefühl), Wandel der Freizeit (erhöhtes Freizeitangebot, Eventorientierung), mediengesellschaftliche Entwicklungen, soziale Milieuveränderungen, Rückgang und Teilverschiebung des Partizipationsinteresses (soziale Bewegungen, bspw. Attac), langsamer und stetiger Rückzug von Akteuren aus dem Bereich ehemaliger Vorfeldorganisationen, bspw. Gewerkschaften, AWO.

Abbildung 4: Entwicklung der SPD Hessen im Vergleich zum Bundesverband (in Prozent)

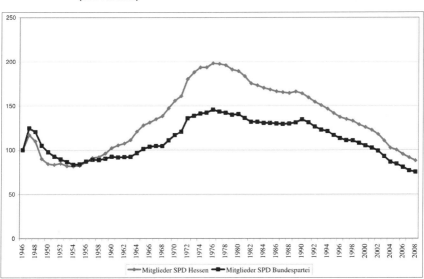

Fähigkeit der Partei, sich stark und dynamisch im öffentlichen Raum zu präsentieren. Im Ergebnis führte dies zum Beispiel dazu, dass immer weniger Menschen immer mehr ehrenamtliche Leistungen erbringen sollten, um weiterhin eine flächendeckende Präsenz der Partei zu ermöglichen. Da dies nur begrenzt funktioniert, ist es notwendig geworden, einen immer größeren Teil der organisatorischen Aufgaben, die bislang durch ehrenamtliche Arbeit bewältigt wurden, an professionelle Dienstleister zu vergeben. Diese Möglichkeiten werden jedoch durch sinkende Beitragseinnahmen sowie zurückgehende Zahlbeträge aus dem Kreis der Mandatsträger und durch unsichere Kalkulationen hinsichtlich der Wahlkampfkostenrückerstattung limitiert.

Zugleich zeichnet sich die hessische SPD durch eine gewisse Beharrungsmentalität aus, die mit einer Schieflage in der Berufs- und Altersstruktur korrespondiert. Ähnlich sieht es bei der Mitgliederstruktur aus. Die Hessen-SPD ist in der Bundespartei einer der Landesverbände mit dem höchsten Altersdurchschnitt sowie dem geringsten Frauen- und Jugendanteil. Waren 1992 nur knapp 27 Prozent der SPD-Mitglieder älter als 60 Jahre, so lag dieser Anteil 2007 schon bei knapp über 50 Prozent (Jahrbuch der deutschen Sozialdemokratie 2007). Dagegen ist der Anteil der Mitglieder im Jungsozialisten-Alter (bis 35-Jahre) drastisch zurückgegangen. 1990 lag dieser Wert noch bei 15,8 Prozent, im Jahr 2007 nur noch bei knapp 7 Prozent. Zu den Jusos werden aktuell gerade einmal 4.800 SPD-Mitglieder gerechnet. In der Legislaturperiode 1999–2003 war unter den SPD-Parlamentariern im hessischen Landtag nur einer jünger als 35 Jahre. Die CDU-Fraktion konnte hingegen auf fünf MdL in dieser Altersgruppe verweisen (FR 14.8.2000). In der Zwischenphase des Jahres 2008 lag die Zahl der jüngeren hessischen Abgeordneten im Juso-Alter bei fünf.

Die Mitgliederstruktur der hessischen SPD zeichnet sich also durch eine starke Unterrepräsentation jüngerer Mitglieder und Frauen aus. Dagegen liegt sie mit einem Durchschnittsalter von etwa 59 Jahren an erster Stelle unter den SPD-Landesverbänden. Diese Defizite sowie ein drastischer Mitglieder-, Wähler- und Aktivistenrückgang führen zu einer sich wechselseitig verstärkenden Schwächung, die mit einem weiteren Prozess korreliert: Es fällt der SPD immer schwerer, veritable gesellschaftliche Strömungen, Denk- und Mentalitätsmuster in der Partei hinreichend stark lebensweltlich abzubilden. Dies alles kann eine gewisse Teilentkopplung zwischen gesellschaftlich dominanten Trends und sozialdemokratischem Politikgefühl erklären. Aber vor allem hat sich die hessische SPD, insbesondere in Hessen-Süd, zu einer Berufspolitikerpartei von Sozial- und Verwaltungswissenschaftlern entwickelt, die in starkem Maße mit dem lebensweltlichen Gefühl des rot-grünen Projektes korreliert, ohne sich wirklich pragmatisch auf die Gefühls- und Sicherungsbedürfnisse der Mittelschichten einzulassen. Häufig war es so, dass, wenn die hessische SPD die großen sozialen, bildungs- und ökologischen Herausforderungen thematisierte, sie dies mit einer gewissen kulturkämpferischen Attitüde betrieb und manchmal somit eine polarisierende Konfliktorientierung einschlug, vor allem aus Sicht potentiell ansprechbarer Gruppen aus der Mitte der Gesellschaft.

2.2 Organisationsreformen

Traditionell bestehen in Hessen zwei starke Bezirke und ein schwacher Landesverband. Letzterer verfügt gegenüber den Bezirken nur über eine begrenzte Ressourcen-[5] und Handlungskompetenz. Denn die Bezirke, die traditionell in

---

5 Bei den gesamten Kosten für Personal, die in Hessen für die SPD anfallen, gingen 2004 etwa 6 Prozent auf das Konto des Landesverbandes, während sich die restlichen 94 Prozent auf die beiden Bezirke verteilten (Auskunft des SPD-Parteivorstandes).

der deutschen Sozialdemokratie die bedeutendsten politischen Einheiten darstellten, haben ein politisch-organisatorisches Eigenleben, das die dynamische und eigenständige Handlungsfähigkeit des hessischen SPD-Landesverbandes bis auf den heutigen Tag strukturell einschränkt, wenngleich dies durch personelle Überschneidungen und informelle Kooperationen relativiert wird. Gleichwohl ist die Geschichte der SPD in Hessen seit 1945 davon gekennzeichnet, dass in regelmäßigen Abständen darüber gestritten wird, ob und wie man den Landesverband als eigenständiges Organ stärken kann. In den ersten Jahrzehnten der Nachkriegsgeschichte war damit primär eine Übertragung von Ressourcen von der Bezirks- auf die Landesebene gemeint. In den letzten beiden Jahrzehnten ging es hingegen verstärkt darum, ob die Bezirksstruktur als solche nicht anachronistisch sei. Dabei verweisen die Anhänger eigenständiger Bezirke in Nord- und Südhessen darauf, dass die Parteikulturen in den beiden hessischen Hemisphären derart unterschiedlich seien, dass eine organisatorische Integration nur um den Preis erheblicher Integrationsdefizite zu erreichen sei. Zudem sei diese Debatte auch weniger eine solche, bei der es um einen effektiveren und effizienteren Mitteleinsatz ginge, sondern um politische Mehrheitsverhältnisse in Hessen. Demgegenüber verweisen die Befürworter einer Fusion auf veränderte politische Kommunikations- und zu optimierende Steuerungsformen, um deren Willen die Gremiendemokratie geschwächt und die politische Direktkommunikation mit dem politischen Gegner und der Bevölkerung gestärkt werden sollte.

Bezirk Hessen-Süd

Der Bezirk Hessen-Süd umfasst mit 42.234 (Stand 2008) Mitgliedern den weitaus größeren Teil der hessischen SPD-Mitglieder. Diese stellen deshalb auf den hessischen Landesparteitagen auch etwa zwei Drittel der Delegierten. Ihr Einflussbereich liegt nicht nur im Rhein-Maingebiet, sondern er geht auch in den ländlichen, südhessischen und mittelhessischen Raum hinein, sodass auch dieser Bezirk urbane und ländliche Dimensionen integrieren muss. Seit den Anfängen nach dem Zweiten Weltkrieg versteht sich Hessen-Süd als »linke Speerspitze der Bundes-SPD« (FAZ 11.6.2001). Daran haben auch eher pragmatische Vorsitzende wie Gerhard Bökel (1999–2001) ebenso wenig geändert wie die zunehmende politische Fragmentierung dieses Bezirkes, die sich in den letzten Jahren durch eine annähernde Parität zwischen programmorientierten und pragmatischen Kräften auszeichnet.

Eine besondere Herausforderung von großer Tragweite, die bis auf den heutigen Tag besteht, ist die schwächer gewordene Akzeptanz in den Städten. Öffnungsbemühungen, wie sie der Frankfurter Kommunalpolitiker Martin Wentz mit seiner Debatte über Politik und Dienstleistungsgesellschaft anstrebte, verschloss sich die Partei ebenso, wie sie Volker Hauff, den importierten Frankfurter Oberbürgermeister (1989–1991), der die SPD wieder mit der Stadtgesellschaft zu versöhnen suchte, abschreckte und hinausdrängte. Mit einem Wahlergebnis von 23 Prozent (2006) ebnete sie schließlich selbst die Basis für eine schwarz-grüne Koalition im Frankfurter Römer, was späterhin auch im Wiesbadener und Giessener Magistrat kopiert wurde.

Seit den 1980er Jahren wird die programmatische und personelle Konstellation der südhessischen SPD in starkem Maße durch Heidemarie Wiezorek-Zeul, die von 1988 bis 1999 Bezirksvorsitzende war, geprägt. Unterstützt wurde sie in dieser Zeit vor allem durch Gernot Grumbach, der zwischen 1992 bis 2001 Vizechef des Bezirkes war; seither ist er der »glücklose« Vorsitzende dieses Bezirkes. Die politischen Veränderungen im Bund und auf der kommunalen Ebene veränderten allerdings auch die Kräfteverhältnisse in diesem Bezirk. Mit den sogenannten »Netzwerkern«, die durch junge hessische Abgeordnete der Landes- und Bundestagsgruppe getragen werden, meldete sich seit Ende der 1990er Jahre eine Gruppe zu Wort, deren Einfluss unter ihrem ehemaligen Frontmann Jürgen Walther phasenweise sehr hoch war. Auch die traditionell linken Jusos des südhessischen Bezirks schlugen sich zwischenzeitlich auf die Seite des pragmatischen Flügels der Partei. Ein ehrliches Abbild dieser Kräftekonstellation sind die schlechten Wahlergebnisse des südhessischen Vorsitzenden Gernot Grumbach, der bei seinen Wahlen zum Bezirksvorsitzenden kaum mehr als zwei Drittel der Stimmen auf sich vereinigen konnte.

Bezirk Hessen-Nord

Der Bezirk Hessen Nord ist die »Party in Office«. Dort ist man als sozialdemokratischer Mandatsträger weniger mit der Produktion von neuen Papieren und der Arbeit der Zuspitzung befasst, sondern mit pragmatischen Entscheidungen in den Magistraten und Bürgermeistereien. Mit seinen heute 22.831 Mitgliedern und 541 Ortsvereinen ist Hessen-Nord seit jeher ein außerordentlich erfolgreicher Organisationsbezirk, der nicht nur durch eine hohe Mitgliederdichte sowie überproportionale Wähler- und Mandatsträgerstärke auffällt. Aber auch in diesem Bezirk ticken die Uhren mittlerweile anders. Die SPD war in dieser Region für

viele das Synonym für Heimat, unmittelbar spürbar in der Lebenswelt der Sport-
vereine, Feuerwehren und Kirchenvorstände. Gemessen an der Einwohnerstärke
besteht auch eine überproportionale Mitgliederstärke, sodass bei etwa 25 Prozent Einwohnern etwa ein Drittel der Delegierten beim Landesparteitag aus dem
Norden kommen. Das Zentrum der nordhessischen SPD ist Kassel, das bis 1993
unentwegt sozialdemokratisch geführt wurde. Sehr geschlossen[6] und vergleichsweise pragmatisch auftretend, konnten die Nordhessen bis in die 1990er Jahre
meist das hessische Spitzenpersonal stellen. Alle hessischen Ministerpräsidenten,
mit Ausnahme von Albert Oswald, kommen aus Nordhessen. Meist konnte
der Norden die Schwäche des Südens kompensieren; so war es zuletzt bei den
Wahlen 2008. Das ehemalige »Kontrastprogramm zu Hessen-Süd« (Heptner
11.6.2001) und die Heimat der pragmatischen Landespolitiker ist allerdings seit
der dramatischen Niederlage bei den Kasseler OB-Wahlen 1993 auch keine feste
sozialdemokratische Bank mehr, sondern ebenfalls in der Gefahr, ihre sozialdemokratische Imprägnierung zu verlieren. In der Legislaturperiode 2003 bis 2008
saßen nur noch zehn Nordhessen im hessischen Landtag. Ein schwacher Trost
bestand darin, dass in dieser Periode mit Manfred Schaub und Günter Rudolf
die beiden einzigen direkt gewählten hessischen SPD-Landtagsabgeordneten aus
Nordhessen kamen. 2008 waren es wieder die Nordhessen, die mit einem überproportional hohen Wahlergebnis die Kohlen aus dem Feuer holten. Das spiegelt
sich auch darin wider, dass dort in neun von elf Wahlkreisen das Direktmandat
gewonnen wurde. Interessanterweise forcierte der Bezirk Hessen-Nord den Weg
der Duldung durch die Linkspartei und stellte sich weitaus unangefochtener auf
die Seite des Ypsilanti-Kurses als der Bezirk Hessen-Süd, der in dieser Frage
weitaus gespaltener war. Ausschlaggebend dafür, war die natürliche Orientierung dieses Bezirkes an der Macht. Erst als der Entwurf des Koalitionsvertrages
der angestrebten rot-grünen Koalition öffentlich wurde, der einige Abstriche
bei wichtigen nordhessischen Infrastrukturprojekten vorsah, stieg die Kritik in
Nordhessen rapide an. Und als im November 2008 ein neuer sozialdemokratischer Spitzenkandidat gesucht wurde, der in einem als aussichtslos eingestuften
Wahlkampf als »Münchhausen« wirken sollte, war klar, dass Manfred Schaub,
der Chef der nordhessischen Sozialdemokraten, für eine solch aussichtslose Ex-
pedition nicht zur Verfügung stehen würde. Denn in Nordhessen ticken auch
nach dem machtpolitischen Desaster des Jahres 2008 die Uhren anders. Dort

---

6 Diese Geschlossenheit drückt sich auch in einer geschlossenen Unterstützung der jeweiligen Vorsitzenden aus: Udo Schlitzberger (1993–2001) und Manfred Schaub (seit 2001).

wurden nämlich auch 2009 wieder acht von elf Direktmandaten gewonnen und das durchschnittliche Zweitstimmenergebnis lag in dieser Region fast 10 Prozent höher als im Landesdurchschnitt.

Auflösung der Bezirke?

Bis 1977 bestand der hessische Landesverband nur als Kooperationsplattform der beiden Bezirke Hessen-Nord und Hessen-Süd. Erst seit 1977 wird der Landesvorstand durch Wahl auf einem Landesparteitag bestimmt. Nach den Wahlniederlagen 1987 und 1999, und erst recht nach der Wahl von 2003, suchte man nach Wegen, um die organisatorischen Strukturen des Landesverbandes zu stärken. Ähnlich wie in anderen Bundesländern sollten dafür Ressourcen und Kompetenzen von den Bezirken auf die Landesebene übertragen werden. 2001 gab der Landesverband Rheinland-Pfalz, dessen drei Bezirke damals zu Gunsten eines starken Landesverbandes aufgelöst worden waren, ein Beispiel dafür, dass dieses Projekt ohne polarisierende Kontroverse bewältigt werden kann (FR 8.11.2001). Negative Signale kamen dagegen aus Nordrhein-Westfalen, dem größten deutschen SPD-Landesverband, wo zwar ebenfalls die vier dortigen Bezirke aufgelöst und die Landespartei gestärkt wurde, dies allerdings zu erheblichen innerparteilichen Friktionen führte, die zugleich begleitet wurden von großen Wahlniederlagen (FAZ 24.4.2001).

Mit der Stärkung der Landesverbände war intendiert, die Partei stärker auf die Wähler einzustellen und sie unabhängiger von den institutionellen Gliederungen und prozeduralen Verfahren der Partei zu machen: Damit sollte auch der Einfluss der mittleren Organisationsebene geschwächt werden, um eine direkt auf den Wählermarkt ausgerichtete Politik zu fördern. 2001 wurde vom damaligen Generalsekretär Müntefering und dessen Mitarbeiter Matthias Machnig die Idee der Netzwerkpartei popularisiert. In Hessen wurde dieses Konzept von Teilen der SPD-Landtagsfraktion, von der Mehrheit der hessischen Bundestagsabgeordneten und einigen südhessischen Unterbezirken verfochten. Dagegen waren vor allem die Spitzen in den Bezirksgremien und Parteigliederungen, wie z.B. die Jusos.

Politische Dynamik erhielt diese Debatte auch dadurch, dass die Option der Bezirksauflösung zugleich auch zum Forderungskatalog des lange Zeit favorisierten SPD-Wunschspitzenkandidaten Gerhard Grandke gehörte. Der damalige SPD-Fraktionsführer im Landtag, Armin Clauss, begründete die Auflösung der Bezirke folgendermaßen: »In der jetzigen Struktur mit drei Ebenen – Unterbezirk, Bezirk und Landesverband – sei die Partei nicht kampagnenfähig (...) wir vergeuden zu viel Zeit in Gremien« (DPA 25.4.2001). Er setzte darauf, dass durch eine kampagnenorientierte starke Landesführung, mit Seiteneinsteigern und mit mehr jüngeren Abgeordneten die SPD auf Augenhöhe mit der CDU eine neue Kampagnenfähigkeit erzielen könne. Nach der Niederlage von 2003 wurden die Rufe nach einem schlagkräftigen Landesverband lauter, der in der Lage sei, schnell und flexibel zu arbeiten, um einen Spitzenkandidaten angemessen zu unterstützen. Andernfalls habe die SPD »gegen die zentralistisch organisierte CDU von vornherein einen erheblichen Wettbewerbsnachteil« (FR 4.10.2003). Es habe sich gezeigt, dass die SPD nicht mehr kampagnenfähig sei, und um sie schlagkräftiger zu machen, müssten die teuren Bezirke abgeschafft werden.

Trotzdem entschieden sich die hessischen Gremien 2003 dafür, die etablierten Strukturen beizubehalten. Mit kleineren Korrekturen, die lediglich signalisierten, dass alles beim Alten bleibt, wurde dieses Debattenkapitel vorläufig geschlossen. Stattdessen gab es vergleichsweise unbedeutende Änderungen, um die zwischenbezirkliche Zusammenarbeit zu verbessern. Dazu gehörte die Erlaubnis, dass sich der Landesverband zukünftig auch zu bundespolitischen Themen äußern dürfe, was bislang nur den Bezirken vorbehalten war. Diese letztlich symbolische Aufwertung des Landesverbandes in der Satzung, ohne die Macht der Bezirke wirklich zu beschneiden, war ein Sieg des Status quo. Denn die greifbaren konkreten Punkte zeigen, dass das Thema Bezirke von einem politischen zu einem eher technisch-administrativen Komplex heruntergeformt wurde, was angesichts der Kräfteverhältnisse ein Gebot der Klugheit war. Wandel musste nunmehr jenseits der großen Strukturfragen angegangen werden.

3 Wahlkämpfe seit 1999

3.1 Politische Strömungen und Spitzenpersonal

Die politischen Strömungen in der hessischen SPD sind nicht identisch mit den offiziellen Strukturen des Landesverbandes. Denn auch die beiden Bezirksverbände, die Landtagsfraktion und etwas weiter weg, der Gruppe der SPD-Abgeordneten im deutschen Bundestag,[7] hegen eigene Machtansprüche. Sodann

---

7 In der Ära Eichel gelang es Ende der 1990er Jahre eine Gruppe junger, pragmatischer hessischer Abgeordneter in den Bundestag zu entsenden. Unter den derzeit 16 hessischen SPD-Abgeord-

hat sich in den letzten Jahren eine teilweise diffuse, teilweise manifeste Strömungsdifferenz zwischen einem eher linken Flügel, der sein Zentrum im Süden hat, und einem eher pragmatischen Flügel, der sich als Ableger der 1999 im Bundestag konstituierenden Netzwerker versteht, gegründet. Zum primären Ort der Flügelbildung entwickelte sich die Fraktion, in der sich die Pragmatiker als »Aufwärtsgruppe« und die sogenannten Linken als »Vorwärtsgruppe« etablierten. Dazwischen liegt viel Raum für ad hoc-Koalitionen. Ein gefestigtes Zentrum, das eine über den Strömungen stehende Autorität abbildet und entsprechend handlungsfähig ist, hat sich in den Konflikten der Oppositionsjahre nicht herausgebildet.

Nach der Niederlage von 1999 dominierte in der hessischen SPD die flügelübergreifende Hoffnung, durch einen charismatischen Spitzenkandidaten die Regierung Koch zu einer Episode erklären zu können. Nach der bitteren Wahlniederlage von 2003 und vor Beginn des Wahlkampfes 2008 steigerten sich die damit einhergehenden Erwartungen von Mal zu Mal vor laufenden Scheinwerferkameras[8]. Und immer ging es um den ehemaligen Offenbacher OB Gerhard Grandke, dem es aufgrund seiner Leistungen als Oberbürgermeister und seiner Ausstrahlung zugetraut wurde, die SPD wieder mit dem Wähler und der Macht zu vereinen. Tatsächlich entwickelte sich dieses Warten ähnlich wie in Becketts Theaterstück »Warten auf Godot«. Statt der Erlösung durch einen Charismatiker trug dieser auch zur Lähmung bei.

Grandke erwies sich letztlich aufs Ganze betrachtet als ängstlicher »Phantomcharismatiker«. Nahezu sieben Jahre lang wartete die Partei. Ein ums andere Mal zögerte er. Von der SPD verlangte er aber weit reichende Vorleistungen für seine Kandidatur, die öffentlich so kommuniziert wurden: »Doch Grandke stellte Bedingungen: Nur wenn die Bezirke aufgelöst oder zumindest weitgehend entmachtet werden, will er den Landesvorsitz übernehmen. Seine Befürchtung ist, dass er andernfalls als Landeschef ohne echte Machtbasis agieren müsse. Nur eine konsequent auf den Vorsitzenden ausgerichtete SPD sei ausreichend kam-

---

neten (2008) dominieren die sogenannten Netzwerker, die mit dem Marburger Sören Bartol auch den Sprecher der hessischen Gruppe und mit Nina Hauer die Sprecherin der Bundestags-Netzwerker stellen.

8 So war schon 2001 in der Frankfurter Rundschau zu lesen: »In der Frage, wer in zwei Jahren als Spitzenkandidat gegen Regierungschef Roland Koch antreten soll, wächst der Druck auf den Offenbacher Oberbürgermeister Gerhard Grandtke. Dem Vernehmen nach wird Grandtke auch vom SPD-Landesvorsitzenden Hans Eichel zunehmend gedrängt, endlich zu erklären, ob er gegen den früheren Innenminister Gerhard Bökel antreten will oder nicht« (FR 20.3.2001).

pagnenfähig, um der straff organisierten Hessen-CDU erfolgreich Paroli bieten zu können.« Vertreter des parteipolitischen Establishment konterten und warfen dem Kandidaten vor, »die Latte zu hoch gelegt« zu haben (FR 06.02.2003). So lehnte er schließlich ab, nachdem ihm klar war, dass die bestehende Parteiführung sich auf seine Forderungen nicht einlassen würde. Es folgten Momente innerparteilicher Verlegenheit, die öffentlich negativ kommuniziert wurden. Die führenden Köpfe der Hessen-SPD zwischen 2001 und 2008 – Gerhard Bökel, Andrea Ypsilanti und Jürgen Walter – wurden alle eher als Kompromiss-, Flügel- und weniger als Wunschkandidaten gesehen. Gerhard Bökel agierte um die Jahreswende 2002/2003 als versierter, vertrauenswürdiger Pragmatiker ohne Ausstrahlungskraft im negativen Sog der Bundes-SPD. So besaß er angesichts einer vergleichsweise hohen Zufriedenheit der hessischen Bevölkerung mit der CDU/FDP-Regierung (2003: 56 Prozent pro CDU-Regierung; 2008: 36 Prozent) jedoch nicht den Hauch einer Chance sich durchzusetzen. Während Bökel für einen loyalen Kurs gegenüber der SPD geführten Bundesregierung stand, veränderte sich dies mit der Wahl von Andrea Ypsilanti, die sich über ihre Kritik an der Agenda 2010 öffentlich Gehör und Aufmerksamkeit verschaffte. Diesen Nimbus setzte sie auch im innerparteilichen Wettbewerb um die Spitzenkandidatur 2006 ein und gewann gegen den Pragmatiker Jürgen Walter. Schließlich gelang ihr auch im Wahlkampf 2008 gegen Roland Koch eine nicht erwartete innerparteiliche Dynamisierung. Dazu hat sicherlich auch beigetragen, dass sie sich von Anfang mutig auf den innerparteilichen Wettbewerb eingelassen hat und nicht zögerte, Verantwortung zu übernehmen, um mit einer gewissen Gelassenheit die Partei in ruhigeres Fahrwasser zu manövrieren. Problematisch erschien vielen Beobachtern ihre schwache inhaltliche Argumentationsfähigkeit und ihre unzureichende Fähigkeit, die Flügel der Partei zu integrieren. Stattdessen setzte sie im inhaltlichen Bereich, nach ihrem knappen Sieg gegen ihren innerparteilichen Widersacher Walter, stark auf die programmatische Arbeit von Herrmann Scheer, der bis dato durch politischen Erfolg nicht aufgefallen war. Kurzum: Ypsilanti besaß keine rechte Vorstellung davon, wie man eine inhaltlich gespaltene Partei für das von ihr präferierte Projekt eines Politikwechsels durch eine Minderheitsregierung gewinnen konnte. So machte sie Fehler um Fehler und manövrierte sich schließlich in eine abseitige Position, die auch ihr weiteres Fortkommen in der SPD behindert. Statt die Partei zu gewinnen, setzte sie auf einen Flügel und übersah die besonderen Bedingungen ihres Wahlerfolges, den sie schließlich sogar »verspielte«. Als gleichfalls problematisch hat sich das taktische Kalkül von Jürgen Walter erwiesen, der nicht in der Lage war, seine

Position berechenbar zu kommunizieren. Zunächst sah es so aus, dass er nach der Niederlage in der Koalitionsfrage – also ob auch eine Große Koalition eine Option[9] sein könne – einen neuen Anlauf hin zu einer Minderheitenregierung befürworten würde. Er änderte diese Position als klar wurde, dass sich seine Wunschoption Wirtschaftsminister zu werden nicht realisieren ließ und votierte dann zusammen mit drei weiteren Mitgliedern der SPD-Landtagsfraktion gegen eine Minderheitsregierung.

Nach der gescheiterten Regierungsbildung im November 2008 wurde Thorsten Schäfer-Gümbel, Landtagsabgeordneter aus dem Landkreis Gießen, zum Spitzenkandidaten der SPD für die Landtagswahl 2009 gekürt. Der 39-Jährige Politikwissenschaftler gehörte zwar zum engeren Kreis um Andrea Ypsilanti, der auch die Option Minderheitenregierung offensiv mit vorangetrieben hat, ihm wird aber zugleich attestiert, dass er eine ausgesprochen pragmatische Haltung habe, die eine ausgeprägte Führungs- und Integrationsfähigkeit ermögliche. So gehörte er auch im Ypsilanti Team zu den wenigen SPD-Abgeordneten, die auch zum anderen Flügel immer gute Kontakte unterhielten. Obwohl er sich im Wahlkampf 2009 als versierter und leidenschaftlicher Akteur präsentierte, warten die großen Bewährungsproben noch, an denen sich ablesen lässt, ob er in der Lage ist, die hessische SPD wieder zu einem nachhaltigen Erfolgsmodell zu machen. Es wird seine Aufgabe sein, die tief gespaltene Landespartei zu konsolidieren sowie die Opposition im Landtag anzuführen. Dass man Schäfer-Gümbel gleich beide Ämter anvertraut, zeigt, wie dünn die Personaldecke des Landesverbandes ist. Denn mit den zuletzt häufigen Wechseln an der Spitze der SPD sind innerparteiliche Stabilitäts- und Integrationsprobleme verbunden, die es auch erschweren die SPD zu einer verlässlichen Marke im Land zu machen, die für den Bürger identifizierbar und berechenbar ist.

3.2 Wahlkämpfe 1999 und 2003

Was war das Besondere an den SPD-Wahlkämpfen seit 1999? Während die Wahlkämpfe 1999 und 2003 in starkem Maße durch die Lage im Bund geprägt wurden, war es bei den Wahlen 2008 und 2009 genau umgekehrt. Doch bei genauem Hinsehen muss auch diese Schematisierung differenziert werden. Für den Wahlkampf der hessischen SPD wirkte es 1999 belastend, dass in Berlin we-

---

9   Entscheidung des SPD-Landesparteitag in Hanau am 28.3.2008, mit der ausdrücklich eine Große Koalition ausgeschlossen wurde.

nige Monate zuvor die SPD die Regierung übernommen hatte. Wenn im Bund die Regierung von der eigenen Partei gestellt wird, kann sich dies als Hypothek für die Aktivitäten der jeweiligen Landespartei auswirken. Aber weder ist dies ein Naturgesetz, noch waren es alleine Bundestrends, die sich in Hessen negativ bemerkbar machten. Denn nach zwei SPD geführten Legislaturperioden gab es, vor allem im Bildungsbereich, größere Unzufriedenheiten mit der hessischen Landesregierung und der SPD. Insbesondere der damalige Bildungsminister Hartmut Holzapfel war Zielpunkt erheblicher Kritik durch Eltern und Lehrer geworden. Gleichwohl sahen alle Umfragen bis wenige Wochen vor der Wahl die SPD als Wahlgewinner. Dass dies nicht eintraf, ist schließlich neben den hausgemachten Unzufriedenheiten in der Bildungspolitik auf eine erste Welle der Kritik an der damals neuen rot-grünen Berliner Regierung zurückzuführen, die in ihrer ersten 100-Tage-Bilanz viel kritischen Unmut auf sich zog. Den entscheidenden Ausschlag für eine kurzfristig herbeigeführte Wechselstimmung legte jedoch der CDU-Herausforderer Roland Koch durch eine von ihm inszenierte Kampagne gegen die sogenannte doppelte Staatsbürgerschaftspolitik der Bundesregierung. Im Kontext dieser Stimmungslagen kam es zur Mobilisierung des bürgerlichen und zur Demobilisierung des sozialdemokratisch-grünen Lagers. Die Grünen erhielten ein für ihre damaligen Möglichkeiten denkbar schlechtes Ergebnis und machten damit eine weitere rot-grüne Regierung unmöglich.

Im Vertrauen auf die negative öffentliche Wirkung der CDU-Spendenaffäre torkelte eine wenig ambitionierte Sozialdemokratie in einen Wahlkampf, der letztlich eine klassische Zwischenwahl gegen Berlin wurde. Denn im Januar 2003 wurde die Bundes-SPD als »zerstrittener Haufen« wahrgenommen, der binnen dreier Monate nach der Bundestagswahl so tief gestürzt war wie keine Bundesregierung zuvor (Politbarometer 12/2002). Ihre Zustimmung lag damals nur noch bei etwa 22 Prozent. Mit dieser Unzufriedenheit über die Berliner Politik einerseits sowie guten Zufriedenheitswerten mit der schwarz-gelben Landesregierung in Wiesbaden andererseits, mobilisierte das schwarz-gelbe Lager gegen Berlin, während eine potenziell sozialdemokratische Wählerschaft eher demobilisiert wurde. Darüber hinaus hatte sich die hessische SPD auf die Forderung nach mehr Verteilungsgerechtigkeit durch die Wiedereinführung der Vermögenssteuer festgelegt, musste davon aber abrücken, weil die Berliner Parteispitze diese Idee während des Wahlkampfs wieder auf Eis gelegt hatte (Schmitt-Beck 2003: 676). Die hessische Sozialdemokratie verlor bei dieser Wahl 10,3 Prozent; noch härter traf es am gleichen Tag die niedersächsische Sozialdemokratie, deren Zweitstimmenzahl sich um 14,5 Prozent reduzierte. Die Sozialdemokraten hatten in ihrer Wahlkampfplanung die Nachwirkungen des Spendenskandals über- und die Zufriedenheit der Hessen mit der CDU-FDP Landesregierung unterschätzt. Gerhard Grandke kommentierte die Situation folgendermaßen: »Ein Teil der Partei hat sich auf dem süßen Gift der CDU-Parteispendenaffäre zu lange ausgeruht« (SZ 05.02.2003). Aus dieser gleichwohl bundespolitisch dominierten Gemengelage erklärt sich das bis dahin mit 29,1 Prozent schlechteste Wahlergebnis der hessischen Sozialdemokratie seit 1946.

Welche Gruppen haben sich damals der SPD besonders versagt? Der Blick auf die Wählerbewegungen zeigt, dass die SPD bei der Landtagswahl 2003 besonders viele Wähler an die Gruppe der Nichtwähler (-141.000) verloren hat. Darüber hinaus gab es eine erstaunlich hohe Abwanderung in Richtung CDU (-77.000) sowie zu den Grünen (-38.000), die zu dieser erdrutschartigen Niederlage beitrugen. Der Röntgenblick auf die sozialstrukturelle Dimension (s. dazu genauer Tabelle 1 und 2) offenbart das Dilemma jenes Politikzyklus, in den die Sozialdemokratie durch die Politik der Schröder-Regierung in Hessen geraten war. Es waren vor allem die Arbeiter und Arbeitslosen sowie Teile der gewerkschaftlich organisierten Wähler, die man 2003 verloren hat. Zugleich gelang es aber nicht, mit Erfolgen bei anderen sozialen Gruppen diese Verluste zu kompensieren. Von den Verlusten bei den Arbeitern (-16 Prozent) und Arbeitslosen (-8 Prozent) hat sich die SPD bis auf den heutigen Tag nicht erholt. Das ganze Ausmaß der Niederlage zeigte sich vor allem daran, dass die SPD von den 55 Direktmandaten, die in Hessen vergeben werden, nur noch zwei – und die in Nordhessen – gewinnen konnte und somit nur noch mit 33 Abgeordneten im Wiesbadener Landtag vertreten war.

3.3 Wahlkampf 2008

Als im April 2006 der ehemalige Offenbacher OB Gerhard Grandke der SPD eine Korb gab, begann umgehend der parteiinterne Vorwahlkampf um der damit frei gewordenen Posten des Spitzenkandidaten, für den es nunmehr keinen »geborenen« Kandidaten mehr gab. Die Parteivorsitzende Andrea Ypsilanti meldete als erste ihren Anspruch an. Nach einigem Zögern folgte ihr der Fraktionsvorsitzende Jürgen Walter. Das Duell der beiden Spitzenfunktionäre war somit auch von Anfang an eine Auseinandersetzung zwischen dem linken und dem rechten Flügel. Das Ansinnen des Nordhessischen Bezirkes, einen Mitgliederentscheid zur Kandidatenfindung durchzuführen, wurde als nicht satzungskonform abgelehnt; stattdessen führten die Unterbezirke eine Befragung durch, über deren Legitimationskraft während des Verfahrens erhebliche Unklarheit bestand, was schließlich zu einigen Irritationen führte. Denn die mit viel öffentlichem Interesse bedachten und mit großem Engagement geführten parteiinternen Vorwahlen, die in den 26 Unterbezirken, wenngleich nach divergenten Abstimmungsverfahren, stattfanden, blieben im Ergebnis komplett unverbindlich. Somit besaß der innerparteiliche Kandidatenstreit mit direktem Mitgliederbezug nur noch den Charakter eines Pseudoplebiszits ohne Verfahrenslegitimität. Zugleich bildeten diese Zusammenkünfte auf Unterbezirksebene für die SPD den Startschuss zum längsten Landtagswahlkampf ihrer Geschichte. Doch ohne klares Reglement und Satzungslegitimation drohte dieser fast schon zum parteiinternen Fiasko zu werden. Denn die numerische Mehrheit der abgegebenen Stimmen in den 26 Unterbezirken fiel zu Gunsten Walters aus; sowohl hinsichtlich der Zahl der Unterbezirke wie auch hinsichtlich der absoluten Zahl der abgegebenen Stimmen. Doch dieses Gesamtergebnis wurde von der Delegiertenversammlung der hessischen SPD am 1.12.2006 annulliert, indem diese im zweiten Wahlgang nach einem Patt in der ersten Runde für Andrea Ypsilanti votierte. Nach anfänglichen Integrationsproblemen – die unterlegene Gruppe um Jürgen Walter sah sich sowohl im Wahlkampfteam und Schattenkabinett unzureichend berücksichtigt – entwickelte sich phasenweise durch den Außendruck des kochschen Lagerwahlkampfstiles auch eine innere Geschlossenheit heraus, die durch die Spitzenkandidatin vergleichsweise souverän kommuniziert wurde. Mitverantwortlich dafür war auch die konsequente Absage an jegliche Koalitionspolitik gegenüber der Linken,[10] der in Prognosen stets zwischen vier und sechs Prozent Zustimmung vorhergesagt wurde.

Um das zentrale Ziel der hessischen SPD, eine sozialdemokratische Regierungsbeteiligung zu erreichen, wurde die CDU-Regierung vor allem auf landes- und sozialpolitischen Politikfeldern angegriffen. Primär setzte die SPD auf den Mindestlohn; dann aber auch auf eine kritische Auseinandersetzung mit der Tarifflucht der Landesregierung. Im für Hessen traditionell hart umkämpften Bereich der Bildungspolitik suchte die SPD durch den Import eines externen

---

10 Andrea Ypsilanti: »Ich habe eindeutig gesagt: Nicht mit der Linken, in keiner Beziehung, und dabei bleibt`s« (9.11.2007); »Es bleibt definitiv dabei: Mit der Linkspartei wird es keine Zusammenarbeit in Hessen geben« (13.1.2008). Diese Position wurde auch unmittelbar nach der Wahl bekräftigt: »Ich bleibe dabei, dass es kein Bündnis mit der Linken geben wird« (3.2.2008) (zit. nach: Frankfurter Allgemeine Sonntagszeitung, 24.2.2008).

Fachmanns[11] die Schulkampfdebatte erfolgreich zu entschärfen. Da die jüngsten bildungspolitischen Reformen der Landesregierung – Unterrichtsgarantie plus und die Verkürzung der Gymnasialschulzeit von neun auf acht Jahre – zudem deutliche Unzufriedenheit in der Bevölkerung hervorriefen,[12] konnte die SPD einen klassischen Oppositionswahlkampf führen, ohne ihr eigenes Konzept (»Haus der Bildung«) wirklich thematisieren zu müssen. Außerdem wurde mit der Forderung nach einem neuen Energiemix ohne Kernenergie ein Thema auf die Agenda gesetzt, das durch den SPD-Bundestagsabgeordneten Hermann Scheer stark personenfixiert angegangen wurde.[13]

Spitzenkandidatin Ypsilanti inszenierte sich als Gegenbild zum schier übermächtigen Amtsinhaber Koch, indem sie dessen fachlichem Kompetenzvorsprung ihre besseren persönlichen Kompetenzwerte sowie das »Mantra« einer »neuen politischen Kultur« gegenüberstellte. Bis Weihnachten 2007 gelang es der SPD jedoch nicht, eine Wechselstimmung herbeizuführen. Um aus dem Stimmungstief zu gelangen, setzte die Landespartei Anfang Januar auf eine Unterschriftensammlung für einen allgemeinen Mindestlohn. Damit suchte man die Landesregierung nicht nur an deren ohnehin schon offener sozialpolitischer Flanke zu attackieren; zudem nutzte man mit dem Instrument der Unterschriftensammlung jenes Medium, dass Koch 1999 an die Macht brachte. Zwar war dieses Thema letzten Endes nicht wahlentscheidend, verunsicherte allerdings durchaus, sodass Roland Koch selbst den Weg in einen kampagnenförmigen Oppositionswahlkampf suchte, der mit Ressentiments in der Jugend- und Ausländerkriminalität spielte. Damit gab er der SPD jedoch eine Steilvorlage, die letztendlich sein schlechtes Abschneiden verursachte. So gesehen war die Mindestlohnkampagne zumindest indirekt ein Erfolg. Während der alles überlagernden kochschen Kriminalitätsdebatte agierte die hessische SPD strategisch ausgesprochen klug. Ypsilanti überließ die Attacken auf die hessische CDU der Bundespartei und konnte so ihr Bild als sachliche und sympathische Spitzenpolitikerin voll entfalten. Der Wahlkampf, den viele Beobachter Anfang Januar schon für entschieden erklärten, entwickelte sich in seiner Endphase zu einem

---

11 Mit Rainer Dohmisch setzte die SPD auf einen Bildungsexperten aus dem PISA Siegerland Finnland.

12 Infratest dimap bilanzierte im März 2007 eine deutliche Unzufriedenheit mit der Bildungspolitik der Landesreggierung (40 Prozent: Schul- und Bildungspolitik hat sich eher verschlechtert; nur 17 Prozent: hat sich verbessert).

13 Im Bereich Energiepolitik sollte der Bundestagsabgeordnete und Träger des alternativen Nobelpreises, Hermann Scheer, Zugpferd der Sozialdemokratie sein.

Tabelle 1: Absolute Stimmenzahl von CDU und SPD bei den letzten
Landtagswahlen

	1999	2003	2008	2009
SPD	1.102.544	795.576	1.006.154	614.653
CDU	1.215.783	1.333.863	1.009.749	963.800

Tabelle 2: Wählerwanderung SPD Landtagswahlen Hessen 1999 und 2003
sowie 2003 und 2008 im Vergleich

Wählersaldo	LT-Wahl 1999 und 2003 im Vergleich	LT-Wahl 2003 und 2008 im Vergleich	LT-Wahl 2008 und 2009 im Vergleich
Gesamt	–306.000	+206.000	–390.000
Im Einzelnen			
CDU	–77.000	+90.000	–36.000
FDP	–13.000	+8.000	–31.000
Grüne	–38.000	+66.000	–122.000
Linke		–32.000	–8.000
Andere Parteien	–5.000	+3.000	+3.000
Nichtwähler	–141.000	+68.000	–192.000
Erstwähler / Verstorbene	–46.000	–9.000	–6.000
Zu- und Fortgezogene	+14.000	+12.000	+2.000

Quelle: ARD / Infratest Wählerberichterstattung

spannenden Kopf-an-Kopf-Rennen, das bis kurz vor Mitternacht des Wahlabends anhalten sollte und die SPD im Ergebnis nur denkbar knapp auf den zweiten Rang verwies. Die Sozialdemokraten waren trotz deutlicher Zugewinne (+7,6 Prozent) – es fehlten schließlich etwas mehr als 3000 Stimmen – nur zweitstärkste Partei geworden. Ein weiterer Wermutstropfen bestand darin, dass der Einzug der Linken in den Landtag nicht verhindert werden konnte. Gerade letzteres hat sicherlich dazu beigetragen, dass es der SPD auch nicht gelang, an das Wahlergebnis von 1999 anzuknüpfen und die Wähler zurück zu gewinnen, die ihr 2003 verloren gegangen waren. Insgesamt stimmten ihr 2008 rund 100.000 Wähler weniger zu als noch vor neun Jahren (vgl. Tabelle 1).

Auch bei den 2008 besonders hofierten Berufs- und Zielgruppen konnte die SPD die 2003er-Scharte keineswegs vollständig ausgleichen (vgl. Tabelle 3). Am deutlichsten war der Rückgang bei den Arbeitern (von 50 auf 37 Prozent), aber

189

auch bei Arbeitslosen und Gewerkschaftsmitgliedern votierten weniger Wähler als 1999 für die Sozialdemokraten. Der SPD ist es also trotz der Wahl Ypsilantis zur Spitzenkandidatin und eines betont linken Wahlkampfes nicht gelungen, ihren Status als »Partei der kleinen Leute« zurück zu gewinnen. Dagegen konnte sie bei den Beamten kräftig dazu gewinnen, und auch bei den Selbstständigen übertraf sie ihr Niveau von 1999 deutlich. Auffallend war, dass die SPD den speziellen Erwartungen dieser Wählergruppen wenig anzubieten hatte.

Die SPD profitierte in diesem Wahlkampf nicht nur von den strukturellen Schwächen der Landesregierung, sondern vor allem von ihrer Spitzenkandidatin Ypsilanti, deren persönliche Zustimmungswerte deutlich besser ausfielen als jene des Amtsinhabers. Im Wahlkampf 2008 hat die hessische SPD gezeigt, dass sie eine Partei mit hoher inhaltlicher und organisatorischer Kontinuität und Stabilität ist. Zudem hat sie ihr eher linkssozialdemokratisches Themenprofil ökologisch erweitert und bildungspolitisch akzentuiert. Auch wenn beide Themenbereiche noch keineswegs ausgereift sind, wirken sie als zentrale Differenzierungsmuster gegenüber der CDU.

3.4 Der Weg in die tiefe Krise

Ausgangspunkt für die Entwicklung nach der Hessenwahl war, dass eine Regierungsbildung im Sinne der jeweiligen Koalitionspräferenzen weder für die CDU noch für die SPD möglich war. Also setzte die hessische SPD-Spitze auf eine zuvor apodiktisch ausgeschlossene Minderheitsregierung mit den Grünen bei Duldung durch die Linke. Alternative Möglichkeiten, wie eine Große Koalition, wurden seitens der SPD von Anfang an dezidiert abgelehnt. Überlegungen hinsichtlich einer möglichen Zusammenarbeit mit der FDP, die von dieser allerdings auch kategorisch ausgeschlossen wurde, kamen kaum über eine halbherzige Anfrage hinaus. Eine rot-grün-rote Regierung hätte 57 der 110 Sitze erreichen können. Doch bereits der erste Versuch im März 2008 musste abgeblasen werden bevor er hätte starten können, nachdem sich die Darmstädter SPD-Abgeordnete Dagmar Metzger am 6.3.2008 öffentlich dagegen ausgesprochen hatte, was angesichts einer nur noch einstimmigen Mehrheit als zu problematisch angesehen wurde.

Im Frühjahr und Sommer 2008 sah sich die hessische SPD-Spitze auf ihrer Suche nach einer machtpolitisch plausiblen Strategie mehrfachen Herausforderung ausgesetzt: Erstens wollte sie die mit dem schlechten Wahlergebnis der hessischen CDU gegebene Chance nutzen, um die Regierung zu bilden, obwohl sie

Tabelle 3: SPD Hessen – Wahlverhalten bei Landtagswahlen nach Tätigkeit und Gewerkschaftsmitgliedschaft in Prozent

	LTW 1999	+/−	LTW 2003	+/−	LTW 2008	+/−	LTW 2009
Gesamt	39,4	−10,3	29,1	+7,6	36,7	−13	23,7
Berufsstand							
Arbeiter	50	−16	34	+3	37	−10	25
Angestellte	41	−14	27	+13	40	−18	21
Beamte	36	−6	30	+19	49	−18	31
Selbständige	22	−9	13	+13	26	−12	13
Arbeitslose	42	−8	34	+4	38	−1	34
Rentner	40	−5	35	+3	38	−9	27
In Ausbildung	35	−10	25	+11	36	−11	25
Gewerkschaften							
Mitglieder	57	−8	49	+1	50	−14	35
Nicht-Mitglieder	35	−11	24	+9	35	−13	22

Quelle: Infratest 2003, 2008 und 2009. Das Gesamtergebnis basiert auf dem amtlichen Endergebnis, das Wahlverhalten basiert hingegen auf einer repräsentativen Umfrage.

bei den Wahlen nur zweiter Sieger geworden war. Sie konnte dabei darauf setzen, dass es bei allen Divergenzen innerhalb der SPD zwischen ihr, den Grünen und der Linkspartei einen starken Konsens gab, und der hieß: »Koch muss weg!«. Zweitens sah sie sich damit konfrontiert, dass die apodiktische Abgrenzung von der Linkspartei im Wahlkampf nunmehr als öffentlich kommunizierte Meßlatte diente, um die Regierungsmöglichkeiten der SPD zu begrenzen. Sich darüber hinweg zu setzen, bedeutete, dass in den Medien immer wieder die Differenz zwischen dem Verhalten nach und vor der Wahl im Sinne des Wortbruches thematisiert wurde und damit eine latente Vertrauenskrise heraufbeschworen wurde. Ähnlich strapazierte die neue Links-Option auch das Verhältnis zur Bundes-SPD, die sich im Angesicht der hessischen Pläne einmal mehr in der Defensive sah, um ihre eigenen bundespolitischen Koalitionspräferenzen davon abzugrenzen. Als schließlich der damalige SPD-Vorsitzende Kurt Beck den Weg für die hessische Sonderstrategie frei zu machen schien, riss ihn dies selbst und seine Partei mit nach unten. Drittens ergab sich aus dem Willen zur Regierungsbildung unter Duldung der Linkspartei ein innerparteiliches Integrationsproblem, das von Anfang unterschätzt wurde. Bedenkt man, dass die Wahl zur Spitzenkandidatin im Dezember 2006 zunächst mit einer Pattsituation der Flügel endete, so war offensichtlich, dass eine handlungsfähige Partei nicht darauf bauen kann, wenn sie einen Flügel und dessen Programm zum Maßstab der Dinge erhebt. Obwohl der Weg zu einer rot-grün-roten Koalition in allen Schritten mit starker innerparteilicher Zustimmung organisiert war, vermittelt über Regionalkonferenzen und Parteitage, gelang es letztlich nicht, die innerparteiliche Zerrissenheit wirklich zu entschärfen, sondern sie wurde stattdessen durch ein leichtfertiges Vorgehen bei der angedachten Vergabe der Ministerposten sogar verstärkt.

Genau dies fand jedoch unter tätiger Mithilfe der Grünen im Rahmen der Koalitionsverhandlungen statt, die dazu beitrugen, dass Jürgen Walter, der prominenteste Gegenspieler von Andrea Ypsilanti keine aus seiner Sicht adäquate Position erhielt; stattdessen sollte Hermann Scheer, der importierte Stichwortgeber Ypsilantis auch das programmatische Zentrum der Regierung bilden. Auf diese machtpolitische Marginalisierung reagierten vier Vertreter des pragmatischen Flügels, indem sie am 3.11.08 die anvisierte Koalitionsbildung ausbremsten.

Mit dem bis dahin unbekannten Landtagsabgeordneten Thorsten Schäfer-Gümbel konnte in schwieriger Lage ein neuer Spitzenkandidat (9.11.08) gefunden werden. Aus der Sicht der Parteiführung sollte dieser gewissermaßen als eine Art »Statthalter Ypsilantis«, die die Positionen der Landesvorsitzenden wie auch der Fraktionsvorsitzenden weiter beanspruchte, in einer der kürzesten Landtagswahlkämpfe ziehen, um einerseits die Fehler Ypsilantis vergessen zu machen und andererseits ihren inhaltlichen Kurs fortzusetzen. Durch den Wortbruch hat die SPD ihr höchstes Gut, mit dem sie im Wahlkampf 2008 warb (»neue politische Kultur für Hessen«), zerstört. Das Ergebnis war, dass sich die Zahl der SPD-Wähler binnen eines Jahres um 38,9 Prozent reduzierte. Im Vergleich zu den anderen Parteien stürzte die SPD in der Gunst der Wähler um 13 Prozent ab (s. Tab. 3). Mit diesem neuen historischen Tief von 23,7 Prozent lag sie in machen Regionen Hessens sogar hinter den Grünen aber auch hinter der FDP. Bei den Angestellten und Beamten, von denen die SPD 2008 besonders hohen Zuspruch erhalten hatte, verlor die SPD sogar 18 Prozent. Über proportional hoch waren die Verluste bei den jüngeren, weiblichen und hoch gebildeten Wählern. Selbst bei den Arbeitern ist die SPD nunmehr nur noch zweitstärkste Partei. Und die größeren Städte scheinen sich zu sozialdemokratiefreien Zonen zu entwickeln.

4 Fazit und Ausblick

Von Hessen aus sollte die stark schwächelnde Bundes-SPD neu aufgerichtet werden, vor allem indem die Agenda 2010 Stück für Stück ab- und umgebaut wird. Zudem sollte die soziale Moderne, also die Politik der sozial-ökologischen Erneuerung, zum Vorbild für andere Landesverbände und die Bundes-SPD werden. All dies ist nicht eingetreten. Im Gegenteil: Noch nie hat eine deutsche Sozialdemokratie binnen eines Jahres ihre Stimmenzahl bei aufeinander folgenden Landtagswahlen um fast 40 Prozent reduziert. So ist dieser SPD-Landesverband, der einst der Superstar unter Deutschlands Sozialdemokraten war, zu einem Sanierungsfall geworden, der sich vermutlich auf eine längerfristige Neujustierung einrichten muss, ohne seine gegenwartsbezogene Handlungsfähigkeit aufs Spiel zu setzen. Doch trotz aller Niederlagen gibt es noch lange keinen innerparteilichen Konsens über den selbst verschuldeten Krisenanteil. Die Mehrheit suchte diesen bislang primär bei den sogenannten »Abweichlern« und dem wenig überzeugenden Kurs der Bundes-SPD; eine Minderheit bei der unzureichenden innerparteilichen Integrationsfähigkeit des Ypsilanti-Flügels sowie bei der apodiktischen Ablehnung einer »Großen Koalition«. Kaum diskutiert wird die zureichende Responsivität gegenüber den Unmutsäußerungen der Bürger sowie der eigenen Basis. Das Thema Glaubwürdigkeit im Kontext des selbst postulierten Zieles, eine »neue politische Kultur« in Hessen zu schaffen, wurde erst sehr zögerlich entdeckt. Stattdessen wird auf die Meinungsbildung der Funktionäre und Mandatsträger verwiesen. Mit seiner These, dass der »Wortbruch« am Anfang steht, begann der neue Parteivorsitzende eine Geschichte zu erzählen, die inspiriert davon ist, die kantische Idee der selbst verschuldeten Unmündigkeit ernst zu nehmen.

Im Gegensatz zu vielen anderen Länderparteien gibt es in Hessen kein parteipolitisches Machtzentrum, das über Anerkennung qua Leistung und Vertrauen qua Verlässlichkeit verfügt. Alle Vorsitzenden nach Eichel sind gewissermaßen als Übergangs- und Notlösungen gekürt worden, und das Hoffen auf eine charismatische Erneuerungspersönlichkeit glich einem »Warten auf Godot«. Ursächlich für diese labile Führungslage ist also keinesfalls nur das Desaster vom 3.11.08. Das Wahlergebnis vom 18.1.2009 dürfte deutlich gemacht haben, dass eine sozialdemokratische Politik ohne glaubwürdige Verankerung bei Mitgliedern und Wählern nicht funktioniert. Es dürfte auch deutlich geworden sein, dass der innerparteiliche Streit kein Selbstzweck ist, sondern ein Mittel, um eine gemeinsame Handlungsfähigkeit herzustellen. Zugleich haben die Ergebnisse bei den Regionalkonferenzen und Parteitagen auch gezeigt, dass Mehrheitsentscheidungen ihre Tücken, also Grenzen haben, wenn es um grundsätzliche Fragen geht, die auch schon einmal anders definiert worden sind. Die hessische SPD hat in den letzten zwei Jahren gezeigt, dass sie für diesen Zeitraum nicht beanspruchen kann, eine andere politische Kultur zu repräsentieren. Zugleich sollte sie diesen Anspruch nicht aufgeben.

Die Geschichte der hessischen SPD ist voll von politischen Zuspitzungen, die zu innerparteilichen Zerreißproben führten. Die jetzige Krise der hessischen Sozialdemokratie hat in starkem Maße auch bundesdeutsche Züge, denn sie lässt sich nicht verstehen, ohne die tiefgreifende Wahlniederlage des Jahres 2003. Damals war die hessische SPD Opfer einer sozialdemokratischen Regierungskrise, die nicht mit einem Spitzenkandidaten bearbeitet werden konnte, der sich davon nicht deutlich abheben konnte. Auf diese Krise der pragmatisch neuerungsorientierten SPD im Bund und im Land reagierten die Hessen mit einer innerparteilichen Linksverschiebung, die partiell die Loyalität mit der Bundes-SPD aufkündigte. Befördert wurde diese Verschiebung durch den fast putschistisch anmutenden Versuch, mit einem von außen eingeflogenen Kandidaten (Hermann Scheer) die Partei an der ökologischen Frage derart stark auszurichten, dass die handelnden Akteure vor Ort unzureichende Optionen besaßen, sich damit im Kontext ihrer eigenen Möglichkeiten zu arrangieren. Insgesamt führte die hessische SPD seit einigen Jahren einen Zweifrontenkrieg, was auf Dauer schwierig ist: Erstens kämpfte sie gegen die Agenda-Reformen der SPD im Bund, zweitens kämpfte sie in Hessen gegen die dortigen Mitbewerber, vor allem gegen die Union, die als besonders konservativer Landesverband der CDU gilt. Kurzum: In der hessischen Sozialdemokratie wurden zuletzt einmal mehr stellvertretend für die gesamte Bundes-SPD Kämpfe über den zukünftigen Weg der Partei ausgetragen. Auch wenn der Einfluss der hessischen SPD im Bund erst einmal nicht gestärkt wurde, sind deren Erfahrungen nun umso wichtiger für die weitere Debatte, wenn sie ehrlich ausgewertet und glaubwürdig kommuniziert werden. Es hat sich aber auch gezeigt, dass sich die BürgerInnen weniger dafür interessieren wie eine Partei sich selbst programmatisch inszeniert, sondern entscheidend ist für sie, den Eindruck zu gewinnen, dass eine Partei ihre proklamierten Positionen auch glaubwürdig durchhält; also erst der innerparteiliche Konsens, dann der Kampf mit den Konkurrenten um die besten Konzepte.

Literatur

Beier, Gerhard (1989): SPD Hessen. Chronik 1945 bis 1988, Bonn.

Bullmann, Udo (2003): Land Hessen. In: Andersen, Uwe/ Wichard Woyke (Hg.): Handwörterbuch des politischen Systems der Bundesrepublik Deutschland. 5., aktual. Aufl. Opladen, Lizenzausgabe Bonn: Bundeszentrale für politische Bildung, www. bpb.de/wissen, Zugriff 27.02.08.

FAZ (11.6.2001): Linke Speerspitze der Bundes-SPD.

FAZ (24.4.2001): SPD schafft Landesverband.

FAZ (7.2.2003): Warnungen vor dem endgültigen Niedergang.

Frankfurter Neue Presse (27.02.2003): Wie Andrea Ypsilanti der SPD auf die Beine helfen will.

Frankfurter Rundschau (14.8.2000): Die SPD ist überaltert.

Frankfurter Rundschau (20.3.2001): Druck auf Grantke und Hilgen wächst.

Frankfurter Rundschau (8.11.2001): Dreiteilung aufgehoben.

Frankfurter Rundschau (6.2.2003): Neue Unübersichtlichkeit bei der Hessen-SPD.

Frankfurter Rundschau (15.5.2003): Parteitag von unten.

Frankfurter Rundschau (8.9.2003): Die Motivationslage der Mitglieder geht an die Substanz.

Frankfurter Rundschau (4.10.2003): Hessen-SPD bleibt zweigeteilt.

Franz, Corinna u.a. (Bearb.) (2005): Handbuch zur Statistik der Parlamente und Parteien in den westlichen Besatzungszonen und in der Bundesrepublik Deutschland. (Band 2–4), Düsseldorf.

Haupt, Georg (5.2.2003): Wer rettet die SPD?. In: FNP.

Hennig, Eike (2008): Wahlverhalten und Parteiidentifikation in der hessischen Städten, in: Schroeder, Wolfgang (Hrsg.): Parteien und Parteiensystem in Hessen, Wiesbaden

Heptner, Bernd (11.06.2001): Kontrastprogramm zu Hessen-Süd. In: FAZ.

Niedermayer, Oskar (2007): Parteimitgliedschaften im Jahre 2007. In: Zeitschrift für Parlamentsfragen, Heft 2, S.379–386.

Rupp, Hans Karl (1994): Die SPD – Staatspartei und demokratische Bewegungspartei. In: Dirk Berg-Schlosser (Hrsg.): Parteien und Wahlen in Hessen, Marburg S.79–108.

Schmitt-Beck, Rüdiger (2000): Die hessische Landtagswahl vom 7. Februar 1999: Der Wechsel nach dem Wechsel. In: Zeitschrift für Parlamentsfragen, Heft 1, S.3–17.

Schmitt-Beck, Rüdiger/ Weins, Cornelia (2003): Die hessische Landtagswahl vom 2. Februar 2003: Erstmals Wiederwahl einer CDU-Regierung. In: Zeitschrift für Parlamentsfragen, Heft 4, S.671–688.

Süddeutsche Zeitung (5.2.2003): Die Linken wollen wieder mitreden.

Schroeder, Wolfgang (Hrsg.) (2008): Parteien und Parteiensystem in Hessen, Wiesbaden

Wolf, Frieder (2006): Die Bildungsausgaben der Länder im Vergleich. Welche Faktoren erklären ihre beträchtliche Variation?, Münster.

HORST PETER UND MATHIAS LOMB

Mit Programm und Glaubwürdigkeit Wahlen gewinnen – Die Landtagswahlen in Hessen 2008 und 2009

1 Die hessische Landtagswahl 2008

Das Ergebnis der Hessenwahl am 27.1.2008 unterscheidet sich von der gleichzeitigen Niedersachenwahl und auch der Hamburgwahl am 24.2.2008 in mehrfacher Hinsicht: Zum einen bringt sie der SPD erstmals nach dem Wahlsieg Kurt Becks in Rheinland-Pfalz den zweiten Wahlerfolg in Prozenten und Stimmen nach der politischen Umsetzung von Gerhard Schröders Agenda 2010 im Jahr 2003, zum anderen einem mit absoluter Mehrheit regierenden Ministerpräsidenten Roland Koch eine vernichtende Wahlniederlage von minus zwölf Prozentpunkten, die in diesem Ausmaß kein Meinungsforschungsinstitut vorausgesagt hatte. Weiterhin gewinnt mit Andrea Ypsilanti eine Kandidatin, die noch vor der Wahl in der bundesweiten Medienlandschaft eher wegen ihres Namens als wegen ihres politischen Profils wahrgenommen wurde, gegen den vermeintlich unbesiegbaren, bundesweit medial präsenten, seit neun Jahren amtierenden Ministerpräsidenten und stellvertretenden Parteivorsitzenden der CDU. Und schließlich gibt der Wähler mit seiner Stimme den Parteien, die in Hessen in den Landtag einziehen, einen Regierungsauftrag, der nur zu erfüllen ist, wenn alle Parteien die vor der Wahl gegebenen Bündnisversprechen revidieren: Hier die Aussage *Nie mit der Partei Die Linke, Nie mit Roland Koch*, dort die Kampagne *Al-Wazir, Ypsilanti und die Kommunisten stoppen* oder das *Nur mit Roland Koch* der FDP.

Die Frage wird sein, wie sich die aus einer Feinanalyse abzuleitenden strukturellen Trends des Wahlergebnisses in Hessen erklären lassen; ob sie als Zeichen einer beginnenden ideologischen Umorientierung im Sinne der Grundaussage der Leitmedien wie *Deutschland rückt nach links* in DIE ZEIT vom 31.1.2008 deutbar sind und ob Ypsilanti Vorreiterin dieses Trends ist oder ob der Trend durch die Verweigerung der SPD mit der Partei Die Linke regieren zu wollen gestoppt ist oder ob das Ergebnis nur dem Ungeschick Kochs geschuldet ist. Kurzum: Hat das Wahlergebnis in Hessen für die künftigen politischen Machtkonstellationen strategische Bedeutung?

1.1 Die Haupttrends des hessischen Wahlergebnisses 2008

Zuvor sei erinnert, dass bereits die Wahlen 2003 in Hessen einen Sonderfall darstellten. Sie brachen mit den in Hessen üblichen knappen Wahlergebnissen seit der zweiten Hälfte der 1970er Jahre. Roland Koch erreichte trotz der Skandale seiner ersten Amtszeit und seiner Verwicklung in die CDU-Spendenaffäre seine zweite Amtsperiode mit absoluter Mehrheit, einer regierungstreuen nur formalen Oppositionspartei FDP und einer unter die 30-Prozent-Marke abgesunkenen SPD, die dem misslungenen Start der zweiten Regierungsperiode Schröder Tribut zollen musste. Am 21.12.2002 titelte die Frankfurter Rundschau *Sechs Wochen vor der Landtagswahl schwankt die SPD zwischen Wut und Hoffnung auf Berlin*. Die Hoffnung erwies sich als trügerisch. Das damalige Ankündigungskonzert von Zuschusskürzungen, Steuer- und Beitragserhöhungen, die Absicht einer Gesundheitsreform, die eher als Drohung empfunden wurde, führte zur Verunsicherung der sozialdemokratischen Traditionswählerschaft vor allem in den Städten und zur Ernüchterung vieler in der Bundestagswahl 2002 nochmals mobilisierter rot-grüner Wähler, die zum Teil von der SPD zu den Grünen wechselten.

Im Lichte der Wahlen von 2003 ist das Wahlergebnis 2008 für Hessen nicht mehr als die Herstellung normaler Verhältnisse: Das sog. bürgerliche Lager und das sog. linke Lager befinden sich wieder auf gleicher Augenhöhe. Die Linke ist durch den Einzug in den Landtag allerdings zum Zünglein an der Waage zwischen den beiden in Hessen seit 1982 unversöhnlich gegeneinander stehenden Lagern geworden. Die Linke unterhalb der 5-Prozent-Grenze hätte zu einer CDU-FDP-Koalition unter Koch geführt. Insofern ist der an die Wand gemalte Linksruck in Deutschland eher als abschreckende Warnung der Leitmedien zu verstehen, denn als ein realer Trend. Das zeigte schon ein Blick auf die Wahlergebnisse in Niedersachsen und Hamburg. Richtig ist allerdings, dass sowohl in Hessen als auch in Hamburg die bereits im Bundestag gegebene rechnerische Mehrheit jenseits der CDU/ CSU und FDP vorhanden ist. Das ist eine Folge der 5-Parteien-Parlamente. Der Test, ob daraus zumindest in Hessen eine regierungsfähige Mehrheit werden kann, steht noch aus. Insofern bleibt die Hessenwahl weiter im Gespräch.

Trotz dieser einschränkenden Bedingungen lohnt ein analytischer Blick auf die Veränderungen im Wahlverhalten und die möglichen tieferen Ursachen. Die Frankfurter Rundschau veröffentlichte am 29.1.2008 eine ausführliche Analyse der Wählerwanderung unter Einbeziehung der Nichtwählerschaft in den hessischen Wahlkreisen. Grundlage ist die Datenbasis, die das Institut für Wahl-,

Sozial und Methodenforschung (IwsmF) aus Ulm im Auftrag der FR ermittelt hat. Nach Angaben von Andreas J. Kohlsche, dem Leiter des Instituts, setzt die Ermittlung der Datenbasis auf einen Mix aus amtlichen Statistiken über das Stimmensplitting, die Zweitstimmenergebnisse aller hessischen Wahlkreise sowie auf vorhergegangene Wählerbefragungen bezogen auf typische Wählermilieus. Daraus entwickelt er folgende *Ordnungstypen*:

(1) Massiv höhere Verluste der CDU an die Nichtwähler;

(2) Deutlich höhere Verluste der CDU an die Nichtwähler;

(3) Höhere Verluste der CDU an die Nichtwähler;

(4) Niedrigere Verluste der CDU an die Nichtwähler;

(5) Höhere Gewinne der SPD von Nichtwählern/ Grünen;

(6) Deutlich höhere Gewinne der SPD von den Grünen, deutlich niedrigere Verluste der CDU an die Nichtwähler;

(7) Höhere Gewinne der SPD von den Nichtwählern, niedrigere Verluste der CDU an die Nichtwähler;

(8) Landesdurchschnitt.

Die Zusammenschau der Ergebnisse ergibt zentrale Trendaussagen für Hessen zur *Wählerbilanz*:

— Die SPD gewinnt deutlich von der CDU und den Grünen, marginal von FDP und den Freien Wählern, die erstmals zu Landtagswahlen kandidieren (als Grundlage dienen die letzten Kommunalwahlergebnisse). Die SPD verliert an Die Linke, marginal an Rechte.

— Die CDU verliert an alle, besonders an SPD und Die Linke.

— Die Grünen verlieren an SPD und Die Linke, wesentlich weniger an CDU, marginal an FDP.

— Die Linke gewinnt von allen, besonders von SPD und CDU, aber auch von den Grünen.

Die Trends wirken überdurchschnittlich in den hessischen Großstädten Frankfurt, Wiesbaden, Darmstadt, Offenbach und Kassel. Die *Nichtwählerbilanz* besagt:

— Die SPD gewinnt deutlich aus der Nichtwählerschaft.

— Die Linke gewinnt bezogen auf ihre Gesamtwählerschaft überproportional.

— Die CDU verliert erheblich an die Nichtwählerschaft.

Auch diese Trends wirken überdurchschnittlich in den Städten. Stellen wir die Frage nach dem *sozialen Kapital der Parteien* gemessen an Stammwählerschaften:

Die SPD muss vor allem im traditionslosen Arbeitnehmermilieu, aber auch im traditionellen Arbeitnehmermilieu ihre bisherige Stellung mit der Partei Die Linke teilen. Dabei ist, wie Vergleiche mit den Kommunalwahlen zeigen, Die Linke dabei, hier eine neue Stammwählerschaft aufzubauen. Das Besondere in Hessen war, dass die CDU 2003 das Sammelbecken der Protestwählerschaft gegen die sich andeutende rot-grüne Agenda 2010 war. Koch erreichte überdurchschnittlich das kleinbürgerliche Arbeitnehmermilieu, das für die SPD in Hessen jetzt wieder erreichbar war. Die SPD hat in Hessen seit den 1980er Jahren ein zweites Feld an erreichbarer Wählerschaft gewonnen: Es ist vor allem in den Städten ein historisch gewachsenes rot-grünes Stammwählerpotential aus modernem Arbeitnehmermilieu, liberal-intellektuellem Milieu und Studierenden, die aus Arbeitnehmermilieus kommen. Um dieses Potential müssen SPD, Grüne auch Die Linke kämpfen, da sie, wie das Stimmensplitting zeigt, sich als Lagerwähler verstehen und dabei Die Linke in das Lager einbeziehen und bei entpolitisierten Wahlkämpfen durchaus Wahlenthaltung üben, wie in der Feinstruktur die höchst unterschiedliche Wahlbeteiligung zeigt.

Die Verlierer in diesem Wettbewerb waren weitgehend die Grünen, die regional bei der Stellung zu ökologisch bedenklichen Großprojekten von der Partei Die Linke in der Ablehnung an Radikalität übertroffen wurden.

Die CDU hatte in Hessen Probleme interessen- und statusorientierte Wähler aus dem kleinbürgerlichen Arbeitnehmermilieu und dem modernen bürgerlichen Milieu zu halten – Abbau von Arbeitsplätzen im öffentlichen Dienst (*Aktion düstere Zukunft* als Agitationsprojekt von ver.di, Austritt aus der TdL, Privatisierungsoffensive) – aber auch aus dem katholischen Wählerpotential (Kampagne Kochs gegen kriminelle ausländische Jugendliche) zu binden. In den Wahlkreisen Fulda I und Fulda II bündeln sich die Probleme und führen zu CDU-Verlusten von -18,7 Prozent und -17,7 Prozent bei einem Rückgang der Wahlbeteiligung von über -4 Prozent.

Der FDP gelingt es landesweit am besten, ihre Wählerschaft zu halten. Sie gibt eigentlich nur marginal an die CDU ab, steht aber fest zur CDU als Teil des bürgerlichen Lagers.

1.2 Wahlkampf als Programmkampagne: Inhalte durch Glaubwürdigkeit der Personen verankern

Die Spitzenkandidatin Ypsilanti setzte sich in einem über Wochen andauernden innerparteilichen Auswahlprozess schließlich auf einem Landesparteitag im zweiten Wahlgang durch. Vorausgegangen waren in jedem Unterbezirk Basisveranstaltungen der Mitglieder, denen sich die Landesvorsitzende Ypsilanti und der Landtagsfraktionsvorsitzende Jürgen Walter stellten. Die Versammlungen spiegelten in ihren Empfehlungen eher die traditionellen politischen Ausrichtungen der Unterbezirke wider, es gab aber auch Überraschungen zugunsten von Walter dort, wo sich die erstmals landesweit wirkende Gruppierung der Netzwerker aktiv zugunsten von Walter artikulierte, oder dort, wo in den Versammlungen die Mitglieder Ypsilantis inhaltliche Positionen – kritische Haltung zur Agenda 2010, Bildung als Gerechtigkeitsthema und Nachhaltigkeit als sie Zukunftsbotschaft des Hamburger Programmentwurfs – in der Diskussion produktiv aufgriffen, wiederum zugunsten von ihr. Walter ging mit einem Vorsprung von gewonnenen Abstimmungen in den Unterbezirken als Favorit in den entscheidenden Landesparteitag. Dort erreichte Ypsilanti mit einer fulminanten Vorstellungsrede die Emotionen der Delegierten. Im Zentrum stand der spätere inhaltliche Dreiklang des Wahlprogramms: Gerechtigkeit sozial und ökologisch verstanden, Bildung als Herausforderung an die Gesellschaft, kein Kind mit seinen Talenten zurückzulassen und Wirtschaft als nachhaltige Entwicklung, bei der Hessen Vorreiter für erneuerbare Energien als Grundlage allen Wirtschaftens werden soll: zusammengebunden durch die über den Tag hinausweisende Vision einer *Sozialen Moderne*. Gegen diese Aufbruchstimmung hatte der pragmatische, die Kritik an Koch und dessen Politik in den Mittelpunkt stellende Auftritt Walters im zweiten Wahlgang letztlich keine Chance mehr.

Die Überlegungen für den Wahlkampf hatten als Hauptziel, den programmatischen Dreiklang durch einen personellen Dreiklang mit Glaubwürdigkeit zu verbinden: Ypsilanti stand für die Vision der Sozialen Moderne und für ihre Ablehnung der Agenda 2010 von Anfang an, der parteilose Rainer Domisch als in Finnland für das Schulwesen Verantwortlicher für eine bessere und gerechte Bildungspolitik. Hermann Scheer als glaubwürdiger Vorkämpfer für erneuerbare Energie und Nachhaltigkeit sollte im Falle eines Wahlsiegs Minister für Wirtschaft, Umwelt und Energie werden. Mit dem Slogan *Die Zeit ist reif* sollte Wechselstimmung erzeugt werden. Weiterhin sollten die Sozialdemokraten in den Kommunen mit Initiativen in den drei programmatischen Schwerpunkten in Gemeindeparlamenten und Kreistagen Anträge einbringen, um zu zeigen, dass es die SPD mit ihrem Programm Ernst meint. Das öffnete zudem auch den Zugang zu den Lokalteilen der Zeitungen.

Außerdem musste Vertrauensarbeit geleistet werden bei den von Kochs Landespolitik negativ Betroffenen: Sozialinitiativen und -verbänden, Schüler-, Studierenden- und Elternvertretungen, Umweltinitiativen und Naturschutzverbänden sowie Gewerkschaften des öffentlichen Dienstes wie ver.di, GdP und GEW. Hier übernahm die *Initiative Ypsilanti* wichtige Vorfeldarbeit. Der SPD-Wahlkampf hatte das Ziel, *Unten* und *Außen* in die Kampagne für eine rot-grüne Regierung in Hessen einzubringen. Mit der SPD als Kraftzentrum einer der Nachhaltigkeit verpflichteten Wende in Hessen und die Hürde, Die Linke zu wählen, so hoch wie möglich zu legen. Vor Weihnachten sollte Zwischenbilanz der Kampagne gezogen werden, um die heiße Phase des Wahlkampfs vorzubereiten.

Der CDU-Wahlkampf war medial perfekt inszeniert, ganz auf Koch als Landesvater, der Hessen nach vorne gebracht hat, konzentriert. Die Opposition wurde bis auf eine Ausnahme, die Energiepolitik Scheers, ignoriert. Hier wurde versucht, Windenergie als Gegenbild zur sicheren Energieversorgung unter Einschluss der Atomenergie lächerlich zu machen und die Ausweisung von neuen Standorten für Windkraftanlagen kommunalpolitisch zu behindern.

Die Grünen waren in ihrer traditionell angelegten Kampagne verunsichert durch den Anspruch der SPD, ein integriertes Umwelt-, Energie- und Wirtschaftsministerium mit Scheer zu beanspruchen. Die FDP machte einen bürgerlichen Lagerwahlkampf. Der Wahlkampf der Partei Die Linke hatte neben der auf Hartz IV konzentrierten landesweiten Kampagne, lokal unterschiedlich ausgeprägt, den zweiten Schwerpunkt, sich bei Protesten gegen umstrittene Großprojekte und etwa bei dem Kampf gegen Studiengebühren konsequent auf die Seite des Widerstands zu stellen.

1.3 Die Verunsicherung der CDU

Die Dezemberumfragen der Wahlforschungsinstitute haben den weiteren Wahlkampf in Hessen und das Wahlergebnis entscheidend beeinflusst. Fast zeitgleich signalisierten die Institute, dass Kochs Mehrheit bröckelt. Die Forschungsgruppe Wahlen sah erstmals Ypsilanti vor Koch. Besonders beunruhigend musste für die CDU die Zufriedenheitsfrage sein. Bei Infratest dimap waren 42 Prozent mit Koch zufrieden, 52 Prozent unzufrieden, 6 Prozent wussten es nicht. Bei Forsa waren 44 Prozent mit Koch zufrieden, 50 Prozent unzufrieden und auch hier wussten es 6 Prozent nicht. Der auf Koch als Landesvater angelegte Wahlkampf hatte die Zahl der Unentschiedenen zwar reduziert, zeigte aber, dass die Mehrheit die Kochsche Beschreibung der Wirklichkeit nicht teilte. Anders die Situation bei Ypsilanti. Zwar waren nur 28 Prozent zufrieden, aber auch nur 32 Prozent unzufrieden, 40 Prozent wussten es nicht. Es gab also noch viel Luft für eine Mobilisierungsoffensive. Noch gravierender war die Auskunft der Institute zu dem programmatischen Dreiklang Ypsilantis.

(1) *Mindestlöhne*
– Mindestlöhne für Briefzusteller wollen 81 Prozent
– die Ausweitung der Mindestlöhne auf andere Branchen wollen 78 Prozent
– 61 Prozent sehen bei der Einführung von Mindestlöhnen keinen Eingriff in die Unternehmensfreiheit (Infratest dimap);

(2) *Bildung*
– unzufrieden mit der hessischen Bildungspolitik waren bei CDU-Anhängern 51 Prozent, zufrieden waren 28 Prozent,
– bei SPD-Anhängern 65 Prozent bzw. 19 Prozent,
– bei Anhängern der Grünen 70 Prozent bzw. 13 Prozent,
– bei FDP-Anhängern 55 Prozent bzw. 23 Prozent und
– bei Anhängern der Partei Die Linke 74 Prozent bzw. 8 Prozent (Forsa);

(3) *Windkraft* (»Es sollen in Hessen noch viele neue Windräder zur Erzeugung von Strom aufgestellt werden.«)
– Zustimmung insgesamt 49 Prozent
– bei CDU-Anhängern 37 Prozent,
– bei SPD-Anhängern 55 Prozent,
– bei Anhängern der Grünen 76 Prozent,
– bei FDP-Anhängern 36 Prozent und
– bei Anhängern der Partei Die Linke 55 Prozent (Forsa).

Für die CDU zeigt sich, dass im wichtigen landespolitischen Thema Bildung selbst die eigenen Anhänger unzufrieden sind, obwohl es bei der letzten Wahl das zentrale Gewinnerthema war; dass das Windkraftthema als Negativkampagne nicht erfolgreich ist; dass die SPD mit dem Mindestlohn ein mögliches Positivthema hat und dass Ypsilanti eine ernstzunehmende, nicht mehr totzuschweigende Konkurrentin ist.

Offensichtlich war dies für die Hessen-CDU Grund genug, die ursprüngliche Wahlkampfstrategie zu wechseln und auf die beiden Kampagnen *Härter gegen ausländische jugendliche Gewalttäter vorgehen* und *Al-Wazir, Ypsilanti und die Kommunisten stoppen* zu setzen.

1.4 Unterstützung von unten und von außen für Ypsilanti

Für die SPD gaben die Dezemberumfragen Zuversicht auf einen Erfolg. Der vor allen Dingen eher zurückhaltende Wahlkampf in den Wahlkreisen, wo ursprünglich Ypsilanti-Skeptiker oder sogar offene Gegner für den Landtag kandidierten, wandelte sich in eine engagierte Offensive. Die Unterschriftensammlung für Mindestlöhne wurde auch von Unterstützern der Partei Die Linke und der Grünen unterzeichnet. In der *Initiative Ypsilanti*, die zunächst auf Unterstützer im Internet angelegt war, aber unter den Erwartungen blieb, wurde die regionale oder themenbezogene Unterstützung durch Unterschriften für Zeitungsanzeigen angeregt. Dieser Ansatz, der in Kassel von den Autoren dieser Analyse aufgegriffen wurde, erwies sich als sehr erfolgreich. Es bildete sich ein Ypsilanti unterstützendes Kommunikationsklima, das ansteckend wirkte und die Unterstützerszene *von außen* erreichte. Vom 1. bis 17.1.2008 unterzeichneten rund 340 Personen die am 21.1.2008 in der Hessischen/Niedersächsischen Allgemeinen (HNA) erschienene Anzeige (Abbildung 1). Die Unterschrift kostete zehn Euro.

Parallel bildete sich die Wählerinitiative *Dem Koch die Suppe versalzen! – Für einen Politikwechsel in Hessen!* Zielrichtung waren die Nichtwähler. Initiiert wurde sie von dem Kasseler attac-Ableger *Eine andere Welt – Wie denn? Ein anderes Kassel – Wie denn?*, der sich seit Jahren aktiv in die Kasseler Politik einmischt. Sie erschien in der in einer 50.000er-Auflage verteilten, von der IG Metall getragenen, Nordhessischen Neuen Zeitung (Abbildung 2) in der Woche der Wahl.

Eine Analyse der Ypsilanti-Anzeige ergibt 145 Unterzeichner mit Hochschulabschluss, wie Professoren, Lehrer, Sozialarbeiter, Ingenieure, Juristen und Ärzte; 73 Angestellte, zum größten Teil des öffentlichen Dienstes, und Beamte, wenige Arbeiter; 55 Rentner und Pensionäre sowie 15 hauptamtliche Gewerkschaftssekretäre aus fast allen Einzelgewerkschaften der DGB-Region Nordhessen.

Neben den lokalen Anzeigen gab es landesweit eine Großanzeige *Bürgerinnen und Bürger gegen Roland Koch* als Antwort auf die Kochsche Kampagne gegen jugendliche ausländische Straftäter, eine Großanzeige der Wählerinitiative *Neue Energie für Hessen*, eine Anzeige der *Landesarbeitsgemeinschaft Erneuerbare Ener-*

gien Hessen, in der sich mittelständische Unternehmen, die Anlagen zur Stromerzeugung aus erneuerbaren Energien herstellen, zusammengeschlossen haben, sowie einen Eurosolar-Aufruf *Mehr Mut zu Erneuerbaren Energien* mit über 100 Unterschriften. Viele der Unterzeichner dieser Anzeigen tauchten in hessischen Zeitungen auch als Schreiber von Leserbriefen auf.

Dieses breite Engagement *von unten* zeigt, dass sich in Hessen eine soziale Schicht aktivieren ließ, die sich durch einen zukunftsbezogenen an sozialer und ökologischer Gerechtigkeit und Nachhaltigkeit orientierten Politikansatz ansprechen lässt. Dieses Segment bürgerlichen Engagements kann in Hessen durchaus als soziales Kapital einer erneuerten SPD gesehen werden.

Das Engagement von unten ergänzte sich in der heißen Phase des hessischen Wahlkampfs mit zunehmender Unterstützung von außen, die sich den drei Programmschwerpunkten und der Ablehnung der Kochschen Kampagne gegen jugendliche ausländische Straftäter zuordnen lässt. Neben der allgemeinen Unterstützung durch Stellungnahmen in den Medien sind besonders die Aktionen des hessischen Bündnisses gegen Sozialabbau zu nennen. Hier erwies sich die Kürzungs- und Privatisierungspolitik unter Koch, bekannt als *Aktion sichere Zukunft*, durch die Umformung des Titels in *Aktion düstere Zukunft*, als Bumerang für die CDU. Im Bildungsbereich wurde die politische Diskussion durch das Bündnis *Recht auf gute Bildung für Alle*, das sich aus dem Elternbund Hessen, der LandesAstenKonferenz, der Landesschülervertretung Hessen und der GEW Hessen zusammensetzte, geführt. Im Umweltbereich verteilten der BUND und andere Naturschutzaktivisten eine Zeitung des IPPNW gegen den Weiterbetrieb von Atomkraftwerken in einer 500.000er-Auflage. Der BUND-Landesvorstand hielt dieses Mal die Ypsilanti-Scheer-SPD neben den Grünen für wählbar. Zudem traten die Richtervereinigung, der Richterbund und ver.di in einer Anzeige gemeinsam und Ausländerorganisationen wie auch der Deutsche Berufsverband für Soziale Arbeit gegen die Kochsche Kampagne gegen jugendliche ausländische Straftäter auf. Dieses vielfältige Engagement fand Niederschlag in der lokalen und regionalen Berichterstattung der Medien.

Der spezifische Ablauf des hessischen Wahlkampfs mit seinen mobilisierenden Faktoren scheint ein wesentlicher Grund für das für die SPD positiv aus dem Rahmen fallende Wahlergebnis vom 27.1.2008 zu sein.

Abbildung 1: Anzeige in der Hessischen/Niedersächsischen Allgemeinen

Initiative

Ypsilanti

www.initiative-ypsilanti.de

Neue politische Kultur
Lebenserfahrene Glaubwürdigkeit, Teamarbeit und Bürgernähe, gesellschaftliche Teilhabe und Mitbestimmung

Neue politische Richtung
Gute Schule, neue Energie, gute Arbeit, soziale und ökologische Gerechtigkeit

Schluss mit sozialer Kälte
Schluss mit Ausgrenzung, zerstörerischer Energie- und Atompolitik und elitärer Gesellschaftspolitik

 Die Zeit ist reif für Andrea Ypsilanti

Abt, Manfred, Diakon; Ackermann, Dr. Viktoria, Ärztin; Alekuzei, Dr. Rabani, Dipl.-Ing.; Anacker, Irene, Lehrerin; Andreas, Gewerkschaftssekretär; Appel, Werner, Rentner; Arabin, Dr. Lothar, Volkshochschuldirektor a. D.; Arabin, Hildegard, Rentnerin; Arbter, Jutta, Angestellte; Aul, Manfred, Sozialpädagoge; Baacke, Cirsten, Lehrerin; Backes, Frank, Finanzbeamter; Bachmann, Jutta, Steuerfachangestellte; Bachmann, Jutta, Steuerfachangestellte; Backes, Martina, Verlags-PR; Balcke, Margarete, Graphikerin; Baum, Berndt, Angestellter; Bay, Rosemarie, Lehrerin; Bayer, Jörg-Peter, Redakteur; Beck, Ike, Angestellte; Beinhauer, Doris, Hausfrau; Bergholter, Brigitte, Schulleiterin a. D.; Bergmann, Anke, Holztechnikerin; Berthel, Walter, Verw.Angestellter; Birkelbach, Elke, Rentnerin; Bitsch, Stefan, Energieberater; Bitter-Redelberger, Ulrike, Leherin; Bochert, Heidi; Bock, Sandra, Rechtsanwältin; Boczkowski, Judith, Hausfrau; Bogdan, Bärbel, Beamtin; Böhm, Erwin, Beamter a. D.; Boller, Werner, Pensionär; Böttcher, Gerhard, Kürschner; Böttner, Werner, Angestellter; Böttner, Wilfried, Angestellter; Bräutigam, Susanne, Angestellte; Brede, Björn, Dipl.Verw.Wirt; Breidenbach, Wolf-

Diethart; Bremeier, Wolfram; Brendel, Joachim, Pensionär; Brodde, Christine, Gewerkschaftssekretärin; Brückner-Schärer, Renate, Sekretärin; Brunke, Dr. Gerlinde, Dipl.-Chem.; Bubenheim, Günther, Lehrer; Bürger, Dietmar, Sachbearbeiter; Burghardt, Ralf, Erzieher; Busch, Roger, Angestellter; Buttler, Peter, Lehrer; Caroli, Folker, Wissenschaftlicher Mitarbeiter; Caroli, Ilona; Daum, Matthias, Dipl.-Ing.; Bauwesen; Decker, Wolfgang, Fachbereichsleiter; Deichmann, Carolin, Schülerin; Delpho, Edgar, Rentner; Denn, Stefan, Beamter; Desel, Werner, Angestellter; Deventer, Friedel, Künstler; Diegel, Helga, Stadträtin; Dietrich, Karin, Dipl.-Sozialpädagogin; Dingler, Renate, Rentnerin; Dippel-Günther, Petra, Linguistin (M.A.); Döhn, Prof. Dr. Lothar, Politologe; Dreifke, Detlef, Rentner; Dreifke, Regina, Rentnerin; Drescher, Helmut, Rentner; Drescher, Helmut, Rentner; Eckhardt, Hanne, MdL; Eichel, Hans; Eichler, Manuel, Jurist; Eisenberg, Jochen, Jurist; Elbert, Meike, Rechtsanwältin; Elizalde, Benjammin, Lehrer; Elizalde, Tina, Lehrerin; Erger, Klaus, Berufskraftfahrer; Esterer, Gesa, Lehrerin; Ewald, Thomas, Erwachsenenbildner; Fechner, Jürgen, Berufsschulleher;

Fennel, Harald, Gewerkschaftssekretär; Feußner, Helmut, Professor; Fey, Sigrid, Lehrerin; Finke, Burkhard, Dipl.-Ing.; Fister, Heinz, Rentner; Fleischer, Dirk, Kraftfahrer; Frankenberger, Uwe, Dipl.-Handelslehrer; Freitag, Kurt, Pensionär; Freybott, Sigmund, Dipl.-Ing.; Fricke, Uwe, EDV-Fachw.; Friedrich, Felicia, Werkstadttbeschäftigte; Friedrich, Heinz; Rentner; Friedrich, Petra, Dipl.-Verw.-Wirtin; Frogler, Kadri, Architekt; Gagel, Dr. Alexander, Jurist; Geile, Heinz; Rentner; Gerstein, Volkmar, Sozialarbeiter; Giese, Thomas, Politologe; Gösta, Ehrhardt, Betriebswirt; Gottschalk, Ulrike, MdL; Gremmels, Dr. Ursula, Zahnärztin; Gremmels, Prof. Dr. Chr., Hochschullehrer; Gremmels, Timon, Referent; Grimmer, Klaus, Professor; Groß, Magdalene, Rentnerin; Gründer-Schäfer, Ingeborg, Sozialreferentin a. D.; Günther, Lehrer; Güth, Andreas, Gewerkschaftssekretär; Güttler, Andreas, Dipl.-Verw.-Wirt; Haberzettl, Stephan, Journalist; Hackenschmidt, Hubert, Lehrer; Hallaschka, Gerd, Schulleiter; Hanemann, Dr. Rainer; Hansmann, Kurt, Rentner; Hansmann, Kurt, Rentner; Hartenbach, Alfred; Hartig, Hermann, Angestellter; Haß, Esther, Stadträtin; Häßler, Hannelore, Rentnerin; Hebel, Wolfgang,

Angestellter; Heerich-Pilger, Marianne, Notarin; Heinrich, Käthe, Beamtin; Helmut, Kaufm. Angestellter; Hene, Bernd, Ingenieur; Herber, Gerald, Polizist i. R; Hessem, Hannelore, Beamtin; Heusinger von Waldegge, Elfi, Angestellte; Heusinger von Waldegge, Andreas, Geschäftsführer; Hildegard, Rentnerin; Hilgen, Bertram; Hofmeyer, Brigitte, MdL; Holstein, Ilona, Angestellte; Holzhauer, Kurt, Rentner; Hopf, Reinhard, Lehrer; Hopf, Volkmar, Schulleiterin a. D.; Hoppe, Bernd, Jurist; Hoppe, Bernd Rechtsanwalt; Hornung Dr., Paul, Jurist; Humburg, Walter, Dipl.-Verw.-Wirt; Imgrund, Dietmar, Grafiker; Ise, Karl-Heinz, Maurermeister: Jaekel, Jürgen, Dipl.-Ingenieur; Jakat, Gabriele, Angestellte; Jordan, Hendrik; Jungblut, Dr. Thomas, Arzt; Junker-John, Dr. Monika, Volkswirtin; Kaestner, Silvia, Schülerin; Kaiser, Jürgen, Beamter; Kalb, Helmut, Rentner; Kalveram-Schneider, Esther, Angestellte; Kammerer, Willi Lehrer; Kampmann, Andreas, Gewerkschaftssekretär; Kandler, Anne, Kauffrau; Kanngieser, Susanne, Angestellte; Kaufmann, Barbara, Rentnerin; Keese, Sebastian, Angestellter; Kelsch, Knut, Dipl.-Pädagoge; Kessler, Robert, Dipl.-Ing.; Keul, Detlef, Kfm.-Angestellter; Kittelmann, Ulrike, Gewerkschaftssekretärin; Knobel, Heidi, Sekretärin; Knöll, Wilhelm, Pensionär; Koch, Gisela, Hausfrau; Koch, Klaus-Peter, Jurist; Koch, Nadine, Beamtin; König, Andrea, Krankenschwester; Köttelwesch, Sabine Biblothekarin; Kraft, Elisabeth, Lehrerin; Krägelius-Humburg, Ruth, Angestellte; Krapf, Hans-Georg, Lehrer; Grimmer, Klaus, Professor; Krug, Helmut, Rentner; Kugler, Friedrich, Dipl.-Ing.; Kugler, Martin, Dipl.-Ing.; Kühlborn, Harald, Dipl.-Verw.-Wirt; Kunz, Werner, Rechtsanwalt; Langner, Alfred, Pensionär; Lappöhn, Ellen, Angestellte; Lappöhn, Marlene, Rentnerin; Lehedel, Rentnerin; Lehmann, Barbara, Yogalehrerin; Lehmann Dr., Jürgen, Rentner; Lengemann, Dieter, Beamter; Letz, Anngret, Lehrerin; Letz Dr., Albrecht, Arzt; Liedtke, Ingeborg, Kfm.-Angestellte; Link, Fred, Gewerkschaftssekretär a. D.; von Löhneiysen Dr., Margrit, Dozentin; Lomb, Mathias, Gewerkschaftssekretär; Longo, Fabio, Rechtsanwalt; Lottmeyer, Anke, Lehrerin; Lotz, Kornelia, Angestellte; Löwer, Otto, Lehrer; Lübke, Ingrid, Prof. Stadtplanerin; Ludewig, Manfred, Angestellter; von Lutzau, Dr. Mechthild, Lehrerin; Machold, Gunda, Rentnerin; Malva, Pasquale, Rentner; Maraun, Dr. Georg, Rechtsanwalt; Martin, Hans, Professor; Mauthe, Karl-

Heinz, Schauspieler; Mayer, Dieter, Rentner; Mayer, Jochen, Lehrer; Mende, Brigitte, Studentin; Mende, Dirk-Ullrich, Verw.-Jurist; Merz, Manfred, Angestellter; Meßmer, Ullrich, Gewerkschaftssekretär; Michel, Dieter, Dipl.-Verw., Michel, Klaus, Lehrer; Miehe, Christiane, Juristin; Milas, Anette, Angestellte; Moegling, Barbara, Verlegerin; Moegling Prof. Dr., Klaus, Lehrerausbilder; Möller, Gerd, Rentner; Möller, Paul, Rentner; Morche, Günther, Angestellter; Müller, Vera, Lehrerin; Myrda, Wencke, Ethnologin; Nachtwey, Konrad, Bundesbänker; Nagel, Dr. Bernhard, Professor; Naujoks, Alexander, Gewerkschaftssekretär; Neumann, Dieht., Techn. Angestellter; Nikutta, Frank, Dipl.-Verw.-Wirt; Nimmerguth, Norbert, Personalsachbearbeiter; Noll, Bernd, Dipl.-Ing.; Oesterreich, Leni, Rentnerin; Panteleit, Friedhelm, Polizeibeamter; Passolt, Jürgen; Peter, Horst, Lehrer; Peter, Irmtraud, Dipl.-Sozial-Arbeiterin; Pfannkuche, Ralf, Verw.-Direktor; Pfeffermann, Rainer, Elektroniker; Pfeil, Manfred, Rentner; Pilgrim, Horst, Sozialsektretär; Pressel, Ingeburg, Professorin; Pressel, Alfred, Professor; Preuss, Albert, Pensionär; Preuß, Erika, Gewerkschaftssekretärin; Pristel, Jutta, Lehrerin; Ralf, Burkhard, Erzieher; Ramdohr, Lars, Labormechaniker; Reiber, Axel, Industriekaufmann; Reiff, Sabine, Juristin; Reimann, Heidi, Kauffrau i. Einzelh.; Reschke, Michael, Student; Richter, Jens, Dipl.-Oec.; Richter, Siegried, Oberamtsrat a. D.; Robert, Ingeborg, Rentnerin; Roglin, Beate, Kfm.-Angestellte; Rössel, Herbert, Direktor einer Gesamtschule; Rost, Rainer, Angestellter; Rübenkönig, Frank, Techn. Angestellter; Rübenkönig, Gerhard, Mdb a. D.; Rudolph, Michael, Gewerkschaftssekretär; Rudolph, Willi, Selbstständiger; Rudolph, Wolfgang, Wiss. Abgestellter; Rühwedel, Iris, Dipl.-Verw.-Wirtin; Sandrock, H.-Jürgen, Rentner; Sasse, Herbert, Pensionär; Schade, Hans-Joachim, Lehrer; Schäfer, Dr. Lutz-Michael, HNO-Arzt; Schäfer, Enrico, Geschäftsführer; Schäfer, Heike, Lehrerin; Schäfer, Iris, Gewerkschaftssekräterin; Schäfer, Volker, Lehrer; Schaub, Manfed, SPD-Bezirksvorsitzender; Schaub, Manfred; Scheer, Dr. Hermann; Schließmann, Rolf, Angestellter; Schlitzberger, Dr. Udo; Schmaldel, Ernst, Schulrat a. D; Schmarsow, Christine, Stadträtin a. D.; Schmelt, Uwe, Dipl.-Politologe; Schneiker, Gerhard, Lehrer; Schnell, Dr. Günther, Jurist; Schöneweiß, Ruth, Pensionärin; Schreiter, Karl-Heinz, Finanzbeamter; Schröder, Dieter,

Vers.-Kaufmann; Schröder, Manfred, Betriebswirt; Schröder, Nikolaus, Pensionär; Schumacher, Sarah, Angestellte; Schuy, Hajo, Lehrer; Schwab, Michael, Angestellter; Schwerdtfeger, Wolfgang, Rechtsanwalt; Schwing, Helmut, Jurist; Sedlmeyer, Renate, Soziologin; Seewald, Katharina, Dipl.-Pädagogin; Seidlitz, Matthias, Lehrer; Sennhenn, Andreas, Dipl.-Verw.-Wirt; Siebert, Eberhard, Stadtplaner; Siebert, Katja, Lehrerin; Skorka, Andreas, Lehrer; Skorka, Kaja, Studentin; Sohl, Helmut, Kaufm. Angestellter; Sonnenschein-Ebrecht, Irene; Sonntag, Gerhard, Lehrer; Sons, Walter, Professor; Sprafke, Norbert, Geschäftsführer; Sprafke, Monika, Angestellte; Städele, Claudia, Sekretärin; Steiner, Wolfgang, Dipl.-Ing.; Steinl, Rolf, Verw. Beamter; Stolterfoht, Babara, Staatsministerin a. D.; Strube, Christian, Angestellter; Strutwolf-Hahn, Ursula, Dipl.-Soz.-Päd; Sturm, Christiane, Lehrerin; Sufin-Deiss, Margret, Angestellte; Talyebi, Syrus, Dipl.-Ökonom; Tangemann, Ole, Schüler; Thiele, Norbert, Kaufm. Angestellter; Tiedtke-Albrecht, Bianka, Lehrerin; Tonn, Dagmar, Gewerkschaftssekretärin; Triebstein, Heinrich, Lehrer; Umbach, Uwe, Verwaltungsangestellter; Vater-Eisner, Sigried, Hausfrau; Vaupel, Monika, Dipl.-Verw.-Wirt, Verhülsdonk, Christa, Rentnerin; Verjans, Hans, Rentner; Vial, Heidrun, Pensionärin; Vogt, Ludwig, Betriebsrat; Völler, Harry, Studiendirektor; Vollmer, Lisa, Rentnerin; Vollrodt, Klaus-Dieter, Techn. Angestellter; Voucko Dr., Manfred, Jurist; Walter, Verw. Angestellter; Walter, Giesela, Teilkonstrukteurin; Wannemacher, Erika, Lehrerin; Wegener, Elke, Rentnerin; Weikert, Hans-Jochen; Weißenborn, Katrin, Dipl.-Ing.; Welteke, Reinhard, Professor; Werner, Martina, Dipl.-Ökonomin; Wiebusch, Monika, Stadtplanerin; Wienforth, Sven, Auszubildender; Winkler, Annelies, Angestellte; Winkler-Zimpel, Sigrid, Rentnerin; Wintersperger, Reinhard, Jurist; Wittenberg, Doris, Rentnerin; Wölbling, Klaus, Museumspädagoge; Wurst, Sabine, Auszubildende; Wuttke, Carla, Beamtin; Zakikhany, Kianusch, Student; Zalfen, Manfred, Sozialpädagoge; Zeidler, Volker, Polizeibeamter; Zimmermann, Ilse-Bine, Rentnerin; Zufall, Siegfried, Rentner.

V. i. S. d. P.:

Horst Peter, Elfi Heusinger von Waldegge
Norbert Sprafke, Wilhelmshöher Allee 167
34121 Kassel

Abbildung 2: Anzeige in der Nordhessischen Neuen Zeitung

Wahlinitiative „Dem Koch die Suppe versalzen

„Dem Koch die Suppe ver

Liebe Nicht-Wählerinnen und -Wähler, Liebe Noch-Wählerinnen und -Wähler,

am 27.Januar 2008 haben wir zur Landtagswahl wieder die „Qual der Wahl", oder ist es eigentlich doch egal, wer das Rennen macht, weil sich die Parteien nicht wirklich wesentlich voneinander unterscheiden? Wir denken doch! Neun Jahre Koch-Regierung mit Parteispenden-Affäre, Sozialabbau, Verlängerung der Arbeitszeiten, Studiengebühren, Aushöhlung der Verfassung, Angriffen auf die Tarifautonomie, ... sind genug. Deshalb unterstützen wir alle Parteien, die sich für einen Politikwechsel in Hessen einsetzen und bitten Sie dies gemeinsam mit uns zu tun.

Spätestens am 27.Januar wird jede Wählerin und jeder Wähler ihr bzw.

sein Kreuz an der richtigen Stelle r zu begrüßen, dass der DGB und s verbände, Umwelt- und Naturschu von Bürgerinnen und Bürgern in ih Forderungen erhoben haben: gute Bildung für alle - soziale Gerechtig schutz. Damit beziehen sie klar Pos worten von den Parteien und ihren Bei der Landtagswahl 2008 wird e von zweien gehen, sondern vielr

Deshalb fordern wir von der neuen Landesregierung

• **Sinnvolle Investitionen für Nordhessen statt Verschwendung von Steuergeldern**
Ausbau des öffentlichen Nahverkehrs statt Flughafen-Neubau in Kassel-Calden, sanfter Tourismus statt Mammutfreizeitanlage Beberbeck, Nutzung bestehender Industriebrachen und leerstehender Gewerbe- und Industrieanlagen statt Versiegelung von Naturflächen (Langes Feld);

• **Mehr Bürgerbeteiligung statt Demokratieabbau**
Demokratisierung der Hessischen Gemeindeordnung (Absenken der Quoren zur Ingangsetzung von Bürgerbegehren, Einführung des kommunalen Petitionsrechtes, Einführung von regionalen „Runden Tischen") statt Abbau des Personalvertretungsrechts und Verschlechterung der Beteiligungsrechte von Naturschutzverbänden;

• **Mehr Klimaschutz statt leerer Versprechen**
Förderung regenerativer Energien statt Festhalten an der Atomenergie und Neuinvestitionen in Kohlekraftwerke, steuerliche Förderung von alternativen Energien statt weiterem Steuerabbau;

Für einen

Mo Auerswald - Veronika Baier - Rogelio Barroso, Rentner - Uli Barth - Jörg-Peter Bayer, Redakteur - Judith Becker, Studentin - Antje Boes - Doris Fredd, Sozialpädagogin - Eva Friedrich - Florian Führer, Schüler - Sven Graf, Student - Patricia Grund - Thomas Grund – Otto Hän Hinrichsmeyer, Student - Heinz Hühner - Siggi Jakoby, Kfz-Werkstatt - Heino Kirchhof - Heinz-Günther Kleim, Ingenieur - Roland Klotz, Meister - Helga Landefeld - Alexander Lerner, Verwaltungsangestellter - Mathias Lomb, Gewerkschaftssekretär - Familie Maschke - Con Hausfrau - Petra Ott - Ingrid Pee, Kulturarbeiterin - Horst Peter, Lehrer - Marco Pohl, Mitunternehmer - Antje Rauschke - Gesa Relle - Ger Eva-Maria Schürmer, Rentnerin - Katrin Schürmer, Fachlehrerin - Rudi Schümer, Rentner - Teresa Schürmer, Schülerin - Petra Schüssler, Ha Strache, Dipl.Ökonom - Brigitte Sundheim - Diana Sundheim, Unternehmerin - Julia Sundheim, Unternehmerin - Marco Tamm - Heinri Feinmechaniker - Renate Wagner, Rentnerin - Helga Weber, Lehrerin - Beate Werner - Annelies Winkler, Angestellte - Friedel Winkler, Ren

!" - Für einen Politikwechsel in Hessen!

rsalzen!"

machen müssen. Und da ist es nur eine Einzelgewerkschaften, Sozial- utzverbände sowie viele Initiativen iren ureigensten Handlungsfeldern is Geld für gute Arbeit - kostenlose keit - gesunde Umwelt und Klima- sition und verlangen konkrete Ant- i Kandidatinnen und Kandidaten. is nicht bloß um das kleinere Übel nehr um grundlegende Entschei-

dungen für uns und unsere Kinder, wie wir in Zukunft leben wollen. Wollen wir echten Klimaschutz oder nur faule Versprechungen wie in Heiligendamm, wollen wir Strom aus erneuerbaren Energien oder Atomstrom, kostenlose Bildung für alle oder Elite-Unis und Elite-Schu- len für wenige Reiche, Mindestlohn oder Hungerlöhne, öffentliche Daseinsvorsorge in kommunaler Hand oder Verschleuderung öffent- lichen Eigentums, soziale Leistungen oder Sozialkahlschlag, gute Ar- beit für alle oder arbeiten bis zur Zerrüttung von Gesundheit und Fa- milie, Gerechtigkeit oder „Raubtier-Kapitalismus". Deshalb kann das Motto am 27.Januar nur lauten: „Wählen gehen - Koch muss gehen!".

- **Mehr Soziale Gerechtigkeit statt Spaltung der Gesellschaft**
  Kostenlose Bildung für alle statt Erhöhung von Leistungsdruck und Ausgrenzung benachteiligter Schülerinnen und Schüler, Maßnahmen gegen Kinderarmut statt Mittelkürzungen für freie kom- munale Sozialeinrichtungen, sichere Arbeitsplätze zu guten Löhnen statt weitere Flexibilisierung und Niedriglöhne;

- **Güter und Dienstleistungen der Daseinsvorsorge in öffentlicher Hand statt Privatisierung**
  Gesundheitsvorsorge in öffentlicher und gemeindlicher Hand statt Übereignung an private Klinik- konzerne, Strom und Wasser unter öffentlicher Kontrolle statt Verkauf der Städtischen Werke mit der Gefahr von Arbeitsplatz- und Einnahmeverlusten, sichere Energieversorgung statt Anpassung an kurzfristige politische Zielsetzungen!

- **Respekt vor der Hessischen Verfassung**

Politikwechsel in Hessen!

singhaus - Michael Brauer, Lehrer - Klaus Breckmann - Georg Deindörfer, Lehrer - K Dommerich-Schmücker, Lehrerin - Petra Engemann sler - Rudi Hahn, Sozialarbeiter - Harthold Hammer-Holle, Künstler - Wolfgang Hart, Lehrer - Marlies Haukamp - Renate Hesse - Philipp Künstler - Thomas Koch, Gewerkschaftssekretär – Jona Königes - Thorsten Köster – Christian Kühnert, Angestellter - Wolfgang Langer, istance Müller - Hans-Günther Müller, Rentner - Karin Müller, Angestellte - Sigrid Müller-Rother, Hausfrau - Dieter Nohl - Adelheid Noll, not Rönz, Industriemechaniker - Patricia Saif - Hans-Jürgen Sandrock, Rentner - Hartmut Schmidt - Bärbel Schürmer, Dipl.Psychologin - ausfrau - Walter Schulz, Redakteur - Friedemann Seiler, Pfarrer - Heiko Stamer, Dipl.-Informatiker - Ilona Strache, Auszubildende - Jürgen ich Triebstein, Lehrer - Zoltan Ueda, Erwerbslos - Helmut Voigtmann, Erwerbslos - Dr. Mechthild von Lutzau, Lehrerin - Achim Wagner, ntnerin - Sigrid Winkler Zimpel, Hausfrau - Adelheid Zahner, Rentnerin - Georg Zimpel - Hendrik Zimpel - Jochen Zimpel, Korrektor.

209

1.5 Das Wahlergebnis in Kassel als Probe aufs Exempel

Für die Autoren dieses Beitrags ist es möglich, aufgrund ihrer Kenntnis über die Sozialstruktur der Stimmbezirke, der Involvierung in die politische Kommunikationskultur außerhalb der Parteien und als Träger der Anzeige der Initiative Ypsilanti, zu versuchen anhand der örtlichen Wahlergebnisse die Aktivierung bestimmter Milieus für einen Wechsel in Hessen nachzuvollziehen.

Die Exaktheit der Datenaussagen bedarf natürlich einer gründlicheren Forschungsarbeit. Die Zuordnung der ermittelbaren Daten zu den Wohnstrukturen in den Wahlbezirken ermöglicht es, das Wahlverhalten der sozialen Milieus[1] unter aktuellen Bedingungen zu ermitteln. Dabei ist das Briefwahlverhalten in Kassel nur auf Stadtteilebene zu ermitteln und bleibt deshalb bei der Analyse der Feinstruktur unberücksichtigt.

Als Grundlage dient eine Auswahl von Wahlbezirken, die den Ordnungstypen des IwsmF entsprechen und die aufgrund der Wohnstruktur und der Kommunikationskultur eine Zuordnung zu den Milieus erlauben. Die These ist, dass hier die allgemeinen Großtrends in extremer Ausprägung auftreten werden.

Zunächst das Wahlergebnis in Kassel in seiner allgemeinen Struktur: Die Stadt Kassel ist in den Wahlkreis 3 (Kassel-West) und den Wahlkreis 4 (Kassel-Ost) gegliedert. Der Kasseler Politologe Eike Hennig, der seit Jahrzehnten den Wahlausgang in Kassel untersucht, spricht von einer sozialen Teilung in die *Oberstadt* im Westen und die *Unterstadt* im Osten. Diese Teilung verlangt von den Parteien vor allem kommunalpolitisch, aber auch bei anderen Wahlen einen politischen Spagat. Wer zu sehr auf den Westen oder zu sehr auf den Osten setzt, riskiert in der Gesamtstadt die Mehrheiten. Der Wahlkreis Kassel-West ist bei den Wahlkreisstimmen stets umkämpft, der Wahlkreis Kassel-Ost wurde bis auf das Jahr 2003 bei Landtagswahlen vom SPD-Kandidaten gewonnen. Bei den Bundestagswahlen ging der Wahlkreis Kassel immer an die SPD. Kassel war die erste Stadt, die 1981 mit einer rot-grünen Kooperation regiert wurde, aus der sich im Westen ein rot-grünes politisches Milieu von großer Stabilität entwickelt hat, während der Osten zunehmend durch Wahlenthaltung der sozialdemokratischen Milieus geprägt wird, die bei den Landtagswahlen 2003 zum Wechsel des Direktmandats zu der CDU geführt hat. Kommunalpolitisch kam es 1993 in Kassel zu einem politischen Erdrutsch, als erstmals in einer Direktwahl der CDU-Kandidat als Oberbürgermeister gewählt und sechs Jahre später wieder gewählt wurde. In dieser Zeit verlor das rot-grüne Milieu an Zusammenhalt, da es zu Wechseln in

---

1 Vgl. in diesem Band den Beitrag von Michael Vester und Heiko Geiling.

der Zusammenarbeit auf kommunaler Ebene kam: Die SPD kündigte die Zusammenarbeit mit den Grünen auf und wählte gemeinsam mit der CDU die grünen Stadträte ab, später bildeten CDU und Grüne eine Koalition und wählten eine SPD-Stadträtin ab. Das rot-grüne Wählerlager fand erst 2005 wieder zusammen und wählte in einer Direktwahl den SPD-Kandidaten zum Oberbürgermeister. Dieses Lager aktiviert sich auch überdurchschnittlich als Protestpotential gegen zweifelhafte Großprojekte. So haben in Kassel über 10.000 Wahlberechtigte ein Bürgerbegehren gegen den Flughafen Kassel-Calden unterzeichnet.

2008 werden beide Wahlkreise von den SPD-Landtagskandidaten gewonnen. Bei den Landesstimmen verliert die CDU im Westen 12,4 Prozent, die SPD gewinnt 9,6 Prozent, die Grünen verlieren 5,5 Prozent und Die Linke erreicht 7,8 Prozent. Offensichtlich haben im Westen die Grünen an Die Linke abgegeben. Dieser Vermutung gilt es nachzugehen. Im Osten verliert die CDU 11,5 Prozent, die SPD gewinnt 8,5 Prozent, Die Linke überholt die Grünen mit 9,3 Prozent zu 9,0 Prozent bei einem Verlust der Grünen von -3,5 Prozent. Bei der Wahlbeteiligung verliert der Westen -0,9 Prozent, der Osten -1,8 Prozent. Der Veränderung der Wahlbeteiligung gilt es ebenfalls nachzugehen.

Bei dem Vergleich zum ländlichen Umfeld einschließlich Speckgürtel und zu den anderen Großstädten Hessens zeigt sich, dass Kassel bei den Großstädten im Trend liegt und dass es dem landesweiten Trend zwischen Großstädten und Umfeld ebenfalls entspricht. Die ist zunächst also nichts Außergewöhnliches.

Bei der Analyse der Feinstruktur sieht es allerdings anders aus. Im Wahlkreis 3 erfüllt der Stadtteil *West* insgesamt die Bedingungen des Ordnungstyps 6 des IwsmF: Die Wahlbeteiligung steigt von 64,3 Prozent auf 67,3 Prozent. Die CDU verliert mit -11,3 Prozent unterdurchschnittlich, die SPD gewinnt mit +11,6 Prozent überdurchschnittlich, die Grünen verlieren mit -9,6 Prozent überdurchschnittlich, Die Linke liegt mit 10,0 Prozent über dem Wahlkreisdurchschnitt von 7,8 Prozent. In einer Wahlbezirksanalyse eignen sich die Wahlbezirke 331, 332, 333, 334, 336 für eine zusammenführende Milieubetrachtung. Sie beschreiben einen geschlossenen Wohnbezirk aus Gründerzeit- und Jugendstilhäusern, mit sehr großen Wohnungen, ergänzt um Genossenschaftsbebauung aus der Vorkriegszeit. Sozialarbeiter-, Lehrer-, Heilberufemilieu, auch studentische Wohngemeinschaften, in den Genossenschaftshäusern überdurchschnittlich Angestellte des öffentlichen Dienstes und Beamte. Die Bewohner sind stark in das soziokulturelle Milieu ihres Wohnumfelds einbezogen. Traditionelles Kerngebiet der rot-grünen Wählerschaft in Kassel. Ein traditionell linker SPD-Ortsverein, der aktiv Stadtteilarbeit betreibt.

Tabelle 1: LTW 2003 und 2008, Ausgewählte Wahlbezirke, Kassel West
(in Prozent)

Wahlbezirk	LTW	Wahl-beteiligung	CDU	FDP	SPD	Grüne	Die Linke
331	2008	61,2	12,3	2,6	48,3	21,0	12,3
	2003	53,3	20,0	3,4	31,3	39,6	-
332	2008	54,9	9,4	6,1	45,8	27,2	8,9
	2003	54,0	17,3	4,5	31,4	44,2	-
333	2008	56,4	13,5	7,2	42,8	22,8	11,7
	2003	54,1	23,9	7,0	31,1	34,3	-
334	2008	63,5	13,4	6,0	44,2	24,8	9,5
	2003	58,6	18,1	9,0	28,6	41,9	-
336	2008	58,3	13,0	3,8	46,8	21,8	11,3
	2003	54,9	21,9	5,9	29,0	41,6	-

Überall lassen sich gestiegene Wahlbeteiligungen erkennen. Im rot-grünen Potential scheint Die Linke durchaus eine Wahloption zu sein. SPD und Die Linke haben aus Nichtwählerschaft und von den Grünen Stimmen gewonnen. Bedeutende Verluste der CDU an die Nichtwählerschaft werden offenbar.

Im benachbarten, nur durch eine Hauptverkehrsstraße getrennten Stadtteil *Wehlheiden* werden etwas abgeschwächt ebenfalls die Bedingungen des Ordnungstyps 6 erfüllt: Die Wahlbeteiligung ist mit 64,3 Prozent zu 64,7 Prozent fast stabil geblieben, was sich aus der stärkeren sozialen Spreizung der Wählerstruktur im Vergleich zum Stadtteil *West* ergibt. Es existiert hier stärkere Anteil des kleinbürgerlichen Arbeitnehmermilieus. Die CDU verliert mit -12,2 Prozent nur knapp unter dem Trend, die SPD gewinnt unterhalb des Trends, die Grünen verlieren mehr als der Trend, Die Linke gewinnt 9,5 Prozent. In den drei Wahlbezirken 421, 422, 425 sind ähnliche Milieubedingungen wie in den ausgewählten Wahlbezirken des Stadtteils *West*: Geschlossene Wohnbebauung aus der Gründerzeit ergänzt um sozialen Wohnungsbau der Nachkriegszeit und genossenschaftlichen Wohnungsbau aus der Vorkriegszeit, allerdings durch Hauptverkehrsstraßen geteilt und für akademische Bewohnerschaft nicht so attraktiv wie der Stadtteil *West*. Der Alterdurchschnitt liegt höher als in anderen Stadtteilen. Die Bewohner sind in die Vereinsstruktur des Stadtteils eingebunden. Der traditionell linke SPD-Ortsverein betreibt aktive Stadtteilarbeit.

Tabelle 2: LTW 2003 und 2008, Ausgewählte Wahlbezirke, Kassel Wehlheiden (in Prozent)

Wahlbezirk	LTW	Wahl-beteiligung	CDU	FDP	SPD	Grüne	Die Linke
421	2008	49,5	13,2	3,5	47,1	18,1	12,7
	2003	43,4	26,9	4,6	36,4	25,4	-
422	2008	50,6	13,0	5,3	48,2	20,6	10,1
	2003	54,9	20,6	4,0	35,7	35,3	-
425	2008	47,0	20,2	5,8	46,0	15,6	10,0
	2003	43,3	34,2	6,0	37,8	18,4	-

Da in diesem Teil *Wehlheidens* ebenfalls das rot-grüne Wählerpotential dominant ist, bestätigt sich die für West festgestellte Wahloption zu der Partei Die Linke und die Verluste der Grünen an SPD und Die Linke. Die Wählerschaft der Partei Die Linke entspricht in beiden Stadtteilen nicht dem in der Öffentlichkeit propagierten überwiegenden Zustrom aus den traditionslosen Arbeitnehmermilieus.

Der gleiche Trend scheint sich auch im Stadtteil *Bad Wilhelmshöhe* in dem durch Konversion eines Kasernengeländes entstandenen Wohnbezirk Marbachshöhe zu bestätigen. Aber wegen geändertem Zuschnitts der Wahlbezirksgrenzen gegenüber 2003 ist er nicht konkret zu belegen. Hier sind in die modernisierten Kasernen meist junge kinderreiche Familien, in denen beide Eltern erwerbstätig sind, in die neu gebauten Reihenhäusern eingezogen. Es gibt hervorragende soziale Infrastruktureinrichtungen. In den beiden neuen Wahlbezirken erreicht die CDU 16,8 Prozent bzw. 16,3 Prozent, die SPD 41,0 Prozent bzw. 39,1 Prozent, die Grünen 26,3 Prozent bzw. 21,2 Prozent, Die Linke 7,2 Prozent bzw. 13,5 Prozent.

Für unsere Analyse ist die Betrachtung des südlichsten Stadtteils des Wahlkreises 3, des Stadtteils *Oberzwehren*, von Bedeutung. Er grenzt unmittelbar an die VW-Stadt Baunatal und hat einen überdurchschnittlichen Anteil des traditionellen und leistungsorientierten Arbeitnehmermilieus, allerdings auch zwei Wohngebiete mit Hochhausbebauung aus den 1970er Jahren mit hohem Ausländer- und Zuwandereranteil aus Osteuropa sowie hohem Anteil ehemaliger Sozialhilfeempfänger, die jetzt dem Hartz IV-Segment zuzuordnen sind. 2003 kam hier der Protestwähleranteil der CDU zugute. Der SPD-Ortsverein repräsentiert stark den im Stadtteil ebenfalls bedeutenden Anteil des kleinbürgerlichen Arbeitnehmermilieus und ist eher in die örtliche Vereinsarbeit eingebunden. Der Stadtteil entspricht den Ordnungstypen 1 und 2 des IwsmF; die Wahlbeteiligung ist insgesamt deutlich gesunken; massiv höhere Verluste der CDU, deutlich höhere SPD-Gewinne, Die Linke bei 9,1 Prozent, die Grünen für Kasseler Verhältnisse mit 5,8 Prozent marginalisiert. Für die Trendanalyse haben wir die Wahlbezirke 2011 und 2014 des Hochhausgebiets mit besonderem Entwicklungsbedarf und den Hauptwohnbereich der VW-Arbeiterschaft, Sozialwohnungsbau und relativ viele Eigenheime, 2042, ausgewählt.

Tabelle 3: LTW 2003 und 2008, Ausgewählte Wahlbezirke, Kassel Oberzwehren (in Prozent)

Wahlbezirk	LTW	Wahl-beteiligung	CDU	FDP	SPD	Grüne	Die Linke
2011	2008	29,7	38,8	2,2	41,3	1,4	13,8
	2003	39,7	70,3	3,4	20,2	3,4	-
2014	2008	33,8	42,9	3,1	34,3	3,1	13,6
	2003	42,5	62,8	3,9	23,2	5,4	-
2042	2008	31,0	27,6	2,4	49,7	4,1	11,5
	2003	36,8	52,3	3.0	35,1	2,5	-

Überall findet sich eine deutlich gesunkene Wahlbeteiligung zu Lasten der CDU; SPD und Die Linke haben offensichtlich Protestwähler von 2003 von der CDU gewonnen. Im Wahlbezirk 2042 zeigt sich, dass auch Die Linke im VW-Arbeitermilieu Anziehungskraft besitzt.

Im Wahlkreis 4 begrenzen wir unsere Analyse auf den Stadtteil *Nord-Holland*, einem Stadtteil, der traditionell gute SPD-Ergebnisse als Kern des traditionellen Arbeitnehmermilieus (ehemalige Henschel-Werke) aufweist, einen hohen Ausländeranteil seit der ersten Zuwanderergeneration insbesondere aus der Türkei beherbergt, in Hochschulnähe hohen Studentenwohnanteil ausweist und durch die Einbeziehung in des Bundesmodell Soziale Stadt sich soziokulturell entwickelt. Der SPD-Ortsverein weist einen sehr hohen Altersdurchschnitt auf. Die Wahlbeteiligung ist unterdurchschnittlich. Ausgewählt haben wir die Wahlbezirke 1112 als klassischen SPD-Arbeiterbezirk mit hohem Altersdurchschnitt und hohem gut integrierten Ausländeranteil sowie die Wahlbezirke 1131 und 1133: ebenfalls klassisches traditionelles Arbeitnehmermilieu, hoher Altersdurchschnitt, neben hohem studentischem Anteil der in der Innenstadt gelegenen Universität. Als Kontraste stellen wir noch die Stadtteile *Waldau* und *Forstfeld* mit ihren jeweiligen Spezifika dagegen.

Der Stadtteil *Nord-Holland* hat mit 44,1 Prozent zu 44,1 Prozent eine stabile Wahlbeteiligung. Die CDU verliert von 32,7 Prozent auf 16,8 Prozent, die SPD steigert sich von 41,5 Prozent auf 49,5 Prozent, die Grünen verlieren von 17,2 Prozent auf 11,3 Prozent, Die Linke erreicht 13,9 Prozent.

Tabelle 4: LTW 2003 und 2008, Ausgewählte Wahlbezirke, Kassel Nord-Holland (in Prozent)

Wahlbezirk	LTW	Wahl-beteiligung	CDU	FDP	SPD	Grüne	Die Linke
1112	2008	25,8	12,6	3,1	56,5	6,8	16,8
	2003	22,1	33,8	7,4	47,8	6,6	-
1131	2008	52,5	6,9	3,9	53,5	17,8	15,4
	2003	43,1	13,4	2,9	42,4	36,9	-
1133	2008	37,1	16,3	4,1	43,1	14,2	17,3
	2003	31,0	33,5	5,4	34,7	20,1	-

Zu beobachten sind hier hohe CDU-Verluste und eine teilweise starke Zunahme der Wahlbeteiligung, die auf starkes Engagement der studentischen Wohnbevölkerung in Sachen Studiengebühren zurückzuführen sein dürfte. Die überdurchschnittlichen Ergebnisse der Partie Die Linke sind auf das Zusammentreffen der beiden Untertrends sozialer Protest und Zuwächse durch Wähler aus dem rot-grüne Milieu zu erklären.

Der Stadtteil *Waldau* ist erst in den 1930er Jahren nach Kassel eingemeindet und hat noch einen dörflichen Kern. Daneben wurde in den 1960er und 1970er Jahren der typische Sozialwohnungsbau gesetzt. Die neueren Eigenheime fallen als Ergänzung kaum ins Gewicht. Die Sozialwohnungen haben hohen Ausländer- und Aussiedleranteil aus Osteuropa. Unter den Wahlberechtigten sind hohe Anteile von Hartz IV-Berechtigten festzustellen. Die Integrationsqualität ist wesentlich geringer als im Stadtteil *Nord-Holland*. Kaum erkennbar ist die Arbeit des SPD-Ortsvereins. Die Wahlbeteiligung ist von 49,0 Prozent auf 40,7 Prozent gesunken, die CDU verliert stark von 57,1 Prozent auf 34,1 Prozent, die SPD legt von 30,3 Prozent auf 43,6 Prozent zu, die Grünen verharren unter 5 Prozent, Die Linke erreicht 10,4 Prozent. Ausgewählt haben wir den prekärsten Wahlbezirk, 1822.

Tabelle 5: LTW 2003 und 2008, Ausgewählte Wahlbezirke, Kassel Waldau
(in Prozent)

Wahlbezirk	LTW	Wahl-beteiligung	CDU	FDP	SPD	Grüne	Die Linke
1822	2008	33,2	34,3	2,1	34,3	4,7	19,3
	2003	41,3	59,2	2,4	29,8	4,1	-

Der Zuwachs der SPD ist unterdurchschnittlich. Der höchste Stimmenanteil der Partei Die Linke in Kassel ist Ausdruck des sozialen Protests der Armen in diesem Wohnbezirk, die sich sozial ausgegrenzt und allein gelassen fühlen.

Zuletzt wenden wir uns dem Stadtteil *Forstfeld* zu. Historisch ist der Stadtteil als Siedlerstadtteil in der Weimarer Zeit entstanden. Am Rande des alten Industriestadtteils Bettenhausen gelegen, grenzt der Siedlerbereich an den sozialen Wohnungsbau: Älterer Notwohnungsbereich aus der Nachkriegszeit, der modernisiert wurde und Neubauten. Es existiert eine aktive Stadtteilarbeit durch zwei Siedlergemeinschaften und eine aktive Jugend- und Altenarbeit der Arbeiterwohlfahrt, die auch die Hartz IV-Berechtigten erreicht. Man kann sagen, dass die von kleinbürgerlichem Arbeitnehmermilieu und traditionellem Arbeitnehmermilieu mit hohem Altersdurchschnitt geprägte Welt relativ in Ordnung erscheint. Der SPD-Ortsverein ist in den Siedlergemeinschaften fest verankert. Die Wahlbeteiligung ist von 50,9 Prozent auf 48,3 Prozent leicht gesunken, die CDU hat von 39,1 Prozent auf 26,2 Prozent nachgegeben, die SPD hat sich von 45,8 Prozent auf 50,4 Prozent unterdurchschnittlich gesteigert, die Grünen marginal, Die Linke erreicht 9,2 Prozent. Wir haben den für den Siedlerbereich typischen Wahlbezirk 1712 ausgewählt.

Tabelle 6: LTW 2003 und 2008, Ausgewählte Wahlbezirke, Kassel Forstfeld
(in Prozent)

Wahlbezirk	LTW	Wahl-beteiligung	CDU	FDP	SPD	Grüne	Die Linke
1712	2008	53,5	21,4	5,4	58,7	4,9	6,3
	2003	56,2	29,1	5,3	56,7	5,3	-

Hier hat offensichtlich die CDU ihre 2003 gewonnenen Proteststimmen an Die Linke abgegeben, während die SPD ihren Bestand gut gehalten hat.

1.6 Fazit

Die Feinanalyse, welche Milieustruktur, soziokulturelles Klima, dortige Verankerung der Parteien, Aktivität der Basisorganisation der Parteien und ihre Verankerung im Vereinsleben einbezogen hat, bestätigt die Hauptthese zu den Landtagswahlen 2008: In Hessen ist es der SPD durch den in die Zukunft weisenden Wahlkampf für eine Soziale Moderne und den inhaltlichen und personellen Dreiklang *ökologische und soziale Gerechtigkeit, kein Kind wird in der Bildung zurückgelassen* und *zukunftsfähige Wirtschaft ist nur auf der Basis erneuerbarer Energien und einer Effizienzrevolution machbar* mit Andrea Ypsilanti, Rainer Domisch und Hermann Scheer gelungen, aus der Nichtwählerschaft und von den Grünen verlorenes rot-grünes Wählerpotential zu gewinnen, Protestwähler, die bei der CDU 2003 zwischengeparkt hatten und auch bei der Wahl zuhause geblieben waren neu zu binden und Die Linke im Vergleich zu Niedersachsen und Hamburg relativ klein zu halten. Die Feinanalyse zeigt aber auch, dass Die Linke nicht nur sozialen Protest in ihrer Wählerschaft gebunden, sondern – zumindest bei der Hessenwahl – aus den beruflich höher qualifizierten Milieus Wähler erreicht hat. Allerdings hat die Zeit nach der Wahl auch deutlich gemacht, dass auf Druck aus dem Parteivorstand, die hessische SPD noch nicht in der Lage war, den Wählerauftrag für einen Politikwechsel als Gegenmodell zu dem des bürgerlichen Lagers in Regierungsverantwortung umzusetzen. Dazu ist die Zeit offensichtlich noch nicht reif.

2 Die hessische Landtagswahl 2009

2.1 Die Zeit ist reif, aber auch die SPD?

Ob die Zeit in Hessen schon reif war oder nur die SPD in ihrer Gesamtheit noch nicht, wird im Wahljahr 2009 eine der spannenden Fragen bleiben. Gelang es doch der SPD- Landesvorsitzenden Andrea Ypsilanti und den Willensbildungsgremien der Partei im Verlauf des vergangenen Jahres das Wahlversprechen eines inhaltlichen Politikwechsels in Hessen trotz erheblichen Widerstands der Medienöffentlichkeit und der politischen Gegner eines Politikwechsels in dem Rot-Grünen Koalitionsvertrag 2008 bis 2013 einzulösen. Der Vertrag ist das Dokument dafür, dass SPD und Grüne in der Lage waren zu belegen, dass der Politikwechsel parlamentarisch möglich war. Er wurde von den Parteitagen beider Parteien mit überwältigender Mehrheit legitimiert und fand auch die Zustimmung der Partei Die Linke. Dass Andrea Ypsilanti trotzdem aus ihrer eigenen Partei heraus scheiterte, ist nur insofern Gegenstand unserer Untersuchung, als dieses Scheitern wesentlich den Wahlkampf nach der Auflösung des Landtags, die Chancen des von Andrea Ypsilanti vorgeschlagenen Spitzenkandidaten der SPD, Thorsten Schäfer-Gümbel und auch das Wahlergebnis vom 18.1.2009 wesentlich beeinflusste.

Es gab viele Unterstützer des »Weges Hessens in die soziale Moderne« – wie Andrea Ypsilanti das Ziel des Politikwechsels eindrucksvoll kommunizierte – die wesentlich zur Mobilisierung der Wählerschaft beigetragen hatten und die in den drei landesweiten Bündnissen für gute Bildung, für eine Energiewende durch Umstellung Hessens auf erneuerbare Energieträger und für soziale Gerechtigkeit versuchten, eine dem Januar 2008 vergleichbare Konstellation herzustellen. Und es gab den Versuch, den Rot-Grünen Koalitionsvertrag ins Zentrum des Wahlkampfs zu stellen. Aber nur der Spitzenkandidat der Grünen bekannte sich öffentlich zum Koalitionsvertrag und hielt das bis zum Wahltermin durch.[2] Es zeigte sich aber, dass die politischen Rahmenbedingungen des Wahlkampfes 2007/2008 nicht wieder herstellbar waren. Eine Wiederholung der »Initiative Ypsilanti« in Gestalt einer »Initiative TSG« war von vornherein aussichtslos, sodass alle Aktivitäten sich auf einen Lagerwahlkampf konzentrierten. Das aber bremste vor allem die Aktivitäten des Bündnisses für soziale Gerechtigkeit, da sowohl Gewerkschaften als auch die großen Sozialverbände sich relativ zurückhaltend zeigten im Vergleich zu dem Bündnis für gute Bildung und zu den Na-

---

2 Vgl. Abbildung 3

turschutzverbänden, die mit Aktionen in den Wahlkampf eingriffen. Außerdem fehlte im Vergleich zum vorhergehenden Wahlkampf die Offenheit der Medien. Dort lief die Anti-Ypsilanti Kampagne weiter, und ebenso die stetig wiederholte Prognose, es sei schon alles entschieden. »Jetzt erst recht« fand gegen den Ruf nach »klaren Verhältnissen« nur in Teilen der Wählerschaft Resonanz.[3]

Vor diesem Hintergrund ist das Wahlergebnis vom 18.1.2009 zu analysieren. Hessen erhält eine stabile Regierungsmehrheit von 53,4 Prozent. Die eigentliche Überraschung ist das von keinem Institut prognostizierte schlechte Wahlergebnis der CDU mit 37,2 Prozent und einem Verlust von rund 46.000 Stimmen. Aber auch das Ergebnis der FDP, die aus der Nichtwählerschaft und von allen Parteien Stimmen einsammelte, mit 16,2 Prozent und einem Zuwachs von rund 162.000 Stimmen überraschte in seinem Ausmaß.

In der Opposition gibt es eine deutliche Verschiebung des politischen und gesellschaftlichen Einflusses. Der Hauptverlierer der Wahl ist die SPD. Mit 23,7 Prozent erzielt sie ihr niedrigstes Ergebnis seit Bestehen des Bundeslandes Hessen mit einem Verlust von rund 392.000 Stimmen. Sie verliert vor allen an die Nichtwählerschaft und die Grünen, aber auch an die FDP, kaum an die CDU und die Partei Die Linke. Die Grünen sind nach der FDP der zweite Wahlgewinner mit 13,7 Prozent und einem Zuwachs von rund 150.000 Stimmen. Die Partei Die Linke bleibt trotz einer Medienkampagne in hessischen Medien stabil mit 5,4 Prozent und einem Verlust von 1.689 Stimmen.

Im Lichte dieses Wahlergebnisses müssen SPD und CDU ihre Zukunft als Volksparteien überdenken. Besonders die gesellschaftliche Mitte kann nicht von einer Partei in Anspruch genommen werden. Es konstituieren sich offensichtlich zwei politische Lager, deren Trennlinie durch die gesellschaftliche Mitte verläuft.[4] Die Lagerwähler nutzen die ihnen zur Verfügung stehenden Wahloptionen wie Stimmensplitting oder Stimmabgabe innerhalb des jeweiligen Lagers ausgiebig. So erzielte die CDU 42 Prozent an Wahlkreisstimmen, aber nur 37,2 Prozent Landesstimmen mit der Folge der Überhangmandate. Die entscheidende politische Frage wird immer mehr, welche Partei die programmatische Leitpartei des Lagers sein wird. Der Vergleich der Wahlen von 2008 und 2009 zeigt, dass sich der Kampf der Lager immer mehr in den urbanen Zentren der großen Städte und in den Universitätsstädten konstituiert und entscheidet.

---

3 Vgl. Abbildung 4
4 Vgl. den Beitrag von Michael Vester und Horst Peter in diesem Band.

Abbildung 3: Flugblatt zur hessischen Landtagswahl 2009

Projekt Eine andere Welt – wie denn? Ein anderes Kassel – wie denn?
c/o DGB Kassel Spohrstr. 6 – 8 34117 Kassel E: horstpeterkassel@yahoo.de

Kassel, 24.11.2008

Liebe Mitstreiterinnen und Mitstreiter,

wir laden Sie zu einer ersten Gesprächsrunde zu den bevorstehenden Landtagswahlen ein.

Wir wollen der Frage nachgehen: **Ist der "Koalitionsvertrag** zwischen der Sozialdemokratischen Partei Deutschlands und der Partei Bündnis 90/Die Grünen in Hessen für 2008 – 2013" **Schnee von gestern oder Handlungsauftrag** für den neuen Landtag?

Wir treffen uns am **Montag, den 1. Dezember 2008** um 18.00 Uhr in der Wohnanlage der Arbeiterwohlfahrt, Querallee 40 in Kassel.

Wir hoffen, dass wir offizielle Vertreter von SPD, Bündnis 90/Die Grünen und der Partei *DIE LINKE* als Gäste begrüßen können.

Wir wollen bei den kommenden Landtagswahlen den **Koalitionsvertrag** deshalb **zur Abstimmung stellen**, weil in ihn teilweise bis zu 100 Prozent die Forderungen eingeflossen sind, die als Forderungen für einen Politikwechsel in Hessen aus der Mitte der Gesellschaft und von Initiativen, Organisationen und Verbänden an die Parteien im Wahlkampf herangetragen wurden und weil verhindert werden muss, dass Hessen noch mal hinter bereits politisch Verabredetes zurückfällt.

Wir wollen den Koalitionsvertrag auch deshalb zur Abstimmung stellen, weil wir zeigen wollen, dass der von Andrea Ypsilanti mutig vorangetriebene Prozess zu einer Regierungsbildung für eine zukunftsfähige Politik, durch eine für die Bundesrepublik einmalige Mobbing-Kampagne jenseits allen politischen Anstands der ewig Gestrigen in Wirtschaft, Politik und Medien nicht gestoppt sondern nur unterbrochen wurde. Wie sagte einst Norbert Elias "Der Kapitalismus in der Krise macht sich die niedrigsten Instinkte der Menschen zu eigen."

Wir vom "Projekt Eine andere Welt – wie denn? / Ein anderes Kassel – wie denn?", die wir im vergangenen Wahlkampf mit der Anzeige "Dem Koch die Suppe versalzen" versucht haben, die Forderungen aus der Gesellschaft an eine neue Politik in Hessen zusammenzufassen, hoffen, dass es gelingt, diejenigen für eine gemeinsame Wahlkampfstrategie zu gewinnen, die ihre eigenen Forderungen in den Schwerpunkten des Koalitionsvertrags, **Bildung, Umwelt, soziale Gerechtigkeit, mehr Demokratie** aufgegriffen sehen.

Wir setzen im Bereich Bildung auf ein wiederbelebtes Bündnis von Eltern, Schülern, Lehrern und Studierenden und der Gewerkschaft Erziehung und Wissenschaft "Recht auf gute Bildung für alle", damit wir nicht wieder zurückfallen hinter die von SPD, Bündnis 90/Die Grünen, und Partei *DIE LINKE* (PDL) gemeinsam abgeschafften Studiengebühren oder die im Koalitionsvertrag verabredete Lehrerversorgung von 105 Prozent oder die eingeleitete Reform von G 8 als individuelle Wahlmöglichkeit in der gymnasialen Oberstufe, längeres gemeinsames Lernen durch die neue Schule im Haus der Bildung, deutliche Senkung der Zahl der Schulabgänger ohne Abschluss oder die Verbesserung der Studienbedingungen an den hessischen Hochschulen als Beispiele.

So setzen wir im Bereich Umwelt weiter auf die hessischen Umweltverbände, den Verkehrsclub Deutschland (VCD) und den Allgemeinen Deutschen Fahrradclub (ADFC), die Ärzte gegen Atomkrieg (IPPNW) und das Nordhessische Klimabündnis Energie, Arbeit,

Umwelt, damit der Umstieg auf erneuerbare Energien, der Ausstieg aus Biblis A und B und der Verzicht auf Kohlegroßkraftwerke weiter gilt, dass Unabhängigkeit der kommunalen Energieversorgung, die Reduktion der Abgas- und Feinstaubbelastung als wesentlicher Teil der Gesundheitsvorsorge, eine der Nachhaltigkeit verpflichtete Bodennutzung, Mobilität und Logistik Ziele der Regierungspolitik werden. Die Stärkung der Naturschutzbeiräte, das Klagerecht der Umweltverbände als Anwälte der Natur bei Genehmigungsverfahren von Großprojekten müssen verteidigt werden. Das gilt auch für die Prioritätensetzung bei Investitionen in umweltgerechtere Verkehrsträger.

So setzen wir im Bereich soziale Gerechtigkeit darauf, dass der Druck von Benachteiligten für eine gerechtere Sozialpolitik nicht nachlässt. Das Bündnis "Soziale Gerechtigkeit in Hessen" aus Gewerkschaften, Sozialverbänden und Kirchen, die Liga der freien Wohlfahrtsverbände, GEW, Verdi, GdP, die Organisationen der Richter, die Berufsverbände der Sozialarbeit, der Drogenhilfe, der Gesundheitsberufe müssen die im Koalitionsvertrag erreichten Fortschritte gerade im Lichte der Finanzkrise auf der Tagesordnung halten. Roland Kochs Privatisierungs- und soziale Ausdünnungsstrategie muss Vergangenheit bleiben. Der Wiedereintritt in die Tarifgemeinschaft der Länder stoppt Kochs Praxis, einzelne Gruppen gegeneinander auszu- spielen. Das wieder eingeführte Sozialbudget verbessert die Arbeit der Träger sozialer Arbeit an der Basis, den öffentlich geförderten Arbeitsmarkt und die Förderung der Ausbildung von Schulabgängern ohne Abschluss, Hessencard für Hartz-IV- Betroffene und andere Bedürftige. Mehr Stellen für Lehrer und Polizisten sind von einer CDU/FDP-Regierung nicht zu erwarten.

Das gilt auch für den Bereich "Mehr Demokratie wagen"
Das einladende Projekt, die Initiative "Leere Kassen – Calden lassen", die Bürgerinitiative pro Habichtswald und die BIGA haben sich in Petitionen an den Landtag und alle Parteien für mehr Transparenz bei der Planung und Finanzierung von öffentlichen Großprojekten sowie für die wirksame Senkung der Quoren bei Volksbegehren und Bürgerbegehren auf kommuna- ler Ebene und für die Einführung kommunaler Petitionsausschüsse eingesetzt. Der Koalitions- vertrag zeigt, dass SPD und Grüne den Weg, mehr Demokratie zu wagen, mit einer Novelle der Hessischen Gemeindeordnung und einer Verfassungsänderung gehen wollen. Der Kom- promiss beim Flughafenprojekt Kassel-Calden genügt allerdings den Transparenzanforderun- gen nicht. Für die Transparenz der Finanzierung öffentlicher Projekte muss angesichts der Bankenkrise auch im Falle der Umsetzung des Koalitionsvertrages weiter gekämpft werden.

Ob im kommenden Wahlkampf der Koalitionsvertrag tatsächlich Gegenstand einer Volksab- stimmung wird, hängt von unserem Engagement ab. **Thorsten Schäfer-Gümbel** hat in einem Interview in der Frankfurter Rundschau am 10.11.2008 gesagt: "Ich glaube, dass der rot-grüne Koalitionsvertrag eine gute Grundlage ist für den Politikwechsel in Hessen. Daran will ich ausdrücklich anschließen" **Tarek Al-Wazir** hat in seinem Redebeitrag auf dem Bundespartei- tag von Bündnis 90/Die Grünen die Durchsetzung des rot-grünen Koalitionsvertrags zur Kernaufgabe erklärt (15.11.08). Die **PDL** war durch Mitgliederentscheid legitimiert, die Regierung und ihren Koalitionsvertrag zu tolerieren. Daran dürfte sich wenig geändert haben.

Roland Koch und der trotz Finanzkrise und politischer Wendehälse weiter agierende und Polit-Mobbing betreibende neoliberale politisch-mediale Komplex fürchtet diese Wahlkampf- konstellation und tut alles, den Koalitionsvertrag als "obsolet" (Extra-Tip am 16.11.08) oder "mittlerweile hinfällig" (HNA-Redaktion am 12.11.2008 zu einem Leserbrief) abzutun.

In Erwartung, dass Vertreter/innen Ihrer Organisation unserer Einladung folgen verbleibt

Mit freundlichen Grüßen i.A.   Horst Peter, Moderator

221

Abbildung 4: Flugblatt zur hessischen Landtagswahl 2009

WahlInitiative Politikwechsel in Hessen

"Jetzt Erst Recht!"

Die Rückseite bietet Ihnen vier Gründe, trotz allem wählen zu gehen.
Am 18.Januar 2009

V.i.S.d.P.: H. Triebstein, Organisator von Projekt Eine andere Welt - wie denn? / Ein anderes Kassel – wie denn?
Eisenhammerstr. 44 A 34123 Kassel E: h.triebstein@gmx.de c/o DGB Kassel Spohrstr. 6 – 8 34117 Kassel
Treffen: In der Regel jeden ersten Samstag im Monat, Querallee 40 von 9.30 bis 12.30 Uhr

WahlInitiative "Jetzt erst recht!" – Für einen Politikwechsel in Hessen

Liebe Nichtwählerinnen und –Wähler, Liebe Noch-Wählerinnen und –Wähler,

am 18. Januar 2009 sind wir binnen eines Jahres zum zweiten Mal aufgerufen, einen neuen Hessischen Landtag zu wählen. Anzeigenabhängige Medien und (Strom-)Konzerne erzählen uns bereits seit Wochen, dass der alte auch der neue Ministerpräsident sein wird, egal ob und was wir wählen. **Die Wahlinitiative sagt Nein! – Jetzt erst recht! Für einen Politikwechsel in Hessen!** Die letzte Wahl hat mehr als deutlich gezeigt, dass die Mehrheit der Bürgerinnen und Bürger eine andere Landesregierung und eine andere Politik für Hessen wollen. Und diese parlamentarische Mehrheit hat auch schon für erste Erfolge, wie z.B. die Abschaffung der Studiengebühren, gesorgt.

Deshalb kann das Motto am 18.Januar 2009 nur lauten "Wählen gehen – Koch muss gehen!"

Und mit Ihrer Unterstützung schaffen wir das!

Die neoliberale Einheitspolitik der Umverteilung von den Vielen zu den Wenigen von CDU und FDP auf Landesebene ist im vergangenen Jahr jedwede Antwort auf die Finanz- und Wirtschaftskrise, die Klimakrise, die Welthungerkrise und die Rohstoffkrise schuldig geblieben, was für die Politik auf Bundesebene ebenso gilt.

Die Landtagswahl am 27.Januar 2008 ist von vier Themen bestimmt worden, die überzeugende Lösungswege aus der Krise aufzeigen:

1. Mehr Bildung:
Es darf kein Kind zurückbleiben. Gute Bildung für alle ohne soziale Auslese
2. Mehr Klimaschutz:
Der Klimawandel wird durch die Energiewende wirksam bekämpft. Förderung der erneuerbaren Energien statt Atomkraft und Kohleverbrennung
3. Mehr Soziale Gerechtigkeit statt Spaltung der Gesellschaft:
Gerade in der Finanz- und Wirtschaftskrise brauchen wir gute Arbeit, von der Arbeitnehmerinnen und Arbeitnehmer leben können, und soziale Sicherheit: Kein Absturz in die Arbeitslosigkeit
4. Mehr Bürgerbeteiligung statt Demokratieabbau
Bürgerinnen und Bürger als Experten ihrer eigenen Angelegenheiten brauchen mehr Einwirkungs-möglichkeiten zusätzlich zur Teilnahme an Wahlen.

In einer beispiellosen, bundesweiten Mobbing-Kampagne ist die hessische Spitzenkandidatin Andrea Ypsilanti in den Mittelpunkt gerückt worden, um davon abzulenken, dass die Neoliberalen in allen Parteien – wie der Kaiser im Märchen – nackt und ohne Programm dastehen.

Unser Respekt vor dem am 27.Januar 2008 erzielten Ergebnis gebietet uns, die vier Themen erneut zu benennen und um Unterstützung für sie zu werben.

Da einige Politikerinnen und Politiker meinten, sich über das Wählervotum hinwegsetzen zu müssen und ihre eigenen Interessen verfolgt haben, wollen wir ihnen diesmal einen deutlichen Nachdenk-Zettel mitgeben: Wahlkreisstimme heißt Vertrauensstimme, Landesstimme heißt Politikwechsel.

Der Aufruf wird verantwortet von 'Projekt Eine andere Welt – wie denn? / Ein anderes Kassel – wie denn?'
Treffen in der Regel jeden ersten Samstag im Monat, 9.30 bis 12.30 Uhr, Querallee 40
V.i.S.d.P.: Heinrich Triebstein Eisenhammerstr. 44 A 34123 Kassel E: h.triebstein@gmx.de

Im Lichte dieser Leitthese gehen wir in die Feinanalyse der Wahlen 2009 in Kassel. Wir vergleichen die gleichen schon 2008 ausgewählten Stimmbezirke in ihren Stadtteilen, da wir davon ausgehen, dass sich hier die allgemeinen Trends besonders deutlich hervorheben. Dadurch, dass Kassel eine deutliche gesellschaftliche Unterscheidung in »Oberstadt« und »Unterstadt« erlaubt, liegt das Wahlergebnis im westlichen Wahlkreis im Landestrend der Städte, im östlichen Wahlkreis eher im Trend des nordhessischen Umfelds. Im Westen gewinnt diesmal die CDU-Kandidatin mit hauchdünnem Vorsprung vor dem SPD-Kandidaten den Wahlkreis. Den Ausschlag gab das stärkere Stimmensplitting der FDP-Wähler gegenüber den Wählern der Grünen und der Linken. Bei einer geringeren Wahlbeteiligung von -2,2 Prozent gewann die CDU bei den Wahlkreisstimmen von 28,9 Prozent auf 32,2 Prozent, die SPD verlor von 40,1 Prozent auf 31,6 Prozent. Im Osten gewinnt der SPD-Kandidat trotz erheblicher, allerdings nicht ganz so hoher Verluste wie im Westen(von 46,7 Prozent auf 38,3 Prozent) deutlich vor dem CDU-Kandidaten. Die Divergenz im Wahlverhalten der sozialen Milieus bestätigt sich in der Feinanalyse.

2.2 Vergleichende Analyse

Die Analyse beruht auf der durch informelle Gespräche verstärkten persönlichen Kenntnis der Milieus und des sozialen Klimas der Stadtteile, der Kommunikationskultur, der Verankerung der Parteien und Kandidaten in den Basis- und Vereinsstrukturen und bestätigt durch die Auswahl von Stimmbezirken nach klaren Milieustrukturen verstärkt die jeweiligen Landestrends. Zur Analyse fassen wir die Stimmbezirke zusammen, in denen sich typische Gemeinsamkeiten erkennen lassen.

(1) Die Stimmbezirke 331, 332, 333, 334, 336 im Stadtteil West, 533, 534 im Stadtteil Bad Wilhelmshöhe und in abgeschwächter Form 421, 422, 425 im Stadtteil Wehlheiden unterliegen dem gleichen Trend. Die Wahlbeteiligung ist offensichtlich allein zu Lasten der SPD gegenüber 2008, als die SPD erheblich aus der Nichtwählerschaft Stimmen gewonnen hat, stärker als im Durchschnitt gesunken. Dabei ist zu bedenken, dass diesmal besonders die SPD aus der Nichtwählerschaft Stimmen gewonnen hat. Die überall überdurchschnittlichen SPD-Verluste bleiben überwiegend im rot-rot-grünen Lager bei starken Gewinnen der Grünen und leichten Gewinnen der Partei Die Linke. Die Grünen sind in den meisten Stimmbezirken mit Ausnahme der Stimmbezirke 421 und 425 stärks-

te Partei. Im Stimmbezirk 331 gibt es offensichtlich mit einem CDU-Zuwachs von 14,5 Prozent und einem SPD-Verlust von 35,9 Prozent eine nach unserem Kenntnisstand nicht nachvollziehbare Trendabweichung, der wir noch nachgehen werden.

(2) Die Stimmbezirke 2011 und abgeschwächt 2014 im Stadtteil Oberzwehren und der Stimmbezirk 1822 im Stadtteil Waldau als Bezirke mit besonderem sozialen Entwicklungsbedarf verharren auf nochmals gewachsener niedriger Wahlbeteiligung, die auch durch Zuwächse bei der FDP nicht ausgeglichen wird. Die etwas schwächeren Verluste der SPD wirken vor allem bei der Wahlbeteiligung absenkend. Die Partei Die Linke verharrt auf überdurchschnittlichem Niveau und dürfte ihre Stimmen überwiegend aus dem Armutssegment des Stadtteils gewonnen und gehalten haben. Die Grünen bleiben randständig.

(3) Einer besonderen Betrachtung bedürfen die Stimmbezirke 1112, 1131 und 1133 aus dem Stadtteil Nord-Holland. 1112 ist ein Stimmbezirk mit hohem Altersdurchschnitt der Bevölkerung. Er hat die niedrigste Wahlbeteiligung in Kassel. Der zweistellige SPD-Verlust steht neben überdurchschnittlichem CDU-Gewinn, nochmals gesunkener Wahlbeteiligung und leichter Zunahme der Linken. Die Stimmbezirke 1131 und in abgeschwächter Form 1133 werden geprägt durch das Nebeneinander von studentischer Wohnbevölkerung und eher Bewohnerschaft in prekären Verhältnissen, aber auch mit relativ gut integrierter Bevölkerung mit Migrationshintergrund. Die Partei Die Linke hat hier mit 16,5 Prozent und 21,3 Prozent ihre Ergebnisse nochmals gesteigert. Die SPD Verluste bleiben fast vollständig im rot-rot-grünen Lager. Trotzdem hat auch die FDP Zuwächse.

(4) Zum Schluss die Betrachtung zweier Stimmbezirke mit überdurchschnittlich homogener Arbeitnehmerstruktur: im Stimmbezirk 2042 im Stadtteil Oberzwehren mit einem hohen Anteil von VW-Arbeitnehmerschaft hat die SPD mit 18,7 Prozent überdurchschnittliche Verluste an die Nichtwählerschaft und an alle Parteien. Mit 5,5 Prozent haben wir das höchste Absinken der Wahlbeteiligung aller untersuchter Stimmbezirke, die CDU gewinnt 6 Prozent, die FDP 4,5 Prozent , aber auch die Grünen gewinnen 5,8 Prozent und die Partei die Linke 3,1 Prozent der Stimmen. Im Stimmbezirk 1712 im Stadtteil Forstfeld haben wir ein homogenes, eher kleinbürgerliches Arbeitnehmermilieu mit hohem Altersdurchschnitt. Hier hat die SPD mit 13 Prozent eher Verluste in der Nähe des Durchschnitts, die aber fast ausschließlich der FDP und den Grünen zu Gute kommen.

Tabelle 7: LTW 2008 und 2009 in ausgewählten Wahlbezirken, Kassel

Wahlkreis 3

	LTW	Wahlbeteiligung	CDU	FDP	SPD	Grüne	Linke
Gesamt	2009	62,5	28,7	13,8	25,7	21,7	7,7
	2008	64,7	26,8	8,6	39,9	14,1	7,8
	+/−	−2,2	+1,9	+5,2	−14,2	+7,6	−0,1

Stadtteil West

	LTW	Wahlbeteiligung	CDU	FDP	SPD	Grüne	Linke
Gesamt	2009	63,7	20,1	11,0	26,0	29,1	11,2
	2008	67,3	17,7	6,3	44,1	19,3	10,0
	+/−	−3,6	+2,4	+4,7	−18,1	+9,8	+1,2
Wahlbezirk	LTW	Wahlbeteiligung	CDU	FDP	SPD	Grüne	Linke
331	2009	60,4	26,8	8,6	12,4	35,7	13,8
	2008	61,2	12,3	2,6	48,8	21,0	12,3
	+/−	−0,8	+14,5	+6,0	−35,9	+14,7	+1,5
Wahlbezirk	LTW	Wahlbeteiligung	CDU	FDP	SPD	Grüne	Linke
332	2009	55,7	11,3	7,7	23,4	41,5	13,2
	2008	54,9	9,4	6,1	45,8	27,2	8,9
	+/−	+0,8	+1,9	+1,6	−22,4	+14,3	+4,3
Wahlbezirk	LTW	Wahlbeteiligung	CDU	FDP	SPD	Grüne	Linke
333	2009	53,6	11,6	11,8	27,4	34,7	12,5
	2008	56,4	13,5	7,2	42,8	22,8	11,7
	+/−	−3,2	−1,9	+4,6	−15,4	+11,9	+0,8
Wahlbezirk	LTW	Wahlbeteiligung	CDU	FDP	SPD	Grüne	Linke
334	2009	61,4	14,4	8,7	30,5	33,1	10,2
	2008	63,5	13,4	6,0	44,2	24,8	9,5
	+/−	−2,4	+1,0	+2,7	−13,7	+8,3	+0,7
Wahlbezirk	LTW	Wahlbeteiligung	CDU	FDP	SPD	Grüne	Linke
336	2009	59,5	10,5	12,0	29,2	35,2	11,2
	2008	58,3	13,0	3,8	46,8	21,8	11,3
	+/−	+1,2	−2,5	+8,2	−18,6	+13,4	−0,1

Stadtteil Wehlheiden

	LTW	Wahlbeteiligung	CDU	FDP	SPD	Grüne	Linke
	2009	61,9	23,8	12,3	27,8	23,8	9,6
Gesamt	2008	64,1	22,7	7,1	42,9	14,9	9,5
	+/−	−2,2	+1,1	+5,2	−15,1	+8,9	+0,1
Wahlbezirk	LTW	Wahlbeteiligung	CDU	FDP	SPD	Grüne	Linke
	2009	46,2	18,4	9,8	29,9	26,8	12,7
421	2008	49,5	13,2	3,5	47,1	18,1	12,7
	+/−	−3,3	+5,2	+6,3	−17,2	+8,7	0,0
Wahlbezirk	LTW	Wahlbeteiligung	CDU	FDP	SPD	Grüne	Linke
	2009	51,0	13,8	8,5	31,5	32,9	10,6
422	2008	50,6	13,0	5,3	48,2	20,6	10,1
	+/−	+0,4	+0,8	+3,2	−16,7	+12,3	+0,5
Wahlbezirk	LTW	Wahlbeteiligung	CDU	FDP	SPD	Grüne	Linke
	2009	46,0	18,3	9,9	32,0	26,1	10,5
425	2008	47,0	20,2	5,8	46,0	15,6	10,1
	+/−	−1,0	−1,9	+4,1	−14,0	+10,5	+0,5

Stadtteil Bad Wilhelmshöhe

	LTW	Wahlbeteiligung	CDU	FDP	SPD	Grüne	Linke
	2009	70,9	31,2	15,5	20,7	25,1	5,8
Gesamt	2008	70,0	30,0	10,6	33,6	17,5	6,4
	+/−	+0,9	+1,2	+4,9	−12,9	+7,6	−0,6
Wahlbezirk	LTW	Wahlbeteiligung	CDU	FDP	SPD	Grüne	Linke
	2009	54,4	17,4	10,8	23,4	39,3	6,5
533	2008	56,3	16,8	5,6	41,0	26,3	7,2
	+/−	−1,9	+0,6	+5,2	−17,6	+13,0	−0,7
Wahlbezirk	LTW	Wahlbeteiligung	CDU	FDP	SPD	Grüne	Linke
	2009	59,8	16,3	12,7	26,9	28,8	13,6
534	2008	61,2	16,3	7,4	39,1	21,2	13,5
	+/−	−1,4	0,0	+5,3	−12,2	+7,6	+0,1

227

Tabelle 7 (Forts.)

Stadtteil Oberzwehren

	LTW	Wahlbeteiligung	CDU	FDP	SPD	Grüne	Linke
	2009	42,8	35,9	10,5	30,5	10,9	8,9
Gesamt	2008	45,8	33,2	5,3	42,0	5,8	9,1
	+/−	−3,0	+2,7	+5,2	−11,5	+5,1	−0,2
Wahlbezirk	LTW	Wahlbeteiligung	CDU	FDP	SPD	Grüne	Linke
	2009	29,3	36,3	2,8	38,8	5,0	16,0
2011	2008	29,7	38,8	2,2	41,3	1,4	13,8
	+/−	−0,4	−2,5	+0,6	−2,5	+3,6	+2,2
Wahlbezirk	LTW	Wahlbeteiligung	CDU	FDP	SPD	Grüne	Linke
	2009	31,4	46,7	7,9	27,3	5,6	10,5
2014	2008	33,8	42,9	3,1	34,3	3,1	13,6
	+/−	−2,4	+3,8	+4,8	−7,0	+2,5	−3,1
Wahlbezirk	LTW	Wahlbeteiligung	CDU	FDP	SPD	Grüne	Linke
	2009	25,5	33,6	6,9	31,0	9,9	14,6
2042	2008	31,0	27,6	2,4	49,7	4,1	11,5
	+/−	−5,5	+6	+4,5	−18,7	+5,8	+3,1

Wahlkreis 4

	LTW	Wahlbeteiligung	CDU	FDP	SPD	Grüne	Linke
	2009	49,9	28,4	11,1	32,2	15,9	9,2
Gesamt	2008	52,0	26,0	6,2	45,5	9,0	9,3
	+/−	−2,1	+2,4	+4,9	−12,3	+6,9	−0,1

Stadtteil Nord-Holland

	LTW	Wahlbeteiligung	CDU	FDP	SPD	Grüne	Linke
	2009	41,4	18,2	7,4	37,3	18,2	15,2
Gesamt	2008	44,1	16,8	4,5	49,5	11,3	13,9
	+/−	−2,7	+1,4	+2,9	−12,2	+6,9	+1,3
Wahlbezirk	LTW	Wahlbeteiligung	CDU	FDP	SPD	Grüne	Linke
	2009	22,3	18,5	5,6	44,4	8,6	17,9
1112	2008	25,8	12,6	3,1	56,5	6,8	16,8
	+/−	−3,5	+5,9	+2,5	−12,1	+1,8	+1,1

Stadtteil Nord-Holland (Forts.)

Wahlbezirk	LTW	Wahlbeteiligung	CDU	FDP	SPD	Grüne	Linke
	2009	50,7	6,4	4,8	36,7	32,1	16,5
1131	2008	52,5	6,9	3,9	53,5	17,8	15,4
	+/–	–1,8	–0,5	+0,9	–16,8	+14,3	+1,1
Wahlbezirk	LTW	Wahlbeteiligung	CDU	FDP	SPD	Grüne	Linke
	2009	34,4	16,0	8,2	34,3	17,2	21,3
1133	2008	37,1	16,3	4,1	43,1	14,2	17,3
	+/–	–2,7	–0,3	+4,1	–8,8	+3,0	+4,0

Stadtteil Waldau

	LTW	Wahlbeteiligung	CDU	FDP	SPD	Grüne	Linke
	2009	38,7	38,5	8,5	32,9	6,9	10,9
Gesamt	2008	40,7	34,1	4,4	43,6	4,3	10,4
	+/–	+2,0	+4,4	+4,1	–10,7	+2,6	+0,5
Wahlbezirk	LTW	Wahlbeteiligung	CDU	FDP	SPD	Grüne	Linke
	2009	30,6	37,4	8,1	27,0	4,7	18,5
1822	2008	33,2	34,3	2,1	34,3	4,7	19,3
	+/–	–2,6	+3,1	+6,0	–7,3	0,0	–0,8

Stadtteil Forstfeld

	LTW	Wahlbeteiligung	CDU	FDP	SPD	Grüne	Linke
	2009	44,4	28,0	12,4	38,7	9,0	7,8
Gesamt	2008	48,3	26,2	4,5	50,4	5,0	8,4
	+/–	–3,9	+1,8	+7,9	–11,7	+4,0	–0,6
Wahlbezirk	LTW	Wahlbeteiligung	CDU	FDP	SPD	Grüne	Linke
	2009	49,2	23,6	11,0	45,1	11,8	4,6
	2008	53,5	21,4	5,4	58,7	4,9	6,3
	+/–	–4,3	+2,2	+5,6	–13,6	+5,9	–1,7

3 Zusammenfassung

Wir haben unsere Analyse der Wahlen von 2008 mit der These geschlossen, dass die hessische SPD mit dem Schwerpunkt in den urbanen Zentren und Universitätsstädten sich neues soziales Kapital in der Mitte der Gesellschaft erschlossen und gleichzeitig die Bindung zu den Gewerkschaften neu aktiviert hat. Die Wahlbotschaft »Wir setzen auf soziale und ökologische Gerechtigkeit durch eine der Nachhaltigkeit verpflichtete Wirtschaftspolitik und gute Arbeit« war besonders attraktiv für die oberen Erwerbsgruppen im Bildungs-, Gesundheits-, Kultur- und Sozialsektor sowie für innovative Ingenieur-, Informatik-, Architektur- und Planerberufe, die Dienstleistungsgewerkschaften und für Studierende. So ging das gute SPD-Wahlergebnis überwiegend zu Lasten der Grünen.

Für dieses Wählersegment hat die SPD ausschließlich durch das Scheitern des Rot-Grünen Koalitionsvertrags nach dem 1.11.2008 an Vertrauen verloren. 2009 gingen diese Wähler zu den Grünen. Der Grund war die Unfähigkeit der SPD, die eigene Programmatik in reale Politik umzusetzen, es war nicht der Vorwurf des ›Wortbruchs‹ gegen Andrea Ypsilanti. Diese Kampagne belastete eher die Integrationsbereitschaft der traditionellen SPD-Wählerschaft, die resigniert in die Nichtwählerschaft wechselte oder der populistischen Steuersenkungskampagne der FDP auf den Leim ging oder zur CDU wechselte. Für die SPD besteht die Alternative, das verspielte Vertrauen in konkreter Politik zurückzugewinnen oder die Rolle der programmatischen Leitpartei für das Lager jenseits CDU/FDP zumindest in den großen Städten an die Grünen abzutreten. Ein SPD-Geschäftsführer bilanzierte: bei den begründeten Parteiaustritten hielten sich als Austrittsgrund Jürgen Walter und Andrea Ypsilanti die Waage.

Heiko Geiling

Die SPD im freien Fall – Zwischenrufe zu den niedersächsischen Landtagswahlen 2003 und 2008[1]

Der nachfolgende Beitrag bezieht sich auf die niedersächsischen Landtagswahlen 2003 und 2008. Er enthält zwei *Zwischenrufe*, die jeweils unmittelbar nach den jeweiligen Wahlen auf Nachfragen aus dem Umfeld der SPD in Hannover entstanden sind. Insofern erklären sich damit die Bezüge auf die Wahlergebnisse in Hannover, die sich darüber hinaus in ihren jeweiligen Ergebnissen auf das übrige Land Niedersachsen durchaus übertragen lassen.

Die Kommunal- und Landtagswahlen des Jahres 2008 in Deutschland haben das unter dem Dach der Großen Koalition in Berlin mehr oder minder notdürftig stabilisierte Parteiensystem in Bewegung gebracht. So liefert zum Beispiel die weitgehend ohne Grundsatzdiskussionen – dies insbesondere bei den Grünen – etablierte schwarz-grüne Koalition in Hamburg Stoff für Spekulationen über die Zukunft des ehemals grünen Projekts sowie über die Dynamik der politischen Öffnungsbemühungen der CDU in den Großstädten und Stadtstaaten. Demgegenüber hat sich die Sozialdemokratie offenbar eingemauert. Von sozialer und politischer Öffnung zu den gesellschaftlichen Kräften und Verbänden der von der Finanzmarktkrise in besonderer Weise betroffenen mittleren und unteren sozialen Milieus ist nichts zu verspüren. Bestes Beispiel dafür ist das Drama um die hessische SPD in den Jahren 2008 und 2009. Der im ersten Anlauf 2008 erfolgversprechende Versuch der SPD in Hessen, sich als Volkspartei sowohl den modernisierten ›grün-roten‹ als auch den eher traditionellen ›rot-grünen‹ Wählergruppen zu öffnen, musste 2009 scheitern, weil die konservativ-technokratischen Kräfte der sozialdemokratischen Parteielite auf Bundesebene nicht mitspielten.

---

1 Der als Teil 2 gefasste Beitrag wurde zwei Tage nach der niedersächsischen Landtagswahl vom 2.2.2003 verfasst. In seinen Zahlenangaben bezieht er sich auf: Landeshauptstadt Hannover/ Region Hannover/agis, Hannover hatte die Wahl. Landtagswahl 2003 in der Region Hannover. Ergebnisse-Analysen-Vergleiche, Hannover 2003. Der als Teil 3 gefasste Beitrag wurde nach der niedersächsischen Landtagswahl vom 27.1.2008 verfasst.

Der letztlich gerade noch verhinderte Selbstbefreiungsversuch der hessischen SPD von den Fesseln der in Regierungsverantwortung agierenden Parteiführung in Berlin verweist auf das Dilemma der SPD in den Ländern und Kommunen, wo die Mobilisierungsfähigkeit der Partei gegen Null tendiert. Dort muss ausgelöffelt werden, was ihnen in Berlin die eigene Partei einbrockt. Nicht anders erging es der niedersächsischen SPD in den Jahren 2003 und 2008. Am erneuten Wahlsieg der CDU um Christian Wulff hatten bereits vor der Wahl im Januar 2008 kaum Zweifel bestanden. Die nach 2003 erneute Wahlschlappe der SPD in Niedersachsen mündete kurz nach der Wahl in die Einrichtung einer parteiinternen *Zukunftskommission* und in einen Streit um eine angemessene Organisationsstruktur der Landespartei abseits der auch als *Fürstentümer* verstandenen mächtigen Bezirksgliederungen. Von den Arbeitsergebnissen dieser Zukunftskommission war schon nach wenigen Tagen nichts mehr zu hören, da an den parteiinternen Machtstrukturen auf Landesebene nichts grundsätzlich verändert werden konnte[1]. Sigmar Gabriel, den es nach seiner desaströsen Wahlschlappe bei der Landtagswahl 2003 als Bundesminister nach Berlin verschlagen hatte und der von dort aus über ›seinen‹ SPD-Bezirk Braunschweig in die Landespartei hineinregiert, ist ein Interesse an der Parteireform nicht nachzusagen. Ebenso wenig engagiert verhielt sich in dieser Sache der niedersächsische SPD-Landesvorsitzende, Garrelt Duin, der als Vorsitzender des SPD-Bezirks Weser-Ems und als Bundestagsabgeordneter offenbar davon ausgeht, dass Landespolitik von Berlin aus gesteuert werden müsse. Der einzige Landespolitiker in dieser Reihe der ›Bezirksfürsten‹, der dem linken Parteiflügel zugeordnete hannoveraner Wolfgang Jüttner, 2008 unterlegener SPD-Kandidat um das Amt des Ministerpräsidenten und anschließender Vorsitzender der sozialdemokratischen Landtagsfraktion, blieb somit trotz Zukunftskommission nach wie vor in seinen landespolitischen Handlungsspielräumen unter Kontrolle Berlins. Es handelt sich dabei um eine ›Falle‹, die schon Andrea Ypsilanti zum Verhängnis wurde.

---

1 Auf diese Problematik weist auch die Doyenne der niedersächsischen SPD, die ehemalige SPD-Schatzmeisterin Inge Wettig-Danielmeier, in ihrem Papier für die Führung der niedersächsischen SPD hin. Abrufbar von www.wettig-danielmeier.de.

1 Der Niedergang einer Landespartei

Der Niedergang der niedersächsischen SPD lässt sich entlang der Wahlergebnisse der Landtagswahlen seit 2003 nachvollziehen. Dabei ist zu berücksichtigen, dass kaum eine andere sozialdemokratische Landespartei so stark an die Person und an die Politik von Gerhard Schröder gebunden gewesen war wie die in Niedersachsen. Seit 1998, mit dem grandiosen Sieg bei der Landtagswahl unter dem Motto *Ein Niedersachse muss Kanzler werden* und der unmittelbar anschließenden Ablösung Helmut Kohls auf Bundesebene durch Schröder, Lafontaine und Fischer, hatten die niedersächsischen Sozialdemokraten aufgehört, Landespolitik zu betreiben. So jedenfalls war der öffentlich vermittelte Eindruck, wenn an Stelle von Wilhelmshaven, Bentheim, Lüchow oder Hann. Münden vor allem die Bundeshauptstadt Berlin zum Bezugspunkt der SPD-Landesregierung mutierte. Schröder hatte 1998 seinen parteiintern ›erkorenen‹ Ministerpräsident-Nachfolgern Gerhard Glogowski und Sigmar Gabriel ein Erbe hinterlassen, mit dem diese in jeder Beziehung überfordert waren. Sich weitgehend auf der von einem autoritär-technokratischen Demokratieverständnis geprägten und neoliberal gefärbten politischen Achse Hannover-Berlin bewegend, waren sie nicht in der Lage, ein nachhaltiges sozialdemokratisches Profil der Landespolitik zu entwickeln.[2]

Die niedersächsische Quittung erfolgte 2003 mit der sang- und klanglosen Ablösung Gabriels durch den Christdemokraten Wulff. Gabriel, sein treuester Minister Thomas Oppermann und etliche weitere Landespolitiker zogen scheinbar unbeschadet die ›Berlin-Karte‹ und ließen eine weitgehend verunsicherte Landespartei zurück, die angesichts der anhaltenden Fixierung auf die Bundespolitik keine rechte Einstellung zur neuen Oppositionsrolle fand. Allein die gründliche Analyse und, wenn auch schmerzhafte, Diskussion des katastrophalen Wahlergebnisses von 2003 hätte – wie in Hessen von Andrea Ypsilanti in der Ablehnung der Schröder-Politik vorexerziert – zur Mobilisierung der Landespartei in Niedersachsen beitragen können. Nicht zur Kenntnis genommen wurde vor allem die in den noch immer den Kern der sozialdemokratischen Wählerschaft bildenden respektablen Milieus der Arbeitnehmer herrschende Verunsicherung angesichts sozial belastender Zumutungen bei Rente, Gesundheit, Bildung und

---

2 Zur Entwicklung der niedersächsischen SPD unter Gerhard Schröder und seinen Nachfolgern vgl. auch Heinz Thörmer, Edgar Einemann, Aufstieg und Krise der ›Generation Schröder‹. Ein Einblick aus vier Jahrzehnten, Marburg 2007

Arbeitsrecht. Überdurchschnittlich viele dieser Gruppen blieben der Wahl fern.
Ebenfalls nicht zur Kenntnis genommen wurde der von Hoffnungslosigkeit
gekennzeichnete Zustand der wachsenden Zahl der Arbeitslosen und der auf
Sozialtransfers Angewiesenen, die – ohnehin an Wahlen wenig interessiert – bisher immer noch der SPD verbunden gewesen waren, 2003 aber ihre verbliebenen Hoffnungen auf die CDU lenkten. Gleichsam im Widerspruch zu ihrem
Gefühl, eigentlich bei der SPD besser aufgehoben zu sein, lehnten sie sich aus
purer Hoffnungslosigkeit an die vermeintlich Stärkeren an. Unbeachtet blieb
auch das ausgeprägte Desinteresse und die Politikerverdrossenheit bei den jüngsten Wählern. Abgesehen von den Kindern aus bürgerlich-konservativen Milieus,
die grundsätzlich bei Wahlen mobilisierungsbereit sind und 2003 erstmals für
eine CDU-Mehrheit in der jüngsten Altersgruppe sorgten, war kaum noch jemand an der Wahl interessiert. Wenn selbst Eltern und Großeltern als traditionelle Stammwähler der Wahl fern blieben, wie sollten dann gerade die verstärkt
auf gesellschaftliche Zukunftsperspektiven angewiesenen jungen Angehörigen
der Arbeitnehmermilieus motiviert gewesen sein? Ohne Beachtung blieb die
Wechselbereitschaft jener modernisierten und höher qualifizierten Arbeitnehmermilieus, die schon 1994 und vor allem 1998 auf die Schröder-SPD gesetzt
hatten, um die gesellschaftlichen Blockaden der Kohl-CDU aufzubrechen. Sie
repräsentieren den bisher von sozialer Prekarität verschonten Kern der von ihrer
Herkunft arbeitnehmerisch orientierten *Neuen Mitte*. Zwar ist ihnen bei aller
Leistungsbereitschaft jeglicher Sozialdarwinismus fremd, jedoch wussten sie
zu unterscheiden, ob und wie Politik kompetent und glaubwürdig agiert. Sie
wandten sich – frei nach dem Motto: *Dann lieber das Original wählen* – von der
als indifferent wahrgenommen Landespolitik der SPD ab und den vermeintlich
authentischeren konservativ-liberalen Angeboten zu.

In der Konsequenz einer nie da gewesenen Niederlagenserie der SPD in nahezu allen Landtags-, Europa- und Bundestagswahlen und in nicht wenigen
Kommunalwahlen nach 2003 ergab sich eine beispiellose Einschwärzung der politischen Landkarte Deutschlands. Die sozialdemokratische politische Repräsentation in den verschiedenen gesellschaftlich-politischen Feldern war gegen Null
tendiert. Auf der anderen Seite führte dies dazu, dass die in der ohne politische
Strategie in der Notgemeinschaft der Großen Koalition agierende Bundes-SPD
trotz vereinzelter Gegenströmungen wie in Hessen der übrigen Partei weiterhin
den von den Wählerschaften nicht akzeptierten Stempel der Agenda-Politik auf-
drücken konnte.

In Niedersachsen, wo sich mit Wolfgang Jüttner einer der wenigen verbliebenen Landespolitiker, jedoch – im Unterschied zu Hessen – ohne Rückhalt in der eigenen Landespartei und damit kaum zur Mobilisierung fähig, zur Landtagswahl im Januar 2008 stellte, kam es prompt zu einem erneuten Desaster. Mehr oder minder nur halbherzig aus den Bezirken der eigenen Landespartei unterstützt – der Landesvorsitzende Garrelt Duin hatte schon frühzeitig auf sein Bundestagsmandat in Berlin gesetzt, wo sich auch schon Sigmar Gabriel unabkömmlich gemacht hatte – und mit dem bemühten Slogan *Gerechtigkeit kommt wieder* konnte Jüttner 2008 das Wahlergebnis gegenüber 2003 allenfalls verschlimmbessern. Nur noch 57 Prozent der niedersächsischen Wählerschaft – 10 Prozent weniger als noch 2003 – beteiligten sich an der Landtagswahl: ein historischer Tiefstand, der die *Partei der Nichtwähler* auf 2,6 Millionen Stimmen anwachsen ließ. Gemessen an den Zweitstimmen verlor zwar die CDU (42,5 Prozent) gegenüber 2003 ca. 470.000 Wähler, jedoch konnte die SPD (30,3 Prozent) davon nicht profitieren und verlor ihrerseits ca. 295.000 Stimmen. Der FDP (8,2 Prozent) mit ca. 44.000 Stimmen weniger und den Grünen (8,0 Prozent) mit Verlusten von ca. 31.000 Stimmen erging es nicht anders, während allein *Die Linke* (7,1 Prozent) mit zusätzlichen ca. 222.000 Stimmen zu den Wahlgewinnern zählte und erstmals in den Landtag einzog.

Allein in der Region Hannover musste es die SPD hinnehmen, zwischen 1998 und 2008 die Hälfte ihrer Wählerschaft zu verlieren. In vielen anderen Regionen des zweitgrößten Flächenlandes Deutschlands erging es den Sozialdemokraten nicht anders. Statt die 2003 verloren gegangenen Wählergruppen zurück zu gewinnen, wurden 2008 weitere Wähler verloren: einerseits in den ohnehin schon verprellten sozialdemokratischen Kernmilieus traditioneller und moderner Arbeitnehmer, die in noch größerer Zahl als zuvor der Wahl fernblieben, andererseits in den jüngeren und zumeist urbanen Milieus, die auf Kosten der SPD und den Grünen Die Linke wählten.

Auch sechs Jahre nach 2003 lehnt ein Großteil der Wählerschaft die Berliner Reformpolitik und damit insbesondere die Politik der Bundes-SPD ab. Schon vor der Finanzmarktkrise haben Sozialwissenschaftler von erschöpften Legitimationsreserven des neoliberalen Politikmodells gesprochen, während wirtschaftsliberale Konservative, wie Roman Herzog, auf die vermeintliche Uneinsichtigkeit des Volkes in weiterreichende sogenannte Reformen mit Wählerbeschimpfungen reagieren. Erstaunlich ist nur das anhaltende Fortwirken jener Kräfte in der SPD, die am liebsten Roman Herzogs autoritären Untertönen beipflichten würden. Trotz der für die SPD katastrophalen Wahlergebnisse seit 2000 als Reaktion auf die von der rot-grünen Regierung unter Schröder und Fischer initiierten Politik der Aushöhlung des Sozialstaats und der steuerlichen Umverteilung zu Gunsten von Großunternehmen und höheren Einkommensklassen setzt die großkoalitionäre SPD ihre Politik weiter fort.

Mit Bitterkeit im sozialdemokratischen Umfeld wird zur Kenntnis genommen, dass durchaus akzeptable familienpolitische Ideen der Großen Koalition, die von der SPD entwickelt wurden, nun von der CDU als *eigener* Akzent in der Großen Koalition realisiert werden, obwohl gerade sozialdemokratische Frauen jahrzehntelang dafür gestritten hatten, jedoch innerparteilich damit immer in die *Gedöns-Ecke* verwiesen worden waren. Selbst das beim SPD-Programmparteitag 2007 in Hamburg auf Betreiben des damaligen Vorsitzenden Kurt Beck signalisierte Eingeständnis einer weitgehend gescheiterten politischen Strategie der ›kalten‹ gesellschaftlichen Modernisierung konnte nur halbherzig erfolgen. Mit Verweis auf die Einbindung in die Große Koalition verhinderte die unverändert autoritär-technokratisch ausgerichtete Parteielite in Berlin eine offensive Symbolik des Neuanfangs. Wenn also dieser angedeutete Strategiewechsel bisher noch nicht einmal der eigenen Partei gegenüber vermittelbar gewesen ist, weil die innerparteilichen Kämpfe darum weitgehend unsichtbar und über die Medien nur in verzerrter Form ausgetragen werden, ist auch nicht zu erwarten, diesen vermeintlichen Wechsel rechtzeitig und glaubwürdig in die nach wie vor gegenüber der SPD indifferenten Wählerschaften hinein vermitteln zu können.

Für die Sozialdemokratische Partei bleibt noch viel zu tun, wenn sie in Zukunft wieder Wahlen gewinnen will. Sie muss sich insbesondere der Frage stellen, wie sie mit den von ihr in den letzten Jahren vernachlässigten und brüskierten – weil in der von finanziellen und industriellen Machtkartellen dominierten Gesellschaft eher machtschwachen – korporativen Interessen und Verbänden umgehen will. Ohne deren Mobilisierung sind weitere Wahlniederlagen vorprogrammiert. Sie muss sich auch Fragen lassen, wie sie mit ihren Mitgliederverlusten umgehen will, zumal die noch verbliebenen lokalen Kader und Mitglieder vor Ort in den letzten zehn Jahren verprellt und verschlissen worden sind. Ohne diese Parteiaktivisten wird die SPD als Volkspartei keine Zukunft haben können, weil noch immer sie es sind, die als ›Kümmerer‹ in der Lage sind, notwendige Anlehnungs- und Klientelbeziehungen zu pflegen. Allein sie – und nicht die von heute auf morgen medial aufgebauten und ebenso schnell ›verbrannten‹ Bürokraten des Parteiapparats – können noch so etwas wie innere Bindungen zwischen Partei und Teilen der Wählerschaft garantieren. Vor allem wissen sie aus eigener Anschauung, dass die Wählerschaften nicht ohne Strukturen und

Traditionen sind und insbesondere auf von oben autoritär zugewiesene Label à la Herzog empfindlich ablehnend reagieren. Auch wenn diese für die Existenz von Volksparteien notwendige Form der auf demokratischer Beteiligung basierenden politischen Bindung Zeit braucht, um wieder hergestellt werden zu können, muss sich die SPD fragen, welche politischen Alternativen es gibt. Weder das von Autoritarismus geprägte Demokratiemodell der 1950er Jahre noch die aktuell in Italien zu beobachtende ›Berlusconisierung‹ der Politik werden in Deutschland Akzeptanz finden können. Naheliegender und nicht zuletzt ermutigt von den Versuchen Barack Obamas, die sozialen und politischen Schließungen in den USA wieder aufzubrechen, ist eine Strategie der »Öffnung des sozialen Raums« und beteiligungsorientierter Demokratie zur Modernisierung des historischen deutschen Sozialmodells. Jedoch wird die SPD damit nur als Mitgliederpartei erfolgreich sein können.

2 Zu den Ergebnissen der Landtagswahl 2003 in Niedersachsen

2.1 Zur Ausgangssituation der SPD im Januar 2003

Selbstdarstellung wie auch veröffentlichte Bilder der SPD in den Wochen und Monaten vor der niedersächsischen Landtagswahl 2003 waren katastrophal. Eine Analyse der aktuellen Wahlergebnisse muss sich diese Bilder zunächst noch einmal vor Augen führen. Boulevardpresse, politische Feuilletons und selbst Politikwissenschaftler lieferten einen Verriss der Sozialdemokratie nach dem anderen. Die ätzende Häme dieser *Kritik* war in der Regel von Ressentiments und Halbwahrheiten gekennzeichnet, die nicht wenige Beobachter an als längst überwunden geglaubten Klassenkampf erinnerten. Die SPD-Vertreter waren darauf nicht vorbereitet, wirkten paralysiert und hilflos. Hatten sie doch blauäugig angenommen, als vermeintliche Vertreter des modernen Deutschland, sozialtechnokratisch und diskursiv (in vorparlamentarischen Kommissionen und im Bündnis für Arbeit), auch die von ständischen Privilegien untermauerten Reformblockaden bzw. Klassenprivilegien aufbrechen zu können. In leichtfertiger Naivität waren sie davon ausgegangen, dies ebenso leicht hinkriegen zu können, wie zuvor schon die auf Kosten der eigenen Klientel gehende Austeritätspolitik. Diese Rechnung konnte nicht aufgehen. Die öffentlichkeitswirksamen Tiraden gegen die Schröder-SPD erfolgten postwendend. Sie hätten von der Sozialdemokratie durchaus ernst genommen werden müssen, zumal auch in Halbwahrheiten Wahrheiten verborgen sind. Drei Aspekte tauchten dabei immer wieder auf. So war zu lesen:

(1) Die SPD als Symbol für Wirtschaftswachstum und sozialen Fortschritt verfüge in Zeiten industriegesellschaftlicher Krisen über keine hinreichenden Konzeptionen. Die Partei erweise sich angesichts des neoliberal entfesselten Kapitalismus als hilflos, da sie ihre keynesianisch geprägte nationalstaatliche Interventionspolitik aufgegeben habe zu Gunsten des Rückzugs staatlicher Politik auf einige wenige Kernfunktionen im Sinne eines aktivierenden Staats. Abgesehen davon, dass kurzfristige Erfolge beim Abbau der Massenarbeitslosigkeit dennoch ausbleiben, wirke dieser Richtungswechsel der SPD unglaubwürdig, handele es sich hier doch um eine Politik, die traditionsgemäß von Konservativen und Liberalen besser beherrscht werde. Darüber hinaus werde damit in der Stammwählerschaft der Arbeiter- und Angestelltenmilieus Angst ausgelöst, in die vielfach schon eingetretene soziale Prekarität gezogen zu werden. Somit sei die Partei mit ihrer Politik weder für moderne Krisengewinner noch für verängstigte Stammwähler und Krisenverlierer authentisch und wählbar.

(2) Wenn die SPD als Regierungspartei etwas vorspiegele, was ihr traditionsgemäß nicht zustehe und was sie auch gar nicht beherrsche, habe dies auch damit zu tun, dass ihr die normative Zukunftsperspektive einer sozial gerechten Gesellschaft abhanden gekommen sei. Die sozialdemokratische Programmatik des demokratischen Sozialismus sei schon seit langem erschöpft und durch den Staatssozialismus diskreditiert gewesen. Von daher sei die Kanzlerschaft Schröders nur ein illegitimes – weil ohne normative Legitimation – Interregnum. Schröder repräsentiere den Prototypen des von allen Wurzeln abgeschnittenen Sozialdemokraten, der um der Macht willen die eigene Partei nicht nur zur Medienpartei degradiert habe, sondern auch nicht davor zurückschrecke, Deutschland international wieder in das Abseits zu führen. Sigmar Gabriel habe dies in Niedersachsen nachzuäffen versucht, sei von einem zum anderen scheinbar populären Thema gesprungen, habe den Kollegen seines Landesministeriums wie auch seiner Partei keine Luft zum Atmen gelassen und sei darüber hinaus dem Irrtum erlegen gewesen, ein von regionalen Traditionen und sozialstrukturellen Unterschieden differenziertes Flächenland wie Niedersachsen gleichsam wie ein Pop-Star von der Ebene der Talk-Shows aus regieren zu können.

(3) Berücksichtige man zuletzt auch noch die Tatsache, dass das sozialdemokratisch-gewerkschaftliche Herkunftsmilieu aussterbe, müsse man davon ausgehen, dass in absehbarer Zukunft mit einer derart sklerotischen Partei kein

Staat zu machen ist. Eine ehemalige Massenpartei mit durchaus historischen Verdiensten und über 1 Mio. Mitglieder sei mittlerweile auf 695 Tsd. Mitglieder geschrumpft und überaltere zunehmend, wenn man bedenke, dass nur 9 Prozent ihrer Mitglieder jünger als 35 Jahre sind. In ihrer Abhängigkeit von selbsternannten Populisten wie Schröder und Gabriel, die es sich mit ihrer Sprunghaftigkeit und Prinzipienlosigkeit sogar mit den Gewerkschaften verscherzt haben, sei die SPD nicht einmal mehr von Nutzen, rückwärtsgewandte *Betonköpfe* der Gewerkschaften auf Dauer in Schach halten zu können.

2.2 Zu den Wahlergebnissen in Hannover

Ein Ergebnis der für die Sozialdemokratie desaströsen Landtagswahl 2003 besteht offenbar darin, dass in der Tagespolitik nichts schwieriger ist, als angemessen auf wie auch immer erzeugte gesellschaftlich-politische Stimmungen reagieren zu können. Hingegen scheint es vergleichsweise einfacher zu sein, sich auf Basis der konkreten Wahlergebnisse und in Distanz zu Stimmungen und Ressentiments über neue politische Handlungsperspektiven verständigen zu können. Die Fassungslosigkeit jedoch, die sich in ersten öffentlichen Reaktionen von SPD-Vertretern auf die dramatischen Wahlergebnisse vom 2.2.2003 darstellte, passt ebenso in das von Verständnislosigkeit geprägte Bild, wie das wenige Stunden später im Eiltempo von SPD-Landesvorstand wie auch geschrumpfter Landtagsfraktion erneut verkündete *Weiter so*. Es ist das Bild eines schwer angeschlagenen Boxers, dessen offenbar über Autosuggestion herbeigeführte Selbstüberschätzung zur schwersten Niederlage seiner Karriere geführt hat und es danach nicht zulassen kann, über reflexhafte und scheinbar identitätssichernde Reaktionen hinaus die eigenen Fehleinschätzungen selbstkritisch zu hinterfragen. Es besteht die Befürchtung, dass die mit Verweis auf Berlin bemühte und auf die eigene Partei zurückfallende *Erklärung* – am Sonntag wäre an Stelle des Christdemokraten Christian Wulff auch ein Besenstiel als Kandidat erfolgreich gewesen – die traumatischen Erfahrungen des Wahlsonntags unbearbeitet stehen lässt. Ohne die Analyse eigener Unzulänglichkeiten und politischer Verkennungen jedoch wird das Land Niedersachsen für längere Dauer von der CDU regiert bleiben, und dies nicht ohne gesellschaftlich-politische Auswirkungen in den Regionen und Kommunen.

Bereits in den unterschiedlichen Wahlen der Jahre zuvor hatte sich das jetzige Debakel der SPD angekündigt. So ist daran zu erinnern, dass die Wahlbeteiligungen seit 1974 stetig rückläufig sind. In der Stadt Hannover beteiligten sich nur noch 65,6 Prozent an der Landtagswahl (LTW) 2003. Nur 1947 (!) gab es eine ähnlich niedrige Beteiligung von 65,5 Prozent. Dies bedeutet, dass im Vergleich zur LTW 1998 sich in diesem Jahr allein in der Stadt Hannover 33.117 Menschen weniger beteiligten und somit insgesamt 126.163 Wähler/innen der Wahl fern blieben. Bereits 1998 (*Ein Niedersachse muss Kanzler werden!*) war in Hannover die Wahlbeteiligung gegenüber der LTW 1994 um 0,8 Prozent niedriger, was angesichts der SPD-Gewinne von 4,8 Prozent aber kaum auf Interesse stieß, zumal bei der direkt anschließenden Bundestagswahl (BTW)1998 sich gegenüber der BTW 1994 mit 83,3 Prozent sogar eine leichte Steigerung von 2,1 Prozent einstellte. Selbst als sich dann bei der Kommunalwahl im Oktober 2001 die Wahlabstinenz in der Stadt fortsetzte (48,4 Prozent Beteiligung bzw. 8,6 Prozent weniger als bei der Kommunalwahl 1996) schien dies in der SPD keine Irritationen hervorzurufen, da die Partei prozentual um 5,9 Prozent zugelegt hatte und auch der SPD-Oberbürgermeister zeitgleich im ersten Wahlgang wiedergewählt worden war.

Der Ausgang der LTW 2003 öffnet nun jedoch den Blick für sich mit der sinkenden Wahlbeteiligung darstellende politische Strukturprobleme der SPD, die in den vorangegangenen Wahlen allzu bereitwillig verdrängt werden konnten durch die medial geförderte Euphorie des Wechsels zu Rot-Grün in Berlin bzw. des Wechsels Schröders von Hannover nach Berlin, durch die Spendenaffäre der CDU und nicht zuletzt in Hannover durch die bodenständige Präsenz des lokalen Oberbürgermeisters. Die Strukturprobleme werden deutlich, wenn die entlang der städtischen Segregation sich darstellenden Ergebnisse einzelner Stadtteile berücksichtigt werden (Tabelle 1).

Allein schon dieses Muster der Stimmenverteilung weist darauf hin, dass in den östlichen Stadtgebieten Hannovers, wo überwiegend die sozial gutsituierte Wählerschaft beheimatet ist, die SPD an CDU und FDP verloren hat. Es handelt sich dabei um städtische Wahlkreise, wo in den vorausgegangenen Wahlen die SPD im vermeintlichen Sog der ›Modernen neuen Mitte‹ leicht hinzu gewonnen hatte. Für die übrigen städtischen Wahlkreise deutet sich hingegen an, dass die Mehrzahl der SPD-Stimmenverluste auf das Konto der Nichtwähler/innen ging.

In den Wahlkreisen des mittlerweile zur Region Hannover zählenden ehemaligen Landkreises Hannover verzeichnete die SPD noch höhere Stimmenverluste. Davon profitierte insbesondere die CDU, zumal der Rückgang der Wahlbeteiligung dort mit 6,3 Prozent geringer ausfiel als in der Stadt Hannover mit 7,7 Prozent (Tabelle 2).

Tabelle 1: Zweitstimmengewinne/-verluste LTW 2003, Hannover Stadt*

Wahlkreise	SPD	Grüne	CDU	FDP	Beteiligung
Hannover-Mitte	−6.285	+703	+1.074	+927	−4.479
Hannover-List	−7.544	+507	+1.589	+662	−5.835
Hannover-Nordwest	−6.354	+253	+1.816	+743	−4.901
Hannover-Nordost	−7.216	+529	+2.737	+1.148	−4.177
Hannover-Südost	−5.774	+869	+2.005	+1.607	−2.392
Hannover-Linden	−6.936	+252	+816	+466	−6.139
Hannover-Südwest	−7.715	+449	+2.320	+809	−5.194
Hannover gesamt	−47.823	+3.562	+12.357	+6.362	−33.117

*) Angaben in absoluten Zahlen im Vergleich zur LTW 1998; hervorgehoben sind die der SPD verbliebenen Wahlkreise.

Tabelle 2: Zweitstimmengewinne/-verluste LTW 2003, Hannover Umland*

Wahlkreise	SPD	Grüne	CDU	FDP	Beteiligung
Laatzen	−6.671	+581	+4.332	+1.369	−1.539
Lehrte	−9.431	+251	+5.123	+1.733	−1.662
Langenhagen	−8.815	+256	+4.671	+1.958	−3.713
Garbsen	−8.454	+582	+5.143	+2.169	−2.211
Neustadt	−8.669	+608	+4.354	+2.056	−2.924
Barsinghausen	−8.515	+667	+3.795	+1.741	−4.050
Springe	−8.373	+1.157	+3.980	+1.626	−2.937
Region gesamt (ohne Stadt Hannover)	−58.928	+4.102	+31.398	+12.652	−21.330

*) Angaben in absoluten Zahlen im Vergleich zur LTW 1998; alle Wahlkreise wurden von der CDU gewonnen.

Aufschlussreich wird die Analyse, wenn die hannoverschen Stadtteile mit überdurchschnittlichen SPD-Verlusten in den Blick genommen werden (Tab. 3). Mit einigen wenigen Ausnahmen handelt es sich hier um alte sozialdemokratische Kerngebiete, wo einerseits Facharbeiter und einfache Angestellte der respektablen Volksmilieus zu Hause sind und überwiegend mit Wahlenthaltung auf sich aufmerksam machten, andererseits finden sich hier auch sozial Unterprivilegierte, die, wie in Mühlenberg, Sahlkamp oder Vahrenheide, nicht allein mit Wahlenthaltung, sondern auch mit dem eindeutigen Wechsel zur CDU reagiert haben. Dies bedeutet, dass die in den sozial benachteiligten Stadtteilen ohnehin ausgeprägte Wahlabstinenz noch zugenommen hat und darüber hinaus ein Teil der Wahlwilligen zur CDU übergewechselt ist. Letzteres ist ein neues Phänomen.

Konnte die SPD bisher immer noch davon ausgehen, dass in den Stadtteilen mit relativ hohen Arbeitslosen- und Sozialhilfeempfängerzahlen und geringster Wahlbeteiligung ein die Mehrheit sichernder Gefolgschaftskern besteht, zumal die in diesen Gebieten häufigen rechtspopulistischen Stimmen diese Mehrheit nicht gefährdeten, zog nun die CDU diese Stimmen auf sich und fordert damit hier die ›strukturelle‹ SPD-Mehrheit heraus.

Ein nächster Blick gilt den sozial gut situierten bzw. privilegierten Stadtteilen in Hannover (Tabelle 4). Mit Ausnahme von Bemerode, wo in der Zeit zwischen 1998 und 2003 mit der Kronsbergsiedlung ein sozialstruktureller Veränderungsprozess eingesetzt hat, gab es unterdurchschnittliche Rückgänge bei der Wahlbeteiligung und nur geringfügige Zuwächse bei der CDU. Das immer schon mobilisierungsfähige bürgerliche Lager, in dem 1998 die SPD leichte Stimmengewinne erzielt hatte, gab diese Stimmen nun der FDP und den Grünen.

Diesen stadtteilspezifischen Befunden sind zuletzt noch die Ergebnisse der repräsentativen Wahlstatistik (Alter/Geschlecht) für die Stadt Hannover anzufügen:

– Die Altersgruppe zwischen 18–24 Jahren beteiligte sich nur zu 44 Prozent (- 5,1 Prozent zu 1998 und -22 Prozent zu 1994); hier erhielt die SPD mit 28,6 Prozent die niedrigste Zustimmung (CDU 37,5 Prozent), 1998 waren es noch 49,7 Prozent.

– Hatte die SPD in der Altersgruppe zwischen 35–44 Jahren 1998 noch 30 Prozent Vorsprung vor der CDU, konnte 2003 die CDU hier die Mehrheit erringen.

– Die SPD ist lediglich noch in der Altersgruppe der 45- bis 59-Jährigen in der Mehrheit; in allen anderen Altersgruppen dominierte 2003 die CDU.

– Die FDP konnte in der Altersgruppe der unter 45-Jährigen überdurchschnittlich gewinnen.

Tabelle 3: Zweit-Stimmengewinne/-verluste LTW 2003, Stadtteile Hannovers mit überdurchschnittlichen Verlusten für die SPD*

Ausgewählte Stadtteile	SPD	Grüne	CDU	FDP	Beteiligung
Bornum	−19,5	+3,0	+14,4	+4,7	−10,0
Lahe	−16,9	+1,8	+14,8	+4,7	−2,7
Limmer	−16,4	+4,2	+10,4	+2,3	−10,7
Mühlenberg	−16,3	−0,2	+15,8	+3,1	−8,7
Misburg-Süd	−16,2	+1,5	+14,8	+4,2	−6,5
Ahlem	−16,1	+2,1	+12,9	+3,5	−7,6
Misburg-Nord	−15,8	+1,7	+13,3	+3,8	−9,0
Badenstedt	−15,3	+3,3	+13,4	+2,0	−9,8
Burg	−15,3	+0,8	+12,7	+3,3	−6,9
Vahrenheide	−15,1	+1,5	+15,2	+1,8	−9,9
Wettbergen	−15,1	+2,4	+11,1	+3,8	−7,0
Anderten	−15,1	+2,0	+11,7	+3,7	−7,8
Davenstedt	−15,0	+2,5	+10,9	+3,4	−5,2
Ledeburg/Nordhafen	−14,9	+2,7	+11,7	+2,9	−8,4
Hainholz	−14,7	+1,5	+15,4	+1,8	−12,7
Sahlkamp	−14,4	+1,5	+13,7	+3,5	−8,9
Herrenhausen	−14,3	+3,0	+10,5	+2,6	−7,1
Hannover gesamt	−13,4	+3,1	+9,2	+3,3	−7,7

*) Angaben in Prozent im Vergleich zur LTW 1998; hervorgehoben sind die der SPD verbliebenen Wahlkreise.

Tabelle 4: Zweit-Stimmengewinne/-verluste LTW 2003, Stadtteile Hannovers mit sozial gut situierter Bevölkerung*

Ausgewählte Stadtteile	SPD	Grüne	CDU	FDP	Beteiligung
Waldhausen	−11,0	+3,0	+3,3	+5,6	−6,8
Waldheim	−10,8	+4,2	+3,4	+4,0	−5,2
Bult	−7,1	+2,6	+0,2	+5,1	−6,2
Zoo	−9,8	+2,9	+3,6	+5,0	−2,2
Kirchrode	−9,6	+2,2	+2,9	+6,5	−2,9
Bemerode	−9,1	+3,6	+4,6	+3,5	−13,2
Isernhagen-Süd	−8,9	+1,6	+3,2	+5,9	−1,4
Hannover gesamt	−13,4	+3,1	+9,2	+3,3	−7,7

*) Angaben in Prozent im Vergleich zur LTW 1998; in diesen Stadtteilen hat nach wie vor die CDU eine Mehrheit.

2.3 Zusammenfassung

(1) Im deutlichen Unterschied zu den Stadtteilen mit Dominanz konservativ-bürgerlicher Milieus erreichte in den Stadtteilen der SPD-Stammwähler-schaften der seit Jahren zu beobachtende Abwärtstrend bei der Wahlbeteiligung einen neuen Höhepunkt.

(2) Die SPD verlor in den Stadtteilen ihrer Stammwähler-Milieus durchschnittlich 15,7 Prozent.

(3) In den einfachen, aber respektablen Stadtteilen der Arbeiter-, Facharbeiter- und Angestellten-Milieus gingen diese Verluste überwiegend auf das Konto der Nichtwähler/innen.

(4) In den sozialen Milieus der Unterprivilegierten gingen diese Verluste erstmals auf das Konto der CDU.

(5) Leichte Stimmengewinne der SPD bei den zurückliegenden Wahlen im Lager der konservativ-bürgerlichen Milieus lenkten diese 2003 um auf FDP, CDU und zum Teil auf die Grünen.

Folgt man den skizzierten Wahlergebnissen, die im übrigen mit denen des Landes weitgehend übereinstimmen, lässt sich zu Einschätzungen kommen, die dringender denn je einen Politikwechsel der SPD erfordern. Selbst in ihrer Stammwählerschaft war im letzten Vierteljahr die Wahrnehmung der SPD ohnegleichen: Endloses, sich widersprüchlich überlagerndes *Reformpalaver* aus Berlin, das ohne eine erkennbare landespolitische Strategie in Hannover von dissonanten und schnell verhallenden Querschüssen begleitet wurde; eine kaleidoskopische und zudem medial angeheizte *Kakophonie* auf der einen und eine penetranter werdende Realität wachsender Arbeitslosigkeit und schrumpfender Nettoeinkommen auf der anderen Seite. In dieser Wahrnehmung dokumentieren die dramatischen SPD-Verluste bei der LTW 2003 Hilflosigkeit, Hoffnungslosigkeit, Desinteresse bzw. Politikerverdrossenheit und Wechselbereitschaft:

Hilflosigkeit herrscht in den respektablen Milieus der Arbeitnehmerschaften, die noch immer den Kern sozialdemokratischer Wähler bilden. Während sie die Demonstrationen der besserverdienenden Ärzte, Apotheker und anderen Mittelständler mit Erstaunen beobachten, warten sie vergeblich auf die Einlösung des Versprechens *ihrer* Regierung, der sozialen Gerechtigkeit in der Reformpolitik folgen zu wollen. Aber alles, was sie hören und spüren, weist auf das Gegenteil sozial belastender Zumutungen bei Rente, Gesundheit, Bildung und Arbeitsrecht. Wem, außer den nicht zur Wahl stehenden Gewerkschaften, soll man noch trauen? Überdurchschnittlich viele Wähler blieben am Sonntag der Wahl fern.

Hoffnungslosigkeit kennzeichnet den Zustand der wachsenden Zahl der Arbeitslosen und Sozialhilfeempfänger, die – ohnehin an Wahlen wenig interessiert – bisher immer noch der SPD verbunden waren, mittlerweile ihre verbliebenen Hoffnungen aber auf die CDU lenken. Gleichsam im Widerspruch zu ihrem Gefühl, eigentlich bei den Sozialdemokraten besser aufgehoben zu sein, lehnen sie sich aus purer Hoffnungslosigkeit an die vermeintlich Stärkeren an. Wie am Beispiel der hannoverschen Wahlergebnisse gezeigt, handelt es sich in diesem Ausmaß um ein neues Phänomen.

Desinteresse und Politikerverdrossenheit ist bei den jüngsten Wählern am deutlichsten ausgeprägt. Abgesehen von den Kindern der bürgerlich-konservativen Milieus, die grundsätzlich bei Wahlen mobilisierungsbereit sind und so dieses Mal für eine CDU-Mehrheit in der jüngsten Altersgruppe sorgten, geht kaum noch jemand zur Wahl. Wenn selbst Eltern und Großeltern der Wahl fern bleiben, wie sollen dann gerade die verstärkt auf gesellschaftliche Zukunftsperspektiven angewiesenen jungen Angehörigen der Arbeitnehmermilieus motiviert sein?

Wechselbereitschaft trifft das Wahlverhalten jener modernisierten und höher qualifizierten Arbeitnehmer-Milieus, die 1994 und vor allem 1998 auf die Schröder-SPD gesetzt hatten, um die gesellschaftliche Reformblockade der Kohl-CDU aufzubrechen. Sie repräsentieren den bisher von sozialer Prekarität verschonten Kern der von ihrer Herkunft her arbeitnehmerisch orientierten *Neuen Mitte*. Zwar ist ihnen bei aller eigenen Leistungsbereitschaft jeglicher Sozialdarwinismus fremd, jedoch wissen sie zu unterscheiden, ob und wie Politik kompetent, klar und authentisch agiert. Nach dem Motto: *Dann lieber das Original wählen*, wenden sie sich vom Chaos ab und der vermeintlich klaren konservativ-liberalen Struktur zu.

3 Zu den Ergebnissen der Landtagswahl 2008 in Niedersachsen

3.1 Ergebnisse mit Blick auf die Region Hannover

Spätestens die rückläufigen Zahlen der Briefwähler signalisierten vor dem 27. Januar 2008 das relativ geringe Interesse an der Landtagswahl in Niedersachsen. Gegenüber 2003, als sich noch 67 Prozent beteiligt hatten, waren es dann auch 2008 nur noch 57 Prozent – ein historischer Tiefstand. Die Wahl 2008 verzeichnet 563.000 weniger Wählerinnen und Wähler als 2003. Unangefochten setzte in Niedersachsen die *Partei der Nichtwähler* mit 2,6 Mio. Stimmen ihren Siegeszug fort. Gemessen an den Zweitstimmen verlor die CDU gegenüber 2003 ca. 470.000 Stimmen, die SPD verlor ca. 295.000 Stimmen, die FDP verlor ca. 44.000 Stimmen, die Grünen verloren ca. 31.000 Stimmen, Die Linke – sofern die 2003 kandidierende Vorgängerpartei PDS hier berücksichtigt werden darf – gewann ca. 222.000 Stimmen hinzu; ebenso hinzu gewannen die unter der Rubrik *Sonstige* geführten Parteien mit ca. 59.000 Stimmen. Aus dieser Perspektive scheint sich die Frage nach Siegern und Verlierern der Landtagswahl von 2008 zu erübrigen.

Der Blick auf die Region Hannover, bestehend aus der Landeshauptstadt Hannover und ihren Umlandgemeinden, und die Ergebnisse der drei Landtagswahlen 1998, 2003 und 2008 ermöglicht eine vergleichende Differenzierung der mit der Wahlabstinenz zu verbindenden Krise der politischen Repräsentation in Niedersachsen (vgl. Tabelle 1). So haben in der Region Hannover 2008 ca. 480.000 Wählerinnen und Wähler (58,1 Prozent) ihre Stimme abgegeben, was bedeutet, dass ca. 85.000 Wahlberechtigte weniger als 2003 (68,8 Prozent Wahlbeteiligung) und sogar ca. 137.000 weniger als 1998 (75,6 Prozent Wahlbeteiligung) an der Wahl teilgenommen haben. Für die einzelnen Parteien stellt sich diese wachsende Verweigerung der Wählerschaft in der Region Hannover ganz spezifisch dar:

- So muss die SPD heute feststellen, dass sie zwischen 1998 und 2008 immerhin die Hälfte ihrer Wählerschaft verloren hat. 1998 hatte sie ca. 306.000 Zweitstimmen (49,5 Prozent) erhalten, 2003 noch ca. 199.000 (35,2 Prozent) und 2008 waren es nur noch ca. 153.000 Stimmen (31,9 Prozent).
- Im Vergleich zu den SPD-Verlusten von etwa 152.000 Stimmen hat die CDU 2008 (ca. 181.000 Stimmen; 37,6 Prozent) zwar nur etwa 15.000 Stimmen weniger erhalten als 1998 (31,8 Prozent), aber jedoch nicht ganz unerhebliche ca. 60.000 Stimmen weniger als 2003 (42,5 Prozent).

Tabelle 5: Landtags-Wahlergebnisse in der Region Hannover 1998, 2003 und 2008 im Vergleich

		Wahl-beteiligung abs./%	SPD abs./%	CDU abs./%	Grüne abs./%	FDP abs./%	Die Linke abs./%	Sonstige abs./%
1998	LHH	270.707 / 73,3	132.376 / 48,9	80.129 / 29,6	30.319 / 11,2	13.806 / 5,1		14.077 / 5,2
	Umland	347.491 / 77,5	173.632 / 50,0	116.458 / 33,5	20.991 / 6,5	16.486 / 4,8		19.306 / 5,5
	Region	618.198 / 75,6	306.008 / 49,5	196.587 / 31,8	51.310 / 8,3	30.292 / 4,9		33.383 / 5,4
2003	LHH	238.055 / 65,6	84.564 / 35,5	92.449 / 38,8	33.937 / 14,3	20.070 / 8,4		7.035 / 2,9
	+/– 1998	–32.652 / –7,7	–47.823 / –13,4	+12.357 / +9,2	+3.562 / +3,1	+6.362 / 3,3		–7.110 / –2,3
	Umland	328.035 / 71,2	114.775 / 35,0	147.862 / 45,1	25.337 / 7,7	29.492 / 9,0		10.569 / 3,2
	+/– 1998	–21.330 / –6,3	–58.928 / –15,0	+31.398 / +11,6	+4.102 / +1,6	+12.652 / +4,2		–8.680 / –2,3
	Region	566.090 / 68,8	199.339 / 35,2	240.311 / 42,5	59.274 / 10,5	49.562 / 8,8		17.604 / 3,1
	+/– 1998	--53.982 / –6,8	–106.751 / –14,3	+43.755 / +10,7	+7.664 / +2,2	+19.014 / +3,9		–15.790 / –2,3
2008	LHH	204.704 / 56,3	64.891 / 31,7	66.529 / 32,5	27.635 / 13,5	19.242 / 9,4	19.037 / 9,3	7.369 / 3,6
	+/– 1998	–66.003 / –17,0	–67.485 / –17,2	–13.600 / +2,9	–2.684 / +2,3	+5.436 / +4,3		–6.708 / –1,6
	+/– 2003	–33.352 / –9,3	–19.673 / –3,8	–25.920 / –6,3	–6.302 / –0,8	–828 / +1,0		+334 / 0,7
	Umland	276.566 / 59,5	88.501 / 32,0	114.498 / 41,4	20.466 / 7,6	24.614 / 8,9	17.977 / 6,5	10.786 / 3,9
	+/– 1998	–70.925 / –13,8	–85.131 / –18,0	–1.960 / +7,9	–525 / +1,1	+8.128 / +4,1		–8.520 / –1,6
	+/– 2003	–51.495 / –11,7	–26.274 / –3,1	–33.364 / –3,7	–4.871 / –0,1	–4.878 / –0,1		–217 / –0,7
	Region	481.270 / 58,1	153.392 / 31,9	181.027 / 37,6	48.101 / 10,0	43.856 / 9,1	37.014 / 7,7	18.155 / 3,8
	+/– 1998	–136.928 / –17,5	–152.616 / –17,6	–15.560 / +5,8	–3.209 / –1,7	+13.564 / +4,2		–15.228 / –1,6
	+/– 2003	–84.820 / –10,7	–45.947 / –3,3	–59.284 / –4,9	–11.173 / –0,5	–5.706 / –0,3		+551 / –0,7

Quelle: Landeshauptstadt Hannover, Landtagswahl 2008 in der Region Hannover. Ergebnisse-Analysen-Vergleiche, Hannover 2008; eigene Berechnungen.

Legende: LHH = Landeshauptstadt Hannover; Umland = Regionsgemeinden ohne LHH; Region = LHH und Umland; Wahlbeteiligung bezieht sich hier auf abgegebene gültige Zweitstimmen; Lesebeispiel: 2008 reduzierte sich die Wahlbeteiligung im Vergleich zu 1998 um 136.928 Stimmen und im Vergleich zu 2003 um 84.820 Stimmen; sie war damit um 17,5 Prozent geringer als 1998 und 10,7 Prozent geringer als 2003.

– Mit ihren ca. 48.000 Stimmen 2008 (10,0 Prozent) mussten die Grünen gegenüber 1998 (8,3 Prozent) Einbußen von etwa 3.000 Stimmen hinnehmen, jedoch gegenüber 2003 (10,5 Prozent) Einbußen von ca. 11.000 Stimmen.

– Abgesehen von der Linkspartei – sie erhielt 2008 ca. 37.000 Stimmen (7,7 Prozent) – war es allein die FDP, die 2008 (9,1 Prozent) mit ca. 44.000 Stimmen gegenüber 1998 (4,9 Prozent) ca.14.000 Stimmen mehr erhielt, jedoch gegenüber 2003 (8,8 Prozent) ca. 6.000 Stimmen weniger.

3.2 Ergebnisse mit Blick auf ausgewählte hannoversche Stadtteile

In Tabelle 6 finden wir die zehn hannoverschen Stadtteile, in denen weniger als 50 Prozent der Wahlberechtigten an der Landtagswahl 2008 teilgenommen haben. Schon im Jahr 2003 gehörten sie – mit Ausnahme von Bornum – zu den Stadtteilen mit der geringsten Wahlbeteiligung. Um welche Stadtteile handelt es sich dabei? Noch bis 1998 konnte die SPD in diesen Stadtteilen regelmäßig mehr als 50 Prozent der abgegebenen Stimmen für sich verbuchen. Es sind Stadtteile an der Peripherie Hannovers, mit Großwohnsiedlungen und sozial benachteiligten bzw. prekären Bevölkerungsanteilen, und es sind Stadtteile, die an mehr oder minder traditionelle Industrieansiedlungen angebunden sind. In fünf der Stadtteile liegt die CDU prozentual vorn, was erstmals 2003 der Fall war. Nur in Vahrenheide wechselt die prozentuale Mehrheit wieder zur SPD. Bis auf den Stadtteil Wülfel hat die CDU hier deutlich größere prozentuale Verluste zu verzeichnen als die SPD. Wie – mit Ausnahme von Linden-Süd – zu erkennen ist, schneiden die Grünen hier nicht erst seit 2008 unterdurchschnittlich ab, was die Schlussfolgerung zulässt, dass es in diesen Stadtteilen nicht um jüngere und moderne soziale Milieus geht, sondern eher um sozial prekäre wie auch ältere Arbeiter- und Facharbeitermilieus, die zur Stammklientel der SPD gehören. Die Linke stellt sich in diesen Stadtteilen – mit Ausnahme von Mittelfeld und Sahlkamp, die über keine jungen urbanen sozialen Milieus verfügen – überdurchschnittlich als Partei der Gewinner dar, und zwar auf Kosten der SPD.

In der nachfolgenden Tabelle 7 bestätigt sich die in Hannover entlang der West-Ost-Achse schon lange bestehende soziale Polarisierung erneut in den typischen Wahlergebnissen. Bei den in Tabelle 7 aufgeführten Stadtteilen handelt es sich zugleich um die Stadtteile mit der schon immer höchsten Wahlbeteiligung in der Stadt. Eine Ausnahme stellt Bemerode dar, dessen Wählerschaft sich mit der Fertigstellung des Kronsberg-Quartiers nicht nur erweitert, sondern

Tabelle 6: Hannoversche Stadtteile mit geringster Wahlbeteiligung

Stadtteile (Wahlbeteiligung < 50%)	Wahlbeteiligung in % und absolut			Wahlergebnisse 2008 in % und +/– 2003				
	2008	+/– 2003	+/– 1998	SPD	CDU	Grüne	FDP	Linke
Hainholz	37,9	–10,5 –433	–12,7	37,2 –3,6	29,0 –9,7	9,5 –0,3	6,1 +0,2	12,4 –
Vahrenheide	40,1	–10,3 –538	–9,9	38,5 +0,8	34,5 –12,1	5,1 –0,6	7,3 +1,1	9,5 –
Mühlenberg	43,0	–13,7 –619	–8,7	35,3 +1,0	37,8 –13,3	5,1 –0,2	7,0 +0,6	11,1 –
Stöcken	44,8	–12,5 –914	–8,6	38,2 –5,9	30,4 –7,0	8,0 +0,7	7,1 –0,2	11,4 –
Linden-Süd	45,7	–5,5 –290	–11,9	35,9 –3,8	16,9 –10,2	21,0 –2,8	4,9 –0,5	17,0 –
Wülfel	47,2	–10,2 –251	–10,8	31,8 –6,9	34,9 –5,5	9,7 –0,5	8,6 +0,7	10,3 –
Vahrenwald	47,3	–12,9 –2.199	–11,0	39,2 –4,4	27,5 –7,0	10,3 –1,1	7,1 +0,6	11,0 –
Mittelfeld	47,5	–9,8 –551	–9,4	34,7 –5,5	36,1 –7,6	8,2 +1,3	7,4 +1,4	8,0 –
Sahlkamp	49,2	–10,4 –995	–8,9	32,2 –1,5	39,5 –9,6	6,2 +0,2	8,7 +0,9	8,6 –
Bornum	49,8	–12,9 –118	–10,0	32,5 –0,5	36,8 –9,7	5,6 –1,9	10,8 +1,6	10,6 –
LH Hannover gesamt	56,3	–9,3 –33.500	–7,7	31,7 –3,8	32,5 –6,3	13,5 –0,8	9,4 +1,0	9,3 –

Quelle: Landeshauptstadt Hannover, Landtagswahl 2008 in der Region Hannover. Ergebnisse-Analysen-Vergleiche, Hannover 2008; eigene Berechnungen.

Tabelle 7: Hannoversche Stadtteile mit überdurchschnittlichem Anteil an sozial privilegierter Wählerschaft

Stadtteile	Wahlbeteiligung in % und absolut			Wahlergebnisse 2008 in % und +/- 2003				
	2008	+/- 2003	+/- 1998	SPD	CDU	Grüne	FDP	Linke
Waldhausen	66,2	-7,5 -116	- 6,8	21,5 -2,2	40,6 -3,7	12,6 -1,7	18,4 +2,1	5,1 -
Waldheim	70,2	-5,9 -90	- 5,2	25,4 +2,8	34,2 -9,1	17,8 +0,4	14,8 -0,1	5,1 -
Bult	66,2	-6,8 -188	- 6,2	22,1 -3,2	40,3 -3,4	14,9 -0,5	14,8 +1,3	5,9 -
Zoo	68,8	-8,6 -293	- 2,2	20,6 -1,5	39,2 -5,9	15,2 -1,2	18,0 +3,0	5,0 -
Kirchrode	68,5	-8,2 -668	- 2,9	18,1 -2,7	48,8 -2,5	9,2 +0,4	18,5 +0,7	3,3 -
Bemerode	53,0	-10,8 -1.107	- 13,2	26,3 -2,2	39,9 -7,2	10,3 -0,4	12,2 +0,7	7,7 -
Isernhagen-Süd	71,4	-8,9 -213	- 1,4	12,8 -0,2	52,2 -3,5	6,6 -1,1	23,4 +0,9	2,7 -
LH Hannover gesamt	56,3	-9,3 -33.500	- 7,7	31,7 -3,8	32,5 -6,3	13,5 -0,8	9,4 +1,0	9,3 -

Quelle: Landeshauptstadt Hannover, Landtagswahl 2008 in der Region Hannover. Ergebnisse-Analysen-Vergleiche, Hannover 2008; eigene Berechnungen.

auch sozialstrukturell verändert hat. Traditionell dominiert in diesen Stadtteilen die CDU, die in diesen (*groß-*)*bürgerlichen* Stadtteilen mehr als 10 Prozent besser als im hannoverschen Durchschnitt abschneidet. In Isernhagen-Süd und in Kirchrode ist sogar die FDP prozentual stärker als die SPD, zudem ist sie hier stärker als die Grünen, die ansonsten – dabei im krassen Gegensatz zur hier erwartet schwachen Linkspartei – in diesen Stadtteilen durchschnittliche Ergebnisse erzielen.

Bei Betrachtung von Tabelle 8, in der die Stadtteile aufgelistet sind, in denen die CDU 2008 im Unterschied zu ihren überraschenden Gewinnen im Jahr 2003 überdurchschnittliche Verluste zu verzeichnen hat, fällt auf, dass es – mit Ausnahme von Waldheim – sich um Stadtteile mit sehr geringer Wahlbeteiligung handelt. Sie sind peripher gelegen, überwiegend von Großwohnsiedlungen geprägt und haben Bewohnerschaften mit nicht unerheblichen sozial prekären wie durchaus auch sozial respektablen Facharbeitermilieus. Die SPD verliert hier prozentual zwar nur unterdurchschnittlich, kann aber, im Gegensatz zur Links-

Tabelle 8: Hannoversche Stadtteile mit überdurchschnittl. Verlusten der CDU

Stadtteile (Verluste der CDU > 8%)	Wahlbeteiligung in % und absolut			Wahlergebnisse 2008 in % und +/– 2003				
	2008	+/– 2003	+/– 1998	SPD	CDU	Grüne	FDP	Linke
Mühlenberg	43,0	−13,7 −619	−8,7	35,3 +1,0	37,8 −13,3	5,1 −0,2	7,0 +0,6	11,1 −
Vahrenheide	40,1	−10,3 −538	−9,9	38,5 +0,8	34,5 −12,1	5,1 −0,6	7,3 +1,1	9,5 −
Marienwerder	53,4	−10,6 −228	−8,9	37,9 −2,7	31,8 −10,4	7,2 +0,6	8,2 +0,6	9,0 −
Linden-Süd	45,7	−5,5 −290	−11,9	35,9 −3,8	16,9 −10,2	21,0 −2,8	4,9 −0,5	17,0 −
Burg	57,5	−10,7 −346	−6,9	36,3 −2,1	33,2 −9,9	8,3 +0,9	8,0 +0,7	8,6 −
Bornum	49,8	−12,9 −118	−10,0	32,5 −0,5	36,8 −9,7	5,6 −1,9	10,8 +1,6	10,6 −
Hainholz	37,9	−10,5 −433	−12,7	37,2 −3,6	29,0 −9,7	9,5 −0,3	6,1 +0,2	12,4 −
Sahlkamp	49,2	−10,4 −995	−8,9	32,2 −1,5	39,5 −9,6	6,2 +0,2	8,7 +0,9	8,6 −
Waldheim	70,2	−5,9 −90	−5,2	25,4 +2,8	34,2 −9,1	17,8 +0,4	14,8 −0,1	5,1 −
Misburg-Süd	55,4	−12,1 −212	−6,5	33,7 −2,0	38,3 −8,4	6,1 +0,1	9,2 +0,9	8,3 −
Groß-Buchholz	54,9	−9,6 −1.817	−7,6	32,7 −1,6	36,3 −8,1	9,1 −0,7	10,5 +1,6	7,8 −
LH Hannover gesamt	56,3	−9,3 −33.500	−7,7	31,7 −3,8	32,5 −6,3	13,5 −0,8	9,4 +1,0	9,3 −

partei, von den stärkeren Verlusten der CDU nicht profitieren. Die SPD kann hier also ihre 2003 erlittenen Verluste nicht wettmachen, weil die Wahlbeteiligung erneut zurückgeht und ein Teil der Stimmen von der Linkspartei absorbiert wird. Die FDP erzielt in diesen Stadtteilen leicht bessere Ergebnisse als die Grünen. Der in den sozial benachteiligten Stadtteilen 2003 erfolgte Wechsel von der SPD zur CDU ist 2008 durch eine nochmals geringere Wahlbeteiligung und eine Orientierung zur Linkspartei aufgehoben worden.

Tabelle 9 zeigt Ergebnisse in den städtischen Kerngebieten der hannoverschen Sozialdemokratie. Schon 2003 hatte die SPD in Limmer, Davenstedt, Badenstedt, Herrenhausen und Ledeburg überdurchschnittlich verloren. Diese Verluste setzen sich 2008 nun fort und greifen darüber hinaus sogar auf jene Stadtteile über, in denen sich der Abwärtstrend der SPD bisher noch in Grenzen gehalten hat. Es handelt sich hier im wesentlichen nicht um Stadtteile mit Großwohnsiedlungen und sozial prekärer Einwohnerschaft. Stattdessen leben hier überwiegend die respektablen sozialen Milieus aus der Tradition der Facharbeiterkultur, die abseits der von jungen kulturavantgardistischen Milieus geprägten innenstadtnahen Stadtteile und Quartiere eher zurückhaltende und relativ auskömmliche Lebensstile kennzeichnen. In zehn dieser 17 Stadtteile ist die Wahlbeteiligung dramatisch zurückgegangen. Nicht nur in innenstadtnahen Gebieten mit junger urbaner Bevölkerung, sondern auch in ehemaligen sozialdemokratischen Hochburgen wie Badenstedt, Vahrenwald, Stöcken, Herrenhausen und Limmer ist Die Linke überdurchschnittlich gut vertreten.

Bei den in Tabelle 10 aufgeführten Gebieten mit überdurchschnittlichen Ergebnissen für Die Linke ist zunächst auffällig, dass sie im gesamten Bereich von Linden und Limmer sowie auch in der Nordstadt im Jahr 2008 zwischen 16 Prozent und 20 Prozent der abgegebenen Stimmen erhält. Es handelt sich hier um die baulich hoch verdichteten innenstadt- und universitätsnahen historischen Arbeiterstadtteile in Hannover, die in den zurückliegenden 30 Jahren einen massiven sozialstrukturellen und von Sanierungsmaßnahmen begleiteten städtebaulichen und kulturellen Wandel durchgemacht haben. Neben relativ hohen Anteilen von Bewohnern mit Migrationshintergrund und auch Bewohnern des kulturell modernen Bürgertums zumeist ehemaliger Studenten prägen junge Studierende, in sozialen Nischen lebende Gruppen und verbliebene bzw. im Rentenalter befindliche Restmilieus der ehemaligen Arbeiterbevölkerung diese Stadtteile, die zugleich seit den 1980er-Jahren die Hochburgen der Grünen darstellen. Zur durchaus lebendigen Multikulturalität in den verwinkelten Kulissen dieser alten Arbeiterstadtteile gehörte bisher auch die Traditionspflege der sozialdemokratischen Arbeiterbewegung. Dass es sich dabei allerdings nur noch um einen Mythos ohne nachhaltige politische Bindungen und Loyalitäten handelt, musste eine hier zunehmend als langweilig und angepasst wahrgenommene SPD seit dem unkonventionellen Auftreten der Grünen sowie auch nun der Linkspartei erfahren, so dass nicht allein absolute Stimmenmehrheiten der SPD zur Vergangenheit gehören, sondern selbst ihre relativen Mehrheiten in Gefahr geraten sind.

Wenn auch in kleinerem Ausmaß, ist Die Linke darüber hinaus auch in den Stadtteilen überdurchschnittlich vertreten, die zuvor als sozialdemokratische Kerngebiete mit überwiegend respektablen sozialen Milieus aus der Tradition

Tabelle 9: Hannoversche Stadtteile mit überdurchschnittlichen Verlusten für die SPD

Stadtteile	Wahlbeteiligung in % und absolut			Wahlergebnisse 2008 in % und +/- 2003				
	2008	+/- 2003	+/- 1998	SPD	CDU	Grüne	FDP	Linke
Linden-Nord	58,2	−4,2 −388	−9,1	30,6 −9,4	12,0 −5,7	29,4 −4,4	3,8 +0,6	21,1 −
Limmer	52,5	−8,3; −323	−10,7	35,9 −7,6	19,8 −7,9	18,3 −1,0	4,8 +0,1	16,3 −
Wülfel	47,7	−10,2 −251	−10,8	31,8 −6,9	34,9 −5,5	9,7 −0,5	8,6 +0,7	10,3 −
Oberricklingen	55,7	−10,3 −801	−8,1	39,7 −6,2	30,8 −4,8	9,3 −0,2	6,4 +1,0	9,6 −
Linden-Mitte	60,4	−3,1 −35	−9,2	30,4 −6,1	14,4 −7,2	29,3 −3,9	5,5 +1,4	17,2 −
Stöcken	44,8	−12,5 −914	−8,6	38,2 −5,9	30,4 −7,0	8,0 +0,7	7,1 −0,2	11,4 −
Kleefeld	57,1	−8,2 −715	−8,3	30,0 −5,8	33,6 −4,5	12,5 −0,4	12,3 +2,0	8,6 −
Leinhausen	54,4	−11,2 −318	−9,6	43,4 −5,6	29,1 −4,8	6,7 +0,5	7,9 +0,8	7,8 −
Mittelfeld	47,5	−9,8 −551	−9,4	34,7 −5,5	36,1 −7,6	8,2 +1,3	7,4 +1,4	8,0
Davenstedt	61,1	−10,8 −967	−5,2	35,9 −5,3	35,5 −4,8	7,3 −1,0	8,8 +1,3	9,0 −
Herrenhausen	54,9	−9,1 −525	−7,1	34,8 −5,3	28,7 −7,1	12,8 −0,3	8,2 +1,1	10,5 −
Nordstadt	58,1	−5,9 −617	−7,1	29,0 −5,0	20,5 −6,3	24,4 −4,2	7,2 +1,1	15,8 −
Ledeburg/Nord-hafen	51,8	−11,8 −556	−8,4	39,1 −4,6	32,0 −5,6	8,3 +0,9	7,6 +0,1	8,2 −
Vahrenwald	47,3	−12,9 −2.199	−11,0	39,2 −4,4	27,5 −7,0	10,3 −1,1	7,1 +0,6	11,0 −
Badenstedt	52,4	−9,7 −815	−9,8	36,4 −4,1	32,3 −7,9	10,3 +0,4	7,0 +0,5	10,3 −
Döhren	57,9	−9,8 −1.082	−6,8	31,6 −3,9	34,3 −4,6	13,2 −1,0	8,1 −0,6	9,0 −
List	60,3	−7,8 −2.450	−6,8	31,5 −3,9	28,1 −5,8	19,3 −1,3	9,1 +1,7	8,8 −
LH Hannover gesamt	56,3	−9,3 −33.500	−7,7	31,7 −3,8	32,5 −6,3	13,5 −0,8	9,4 +1,0	9,3 −

der Facharbeiterkultur bezeichnet worden sind und in denen die SPD überdurchschnittliche Stimmenverluste hinnehmen musste. Mit Ausnahme von Lin-
den-Nord, Linden-Mitte und Nordstadt fällt in diesen Stadtteilen die extrem
niedrige Wahlbeteiligung auf. Dass Die Linke in acht dieser 14 Stadtteile mehr
Stimmen gewinnt als die Grünen, weist darauf hin, dass sie auch über die sozialen Milieus urbaner multikultureller Gebiete hinaus auf Resonanz stößt. Dies
bedeutet, dass auch eher konventionelle bzw. *konservative* sozialdemokratische
Wähler ohne Neigung zu den Grünen ihre Stimmen für Die Linke abgegeben
haben.

Die Ergebnisse der repräsentativen Wahlstatistik für die Stadt Hannover verweisen darauf, dass gegenüber 2003 die Wahlbeteiligung 2008 bei den 45- bis
59-Jährigen (-11,8 Prozent) am stärksten zurück gegangen ist, während die jüngere Wählerschaft der 19- bis 24-Jährigen, die 2003 sich mit 44,0 Prozent (- 5,1
Prozent zu 1998) beteiligt hatte, im Jahr 2008 mit 39,6 Prozent den geringsten
Rückgang von 4,4 Prozent unter allen Altersgruppen aufweist. Unter diesen verbliebenen 39,6 Prozent der Jungen, erhielt die SPD – im Unterschied zu 2003,
als in dieser Gruppe noch die CDU dominieren konnte – die relative Mehrheit
von 36,7 Prozent vor der CDU (21,1 Prozent), den Grünen (18,3 Prozent), der
Linkspartei (7,7 Prozent) und der FDP (7,2 Prozent). Je älter die Wählergruppen
werden, umso mehr Verluste verzeichnet 2008 die SPD – so z.B. bei den 60-
Jährigen und älteren Verluste von 7,6 Prozent. Die Linke wird 2008 eher von
Männern, die Grünen werden eher von Frauen gewählt.

Tabelle 10: Hannoversche Stadtteile mit überdurchschnittlichen Ergebnissen
für Die Linke

Stadtteile	Wahlbeteiligung in % und absolut			Wahlergebnisse 2008 in % und +/− 2003				
	2008	+/− 2003	+/− 1998	SPD	CDU	Grüne	FDP	Linke
Linden-Nord	58,2	−4,2 −388	−9,1	30,6 −9,4	12,0 −5,7	29,4 −4,4	3,8 +0,6	21,1 −
Linden-Mitte	60,4	−3,1 −35	−9,2	30,4 −6,1	14,4 −7,2	29,3 −3,9	5,5 +1,4	17,2 −
Linden-Süd	45,7	−5,5 −290	−11,9	35,9 −3,8	16,9 −10,2	21,0 −2,8	4,9 −0,5	17,0 −
Limmer	52,5	−8,3 −323	−10,7	35,9 −7,6	19,8 −7,9	18,3 −1,0	4,8 +0,1	16,3 −
Nordstadt	58,1	−5,9 −617	−7,1	29,0 −5,0	20,5 −6,3	24,4 −4,2	7,2 +1,1	15,8 −
Hainholz	37,9	−10,5 −433	−12,7	37,2 −3,6	29,0 −9,7	9,5 −0,3	6,1 +0,2	12,4 −
Stöcken	44,8	−12,5 −914	−8,6	38,2 −5,9	30,4 −7,0	8,0 +0,7	7,1 −0,2	11,4 −
Mühlenberg	43,0	−13,7 −619	−8,7	35,3 +1,0	37,8 −13,3	5,1 −0,2	7,0 +0,6	11,1 −
Vahrenwald	47,3	−12,9 −2.199	−11,0	39,2 −4,4	27,5 −7,0	10,3 −1,1	7,1 +0,6	11,0 −
Bornum	49,8	−12,9 −118	−10,0	32,5 −0,5	36,8 −9,7	5,6 −1,9	10,8 +1,6	10,6 −
Herrenhausen	54,9	−9,1 −525	−7,1	34,8 −5,3	28,7 −7,1	12,8 −0,3	8,2 +1,1	10,5 −
Badenstedt	52,4	−9,7 −815	−9,8	36,4 −4,1	32,3 −7,9	10,3 +0,4	7,0 +0,5	10,3 −
Wülfel	47,7	−10,2 −251	−10,8	31,8 −6,9	34,9 −5,5	9,7 −0,5	8,6 +0,7	10,3 −
Oberricklingen	55,7	−10,3 −801	−8,1	39,7 −6,2	30,8 −4,8	9,3 −0,2	6,4 +1,0	9,6 −
LH Hannover gesamt	56,3	−9,3 −33.500	−7,7	31,7 −3,8	32,5 −6,3	13,5 −0,8	9,4 +1,0	9,3 −

(Quelle: Landeshauptstadt Hannover, Landtagswahl 2008 in der Region Hannover. Ergebnisse-
Analysen-Vergleiche, Hannover 2008; eigene Berechnungen)

3.3 Zusammenfassung

– Der vermeintliche Tiefpunkt der Wahlbeteiligung von 2003 wurde 2008 noch einmal deutlich unterschritten, und zwar insbesondere in Stadtteilen mit überdurchschnittlich hohen Anteilen sozial prekärer Bevölkerung, aber auch in den Stadtteilen mit Wählerschaften aus respektablen sozialen Milieus der Arbeiter und Angestellten. Der im Jahr 2003 auf Kosten der SPD gegangene dramatische Rückgang der Wahlbeteiligung setzt sich 2008 fort. Statt Wählerinnen und Wähler zurück zu gewinnen, werden weitere verloren.

– Die erstmals 2003 von der CDU eroberten Stadtteile mit Großwohnsiedlungen und sozial benachteiligter Bevölkerung werden 2008 bei niedrigster Wahlbeteiligung und trotz erheblicher Stimmenanteile für Die Linke in aller Regel von der SPD nach Prozentanteilen knapp zurückgewonnen. In diesen Gebieten einstiger SPD-Dominanz verliert die CDU über den Durchschnitt von 6,3 Prozent

– In den überwiegend westlichen Stadtteilen als den Kerngebieten der traditionellen SPD hält der Erosionsprozess der Sozialdemokratie an. Dies gilt nicht nur für die innenstadtnahen Gebiete mit überwiegend junger urbaner Bevölkerung, die sich schon seit den 1980er Jahren den Grünen geöffnet hatten, wie nun 2008 auch der Linkspartei. Dies gilt darüber hinaus insbesondere für Stadtteile mit konventionellen sozialen Milieus in der mehr oder minder modernisierten Tradition der Facharbeit, in denen 2003 noch vergleichsweise moderate Verluste der SPD zu verzeichnen waren, die sich jedoch 2008 überdurchschnittlich fortsetzen.

Die schlussfolgernden Thesen zum *freien Fall der SPD* nach der Landtagswahl 2003 bedürfen vor dem Hintergrund der Ergebnisse von 2008 kaum einer Veränderung, zumal der Abwärtstrend der Sozialdemokratie sich offenbar fortsetzt. Sprachen wir 2003 von Hilflosigkeit und Desinteresse in den zum Kern sozialdemokratischer Wähler gehörenden respektablen Milieus der Arbeitnehmer, so zeigt die abermals rückgängige Wahlbeteiligung 2008 sowie der relative Erfolg der Linkspartei, dass sich in der Wahrnehmung der Wählerschaft kein grundlegender Wechsel vollzogen hat. Das von der Bundesebene ausgehende Bild von einer gegen die eigenen Wählergruppen gerichteten Politik ist nach wie vor festgefroren: Trotz der für die SPD katastrophalen Wahlergebnisse nach 2003 als Reaktion auf die von der rot-grünen Bundesregierung unter Schröder initiierten

Politik des Um- und Abbaus des Sozialstaats und der steuerlichen Umverteilung zugunsten von Unternehmen und höheren Einkommensklassen setzt die
seit 2005 in der Großen Koalition gefangene SPD diese Politik weiter fort, und
glaubt zugleich, dies mit dem wirtschaftlichen Aufschwung seit 2006 rechtfertigen zu können, kann aber damit – wenn überhaupt – allenfalls bei jenen gesellschaftlichen Eliten punkten, die Modernisierung schon immer auf Kosten
der sozial Schwächeren betrieben haben. Hinzu kommt, dass großkoalitionäre
gesellschaftliche Reformprojekte, die – wie im Fall der Familienpolitik – diese
Bezeichnung auch verdienen, nicht von der SPD, sondern von der CDU realisiert
werden. Das beim SPD-Programmparteitag 2007 auf Betreiben des damaligen
Vorsitzenden Beck vorsichtig signalisierte Eingeständnis einer gescheiterten politischen Strategie der gesellschaftlichen Modernisierung konnte nur halbherzig
erfolgen, weil die Einbindung in die Große Koalition ebenso wie die technokratische Ausrichtung der Parteielite es verhinderten, eine offensive Symbolik des
Neuanfangs zu vermitteln. Wenn also dieser angedeutete Strategiewechsel noch
nicht einmal in der eigenen Partei mit grundlegenden Diskussionen verbunden
werden konnte, war auch nicht zu erwarten, diesen vermeintlichen Wechsel
rechtzeitig und glaubwürdig in die nach wie vor gegenüber der SPD indifferente
Wählerschaft hinein zu vermitteln.

Das 2008 von der Landesebene in Niedersachsen ausgehende Bild der Politik
entsprach aus Wählersicht weitgehend der bundespolitischen Konstellation und
erklärt die historisch niedrige Wahlbeteiligung. Ein Ministerpräsident Wulff,
der im Unterschied zu Roland Koch in Hessen 2008 nicht viel falsch gemacht
zu haben schien in seiner ersten Amtsperiode und sich dabei mit seiner relativen Unaufgeregtheit wohltuend von seinen sozialdemokratischen Vorgängern
unterschied, konnte im Wahlkampf grundlegenden Themen und Debatten aus
dem Weg gehen und selbst eigene kleine Fehler einräumen, so dass dem SPD-
Gegenkandidaten kaum eine Angriffsfläche geboten wurde. Versuchte Wolfgang
Jüttner dennoch anzugreifen, ließ ihn der präsidiale Habitus von Wulff als no-
torischen Nörgler ohne politische Alternativen erscheinen. Im Unterschied zur
bei der Hessen-Wahl 2008 erfolgreichen Andrea Ypsilanti, die sich seit 2003
als entschiedene Kritikerin der Agenda 2010-Politik des SPD-Kanzlers Schröder
öffentlich profilieren konnte und daran anknüpfend für die Wahl 2008 ihre
eigene Landespartei über eine Kampfkandidatur hinter sich gebracht hatte, fand
Jüttner in seiner eigenen und auf Berlin ausgerichteten Landespartei keine Unterstützung für eine eigene landespolitische Offensive.

Daniel Gardemin

Kleinräumige Untersuchung der SPD-Wählerschaft – Wahlanalysen in Hannover von 1998 bis 2008

Rückblickend wirken die großen politischen Linien mit ihren Kämpfen, Abspaltungen und Koalitionen und die kleinen Veränderungen in der Wahlentscheidung – wie Protestwahl und Wahlenthaltung – als ein aufeinander abgestimmtes Wechselspiel. Die Logik des Prozesses lässt sich in der kleinräumigen Analyse des Wahlverhaltens erkennen. Der vorliegende Aufsatz versucht, den Verlust der sozialdemokratischen Wählerstimmen über die letzten zehn Jahre zu erklären, exemplarisch dargestellt an einer durchschnittlichen westdeutschen Großstadt, der niedersächsischen Landeshauptstadt Hannover.

Nicht nur die anfängliche Euphorie über das erste rot-grüne Projekt auf Bundesebene am Ende eines langen Stillstands, sondern auch enttäuschte Erwartungen und Hoffnungen in eine neue Linke verbergen sich in den im Längsschnitt von 1998 bis 2008 beobachteten Wahlergebnissen. Die Schieflage des zufälligen Beispiels beiseite gelassen, zeigen sich Muster des Wahlverhaltens, die sich auf andere Gemeinden übertragen lassen und die verdeutlichen, wie sehr die sozialdemokratische Wählerschaft im letzten Jahrzehnt ihr Wahlverhalten geändert hat: Nicht radikal, sondern ihrem Wohnort, ihrer sozialen Lage, ihren strukturellen Merkmalen entsprechend; nicht volatil, sondern in der Nähe ihrer politischen und sozialen Heimat.

Im Ergebnis hat sich die sozialdemokratische Wählerschaft in vier Lager aufgeteilt, in ein Protestlager von Nichtwählern, in ein Wechsellager zu Gunsten der Linkspartei, in einen stimmensplittenden rot-grünen Teil und in den treuen Kern der Stammwählerschaft. Die Untersuchungen sind aus den hannoverschen Wahlberichterstattungen hervorgegangen, die die Stadt Hannover gemeinsam mit dem Sozialforschungszentrum agis e.V. zu jeder Wahl durchführen.

1 Die Ausgangslage

Die Wurzeln des bis heute anhaltenden sozialdemokratischen Richtungskampfes um die besseren Instrumente zur Bewältigung der Transformation der Industriegesellschaft liegen zu einem entscheidenden Teil in der unbewältigten Regierungsübernahme zur Bundestagswahl 1998. Und diese ist eng verbunden mit dem politischen Personal der SPD, seinerzeit präsentiert durch die sogenannte Troika, bestehend aus Gerhard Schröder, Oskar Lafontaine und Rudolph Scharping. Alle drei Politiker galten als Enkelgeneration der Staatslenker Willy Brandt und Helmut Schmidt, also in Erwartung einer erfolgreichen Hinführung der Sozialdemokratie zu regierungspolitischer Verantwortung. Alle drei Politiker sind heute für die SPD nicht mehr aktiv, tragen aber Verantwortung für die Spaltung der Sozialdemokratie.

Rund 200.000 SPD-Mitglieder verließen seit 1998 die Partei, dies entspricht einem Viertel aller Parteimitglieder (Süddeutsche Zeitung v. 21.7.2007, vgl. auch den Aufsatz von Stephan Meise in diesem Band), die absoluten Wählerstimmen auf Bundesebene gingen zwischen 1998 und 2005 um vier Millionen Zweitstimmen um ein Fünftel zurück, die SPD ist in den Bundesländern kaum noch in Regierungsverantwortung und die Stammwählerschaft hat sich in großen Teilen dem Nichtwählerlager oder der Linkspartei zugewendet.

1.1 Der so genannte »Dritte Weg«

Dass es ein Richtungskampf um die Zukunft der Volkspartei SPD werden würde, zeigte sich spätestens 1999, als Gerhard Schröder ein Programmpapier mit Toni Blair vorstellte, mit dem die Sozialdemokratie Europas auf einen »Dritten Weg« eingeschworen werden sollte. Die beiden Politiker wollten damit neue sozialdemokratische Handlungsinstrumente mit der veränderten Rolle Europas legitimieren und so das politische Gewicht gegenüber der traditionellen Sozialdemokratie und gegenüber den Neokonservativen des konservativen Lagers zu ihren Gunsten verbessern. Vor allem sollte das sozialdemokratische Leitthema der sozialen Gerechtigkeit neu definiert werden: Weg von der Verteilungsgerechtigkeit hin zur Leistungsgerechtigkeit. Hiermit sollten mehrere Probleme gelöst werden. Zum einen hatte die Massenarbeitslosigkeit in allen industrialisierten Ländern zu einer dauerhaften Belastung der Haushalte geführt. Mangels bessere Aussicht versprechender Ideen sollten über Eingriffe in die sozialen Sicherungssysteme zumindest die Etats Entlastung erfahren. Zum anderen sahen Schröder und Blair in den aufstrebenden, sich modernisierenden urbanen Mittelschichten ein breites Wählerklientel, das sich von den konservativen Parteien abzuwenden schien. Zum Dritten wollten sich die beiden Staatsführer als Gestalter beweisen, die Staatshaushalt, Parteiprogrammatik und Wählerschichten gleichermaßen erfolgreich modernisieren.

Schröder, der 1998 die Entscheidung über seine Kandidatur für das Amt des Bundeskanzlers mit seinem Erfolg bei der Länderwahl in seinem Heimatbundesland Niedersachsen selber herbeiführte und sich somit mittels Plebiszit gegen seinen Widersacher Lafontaine auf das Schild gehoben hatte, proklamierte bereits am Wahltag, dass der »Dritte Weg« für ihn über eine »Neue Mitte« der Wählerschichten führen solle. Das Schlagwort von der »Neuen Mitte«, das schon Willy Brandt in seinen Wahlkämpfen erfolgreich einbrachte, um Facharbeiter und qualifizierte Angestellte unter einem Leitbegriff ansprechen zu können, war neu geboren und richtete sich vor allem an die Modernisierungsgewinner jenseits der traditionellen SPD-Milieus. Für diese neue Zielgruppe hatte Schröder erste Zeichen gesetzt, so vor allem massive steuerliche Entlastungen des Mittelstandes und der Energiewirtschaft, in deren Folge sich bereits im Frühjahr 1999 der staatsinterventionistisch ausgerichtete Lafontaine zum Rücktritt von seinen Ämtern als SPD-Vorsitzender und Finanzminister genötigt sah. Lafontaine kehrte dann sechs Jahre später als Vorsitzender der westdeutschen Wahlalternative für soziale Gerechtigkeit (WASG) wieder in das politische Geschäft zurück. Gemeinsam mit dem Vorsitzenden der ostdeutschen PDS, Gregor Gysi, gründete er 2007 die Linkspartei, für die er sich als westdeutscher Vorsitzender aussichtsreich für die Bundestagswahl 2009 positionierte. Mit der Trennung von Lafontaine musste Schröder 1999 auch Parteivorsitzender werden.

Die erste Legislaturperiode bis 2002 war geprägt von der Selbstfindung der neuen Regierungskoalition von SPD und Grünen, die allein durch ihre Anwesenheit gegenüber den 16 Jahren christlich-liberaler Koalition wie ein Aufbruch wirkte. In der legislativen Konsequenz senkte sie aber Zug um Zug die Unternehmenssteuern bei gleichzeitiger Anhebung von Verbrauchssteuern. Dadurch entfremdete sich die regierende Berliner Sozialdemokratie stark von der Parteibasis, die vor allem auf effektive arbeitsmarktpolitische Maßnahmen drängte. Schröder konnte den arbeitnehmerischen und gewerkschaftlichen Teil der Partei nicht mehr erreichen, der ein anderes Grundverständnis von sozialer Gerechtigkeit einforderte.

Als dann im Kontext einer radikalen Austerity-Politik mit den sogenannten Hartz-IV-Gesetzen, die die Zusammenlegung von Arbeitslosenhilfe und Sozialhilfe vorsahen, in der zweiten Legislaturperiode von Rot-Grün auch noch ein großer Teil der inzwischen über vier Millionen offiziellen Arbeitslosen finanziell schlechter als vorher dastand, musste Schröder im Februar 2004 den Parteivorsitz an Franz Müntefering abtreten. Münteferings Zwischenspiel konnte die aufgebrachte Parteiseele temporär beruhigen. Schröder jedoch setzte seine Politik, die er seit 2003 *Agenda 2010* nannte, kompromisslos weiter. Verbunden war damit nicht nur die Hoffnung auf eine Besserung der Konjunkturdaten, sondern auch die Hoffnung, diejenigen Wählerstimmen zu halten, die ihn 1998 zur Mehrheit verholfen hatten. Diese Stimmen, insbesondere aus dem modernisierten bürgerlichen Lager, waren aber flüchtiger als vermutet. Gleichzeitig verweigerten viele sozialdemokratische Stammwähler nun die Gefolgschaft. Während Schröder bei seiner Wiederwahl 2002 sich durch nationale und internationale Krisenpräsenz noch knapp durchsetzen konnte, musste die SPD nach 2004 in den Ländern Verluste an Regierungsmehrheiten und vor allem schmerzhafte Stimmenverluste verzeichnen.

Nach der im Frühjahr 2005 verlorenen Landtagswahl im sich deindustrialisierenden Nordrhein-Westfalen, drohte der linke Flügel der SPD, den Bundeskanzler noch vor der turnusmäßigen Bundestagswahl im Herbst 2006 zu entmachten. Die Politik der »Neuen Mitte« hatte also nur so lange gehalten, wie Schröder vor allem Leihstimmen aus dem CDU-FDP-Lager hinter sich vereinigen konnte. Der Parteibasis imponierte er allenfalls noch durch sein charismatisch-kraftvolles Auftreten, als Anwalt der kleinen Leute wurde er nicht mehr betrachtet. Das uneingelöste Solidaritätsversprechen und die damit einhergehende Entsolidarisierung der prekären Bevölkerungsschichten zog die SPD in die Krise.

Schröder sah in dieser Situation einzig die Flucht nach vorn und stellte im Juli 2005 die parlamentarische Vertrauensfrage, um so vorzeitige Neuwahlen zu erreichen. Der Bundeskanzler blieb mit diesem taktischen Zug zwar Herr des Verfahrens, doch den kurzen Wahlkampf aus dem Stimmungstief heraus empfand die gebeutelte SPD-Seele als ein aussichtsloses Aufbäumen des rot-grünen Regierungsapparats. Schröder gelang es dennoch, auch durch Hilfestellung des politischen Gegners, ein für seine Partei als respektabel empfundenes Ergebnis zu erzielen. Seine Kanzlerschaft und seine politische Präsenz aber waren beendet.

In der auf Schröder folgenden Großen Koalition unter der Christdemokratin Angela Merkel konnte eine Reihe von Ministern die politische Arbeit der Agenda 2010 fortsetzen, ohne dass der stille Protest an der Partei- und Wählerbasis personelle Alternativen hervorbrachte.

1.2 Kleinräumige Wahlanalysen

Der stille Protest gegen die Regierungspolitik der SPD lässt sich aber an dem Wahlverhalten der Stammwählerschaft ablesen. Wie bedrohlich sich die Wahlenthaltung und der Wechsel zu anderen Parteien für die Volkspartei SPD darstellt, zeigen Ausschnitte aus den Wahlen seit 1998. Nicht nur die prozentuale Verteilung der Wählerstimmen, sondern auch das Wahlverhalten nach Alter und Geschlecht sowie die Analyse von Wählerwanderungsströmen geben Aufschlüsse über strukturelle Veränderungen der Wählerschaft.

Wahlberichterstattung unterscheidet sich damit entscheidend von der Wahlprognostik. Sie spürt nicht der auf eine in der Zukunft liegende Wahlentscheidung ausgerichteten vagen Stimmung nach, sondern orientiert sich an den nüchternen Ergebnissen vergangener Wahlen. Die im Wahlergebnis festgeschriebenen Spuren des Wahlvolks sind höchst aufschlussreich und können, wenn mehrere Wahlen aneinandergereiht werden, eine Reihe von Missverständnissen aufklären, denen die nervöse Alltagspolitik schnell zum Opfer fällt. Über einen längeren Zeitraum erweist es sich, dass die »langen Linien« kurzfristige Stimmungen überlagern und modifiziert in regelmäßigen Abständen wieder zum Vorschein kommen. Die »langen Linien« aber zwingen Politik vor allem dann zu Korrekturen, wenn die proportionale Verteilung von Macht, beispielsweise durch die Etablierung einer neuen parlamentarischen Kraft, in ein Ungleichgewicht gerät. Diese Macht des Souveräns wird dann gerne unterschätzt, wenn technokratische Politiksysteme sich vom Souverän zu stark entfernen. Es entsteht dann ein Selbstläufer aus Beraterstäben, Meinungsforschungsergebnissen und Lobbyismus, der zur Entfremdung vom Wahlvolk führt. Der Blick auf vergangene Wahlen gehört zweifelsohne zur Pflichtlektüre im politischen Konkurrenzkampf. Doch die Zwänge des Politikgeschäfts führen dazu, dass politische Niederlagen nicht ausreichend in die Tiefe analysiert werden und gewonnene Wahlen nur allzu gerne den Zustand der Selbstzufriedenheit hervorrufen. Doch gerade auch gewonnene Wahlen, wie hier an den Erfolgen der Sozialdemokraten im Jahr 1998 exemplarisch dargestellt, erfordern eine gewissenhafte Ortsbestimmung. Zur Vermessung der politischen Landschaft eignet sich die rückwärtsgewandte Wahlanalyse außerordentlich gut, denn nur selten stehen wirklich repräsentative Erhebungen zur Verfügung. Und jede Wahl ist eine vollständige Erhebung aller Wahlberechtigten in der zur Wahl stehenden Gebietseinheit. Dieser Umstand wird gerne übersehen, da eine Wahl ja nur das Ergebnis zu liefern scheint. Doch die Ergebnisse lassen sich auf die überschaubare Ebene der Stimmbezirke, die in der Regel 500 bis 1.500 Wahlberechtigte umfassen, herunterbrechen und mit strukturellen Merkmalen in diesen Quartieren verbinden. Die kleinräumige Analyse einer Wahl offenbart dann, wenn sie über mehrere Wahlen verfolgt wird, wie einzelne Bevölkerungsgruppen sich über diesen Zeitraum in ihrer Wahlentscheidung entwickelt haben.

Seit den 1990er Jahren wird von der Stadt Hannover zu jeder Wahl ein umfangreicher Wahlbericht für die rund 400 hannoverschen Wahlbezirke in der Wahlnacht durchgeführt. Damit ist eine langfristige Daten- und Interpretationsgrundlage geschaffen worden, die ein großes Erklärungspotenzial beinhaltet.

Die Stadt Hannover gehört mit rund 500.000 Einwohnern zu den zehn größten bundesdeutschen Städten unterhalb der Millionenstädte. Die Stadt weist alle Phänomene eines auf ein Zentrum ausgerichteten Ballungsraumes auf, wie sie in Deutschland typisch für mittlere Großstädte sind (vgl. hierzu auch Hermann, Thomas 1997).

2 Bundestagswahl 1998

Die Stadt Hannover wählt traditionell sozialdemokratisch. Die SPD stellt seit sechzig Jahren den Oberbürgermeister der Stadt. Diese Tradition ist zu einem großen Teil auf die starke sozialdemokratische Arbeiterschaft im industriell geprägten Westen und Norden der Stadt zurückzuführen. Textil-, Automobil- und chemische Industrie waren die arbeitsintensiven Unternehmen der Stadt, an deren Wachstum und Niedergang sich Beschäftigung, Kaufkraft, Wohnungsbau und Bevölkerungsentwicklung ablesen lässt.

In der Abbildung 1 sind alle unbesiedelten Flächen, hier weiß dargestellt, im Westen und Norden der Stadt Industrie, Kleingewerbe- und Infrastrukturflächen, während die weißen Flächen im Zentrum der Stadt und im privilegierten inneren östlichen Gürtel fast ausschließlich Grün- und Naherholungsgebiete darstellen. Auch nach fortgeschrittener Deindustrialisierung verlaufen die sozialen Trennlinien entlang der West-Ostteilung, verkörpert durch den Stadtfluss Leine, der die Stadt im westlichen Drittel von Süd nach Nord durchfließt, und dem Mittellandkanal, der im nördlichen Drittel die Stadt in Ost-West-Richtung durchteilt. Westlich der Leine und in den Stadtteilen an den Schnittpunkten von Leine, Mittellandkanal und Eisenbahntrassen, wohnen mehrheitlich die »kleinen Leute«, Arbeiter und mittlere Angestellte. Die Stadtteile der »kleinen

Abbildung 1: Bundestagswahl 1998. Zweitstimmenanteile für die SPD in den
Stadtteilen

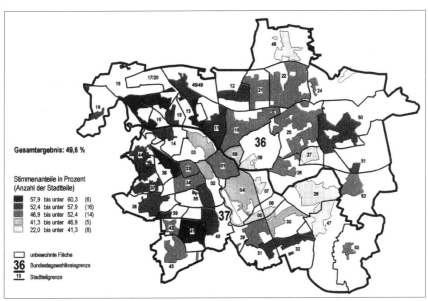

01 Mitte	13 Hainholz	27 Heideviertel	40 Ricklingen
02 Calenberger	14 Herrenhausen	28 Kirchrode	41 Oberricklingen
Neustadt	15 Burg	29 Döhren	42 Mühlenberg
03 Nordstadt	16 Leinhausen	30 Seelhorst	43 Wettbergen
04 Südstadt	17/20 Ledeburg/	31 Wülfel	44 Ahlem
05 Waldhausen	Nordhafen	32 Mittelfeld	45/49 Vinnhorst/
06 Waldheim	18 Stöcken	33 Linden-Nord	Brink-Hafen
07 Bult	19 Marienwerder	34 Linden-Mitte	47 Behmerode
08 Zoo	21 Sahlkamp	35 Linden-Süd	48 Isernhagen-Süd
09 Oststadt	22 Bothfeld	36 Limmer	50 Misburg-Nord
10 List	24 Lahe	37 Davenstedt	51 Misburg-Süd
11 Vahrenwald	25 Groß-Buchholz	38 Badenstedt	52 Anderten
12 Vahrenheide	26 Kleefeld	39 Bornum	53 Wülferode

Quelle: Landeshauptstadt Hannover – Statistikstelle / agis Universität Hannover

Leute« waren die Quartiere, in denen die SPD traditionell hohe Wähleranteile erzielte. Zur Bundestagswahl 2008 erreichte die SPD in ihren Hochburgen, in Abbildung 2 dunkel hervorgehoben, Stimmenanteile von über 60 Prozent.

Die SPD gewann in ihren eigenen Hochburgen zur Bundestagswahl 1998 durchschnittlich neun Prozentpunkte hinzu, die vor allem zu Lasten der CDU und FDP gingen. Die Stimmenverschiebung entspricht in etwa dem Gesamtergebnis in der Stadt Hannover.

Trotz der hohen Mobilisierung des eigenen Anhangs, bleibt die Wahlbeteiligung in den SPD-Hochburgen, wie das Balkendiagramm in Abbildung 2 zeigt, mit 77,4 Prozent deutliche sechs Prozentpunkte unter dem Stadtdurchschnitt von 83,2 Prozent.

Der große gleichmäßige Zugewinn einer Partei, bei gleichzeitig gestiegener Wahlbeteiligung und durchgängigen Verlusten bei den Regierungsparteien, lässt auf eine Wechselwahl schließen, bei der Partei und Kandidat erfolgreich im eigenen und fremden Lager gepunktet haben.

Insbesondere in ihren eigenen Hochburgen, die im Osten der Stadt Hannover zu finden sind, verlor die CDU mit durchschnittlich sieben Prozentpunkten erheblich an Wählerstimmen. Das Wählerwanderungsmodell deutet zudem darauf hin, dass die CDU mit rund 14.000 Stimmen gegenüber der Bundestagswahl 1998 stark Wähler an die SPD verlor, bei gleichzeitigem Gewinn der SPD von rund 6.000 Wählerstimmen aus dem Nichtwählerlager (Martin, Andreas D./ Buitkamp, Martin/Gardemin, Daniel/Schwarzer, Thomas u. a. 1998, S. 115).

Die starken Stimmengewinne der SPD schadeten dem designierten Koalitionspartner kaum. Die Grünen verloren zwar im Stadtdurchschnitt 1,1 Prozent gegenüber der Bundestagswahl 1994 und fielen damit auf 9 Prozent der Wählerstimmen im Stadtdurchschnitt unter die Zehnprozentmarke. Doch in ihren Hochburgen, die im Zentrum der Stadt liegen, konnten sie sogar um 0,6 Prozent gegenüber ihrem guten Ergebnis von 1994 zulegen.

Abbildung 2: Bundestagswahl 1998. Das Ergebnis in SPD-Hochburgen

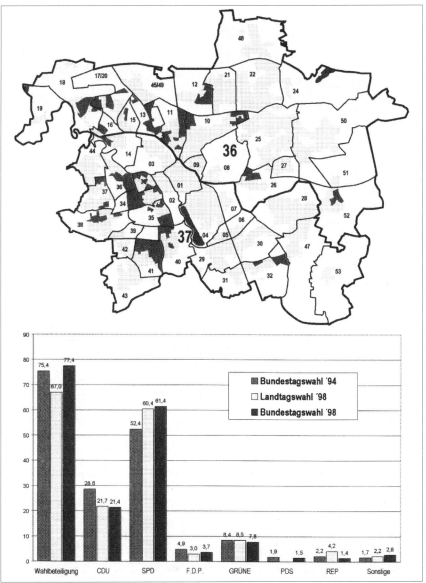

Quelle: Quelle: Landeshauptstadt Hannover – Statistikstelle / agis Universität Hannover; Zweitstimmenergebnisse in Wahlbezirken, in denen bei der Bundestagswahl 1994 die SPD einen Zweit-
stimmenanteil von über 49,0 Prozent erzielte.

2.1 Die innerstädtischen Hochburgen der Grünen

Welchen Stellenwert die Grünen-Hochburgen für die gesamte wahlgeographische Entwicklung haben, zeigt sich in der genaueren Betrachtung der in Abbildung 3 dunkelgrau markierten Stadtteile, in denen die Grünen dauerhaft gut abschneiden. Die Stadtteile der Grünen stehen für drei Entwicklungslinien, die jede für sich eine Abspaltung aus der Sozialdemokratie darstellen.

In den nordwestlichen innerstädtischen Stadtteilen Hannovers lebt die frühe akademische Opposition gegen den Nachkriegskonservatismus. Viele von ihnen verbinden mit den Grünen die Fortschreibung der bildungsbürgerlichen Sozialdemokratie, erweitert um die ökologische Dimension. Sie sind der Kern eines gut situierten radikaldemokratischen Milieus, das seine Entsprechung fast in jeder westdeutschen Großstadt findet.

Die Kinder der Radikaldemokraten hingegen prägen das grüne Milieu im innerstädtischen Westen seit den 1980er Jahren. Die aussterbenden Arbeiterquartiere in den Gründerzeitvierteln östlich und westlich der sich regenerierenden Fluss-Auen wurden zur Spielwiese einer individualisierten und hedonistischen Jugendkultur, die sich als kosmopolitisch, globalisierungskritisch und fundamentaloppositionell versteht. Diese im Umfeld von Universität und Medienstandort entstandene postmoderne Avantgarde ist als Leitmilieu mit dafür verantwortlich, dass das grüne Modell in den Städten nicht mit der Gründergeneration als temporäres Experiment wieder in der Versenkung verschwunden ist. Allerdings stellt die aus den universitätsnahen Quartieren aufstrebende Linkspartei seit einigen Jahren eine ernst zu nehmende Konkurrenz dar, wie weiter unten ausgeführt wird.

Daneben hat sich eher still ein weiterer fester Wählerteil der Grünen gebildet, der verstärkt in den südlichen innerstädtischen Stadtteilen anzutreffen ist. Hier leben die modernisierten Dienstleister, die in den großen Behörden der Stadt, dem Versicherungswesen, der Medienbranche und den Großunternehmen in qualifizierten Angestelltenjobs ihr Auskommen haben. Ihre Aufmerksamkeit ist auf den kulturellen, technologischen und sozialen Fortschritt gerichtet, den sie bei den Grünen am besten aufgehoben sehen. Sie trauen beiden Volksparteien die sozialpolitische und ökologische Transformation nicht zu.

Allen drei Gruppen ist gemein, dass sie in den privilegierten verdichteten Gründerzeitvierteln der Stadt eine strategisch zentrale Position einnehmen. Die Stadt Hannover ist von ihrer Infrastruktur her auf das eine Zentrum ausgerich-

Abbildung 3: Bundestagswahl 1998. Zweitstimmenanteile für die Grünen in den Stadtteilen

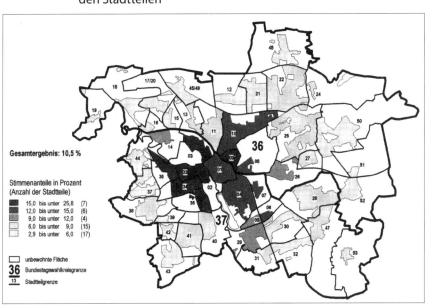

Quelle: Landeshauptstadt Hannover – Statistikstelle / agis Universität Hannover

tet. Verkehr, Einzelhandel, kulturelle Einrichtungen, Dienstleistungsunternehmen, Landes- und städtische Behörden sind dort angesiedelt.

Die Partei der Grünen, die hier ein Viertel aller Wählerstimmen erzielt, profitiert von der dauerhaften Schwäche der SPD, die ihren verlustig gegangenen grün-intellektuellen Teil nicht zurückzugewinnen vermag. Dieser Brain Drain, der in anderen Großstädten ähnlich zu beobachten ist, bedeutet aber mehr als nur verlorene Wählerstimmen, denn der Sozialdemokratie droht der Verlust großer Teile ihrer innerstädtischen Milieus. So wie die SPD vormals mit Partei, Gewerkschaften und Arbeiterführern in den sozialdemokratischen Milieus fest verankert war, vermögen es heute die Grünen, mit kulturellen Netzwerken, ökologischen Projekten und sozialer Nähe ihre Klientel direkt vor Ort effizient anzusprechen.

Die sozialdemokratische Herkunft der grünen Milieus ist seit den achtziger Jahren an den Wahlergebnissen abzulesen. Bis zu zehn Prozentpunkte an Zweitstimmenüberhängen in den Grünen-Hochburgen nutzen den SPD-Direktkandidaten und sind ein klares Votum für rot-grüne Koalitionen.

3 Bundestagswahl 2002

Zur Bundestagswahl 2002 konnte die SPD ihr gutes Ergebnis in Hannover gegen den Bundestrend festigen. Dies mag einerseits an der Hausmacht des in Hannover ansässigen Bundeskanzlers gelegen haben, zeigt aber auch exemplarisch, dass die CDU mit einem bayrischen Kanzlerkandidaten in protestantisch geprägten Großstädten einen schweren Stand hat. Während die SPD bundesweit 2,4 Prozent verlor, konnte sie in Hannover um 0,6 Prozent auf 50,4 Prozent der Wählerstimmen zulegen. Die CDU hingegen, die bundesweit gemeinsam mit der CSU 3,3 Prozent zulegte, und damit fast mit der SPD gleich auf lag, verlor in Hannover 1,2 Prozent und erzielte mit 27,1 Prozent ihr schlechtestes Stadtergebnis bei einer Bundestagswahl seit 50 Jahren.

Diese Konstellation gibt, wie nachstehende Ausführungen verdeutlichen sollen, den Blick auf eine besondere Verschiebung der sozialdemokratischen Wählerstimmen frei, die der SPD bis heute zu schaffen macht.

3.1 Die CDU-Hochburgen in den privilegierten Stadtteilen

In Abbildung 4 ist zu erkennen, dass sich die CDU-Hochburgen im Osten der Stadt Hannover befinden. Sie bilden eine Art spiegelbildliche Entsprechung zu den Traditionsquartieren der SPD im Westen der Stadt. Während im Westen der Stadt Arbeiterquartiere, Genossenschaftswohnungsbau und kleine Einfamilienhaussiedlungen dominieren, weist der Osten der Stadt eine hohe Zahl an Einfamilienhäusern mit überdurchschnittlicher Wohnfläche (mehr als 50 Quadratmeter je Bewohner) auf. Während im Westen der Stadt hohe Arbeitslosigkeit (mehr als 15 Prozent der Bevölkerung im erwerbstätigen Alter) und ein überdurchschnittlicher Anteil an Empfängern von Hilfe zum Lebensunterhalt (mehr als 13 Prozent der Bevölkerung) zu verzeichnen ist, zeigen sich im Osten höhere bis gehobene Einkommen und große Anteile an qualifizierten Angestellten und Freiberuflern. Während der Osten der Stadt mit Messe- und Dienstleistungsstandorten, einem qualifizierten Angebot von weiterführenden Schulen, einem guten Straßen-, U-Bahn- und Radwegenetz und einem überdurchschnittlichen Grünflächenanteil eine gute Infrastruktur aufweist, ist der Westen der Stadt mit einer hohen Zahl von zum Teil brachliegenden Gewerbeflächen, mehreren Hochhaussiedlungen mit Sanierungsstau, kaum barrierefreiem öffentlichen

Abbildung 4: Bundestagswahl 2002. Das Ergebnis in CDU-Hochburgen

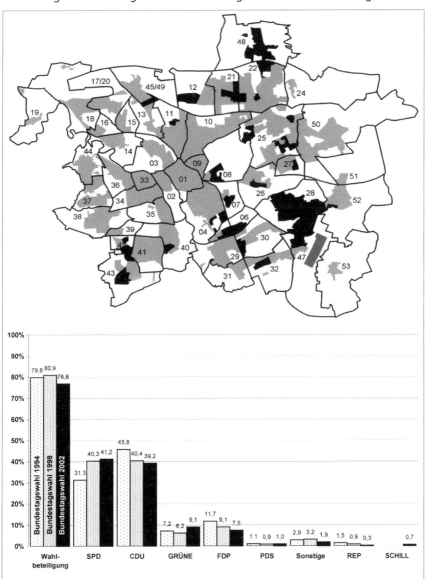

Quelle: Landeshauptstadt Hannover / Region Hannover / agis Universität Hannover; Zweitstimmenergebnis in Wahlbezirken, in denen bei der Bundestagswahl 1998 die CDU mindestens 35,1 Prozent der Zweitstimmen erhielt.

271

Nahverkehr und ohne U-Bahn-Bau über Jahrzehnte städtebaulich unterdurchschnittlich berücksichtigt worden.

Im Osten der Stadt hatte die CDU und FDP eine feste Mehrheit der Wahlbevölkerung hinter sich, repräsentiert über eine gehobene Wohn-, Einkaufs- und Vereinskultur. Allerdings konnten hier CDU und FDP bei entscheidenden Wahlen letztmals zu Zeiten der christliberalen Koalition in Bonn eine Mehrheit erringen. Die CDU versammelte 1994 in ihren Hochburgen 45,8 Prozent der Wählerstimmen, die FDP 11,7 Prozent.

Zur Wechselwahl 1998 konnte die SPD in den Hochburgen der CDU 40,3 Prozent der Stimmen erkämpfen und zog mit der CDU gleich. FDP und Grüne verloren 1998 in den CDU-Hochburgen, was auf die hohe Mobilisierungskraft Gerhard Schröders zurückzuführen ist, der in den gehobenen Milieus der osthannoverschen Besitzbürger auch personell gut verankert war. Äußerlich zeigte sich diese Verbindung durch Männerrunden mit der örtlichen Bauwirtschaft, Bürgernähe in einschlägiger Gastronomie und sportliche Ertüchtigung im angesagten Tennisverein im hannoverschen Stadtgrün, eigentlich Vergemeinschaftungsort der Lokalgrößen von CDU und FDP.

Über diese habituelle Nähe konnte Schröder auch in den konservativen Leitmilieus symbolisches Kapital erarbeiten. Mit seinem persönlichen Einsatz gegen eine deutsche Kriegsbeteiligung im Nahen Osten und mit der Krisenbewältigung der Elbe-Flut im Jahr 2002, aber auch mit den kleinen Gesten seiner politischen Agenda, konnten sich die konservativen Leitmilieus gut identifizieren, so dass die SPD in den CDU-Quartieren zur Bundestagswahl 2002 noch einmal zulegen konnte. Mit 41,2 Prozent der Wählerstimmen wurde die CDU, die auf 39,2 Prozent absank, in ihren eigenen Hochburgen überflügelt.

Wie stark das rot-grüne Projekt die CDU-Hochburgen ergriffen hat, zeigt zudem der Zuwachs an Grün-Stimmen zur Bundestagswahl 2005. Die Grünen legten in den CDU-Hochburgen gegenüber der vorangegangenen Wahl 1998 überdurchschnittlich um rund 3 Prozent zu und überflügelten mit 9,1 Prozent der Wählerstimmen die FDP deutlich. Diese rutschte von 9,1 Prozent auf 7,5 Prozent.

Rot-grüne Politik auf Stadt- und Landesebene hatte den ökonomischen Eliten bislang auch nicht geschadet. Seit 1986 regiert in der Stadt Hannover, mit kurzen Unterbrechungen, eine rot-grüne Mehrheit und seit 1990 hatten SPD und Grüne auf Landesebene Koalitionserfahrung gesammelt, ohne dass ordnungspolitische Maßnahmen in die ökonomischen und kulturellen Belange der besser situierten Stadtbürger eingegriffen hätten.

Rot-Grün hatte also zwei Flügel der Konservativen angegriffen. Auf der einen Seite qualifizierte Arbeitnehmer in den zentrumsnahen Quartieren, die einem städtisch teilmodernisierten Konservatismus zustimmen. Auf der anderen Seite die modernisierten konservativen Leitmilieus aus Freiberuflern und gehobenen Angestellten- und Beamtenberufen, die zwischen kultureller Avantgarde und traditionellem Besitzbürgertum eine gehobene Mittelposition in der Gesellschaft einnehmen und auf die sich auch die moderne CDU-Politik der Nachschröder-Ära zu orientieren sucht.

Diese Klammer war ja bereits in Schröders Neue-Mitte-Metapher versteckt gewesen und hatte nun ihre Wirkung entfaltet. Allerdings lag in diesem Angebotsspagat der SPD ein strategischer Fehler, der für die Volkspartei bis heute Konsequenzen hat. Während Schröder, dem ja oft genug der biographische Erfahrungsinstinkt nachgesagt wurde, als Aufsteiger aus »kleinen« Verhältnissen den sozialen Raum in der sich öffnenden Nachkriegsära vertikal durchschritten hatte und in Folge der sozialdemokratischen Bildungsöffnung der 1970er Jahre auch untere und mittlere Arbeitnehmermilieus in stabile und respektable Bildungs- und Arbeitsverhältnisse gelangt waren, relativierte sich dieser Erfolg für den großen Teil der von Dauerarbeitslosigkeit und unsicheren Arbeitsverhältnissen betroffenen abstiegbedrohten Milieus der unteren Mittelschicht.

Der genaue Blick auf das Wahlergebnis 2002 zeigt dann auch, dass die SPD erheblich an absoluten Wählerstimmen verloren hatte. Der Rückgang der Wahlbeteiligung um drei Prozentpunkte führte dazu, dass 2002 rund 147.000 Wähler der 368.000 Wahlberechtigten SPD wählten, während 1998 noch 153.000 der SPD die Stimme gaben. Gleichzeitig ergab die Berechnung eines Wählerwanderungsmodells, dass rund 7.000 SPD-Wähler in das Nichtwählerlager wechselten (Martin, Andreas D./Buitkamp, Martin/Gardemin, Daniel/Schwarzer, Thomas u.a. 2002, S. 73).

Und auch ein fehlender Erststimmenüberhang in den SPD-Hochburgen war ein Indikator für die Ablehnung eines neuerlichen rot-grünen Projekts. In einer Analyse der Bundestagswahl 2002 zeigen Hartenstein und Müller-Hillmer, dass die »traditionelle Allianz der SPD mit der Industriearbeiterschaft immer brüchiger« wird (Hartenstein/Müller-Hillmer 2002, S. 6). Vor allem die Union hat die größten Zuwächse in dieser Berufsgruppe erzielen können.

Dieser damals von der SPD nicht erkannte Befund der Verschiebung der SPD-Stimmen von den Stammwählern hin ins bürgerliche Lager, sollte sich schon bald als politischer Bumerang erweisen.

4 Landtagswahl 2003

Nur gute vier Monate nach der Bundestagswahl entwickelte sich die niedersächsische Landtagswahl für die SPD zum Desaster mit überregionalen Auswirkungen. Der noch mit keinem Plebiszit ausgestattete niedersächsische Nachfolger Schröders, Siegmar Gabriel, schien ein Gespür für die verlorengegangenen Stammwähler der SPD zu entwickeln. Vor allem seine Forderung nach einer Vermögenssteuer sollte das Gerechtigkeitsthema neu beleben. Dabei verkannte er aber, dass das sensible Thema im bürgerlichen Lager genau die Ängste weckte, die Schröder mit seinem klassenübergreifenden Habitus zu entkräften wusste. Gabriel hatte wohl auf Rückendeckung des Fraktionsführers Franz Müntefering gehofft, wurde aber mitten im niedersächsischen Wahlkampf von Schröder zur Räson gebracht. Schröder stand kurz vor der Ausformulierung der so genannten *Agenda 2010*, die vor allem auf die Zusammenführung von Arbeitslosenhilfe und Sozialhilfe gerichtet war, und fürchtete in der Vermögenssteuer ein Faustpfand der SPD-Linken. Ein Szenario, das in abgemilderter Form auch eintrat, aber durch Schröders mehrfache Rücktrittsdrohung schließlich im Juni 2003 entkräftet werden konnte.

4.1 Der Rückzug der SPD-Stammwähler

Die Landtagswahl 2003 brachte für die SPD gegenüber der Landtagswahl 1998 in Hannover einen Rückgang von 13,4 Prozent und 47.000 Wählerstimmen. Die Wahlbeteiligung sank auf den schlechtesten Nachkriegswert von 65,6 Prozent (zur Landtagswahl 2003 vgl. auch den Beitrag von Heiko Geiling in diesem Band). Vor allem gegenüber der erst vier Monate zurückliegenden Bundestagswahl, bei der die SPD noch 50,4 Prozent der Wählerstimmen erreichte, wirkten die übrig gebliebenen 35,5 Prozent erschreckend.

Den Wählerwanderungsmodellen zufolge teilten sich die Hauptwanderungsströme mit 23.000 Wahlverweigerern auf Nichtwähler und mit 14.000 Wechselwählern auf wieder verlustig gegangene CDU-Wähler auf (Martin, Andreas D./ Buitkamp, Martin/Gardemin, Daniel/Schwarzer, Thomas u.a. 2003, S. 103).

Insbesondere in den Wahlbezirken mit einem hohen Arbeiteranteil fallen die Verluste der SPD mit -14,2 Prozent überdurchschnittlich aus (s. Abbildung 5). In diesen Wahlbezirken, die nahezu deckungsgleich mit den ehemaligen SPD-Hochburgen sind und zudem eine hohe Arbeitslosigkeit aufweisen, ist der SPD

Abbildung 5: Landtagswahl 2003. Das Ergebnis in Wahlbezirken mit höherem Anteil an Arbeitern

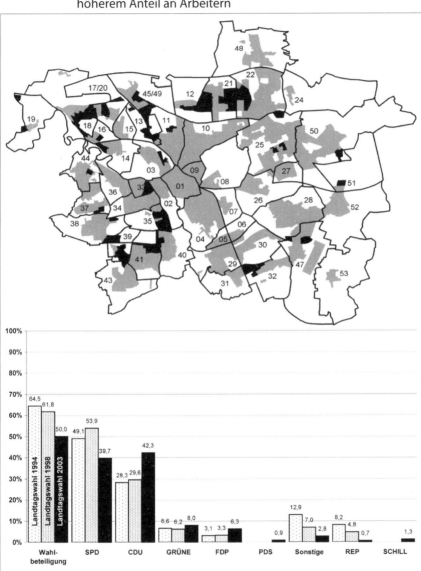

Quelle: Landeshauptstadt Hannover / Region Hannover / agis Universität Hannover; Ergebnis in Wahlbezirken, in denen Arbeiter einen Anteil von mindestens 50,6 Prozent an allen sozialversicherungspflichtig Beschäftigten haben (Stand Juni 2000).

275

zur Landtagswahl 2003 das Vertrauen entzogen worden. Gleichzeitig konnte die SPD aber auch die hinzugewonnenen Wechselwähler des CDU-FDP-Lagers nicht mehr halten. In den CDU-Hochburgen im Osten der Stadt Hannover verlor die SPD zwölf Prozentpunkte gegenüber der Landtagswahl 1998 zu Gunsten der CDU, FDP und auch der Grünen.

4.2 Die Grünen erschließen neue Wählergruppen

Die Grünen konnten, auch begünstigt durch die niedrige Wahlbeteiligung, mit 14,3 Prozent das beste hannoversche Zweitstimmenergebnis bei einer Landtagswahl erzielen. Auch landesweit erreichten sie mit 7,6 Prozent das beste Ergebnis bei einer niedersächsischen Landtagswahl. Es fallen zwei Besonderheiten bei den Grünen auf, aus der eine Tendenz abgeleitet werden kann. Zum einen hatten die Grünen-Wähler 2003 so stark panaschiert wie nie zuvor. Der Zweitstimmenüberhang belief sich auf 4,6 Prozent in Hannover (vgl. Abbildung 6), obwohl es seitens der großen Parteien keine Leihstimmenkampagne gegeben hatte.

Auffällig ist dabei, dass die Zweitstimmenüberhänge hauptsächlich im Westen der Stadt erzielt wurden, wo die Stammwähler der SPD wohnen. Die Werte häufen sich (schwarze Flächen) insbesondere außerhalb des Gründerzeitringes in den nach 1945 ausgebauten Stadtteilen mit kleinerer Einfamilienhausdichte. Da die Erststimmenüberhänge in diesen Quartieren für die SPD nicht übermäßig ausfallen, muss auch ein Teil der CDU-Wähler ihre Zweitstimme den Grünen gegeben haben. Die guten Ergebnisse der Grünen in zwei nicht im Westen gelegenen Stadtteilen (schwarze Flächen Nr. 05 und 27) stützen diese These. Beide Stadtteile sind CDU-Hochburgen mit einem hohen Anteil an beruflich gut qualifizierter Bevölkerung. Es liegt also die Vermutung nahe, dass die Grünen mit der Landtagswahl 2003 neue Wählergruppen außerhalb ihrer Stammklientel erschlossen haben.

Abbildung 6: Landtagswahl 2003. Zweitstimmenüberhang für die Grünen

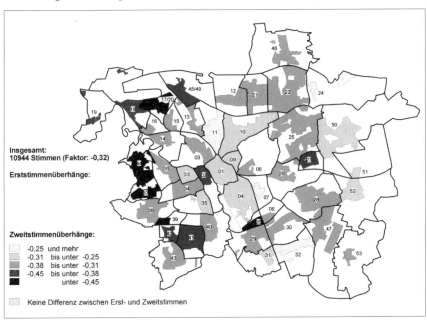

Quelle: Landeshauptstadt Hannover / Region Hannover / agis Universität Hannover

5 Bundestagswahl 2005

Die Bundestagswahl 2005 wurde zur letzten großen Prüfung der beiden einge-
spielten Lager des auslaufenden Vier-Parteiensystems Rot-Grün und Schwarz-
Gelb. Mit Gründung und Etablierung der gesamtdeutschen Linkspartei als fünfte parlamentarische Macht wurden dem politischen Gravitationszentrum jene
fünf bis zehn Prozentpunkte genommen, ohne die die klassischen Regierungs-
koalitionen nur noch in Ausnahmefällen zustande kommen. Die Lagertreue der
Wähler hat sich aber nicht aufgelöst, sondern verschiebt sich mit den programmatischen Parteilinien bzw. enthält sich enttäuscht temporär der Stimme. Nicht
die Strukturcharakteristika wandeln sich, sondern die Größenverhältnisse und
die inhaltlichen Angebote (vgl. Niedermeyer 2003, S.22).

Bevor wir uns wieder den kleinräumigen Analysen Hannovers widmen können, soll der Blick zunächst auf großen Linien fallen, die sich bundesweit zur
Bundestagswahl 2005 abzeichneten.

Im Zuge der von Schröder im Juli 2005 gestellten Vertrauensfrage setzte sich die Parteivorsitzende der CDU, Angela Merkel, gegen den bayrischen Ministerpräsidenten Edmund Stoiber durch. Stoibers Anspruch, die Regie in der Union zu führen, war damit durchkreuzt, auch wenn er sich im Gegenzug zu seiner Niederlage um die Kandidatur ein erweitertes ministerielles Machtspektrum zusichern ließ. Merkel hingegen war nicht in der Lage, ein eigenes programmatisches Profil zu entwickeln. Dies zeigte ihr Versuch, mit dem parteilosen Ökonomieprofessor Paul Kirchhof eine extrem marktradikale wirtschaftspolitische Linie neben der ohnehin schon sozialstaatlich weitreichenden Agenda-Politik Schröders aufzuziehen. Kirchhof hatte eine Theorie der radikalen Vereinfachung des Steuersystems eingebracht, die aber schon der ersten öffentlichen Überprüfung nicht standzuhalten schien. Überdies waren die Arbeitnehmermilieus bereits durch die Agenda-Politik so verunsichert, dass die Meinungsumfragen vor der Wahl dem Kirchhof-Modell keine Chance gaben. Zum Ende des Wahlkampfes ließ Merkel den Quereinsteiger Kirchhof fallen, ohne allerdings ein alternatives Modell zu formulieren.

Der Wahlkampf der SPD konzentrierte sich auf die Vermittlung der *Agenda 2010*. Vor allem vor dem Hintergrund der unsortierten Unionslinie holte die SPD auf dem ökonomischen Feld geringfügig auf, doch der ganz auf die Person Gerhard Schröder zugespitzte Wahlkampf konnte vor allem die resignierte Basis der SPD-Mitglieder in den Sommermonaten 2005 nicht mehr ausreichend mobilisieren.

Die kleinen Parteien hatten es bei dieser Zuspitzung des Wahlkampfes auf zwei Personen nicht leicht, ihre Schwerpunkte einzubringen. Die Grünen zogen sich auf ihre Kernthemen zurück und warnten vor den restaurativen Kräften einer möglichen Neuauflage der Koalition von Union und FDP. Insbesondere die Beteiligung deutscher Soldaten an internationalen Einsätzen war ein Schulterschlussthema von Grünen und SPD, das im Wahlkampf auch Stimmen einbrachte. Für die Grünen war die Koalitionsaussage zugunsten der SPD daher auch keine Frage.

Die FDP hatte sich frühzeitig für eine Koalition mit der CDU ausgesprochen und sah sich mit den radikalen fiskalischen Vorstellungen Kirchhofs konform. Nach dem vorzeitigen Ausscheiden Kirchhofs konnte die FDP das eigene Profil als marktradikale Partei der Besserverdienenden dann noch deutlicher in den Vordergrund rücken.

Für die PDS, bis dahin in Ostdeutschland erfolgreich, schien die Bundestagswahl zu früh zu kommen. Die Partei hatte die schrittweise Annäherung an die westdeutsche Wahlalternative Arbeit und soziale Gerechtigkeit (WASG), die sich vor allem aus gewerkschaftsnahen und traditionell linken Sozialdemokraten Ende 2004 zu einer Partei geformt hatte, erst zur turnusmäßigen Bundestagswahl 2006 geplant. Zwei Tage nach der Landtagswahl in Nordrhein-Westfalen schloss sich jedoch der ehemalige SPD-Vorsitzende Oskar Lafontaine der WASG an und verkündete seine Kandidatur für den Bundestag für den Fall eines vereinten Linksbündnisses, aus dem später dann die Partei *Die Linke* entstehen sollte.

Inhaltlich konnte das Linksbündnis eine linksoppositionelle Protestpolitik anbieten, die vor allem gegen neoliberale Wirtschaftskonzepte und gegen die von der rot-grünen Bundesregierung vorgenommenen Einschnitte in die sozialstaatlichen Sicherungssysteme gerichtet war.

Auch die Meinungsforschungsinstitute hatten mit der kurzfristig anberaumten Bundestagswahl ihre Schwierigkeiten. So konnten sie ihre Instrumente nicht rechtzeitig justieren, da die Vorwahlkampfdynamik in der Bewertung der Befragten noch nicht eingesetzt hatte. Das beschleunigte Verfahren führte zu einem veränderten Meinungsbildungsprozess, insbesondere die Anzahl der Unentschlossenen blieb bis kurz vor der Bundestagswahl ausgesprochen hoch (vgl. Korte 2005: 15). Die Unentschlossenen tendierten aber, wie sich später zeigen sollte, eher zu einer Stimmabgabe für das Unionslager. Die demoskopischen Institute hatten diese Unentschlossenheit der CDU-Wähler gegenüber einer sich abzeichnenden Großen Koalition und den kurzfristigen Swing zur FDP nicht vorhergesehen.

In der Demoskopie zeigte sich die Annäherung der beiden Volksparteien also mit Verzögerung, so dass ein paar Tage vor der Wahl SPD und CDU/CSU in den Umfragen noch durchschnittlich acht Prozentpunkte auseinander lagen. Beim Wahlergebnis zeigte sich nur noch ein Prozentpunkt Differenz zugunsten der CDU (vgl. Vester 2006).

Den in so einer Situation wichtigen Band-Wagon-Effekt, also die positive Stimmung, in der der mögliche Wahlsieger noch Stimmen mobilisieren kann, konnte Schröder in dieser Konstellation nicht mehr ausreichend nutzen. Er versuchte zwar die Siegerpose am Wahltag, als Exit-Polls und mögliche Überhangmandate ein Kopf-an-Kopf-Rennen in Aussicht stellten, doch Angela Merkel hatte ihr Ziel erreicht, die Union als stärkste Fraktion in den Bundestag zu bringen.

5.1 Bundestagswahl 2005 – Eine Zwischenbilanz

Der kurze und vorgezogene Wahlkampf führte dann auch zu einem schwierigen Wahlergebnis, das alle Parteien vor neue strategische, personelle und programmatische Herausforderungen stellte. Stärkste Partei wurde die Union, die 35,2 Prozent der Wählerstimmen bei einer Wahlbeteiligung von 77,7 Prozent erzielte. Die SPD landete mit einem Prozentpunkt Abstand bei 34,2 Prozent. Drittstärkste Partei wurde die FDP mit 9,8 Prozent, dicht gefolgt vom Linksbündnis mit 8,7 Prozent und den Grünen mit 8,1 Prozent. Die sonstigen Parteien, darunter zwei Rechtsparteien, hatten mit insgesamt 4 Prozent kaum Einfluss auf das Wahlergebnis.

5.2 SPD und CDU verlieren

Beide großen Parteien mussten erhebliche Stimmenverluste hinnehmen. Die SPD verlor 4,3 Prozent und die Union 3,3 Prozent. Bundesweit vereinigten SPD und Union erstmals weniger als 70 Prozent der Wählerstimmen bei einer Bundestagswahl seit 1949. Auch die an der Regierungskoalition beteiligten Grünen verloren leicht mit 0,4 Prozent, während die FDP mit 2,5 Prozent Zugewinn die stärkste Oppositionskraft werden konnte. Das Linksbündnis verbuchte die höchsten Gewinne. Mit 4,7 Prozent Zuwachs konnte es das Ergebnis der PDS aus dem Jahr 2002 mehr als verdoppeln.

Betrachtet man das Ergebnis getrennt für West- und Ostdeutschland, so zeigt sich, dass die Volksparteien nur im Westen noch relativ stark sind. Hier kamen SPD und Union gemeinsam auf 72,6 Prozent. In Ostdeutschland hingegen muss von einer Dreierkonstellation gesprochen werden, in der nur die SPD mehr als 30 Prozent erreichte, allerdings bei einem Rückgang der Wählerstimmen in Ostdeutschland gegenüber der Bundestagswahl 2002 um 9,3 Prozent. Union und Linksbündnis liegen hier mit jeweils 25,3 Prozent gleichauf, das Linksbündnis mit Tendenz nach oben (+3,7 Prozent seit 1998), die Union mit Tendenz nach unten (-2,0 Prozent seit 1998).

Das Linksbündnis weist damit den stärksten regionalen Charakter auf, kam aber in Westdeutschland immerhin auf 4,9 Prozent, was einem Zugewinn von 3,8 Prozent gegenüber dem PDS-Bundesergebnis von 2002 bedeutete.

Die Grünen, traditionell in den westdeutschen Städten stark, erzielten mit 8,8 Prozent in Westdeutschland ein durchschnittliches Ergebnis. In Ostdeutsch-

Tabelle 1: Bundestagswahl 2005. Amtliches Endergebnis

Ergebnis in %	Gesamt	+/–	West- deutschland	Ost- deutschland	Stadt Hannover	+/–
SPD	34,2	–4,3	35,1	30,4	45,8	–4,6
Union	35,2	–3,3	37,5	25,3	25,7	–1,4
Grüne	8,1	–0,4	8,8	5,2	12,5	0,0
FDP	9,8	+2,5	10,2	8,0	8,4	+2,2
Linksbündnis	8,7	+4,7	4,9	25,3	5,1	+3,4
Andere	4,0	+1,0	3,5	5,8	2,4	+0,3
	100		100	100	100	

Wahlbeteiligung Bund 77,7% (–1,4%) Wahlbeteiligung Stadt Hannover 78,4 % (–1,7%)

Quelle: Bundesamt für Statistik

land konnten sie leicht hinzugewinnen, hier ebenfalls vor allem in den Städten. Sie erhielten aber in Ostdeutschland insgesamt nur 5,2 Prozent.

Die FDP kam in Westdeutschland mit 10,2 Prozent in den zweistelligen Bereich und konnte in Ostdeutschland ihr Ergebnis von 3,3 Prozent 1998 über 6,4 Prozent 2002 auf 8,0 Prozent 2005 steigern.

In der Stadt Hannover fielen die Verluste der SPD mit 4,6 Prozent leicht höher als im Bundesdurchschnitt aus. Die Union hingegen verlor unterdurchschnittlich nur 1,4 Prozent, allerdings auf niedrigem Niveau. Die Grünen konnten ihr Ergebnis halten, die FDP legte, ähnlich dem Bundestrend, 2,2 Prozent zu. Das Linksbündnis konnte das Ergebnis der PDS aus dem Jahr 2002 auf 5,1 Prozent mehr als verdoppeln. Im Vergleich der westdeutschen Großstädte blieb die Steigerung um 3,4 Prozent aber leicht unterdurchschnittlich.

5.3 Wählerwanderungsströme

Die stärksten Wählerwanderungen, so das Wanderungsmodell von Infratest-Dimap (s. Tabelle 2), verliefen vom Unionslager zur FDP. Die Verschiebung von 1,1 Millionen Wählerstimmen ist auf die starke Unzufriedenheit der Unionswähler mit dem Wirtschaftskurs ihrer Partei zurückzuführen. Die FDP erschien den Wechselwählern letztlich als authentische Vertreterin eines wirtschaftsliberalen Kurses. Die Union musste aber auch an die Nichtwähler 620.000 Stimmen abgeben, ebenfalls Ausdruck einer Unzufriedenheit mit dem Schlingerkurs der CDU.

Tabelle 2: Bundestagswahl 2005. Hauptwanderungsströme

Von	Nach	In absoluten Stimmen
Union	FDP	1.100.000
SPD	Linksbündnis	970.000
Union	Nichtwähler	640.000
SPD	Union	620.000
Nichtwähler	Linksbündnis	430.000
SPD	Nichtwähler	370.000
Union	Linksbündnis	290.000
Grüne	Linksbündnis	240.000
SPD	Grüne	140.000
Grüne	Union	130.000
SPD	FDP	120.000
FDP	Nichtwähler	120.000

Quelle: Infratest-Dimap 2005; Wählerwanderungen werden mittels Aggregatdatenanalyse auf der Ebene der Stimmbezirke erstellt.

Allerdings erhielt die Union von der SPD im gleichen Maße Stimmenzuwächse wie die Union an die Nichtwähler abgab. Rund 620.000 Wähler wanderten von der SPD zur Union, offensichtlich hauptsächlich Wähler, die Schröder aus dem modernisierten konservativen Lager temporär an sich binden konnte.

Die zweitgrößte Wählerwanderung mit knapp einer Million Wählerstimmen vollzog sich von der SPD zum Linksbündnis. Das Linksbündnis war ja im Vorfeld der Bundestagswahl als eine sozialdemokratische Alternative aufgetreten und hatte den Wahlkampf auf die mit der SPD unzufriedenen Wählergruppen ausgerichtet. Hinzu kamen für das Linksbündnis noch 430.000 Wähler aus dem Nichtwählerlager, die das Linksbündnis zur Bundestagswahl 2005 für eine wählbare Alternative hielten. Bei ihnen handelte es sich augenscheinlich um in den vergangenen Jahren aus der SPD abgewanderte Wählergruppen, für die das Linksbündnis nun satisfaktionsfähig geworden war. Zudem verlor die SPD zusätzlich 370.000 Wählerstimmen neuerlich an das Nichtwählerlager. Dabei handelte es sich wohl um Stimmen von traditionellen SPD-Wählern, für die weder die CDU noch das Linksbündnis infrage kamen.

Die Grünen verloren 240.000 Stimmen an das Lager des Linksbündnisses. Hier zeigt sich wohl die Nähe der innerstädtischen Wählersegmente von Grünen und Linksbündnis.

Die Hauptverlierer aber waren die Volksparteien. Die SPD verlor über 2,3 Millionen Wählerstimmen, die Union rund zwei Millionen. Der Rückgang von 9,3 Prozent der CSU in Bayern gegenüber 2002 schlug dabei allein mit 800.000 Stimmen für die Union zu Buche.

Nimmt man die Abwanderungen der vorangegangenen Bundestagswahl 2002 gegenüber der Bundestagwahl 1998 hinzu, so summiert sich der Verlust an Wählerstimmen innerhalb der letzten sieben Jahre für die SPD auf rund vier Millionen. Die Union hingegen hatte 2002 noch 1,5 Millionen Wählerstimmen, davon 1,2 Millionen von der SPD hinzugewonnen. Etwas mehr als diese Stimmen (-1,7 Mio.) musste sie 1998 an die SPD abgeben, als Gerhard Schröder Helmut Kohl als Bundeskanzler ablöste. In den letzten elf Jahren verlor die Union demnach, nimmt man die Verluste an die kleineren Parteien hinzu, in der Summe rund drei Millionen Wählerstimmen, allesamt ehemalige CDU-Stimmen (1994: 16.089.960 Zweitstimmen für die CDU, 3.427.196 für die CSU, 2005: 13.136.740 für die CDU, 3.494.309 für die CSU).

5.4 Strukturelle Wahlmuster

Nun lohnt sich ein Blick auf die strukturelle und demographische Verteilung der Wahlpräferenzen. Er verdeutlich vor allem die Verschiebung von den großen Volksparteien hin zu den kleineren Parteien.

Tabellen 3 und 4 zeigen, dass die SPD in Regionen mit hoher Arbeitslosigkeit, in Stimmbezirken mit einem hohen Anteil an Einfamilienhäusern, in ländlichen Gebieten und Industriestandorten unterdurchschnittliche Ergebnisse erzielt. Die CDU erzielt dort, wo die SPD schlecht abschneidet, überdurchschnittliche Ergebnisse. Nur in Regionen mit hoher Arbeitslosigkeit bleibt auch die CDU unter ihrem Durchschnitt. In diesen Gebieten erzielt das Linksbündnis seine starken Stimmengewinne. In den Stimmbezirken mit hoher Arbeitslosigkeit liegt das Linksbündnis 11,4 Prozent über dem landesweiten Durchschnitt, ein Effekt, bei dem das Ost-West-Gefälle am Arbeitsmarkt und die ostdeutschen Hochburgen des Linksbündnisses aufeinandertreffen.

Die SPD, die Grünen und das Linksbündnis erreichen jeweils überdurchschnittliche Werte in den Großstädten und Dienstleistungszentren, in denen die Union über acht Prozentpunkte unter ihrem Durchschnittsergebnis liegt. Die FDP erreicht in Einzelhaussiedlungen und Industrieregionen ihre besten Ergebnisse.

Tabelle 3/4: Bundestagswahl 2005. Merkmalshochburgen

Ergebnis in %	Gesamt	... in Hochburgen			
		Arbeitslosigkeit	Einzelhäuser	Industrie	Dienstleistung
SPD	34,2	33,7	33,2	32,0	37,2
Union	35,2	26,0	38,3	37,7	29,1
Grüne	8,1	7,0	7,1	7,2	11,4
FDP	9,8	8,1	10,4	10,5	9,7
Linksbündnis	8,7	20,1	7,0	8,1	9,3
Andere	4,0	5,1	4,0	4,5	3,3
	100	100	100	100	100

Ergebnis in %	Gesamt	... in Hochburgen			
		Großstädte	ländlich	protestantisch	katholisch
SPD	34,2	38,2	29,3	40,7	28,4
Union	35,2	26,7	40,6	32,0	46,0
Grüne	8,1	11,9	5,3	9,6	7,4
FDP	9,8	9,6	9,9	9,5	10,2
Linksbündnis	8,7	10,0	10,1	5,2	4,2
Andere	4,0	3,6	4,8	3,0	3,8
	100	100	100	100	100

Quelle: Infratest-Dimap 2005; Merkmalshochburgen umfassen Stimmbezirke, in denen ein entsprechendes Merkmal besonders stark ausgeprägt ist.

Die konfessionelle cleavage zeigt sich bei dieser Bundestagswahl deutlicher als drei Jahre zuvor. Insbesondere die Wahlzurückhaltung der bayerischen Unionswähler gegenüber Angela Merkel und der Nord-Bonus für Gerhard Schröder führen zu einer Polarisierung zwischen dem katholischen Süden und dem protestantisch geprägten Norden und Osten der Republik. Die SPD liegt in den protestantischen Gebieten 12,3 Prozent über ihrem Gesamtergebnis, die Union in den katholischen Gebieten 14 Prozent über dem Durchschnitt.

Tabelle 5 zeigt die Verteilung der Berufsstellungen, erhoben mittels einer Wahltagsstichprobe (vgl. Infratest-Dimap 2005). Hier bleibt die SPD die stärkste Kraft in den Gebieten mit einem großen Anteil an Arbeitern (37 Prozent) und Angestellten (36 Prozent) und in Gebieten mit hoher Arbeitslosigkeit (31 Prozent). In den Gebieten mit hohem Arbeiter- und Arbeitslosigkeitsanteil gewinnt parallel dazu das Linksbündnis stark (12 und 23 Prozent).

Tabelle 5: Bundestagswahl 2005. Wahlverhalten nach Tätigkeit

Ergebnis in %	Arbeiter	Angestellte	Selbständige	Rentner	Arbeitslose
SPD	37	36	21	36	31
Union	31	31	42	42	24
Grüne	5	11	12	4	7
FDP	8	11	19	9	8
Linksbündnis	12	7	6	7	23
Andere	7	4	0	2	7
	100	100	100	100	100

Quelle: Infratest-Dimap 2005; Die Tätigkeit wurde in einer repräsentativen Stichprobe am Wahltag erfragt.

Die CDU erzielt überdurchschnittliche Ergebnisse bei Rentnern (36 Prozent) und Selbständigen (21 Prozent). Die Grünen und die FDP schneiden dort gut ab, wo der Anteil der Angestellten und Selbständigen hoch ist. Die sonstigen Parteien, unter denen die Parteien des rechten Wählerspektrums am stärksten sind, erzielen ihre besten Ergebnisse dort, wo der Anteil an Arbeitern und Arbeitslosigkeit hoch ist.

Tabelle 6 zeigt anhand der Wahltagsanalyse eine gegenläufige Verteilung der Wahlpräferenzen von jüngeren und älteren Wählern. Während die CDU bei den älteren Wählergruppen, insbesondere den über 60-Jährigen, traditionell stark ist, können SPD, Grüne und FDP eher bei den jüngeren Wählern punkten: die SPD insbesondere bei der jüngsten Wählergruppe der 18- bis 24-Jährigen, die Grünen auch in den mittleren Altersgruppen der 35- bis 44-Jährigen und die FDP insbesondere bei den 25- bis 34-jährigen. Das Linksbündnis hat seinen Schwerpunkt bei den Wählern im Alter von 45 bis 59 Jahre, die vor allem in Ostdeutschland zu ihrer Hauptwahlklientel zählt.

Wie schon bei den Alterskohorten sichtbar wird, zeigt sich bei den Erstwählern eine deutliche Mehrheit zugunsten der SPD. Aber auch die Grünen schneiden in dieser Gruppe überdurchschnittlich gut ab, wie aus Tabelle 7 ersichtlich wird.

Das Wahlverhalten nach Geschlecht weist kaum nennenswerte Unterschiede bei den großen Parteien auf. Bei den kleinen Parteien zeigt sich ein Männerüberhang bei FDP und Linksbündnis von zwei Prozentpunkten, bei den Grünen hingegen wählten zwei Prozentpunkte mehr Frauen als Männer die Partei.

Tabelle 6: Bundestagswahl 2005. Wahlverhalten nach Altersgruppen

Ergebnis in %	18–24 Jahre	25–34 Jahre	35–44 Jahre	45–59 Jahre	60 Jahre und älter
SPD	37	33	34	35	34
Union	26	30	32	34	43
Grüne	10	10	11	9	4
FDP	10	13	10	9	9
Linksbündnis	8	8	9	10	7
Andere	9	6	4	3	3
	100	100	100	100	100

Quelle: Infratest-Dimap 2005; Die Altersgruppen wurden in einer repräsentativen Stichprobe am Wahltag erfragt.

Tabelle 7: Bundestagswahl 2005. Wahlpräferenz Erstwähler, Frauen, Männer

Ergebnis in %	Gesamt	Erstwähler	Frauen	Männer
SPD	34,2	39	35	33
Union	35,2	26	35	36
Grüne	8,1	10	9	7
FDP	9,8	10	9	11
Linksbündnis	8,7	8	7	9
Andere	4,0	7	5	4
	100	100	100	100

Quelle: Infratest-Dimap 2005; Die Wahlpräferenz wurde in einer repräsentativen Stichprobe am Wahltag erfragt.

5.5 Einbrüche in den Parteihochburgen der Volksparteien

Das Wahlergebnis in den Parteihochburgen lässt einen Rückschluss auf die Mobilisierungsstärke der Parteien zu. Die Stabilität der eigenen Hochburgen ist ein Indiz für eine Übereinstimmung der Stammwählerschaften mit der Parteipolitik. Diese Übereinstimmung ist mittlerweile dramatisch gesunken.

Wie aus Tabelle 8 ersichtlich, lagen die SPD-Hochburgen mit durchschnittlich 43,2 Prozent unter der 50-Prozent-Marke, die in der Vergangenheit fast immer erreicht worden war. Vor allem das Linksbündnis war mit 10,2 Prozent

Tabelle 8: Bundestagswahl 2005. Parteihochburgen

Ergebnis in %		... in Hochburgen			
	Gesamt	SPD	Union	Grüne	FDP
SPD	34,2	43,2	27,2	34,9	33,1
Union	35,2	28,0	47,5	32,2	35,4
Grüne	8,1	7,3	7,4	13,0	8,9
FDP	9,8	8,0	10,2	10,9	12,7
Linksbündnis*	8,7	10,2	3,5	5,7	6,5
Andere	4,0	3,3	4,2	3,3	3,4
	100	100	100	100	100

Quelle: Infratest-Dimap 2005; Parteihochburgen umfassen Stimmbezirke, in denen eine Partei überdurchschnittliche Ergebnisse erzielt hat. *) Das Linksbündnis trat bei der Bundestagswahl 2002 nicht an, so dass keine Hochburgen ermittelt werden konnten.

in den SPD-Hochburgen erfolgreich; ein Ergebnis, das sich in den Wählerwanderungsströmen (s.o.) bereits andeutete.

In den Unions-Hochburgen, in denen auch die Union mit 47,5 Prozent unter der 50-Prozent-Marke blieb, war die FDP mit 10,2 Prozent erfolgreich. In den Grünen-Hochburgen schnitt ebenfalls die FDP gut ab, in den FDP-Hochburgen gleichermaßen die Grünen.

Insgesamt zeigt sich also ein Bild, das die Bundesrepublik Deutschland in mehrerer Hinsicht strukturiert. In dem unterschiedlichen Wahlverhalten fällt erst einmal der nach wie vor deutliche Unterschied zwischen Ost- und Westdeutschland auf, der vor allem durch das im Osten starke Linksbündnis bedingt ist. Das Linksbündnis ist dort stark, wo die Arbeitslosigkeit besonders hoch ist. Dies sind auch die Gebiete, in denen das Linksbündnis in Westdeutschland die stärksten Ergebnisse erzielt, vornehmlich in den deindustrialisierten städtischen Agglomerationsräumen. Die SPD hatte schon länger große Schwierigkeiten, die sozial Benachteiligten zu erreichen. Das über viele Wahlperioden wiederholte Versprechen der etablierten Parteien, dass es sich bei der Massenarbeitslosigkeit um ein vorübergehendes Phänomen handele, welches mit einer angebotsorientierten Wirtschafts- und Finanzpolitik überwindbar sei, wurde von den betroffenen Arbeitslosen und Sozialhilfeempfängern zunehmend als leere Formel empfunden. In der Folge wanderten die sozial benachteiligten Wählergruppen in großer Zahl ins Nichtwählerlager ab. Das Linksbündnis hingegen vertrat die Klientel der Benachteiligten mit Nachdruck und konnte in den Vorstädten mit hoher Arbeitslosigkeit, einem hohen Nichtwähleranteil und einem hohen Anteil an nicht bewältigten Problemen der Wohnstruktur, der Infrastruktur und des Bildungsangebots überdurchschnittliche Erfolge erzielen. Hier liegen zum Teil auch die alten Hochburgen der SPD, die sich mittlerweile nur noch auf einen treuen Stamm traditioneller Wählergruppen in typischen Arbeitnehmerquartieren reduziert haben. Die SPD verlor rund um den Kern der beschäftigten Arbeitnehmerschaft den Charakter einer Volkspartei.

Auch ist die Bundesrepublik zwischen Nord und Süd ein geteiltes Wählerland. Während in den katholischen Bevölkerungsgruppen – die hauptsächlich in den starken Wirtschaftsregionen Bayern, Franken und Baden-Württemberg wohnen – die Unionsanteile hoch sind, hat die SPD im protestantischen Norden und Nordosten die meisten Wähler.

Ein weiterer Unterschied zeigt sich zwischen städtischem und ländlichem Wahlverhalten. Während die Union in den ländlichen Gebieten traditionell stark ist, sind die Stadtzentren mit hohen Anteilen an Dienstleistungsberufen Hochburgen von Grünen und FDP, zum Teil schnitt hier auch die SPD gut ab.

Neben diesen Gegensätzen wird auch das altersspezifische Wahlverhalten sichtbar. Während die Union nach wie vor von den höheren Altersgruppen überdurchschnittlich gewählt wurde, wies sie zugunsten der kleineren Parteien in den jüngeren Alterskohorten Defizite auf. Die CDU konnte von der Schwächung der SPD durch Grüne, Nichtwähler und Linksbündnis nicht profitieren. Auch im Verhältnis zur FDP blieb der Stimmensaldo mehr oder weniger neutral.

6 Niedersächsische Landtagswahl 2008

Die niedersächsischen und hessischen Landtagswahlen im Januar 2008 sollten den Auftakt zu einer Reihe von Wahlen im Vorfeld der Bundestagswahl 2009 geben. Gespannt wartete man auf die Ergebnisse der neu formierten Partei Die Linke. Angesichts der fehlenden Konsolidierung der SPD hinsichtlich ihrer zentralen inhaltlichen Themen und ihrer nur mühsam aufrecht gehaltenen Abgrenzung zur Linken sowie der fehlenden Mobilisierungskraft des bürgerlichen Lagers, das sich in der Großen Koalition inhaltlich nicht profilieren konnte, zeichnete sich vor allem eine neuerliche geringe Wahlbeteiligung in den Prognosen ab. Die Wahlergebnisse brachten dann auch eine nochmals um zehn Prozentpunkte gesunkene Wahlbeteiligung in Niedersachsen auf nunmehr 67

Prozent und einen nicht erwarteten überdurchschnittlichen Erfolg der Linken, die mit elf Abgeordneten und 7,1 Prozent der Wählerstimmen im Rücken in den niedersächsischen Landtag einziehen konnte. Da parallel dazu die Linke auch in Hessen knapp den Einzug in den Wiesbadener Landtag erzielen konnte und kurzzeitig sogar eine rot-grüne Minderheitenkoalition unter Tolerierung der Linkspartei im Raume stand, war die politische Landschaft plötzlich auf ein Fünfparteiensystem angewachsen.

Diese Entwicklung überraschte alle beteiligten Parteien. Die SPD erwog unter der Führung von Kurt Beck die schrittweise Öffnung zu Koalitionen mit der Linkspartei auf Länderebene, auch gedacht als Optionsmodell für die Bundestagswahl 2009. Die urbane Großstadt-CDU Hamburgs konterte mit einem von Merkel unterstütztem Koalitionsangebot an die Grünen nach der Senatswahl in Hamburg im Februar 2008 und erweiterte damit die Koalitionsmodelle. Die Neuorientierung der CDU und die Schwächung der SPD veränderte für die FDP, die bislang Mehrheitsbeschafferin für eine der beiden Volksparteien war, plötzlich die Ausgangslage für die Bundestagswahl 2009. Die Grünen sahen sich mit dem neuen Machtmodell, um das auch in Hessen in Form einer sogenannten Jamaika-Koalition von CDU, FDP und Grünen gerungen wurde, vor einer Zerreißprobe ihrer Funktionseliten und auch ihrer Wählerschaft. Und die Linkspartei selber war gar nicht darauf vorbereitet, in Westdeutschland bereits indirekt Regierungsbeteiligung aufzunehmen, für die die personellen und inhaltlichen Strukturen noch fehlten.

Das Fünfparteiensystem war aber spätestens seit der Bundestagswahl 2005 schon absehbar gewesen, als bereits diverse Koalitionsmöglichkeiten zwischen CDU, SPD, FDP, Grünen und Linkspartei angedacht wurden. Allein die Wirkmächtigkeit der gewohnten Vierparteienlandschaft und die Unbeweglichkeit der politischen Akteure verhinderte eine inhaltliche Auseinandersetzung mit der fünften Partei. Der Versuch der Ausgrenzung und Diskreditierung der Linkspartei führte zudem zu einer Stärkung der radikaloppositionellen Argumente der Linkspartei innerhalb eines Klimas des großen Kompromisses der etablierten Parteien.

Der Blick auf das kleinräumige Ergebnis der Landtagswahl 2008 zeigt nun deutlich, dass die Erosion der SPD-Stammwählerschaft noch kein Ende gefunden hat und dass die Wählerschaft des rot-grünen Lagers auf eine schwarz-grüne Option noch gar nicht vorbereitet ist. Die Klientel der Grünen erweitert sich zwar zaghaft im Stadtgebiet, hat aber ihre Kernwählerschaft in den Zonen der aufgeklärten Avantgarde, die sich als Gegenentwurf zu den konservativen Leitbildern der CDU versteht. Zudem hat es die CDU in Hannover nach wie vor nicht geschafft, dem gesellschaftlichen Modernisierungsprozess folgend, eine moderne Großstadt-CDU zu errichten. Die CDU-FDP-Wählerschaft in Hannover erreicht mit ihrem enggeführten wirtschaftsliberalen Kurs die innerstädtischen bevölkerungsreichen und sich modernisierenden Milieus nicht. Für die CDU und FDP sind damit die Wählerklientele auf verhältnismäßig niedrigem Niveau stabil. Für die Grünen zeigt sich eine geringe Tendenz zur Expansion in konservative Lagen und Angestelltenquartiere bei gleichzeitigem Wählerrückgang in den postmodernen Milieus. Die Entwicklung der SPD nimmt eine Sonderrolle ein, da keine andere Partei so stark von den Stimmengewinnen des Linksbündnisses betroffen ist.

6.1 Die Linke in einer westdeutschen Großstadt

Die Linke stellt inzwischen für viele ehemalige SPD-Wähler eine Alternative dar. Wie stark die Übereinstimmung der Wählergruppen von SPD und Linke sind, zeigen die Entwicklungen der Linken in den Hochburgen der SPD. Bereits zur Bundestagswahl 2005 zeichnete sich die Wechselbereitschaft in den SPD-Hochburgen ab, zur niedersächsischen Landtagswahl 2008 folgte dann ein erdrutschartiger Verlust zugunsten der Linken, der die Wahlarithmetik nachhaltig veränderte. Dies ist insbesondere vor dem Hintergrund der bereits starken Stimmenverluste der SPD zur niedersächsischen Landtagstagswahl 2003 bemerkenswert. 2003 äußerten sich die Verluste jedoch in einer hohen Wahlenthaltung, 2008 trafen Wahlenthaltung und Swing zur Linken zusammen.

Wie Abbildung 7 zeigt, erzielte die Linke zur Landtagswahl 2008 in Hannover die höchsten Stimmenanteile (über 13,1 Prozent, schwarz unterlegt) überwiegend in den Stadtteilen, die ein hohes Rot-Grün-Potenzial aufweisen und im westlichen Gründerzeitring Hannovers liegen, dort wo die individualisierte und hedonistische Gentrifizierung fortschreitet und sich gleichzeitig Armutsfaktoren wie hohe Anteile an Arbeitslosigkeit, an Sozialwohnungen, an Alleinerziehenden und an Ausländern bündeln. Hier wohnen Kümmerer und Bekümmerte nicht weit voneinander entfernt. Bratwurststände, Mieterberatung, Tauschbörsen und Kindertafeln bringen auch außerhalb von Wahlkämpfen Wähler und Kandidaten zusammen.

Hohe Stimmanteile von 10,6 bis 13,1 Prozent (dunkelgrau unterlegt) konnte die Linke auch im Nordwesten der Stadt erreichen. Die Stadtteile des Nordwes-

Abbildung 7: Landtagswahl 2008. Zweitstimmenanteile für Die Linke
nach Stadtteilen

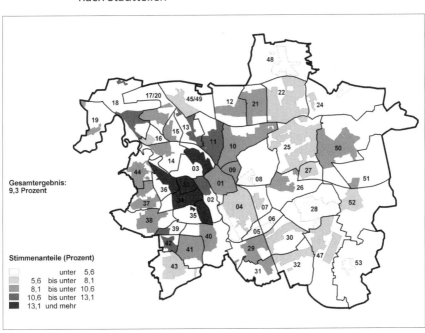

Quelle: Landeshauptstadt Hannover / Region Hannover / agis Universität Hannover

tens sind stark durch zwei Großunternehmen der Automobilindustrie und ihre
Zulieferer geprägt und traditionell SPD-Hochburgen. In diesen Stadtteilen fällt
der überdurchschnittliche Anteil gewerkschaftlich organisierter Arbeitnehmer
mit hohem solidarischen Ethos auf.

Durchschnittliche Stimmenanteile von 8,1 bis 10,6 Prozent (mittelgrau unterlegt) erzielte die Linke in den Einfamilienhausgebieten im Westen Hannovers,
in denen die SPD stark ist, und in denjenigen nordöstlichen Stadtteilen, in denen ein hoher Anteil an abhängig Beschäftigten wohnt. Diese Quartiere sind in
erster Linie SPD-dominiert, weisen aber zum Teil auch überdurchschnittliche
CDU-Anteile auf.

In den klassischen CDU-Hochburgen, mit hohem Einfamilienhausanteil im
Osten der Stadt und in Quartieren mit einem hohen Anteil einer Wohnbevölkerung von über 60 Jahren, erzielt die Linkspartei unterdurchschnittliche Stimmanteile.

Die Linke ist überall dort stark, wo einerseits prekäre Beschäftigungsverhältnisse dominieren, wo Lohn- und Gehaltszugeständnisse Ängste vor dem Abstieg schüren, wo die Lebensverhältnisse bescheiden sind und dort, wo andererseits die Großstadt neue Lebens-, Arbeits- und Bildungswelten schafft. Dort, wo im innerstädtischen Kern beide Faktoren zusammenkommen, ist die Linke besonders erfolgreich.

Es zeigt sich, dass die Pioniere der Linken aus den universitätsnahen Vierteln kommen, in denen die PDS bereits bei vorangegangenen Wahlen erstmals in Erscheinung trat, in denen die Linke zur Bundestagswahl 2005 die höchsten Ergebnisse erzielte und in denen auch die Altlinken diverser überdauerter Splittergruppen ihr Zuhause haben. Zur Bundestagswahl 2005 und deutlicher zur Landtagswahl 2008 beginnt die Linke in diesen Quartieren zu stagnieren und ihre Erfolge in die weiter außerhalb liegenden Stadtteile zu tragen, in denen zwei sozial benachteiligte Bevölkerungsgruppen dominieren, die die eigentliche bevölkerungsstarke Zielgruppe ausmachen. Zum einen hat die Linke in denjenigen Quartieren stark zugelegt, in denen Langzeitarbeitslosigkeit und Hilfe zum Lebensunterhalt Strukturmerkmale darstellen (13,0 Prozent Stimmanteil der Linken in Hannover). Zum anderen wurden von der Linkspartei die Teile der arbeitnehmerischen Milieus angesprochen, die in subalternen, unsicheren und gering bezahlten Arbeitsverhältnissen beschäftigt sind (11,1 Prozent Stimmanteil der Linken in Hannover).

Die Linke wird damit zunehmend zu einem Ersatz der *Kleine-Leute-SPD*, zum Anwalt der prekären Milieus, bei denen die Nachteile der großstädtischen Modernisierung zum Tragen kommen: keine oder schlecht bezahlte Arbeit, unstete Arbeitszeiten, gesundheitliche Benachteiligung am Arbeitsplatz und Wohnort, dort einfache und beengte Wohnverhältnisse, lange Wegstrecken und mangelhafte Betreuungsmöglichkeiten für Kinder und Alte.

Abbildung 8 zeigt einen rund einen Quadratkilometer großen Ausschnitt eines innerstädtischen hannoverschen Stadtteils mit unterschiedlichen verdichteten Siedlungsformen und einem hohen Anteil an Angestellten, in dem eine Wahlkreishochburg der Linkspartei an zwei CDU-Hochburgen grenzt, die wiederum in SPD- und Grünen-Quartiere übergehen.[1]

Eine Hochburg der Linken (Stimmbezirk 1021), rechts oben im Stadtplan sowie in der rechten unteren Häuseransicht erkennbar, zeigt eine Mischbebau-

---

1 Insgesamt dominieren SPD und Grüne den gesamten Wahlkreis, der aus mehreren ähnlich strukturierten innerstädtischen Stadtteilen besteht. Alle Hochburgen beziehen sich auf die relative Stärke der jeweiligen Parteien im Wahlkreis.

Abbildung 8: Stimmbezirke und Parteihochburgen in
einem innerstädtischen Quartier

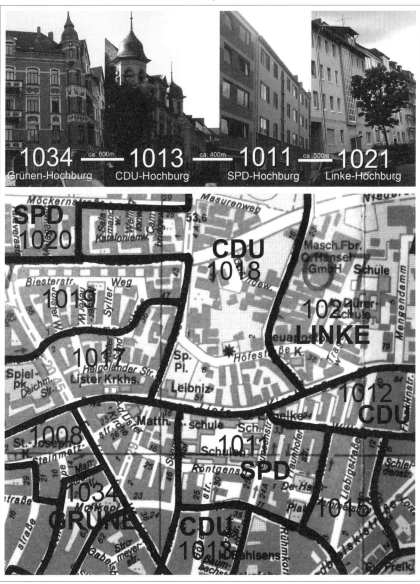

Quelle: Eigene Darstellung, eigene Aufnahmen.

ung von eher schlichten mehrgeschossigen Wohnungen, häufig im Eigentum von Wohnungsgenossenschaften. Die Häuser stammen zumeist aus einfacher Nachkriegsbebauung und sind überdurchschnittlich von älteren Menschen bewohnt, weisen aber auch größere Leerstände auf als im städtischen Durchschnitt. In der Vergangenheit erzielte die SPD hier kontinuierlich über 50 Prozent der Wählerstimmen, die PDS bzw. Linkspartei konnte hier schon früh überdurchschnittliche Stimmengewinne verbuchen.

Direkt im Süden anschließend befinden sich zwei äußerlich ähnliche Wohnquartiere, von denen eines Hochburg der SPD (1011) und eines Hochburg der CDU (1012) ist. Hier sind die Wohnungen in einem besseren Zustand, die Bewohner im Durchschnitt deutlich jünger, der Anteil der Arbeitslosen geringer und die Wahlbeteiligung höher. Südlich der SPD-Hochburg schließt sich nahe des Stadtwaldes ein Gründerzeitquartier mit einer hohen Anzahl an modernisierten Stadtvillen an (1013), Hochburg der CDU. Dieses Quartier weist bereits eine andere Bevölkerungszusammensetzung auf als die weiter nördlich gelegene CDU-Hochburg (1012). Das junge Viertel ist geprägt von überdurchschnittlichen Wohnungsgrößen und einer Vielzahl von Freiberuflern. Westlich davon, durch eine größere Straße getrennt, reihen sich mehrere Grünen-Hochburgen aneinander (1005, 1034 u. a.). Hier endet der innerstädtische Gründerzeitring mit vier- und fünfgeschossiger Carrée-Bebauung. Das Quartier ist aufgrund des guten öffentlichen Nahverkehrs, des nahen Stadtwaldes, einer großzügigen Fußgängerzone und einschlägiger Einkaufs- und Gastronomieszene im postmodernen städtischen Milieu beliebt. Auch SPD und Linksbündnis schneiden hier zu Lasten der CDU überdurchschnittlich gut ab, wobei das Viertel eine deutlich besser situierte Sozialstruktur aufweist als die nordöstlich gelegenen Quartiere mit Genossenschaftsbebauung. Auch die Wahlbeteiligung liegt hier deutlich über dem Durchschnitt.

Ein Blick auf die Wahlergebnisse zeigt, dass sich die Linke vor allem in den Stimmbezirken 1011 und 1021 überdurchschnittlich entwickelt hat. Zur Bundestagswahl 2005 konnte die Linkspartei, wie Abb. 9 zeigt, in allen vier Vergleichsquartieren zwischen fünf und sieben Prozent der Wählerstimmen auf sich ziehen. Zur Landtagswahl 2008 hingegen gewann die Linke in der CDU-Hochburg 1013 nur unterdurchschnittlich mit 0,9 Prozent hinzu, während sie in der SPD-Hochburg 1011 mit 6,1 Prozent Zugewinn ihr Ergebnis mehr als verdoppelte. In ihrer eigenen Hochburg 1021 steigerte sie sich gar um 6,3 Prozent auf 13,2 Prozent. Die Stimmengewinne der Linken gingen vollständig zu Lasten der SPD.

Abbildung 9: Die-Linke-Wählerinnen und -Wähler zur Landtagswahl 2008 nach Alter und Geschlecht

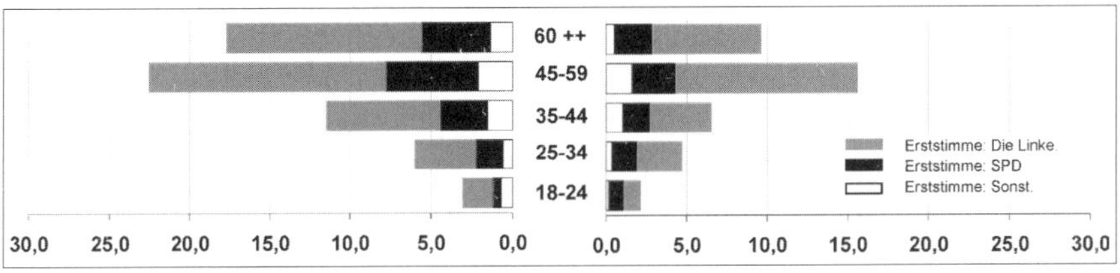

Quelle: Landeshauptstadt Hannover / Region Hannover / agis Universität Hannover

Tabelle 9: Entwicklung der Linkspartei in vier ausgewählten Stimmbezirken (Zweitstimmen in Prozent)

Stimmbezirk	1034		1013		1011		1021	
Wahl	BTW 2005	LTW 2008	BTW 2005	LTW 2008	BTW 2005	LTW 2008	BTW 2005	LTW 2008
Linkspartei / Die Linke	5,7	10,1	4,8	5,7	5,6	12,7	6,9	13,2
SPD	37,6	22,1	40,9	28,8	51,3	34,3	50,0	33,4
Grüne	31,4	36,1	20,6	18,0	16,3	18,6	10,2	15,8
CDU	18,1	19,7	20,8	30,3	18,5	25,0	21,6	26,1

Die Entwicklung verdeutlicht, dass die Linke in den Quartieren, in denen die SPD ihre stärksten Stimmbezirke hatte und dort, wo in den letzten Jahrzehnten die Wahlbeteiligung kontinuierlich abgenommen hat, beginnt, ehemalige sozialdemokratische Kernwählersegmente an sich zu binden. In einigen Stimmbezirken nimmt dort, wo die Linke hohe Stimmanteile erzielt, die Wahlbeteiligung sogar gegen den Trend zu.

Der Blick auf die repräsentative Wahlstatistik zeigt zudem (Abb. 9), dass überdurchschnittlich viele männliche Wähler in den Altersgruppen über 35 Jahre mit ihrer Zweitstimme die Linken wählen. Insgesamt sticht die Alterskohorte der 45- bis 59-Jährigen Männer und Frauen hervor, die besonders stark von Langzeit- und Altersarbeitslosigkeit und der damit verbundenen Unsicherheiten betroffen sind. In dieser Altersgruppe haben im Stadtdurchschnitt zu über 20 Prozent der Männer und zu über 15 Prozent der Frauen ihre Stimme der Linken gegeben. Das Stimmensplitting, bei dem rund ein Drittel der männlichen Linkswähler ihre Erststimme an die SPD geben (in der Abbildung 9 schwarz dargestellt), zeigt die Nähe zur »Herkunftspartei«.

7 Folgen der Spaltung des sozialdemokratischen Wählerspektrums

Der Rückblick auf die Wahlergebnisse seit 1998 zeigt eine neuerliche Abspaltung eines Teils des sozialdemokratischen Wählerspektrums. Über vierzig Prozent der verlorenen Wählerstimmen hat die SPD an die Linkspartei abgeben müssen. Hierunter befindet sich zwar ein wieder erreichbarer Teil an Protestwählern, der sehr genau die Oppositionspolitik der Linkspartei verfolgen wird, doch bildet sich in westdeutschen Großstädten bereits eine Stammwählerschaft links von der SPD heraus.

Die Stammwählerschaft der Linkspartei entstand sichtbar seit 2002 aus dem innerstädtischen linksakademischen Milieu und begann seit 2005 die unterprivilegierten Quartieren der städtischen Peripherie zu erreichen, in denen die geprellten Arbeitnehmermilieus (vgl. Gardemin 2006: 225ff.) ihr Zuhause haben. In Abbildung 10 ist die Abwanderung der SPD-Wähler aus den mittleren und unterprivilegierten Arbeitnehmermilieus schematisch dargestellt.

Diesen Wählergruppen ist ein sozialintegratives Politikverständnis eigen, dass in der *neuen Sozialdemokratie,* der Nach-Lafontaine-SPD, nicht mehr repräsentiert wird. Zwar gehört Gleichheit noch zu den »third way values« der SPD, wird aber stark auf die Leistungsgerechtigkeit der Arbeitsgesellschaft bezogen. Dort wo die strukturelle Ungleichheit dauerhaft kaum Chancen auf Wiedereintritt in den respektierten Raum der Arbeitsgesellschaft bietet, verprellt die SPD ihre Klientel (vgl. Vester 2001, S. 149 ff.). Eines der wichtigsten Merkmale der *alten Sozialdemokratie* war die Garantie, sich für unverschuldet in Not geratene Menschen solidarisch einzusetzen. Der solidarische Aspekt dieser *Kleine-Leute-SPD* wurde, so scheint es, kampflos der Linkspartei überlassen.

Die Abwanderung zur Linkspartei ist in Westdeutschland noch nicht beendet. Der zweite große Teil, ebenfalls etwa 40 Prozent, der die SPD in den letzten zehn Jahren verlassen hat, ist in das Nichtwählerlager gewandert. Hier findet sich der gut gebildete Teil der mittleren Arbeitnehmermilieus, die Facharbeit und die praktische Intelligenz. Auch hier herrscht ein sozialintegratives Politikverständnis vor. Allerdings wurden diese temporären Nichtwähler bislang von der Linkspartei nicht erreicht. Zu stark ist das Misstrauen gegenüber der SED-Nachfolgepartei und der oftmals plakativen Oppositionsrhetorik. Die sozialdemokratischen Nichtwähler befinden sich in einer Protesthaltung, die einem Moratorium gleicht, das darauf wartet, von den Parteien inhaltlich aufgelöst zu werden.

Abbildung 10: Abwanderungsbewegungen aus der sozialdemokratischen
Kernwählerschaft seit 2002

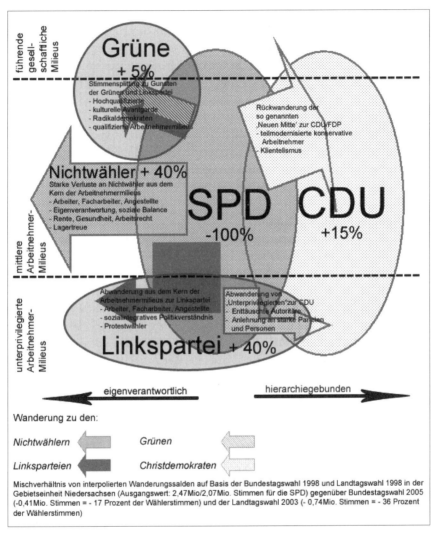

Quelle: Eigene Berechnungen nach: Landeshauptstadt Hannover / agis (Hg.) 1996ff.: Hannover hatte die Wahl. Wahlberichtsreihe zu Kommunal-, Landtags-, Bundestags- und Europawahlen in der Region Hannover. Grafik: Daniel Gardemin 2007.

In Abbildung 10 ist ferner zu erkennen, dass auch dreißig Jahre nach der ersten Aufspaltung der Sozialdemokratie immer noch Wähler zu den Grünen abwandern – seit 1998 immerhin rund fünf Prozent der sozialdemokratischen Verluste. Dazu kommen noch erhebliche Stimmenverluste durch Stimmensplitting zu Gunsten einer grünen Zweitstimme. Die Motive der rot-grünen Wechselwähler, die durch einen radikaldemokratischen Anspruch geleitet werden, ähneln denen, die ins Nichtwählerlager geflüchtet sind. Ihnen erscheint die Agenda der neuen Sozialdemokratie unvollständig und ausgrenzend, quasi als Bindestrichpolitik, die den Gesamtzusammenhang vergessen hat. Die SPD hat damit auch ihre strategische Verankerung in den humanistischen Bildungsschichten vernachlässigt und es nicht geschafft, eine moderne sozialdemokratische Ideologie zu entwerfen, die mehr als Einzelthemen im politischen Tagesgeschäft erfasst. So wie die ökologische Frage lange Zeit ausgeblendet wurde, werden heute Fragen der Globalisierung, des Pazifismus, der Energiepolitik und eben der Solidarität ohne gesamtgesellschaftliche Klammer diskutiert oder aber mit dem gebetsmühlenartig vorgetragenen Angstargument der drohenden Globalisierung relativiert und ökonomisiert. Die SPD hat scheinbar auch kein Personal, das für einen integrativen Gesellschaftsentwurf steht und die verlustig gegangenen Milieus glaubhaft anzusprechen vermag (vgl. Vester u.a. 2001, S. 116 ff.).

Die restlichen fünfzehn Prozent der SPD-Verluste gehen auf das Konto der Rückwanderung der so genannten Neuen Mitte zur CDU und zu einem kleinen Teil auch zur FDP. Vor allem teilmodernisierte konservative Arbeitnehmerschichten waren in der Anfangsphase von der Aufbruchsstimmung der rotgrünen Koalition beeindruckt. Auch versprach sich dieses stark klientelistisch ausgerichtete Wählersegment einen Vorteil gegenüber der stagnierenden CDU-Politik der 1990er Jahre.

Zudem ist ein kleiner Teil aus den unterprivilegierten Arbeitnehmermilieus von der SPD zur CDU abgewandert. Auch sie standen dem Solidaritätsprinzip der alten SPD nahe und sehen sich nun im Patron-Klient-Nexus des Arbeitnehmerflügels der CDU sicherer aufgehoben.

8 Eine neue Wahlarithmetik

Für das zukünftige Parteienspektrum und die Koalitionsoptionen spielt die Weiterentwicklung der Linkspartei die größte Rolle. Denn bislang hatte der Rückgang der Wahlbeteiligung, der alle Parteien betraf, auf die Machtaufteilung in Bund und westdeutschen Ländern nur geringfügigen Einfluss. Durch den zunehmenden Wechsel von ehemals sozialdemokratischen Wählerstimmen aus dem Nichtwählerlager zur Linkspartei verliert nicht nur die SPD an machtpolitischem Einfluss, sondern es verschieben sich auch die Stimmenmehrheiten in westdeutschen Ballungsräumen weiter zu Ungunsten des CDU/FDP-Lagers, das in einem Fünf-Parteispektrum kaum noch Mehrheiten beschaffen kann. Gleichzeitig wird der Druck auf SPD und Grüne zunehmen, Bündnisse mit der Linkspartei einzugehen, in städtischen Ballungsräumen eher, in Flächenländern später. Die Versuchung der SPD, in so genannte Ampelkoalitionen mit FDP und Grünen zu flüchten, wird die Stammwähler der arbeitnehmerischen Mitte weiter verunsichern, denn vor allem die FDP wird als politischer Gegenspieler wahrgenommen. Ebenso wird die SPD in Koalitionen mit der CDU zwangsläufig weiter an Profil verlieren, da sie zwar alle Kompromisslinien gestaltend mittragen kann, eine programmatische Erneuerung unter Sachzwängen aber nur schwer zu erringen ist.

Auf Dauer wird dieses Thema auch die CDU erreichen, die ja bereits zur Bundestagswahl 2005 einen erheblichen Wählerschwund zugunsten der FDP zu beklagen hatte. Zudem trennt das Modernisierungsgefälle zwischen modernen städtischen Agglomerations- und ländlichen Flächenräumen die Milieus der CDU zunehmend voneinander. Die Modernisierungsgeschwindigkeit wird in städtischen Bildungsschichten begrüßt, kann aber in den traditionellen dörflichen Strukturen nur schwer vermittelt werden. Die CDU steht damit vor einer Entwicklung, die der der SPD ähnelt. Dem Modernisierungskurs wird im traditionellen Lager Tribut gezollt. Auf Bundesebene konnte die Union über Jahrzehnte den Unterschied ihrer Wählermilieus über die CDU-CSU-Achse, in der die CSU immer den traditionalistischen Pol einnahm, ausgleichen. Durch den Kohl'schen Modernisierungsstau ist jedoch ein Teil des bürgerlichen Leitmilieus der CDU-Programmatik weit voraus geeilt und nun schwer wieder assimilierbar oder nur auf Kosten der konservativen Stammwähler. Eine rechte Partei zur Kompensation der Modernisierungsverlierer ist in Westdeutschland nicht in Sicht oder aber, wie die *Schill-Partei* in Hamburg 2001, mit zweifelhaftem Personal nur eine temporäre Randerscheinung. Es lässt sich aber beobachten, dass

Partikularinteressen zunehmend von freien Wählergruppen aufgegriffen werden, die in einzelnen Bundesländern Erfolge bis in den zweistelligen Prozentbereich hinein erzielen und im Falle von Bündnissen in die Landespolitik mit eingreifen können. In Ostdeutschland hingegen entwickelt sich eine strukturierte Rechte, die quer durch die Generationen in Städten und im ländlichen Raum das enttäuscht-autoritäre Lager anspricht.

Die Parteienlandschaft wird sich mit der Linkspartei in Ost und West und mit der Bildung einer neuen rechten Bewegung in Ostdeutschland wohl dauerhaft erweitern. Alle bisherigen Stigmatisierungsversuche haben sich als politischer Bumerang erwiesen, da die abtrünnigen Protest- und Nichtwähler ob ihrer vermeintlich undemokratischen Gesinnung beschimpft wurden, ohne ihnen ein glaubhaftes Angebot zur Rückkehr zu unterbreiten. Die seit den 1990er Jahren zunehmende soziale Spaltung der Gesellschaft droht sich auch in der Spaltung des Parteienspektrums zu verfestigen.

Literatur

Dörre, Klaus / Panitch, Leo / Zeuner, Bodo / u.a. (Hg.) (1999): Die Strategie der »Neuen Mitte«. Verabschiedet sich die moderne Sozialdemokratie als Reformpartei?, Hamburg

Gardemin, Daniel (2006): Soziale Milieus der gesellschaftlichen ›Mitte‹. Eine typologisch-sozialhistorische und multivariat-sozialstatistische Makroanalyse des Leistungsorientierten Arbeitnehmermilieus und des Kleinbürgerlichen Arbeitnehmermilieus, Diss., Hannover

Geiling, Heiko (Hg.) (1997): Integration und Ausgrenzung. Hannoversche Forschungen zum gesellschaftlichen Strukturwandel, Hannover

Geiling, Heiko / Vester, Michael 2006: Das soziale Kapital der politischen Parteien. Die Akzeptanzkrise der Volksparteien als Frage der Individualisierung oder der sozialen Gerechtigkeit, in Brettschneider, Frank / Niedermayer, Oskar / Wessels, Bernhard (Hg.): Die Bundestagswahl 2005. Analysen des Wahlkampfes und der Wahlergebnisse, Wiesbaden, S. 457–490

Hartenstein, Wolfgang / Müller-Hillmer, Rita (2002): Die Bundestagswahl 2002. Neue Themen – neue Allianzen. In: Aus Politik und Zeitgeschichte, Bd. 49–50, S. 18–26

HERMANN, Thomas (1997): Klassenlagen, Milieus und Wahlverhalten. Aggregatdaten-analysen aus Anlass der niedersächsischen Kommunalwal 1996 in Hannover. In: Geiling, Heiko (Hg.): Integration und Ausgrenzung. Hannoversche Forschungen zum gesellschaftlichen Strukturwandel, Hannover, S. 137–180

INFRATEST-DIMAP (Hg.) (2005): Wahlreport. Wahl zum 16. Deutschen Bundestag, Berlin

KORTE, Karl-Rudolf / WEIDENFELD, Werner (Hg.) (2001): Deutschland-TrendBuch, Opladen

KORTE, Karl-Rudolf (2005): Was entschied die Bundestagswahl 2005? In: Aus Politik und Zeitgeschichte, Bd. 51–52, S. 12–18

LEPSIUS, M. Rainer (1966): Parteiensystem und Sozialstruktur: zum Problem der Demo-kratisierung der deutschen Gesellschaft. In: Abel, Wilhelm / Borchardt, Knut / u.a. (Hg.): Wirtschaft, Geschichte und Wirtschaftsgeschichte, Stuttgart, S. 371–393

LIPSET, Seymour / Rokkan, Stein (Hg.) (1967): Party Systems and Voter Alignments. Cross-national Perspectives, New York

MARTIN, Andreas D. / BUITKAMP, Martin / GARDEMIN, Daniel / SCHWARZER, Thomas u.a (1998): Wahlanalyse für die Stadt Hannover zur Bundestagswahl am 27.9.1998, Berichtsreihe der Stadt Hannover

MARTIN, Andreas D. / BUITKAMP, Martin / GARDEMIN, Daniel / SCHWARZER, Thomas / u.a. (2002): Wahlanalyse für die Stadt Hannover zur Bundestagswahl am 22.9.2002, Berichtsreihe der Stast Hannover

MARTIN, Andreas D. / BUITKAMP, Martin / GARDEMIN, Daniel / SCHWARZER, Thomas / u.a. (2003): Wahlanalyse für die Region Hannover zur niedersächsischen Landtags-wahl am 2.2.2003, Berichtsreihe der Stadt Hannover

MARTIN, Andreas D. / BUITKAMP, Martin / GARDEMIN, Daniel / SCHWARZER, Thomas / u.a. (2005): Wahlanalyse für die Region Hannover zur Bundestagswahl am 18.9.2005, Berichtsreihe der Stadt Hannover

MARTIN, Andreas D. / BUITKAMP, Martin / GARDEMIN, Daniel / SCHWARZER, Thomas / u.a. (2008): Wahlanalyse für die Region Hannover zur niedersächsischen Landtags-wahl am 27.1.2008, Berichtsreihe der Stadt Hannover

NIEDERMAYER, Oskar (Hg.) (2003): Die Entwicklung des deutschen Parteiensystems bis nach der Bundestagswahl 2002. In: ders. (Hg.): Die Parteien nach der Bundestags-wahl 2002, Opladen, S. 9–41

VESTER, Michael (2001): Milieus und soziale Gerechtigkeit. In: Korte, Karl-Rudolf Wei-denfeld, Werner (Hg.), Deutschland-TrendBuch, Opladen, S. 160–171

VESTER, Michael (2006): Soziale Milieus und Gesellschaftspolitik. In: Aus Politik und Zeitgeschichte, 44–45, S. 10–17

VESTER, Michael / OERTZEN, Peter von / GEILING, Heiko / u.a. (2001): Soziale Mili-eus im gesellschaftlichen Strukturwandel. Zwischen Integration und Ausgrenzung, Frankfurt a. M.

Thomas Schwarzer

Erneuert sich die Politik aus den großen Städten heraus?

>»Das Schöne an einer Monarchie ist ja, dass es keine Bremser gibt.
>Keine Ausschreibungen, keine Fristen, keine Opposition, keine Gewerkschaften, keine
>Betriebsräte, keine Demonstranten, keine regierenden Bürgermeister.
>Man kann einfach machen. Man braucht nur das Okay vom Scheich.«
>*Der Spiegel, 11/2008, S. 78–82.*

In dem folgenden Beitrag werde ich mich auf einem »Umweg« den aktuellen Veränderungen in der deutschen Parteienlandschaft nähern. Dieser Umweg führt in die 15 größten deutschen Stadtregionen. Ihre Rolle in den derzeitigen wirtschaftlichen, sozialen und politischen Umbrüchen ist ebenso strittig, wie die Möglichkeiten der Stadtpolitik, diese Herausforderungen zu gestalten. Die Akteure großstädtischer Politik besitzen kaum noch Gestaltungsmöglichkeiten, so die dominierende These in der Stadtpolitikforschung. Bürokratische Vorgaben, überschuldete öffentliche Haushalte und die Ökonomisierung der Stadtentwicklung hätten zu einer *Auszehrung* der Stadtpolitik geführt. Angesichts solcher Rahmenbedingungen erscheint auch das Eingangszitat, aus der Märzausgabe der Wochenzeitschrift »Der Spiegel«, nachvollziehbar. Es verweist auf die Ungeduld und die Unzufriedenheit der unternehmerischen Eliten mit einer als bürokratisch, behäbig und blockierend empfundenen Politik. Global erfolgreiche Unternehmer, Manager, Ingenieure oder Architekten erfreuen sich lieber an den kaum eingeschränkten Gestaltungs- und Profitmöglichkeiten in autoritär regierten »Megacities« wie Shanghai, Dubai oder Singapur.

Das auf die Wüstenstadt Dubai bezogene Zitat verweist in diesen Zusammenhängen aber auch auf den zentralen Gegensatz zur Tradition europäischer Stadtgesellschaften. Sie gelten zwar als Ursprungsorte unternehmerisch-kapitalistischer Marktaktivitäten, doch diese waren ursprünglich eingebunden in eine genossenschaftlich organisierte, demokratische Selbstverwaltung der Stadtbürger. Erst diese historisch spezifische Kombination ermöglichte den europäischen Städten nicht allein ihre wirtschaftliche und kulturelle Blüte, sondern auch die Überwindung von autoritären Herrschaftsverhältnissen feudaler Gesellschaften und Monarchien. Dieser spezifisch marktwirtschaftlich-demokratische *Doppelcharakter* der europäischen Stadtentwicklung prägt auch die aktuellen Umbrüche in den großen deutschen Stadtregionen.

Seit der deutschen Vereinigung und der europäischen Osterweiterung werden diese tiefgreifenden Umbrüche in der Stadtforschung als *Stadtumbau* thematisiert. Mit dem Begriff Umbau sind wesentlich komplexere wirtschaftliche, soziale und politische Prozesse gemeint als lediglich die sichtbaren baulichen Veränderungen. Im Mittelpunkt steht zwar das Ringen um die Erneuerung der wirtschaftlichen Grundlagen, die sich jedoch nicht allein durch eine simple Politik der Unternehmenswerbung erreichen lässt. Erforderlich ist vielmehr eine breite Einbettung in gerade nicht wirtschaftliche Rahmenbedingungen. Dazu zählt die Stärkung der Wissenschafts- und Bildungslandschaft sowie ein kreatives Klima der Toleranz und Offenheit in der Stadt sowie in den lokalen Institutionen. Solche förderlichen Bedingungen lassen sich jedoch weder beliebig herstellen, noch handelt es sich um naturwüchsige Prozesse. Sie sind vielmehr die Folge vorhandener Ressourcen und darauf aufbauender Zukunftsentscheidungen vielfacher Akteure. Sie zu koordinieren und gemeinsame Leitbilder umzusetzen, gilt deshalb als die zentrale Aufgabe der *Stadtpolitik*.

In den großen Stadtregionen setzt die Politik bisher auf Konzepte, mit deren Hilfe die Attraktivität für kreative Eliten und »urbane« Mittelschichten der Wissensgesellschaft gesteigert werden soll. Ohne eine Rückkehr der Mittelschichten in die Innenstädte sei ein erfolgreicher Stadtumbau undenkbar (Bodenschatz 2008: 16). Analysen der komplexen Wirkungsmechanismen in erfolgreichen europäischen Stadtregionen zeigen, »dass die Konzentration auf die hochqualifizierten Wissensarbeiter allein nicht zu einer prosperierenden und lebenswerten Stadtgesellschaft führen« (Speer 2009: 8). Neben dieser strategischen Orientierung dürfen auch die Milieus in prekären Lebenssituationen und die Verlierer der sozialen Umbrüche nicht vergessen, verdrängt oder ausgegrenzt werden. »Ohne eine solche *sozialpolitische* Flankierung wird eine Politik des Stadtumbaus nicht erfolgreich sein« (Bodenschatz 2008: 17). Diese sich erst langsam in der Stadtpolitik durchsetzende Haltung hat jüngst der Stadtplaner und Architekt Albert Speer in einer Denkschrift für die Stadtregion Frankfurt betont. Sein entworfenes Leitbild »Frankfurt für alle«[1] erfordert jedoch von der Stadtpolitik eine Umkehr von 180 Grad. Bisher ist die Frankfurter Stadtentwicklungspolitik stark an den Interessen und Bedürfnisse global orientierter (Finanz-) Eliten ausgerich-

---

1 »Nur ein stabiles Gemeinwesen mit ausgeglichenen, fairen sozialen Strukturen, mit engagierten und leistungsbereiten Bürgern und gut integrierten Zuwanderern unterschiedlicher Herkunft, mit Bildungs- und Lebenschancen *für alle* kann das Fundament für den erwünschten Stadtorganismus darstellen« (Speer 2009: 8).

tet. Die großstädtische Politik steht somit vor einer *doppelten* Herausforderung. Sie muß angesichts der verschärften nationalen und internationalen Städtekonkurrenz durch komplexe Vorleistungen die Wettbewerbsposition gegenüber anderen Großstädten fördern. Gleichzeitig ist eine Politik des sozialen Ausgleichs erforderlich, um den sozialen Zusammenhalt der Stadt angesichts sich vertiefender sozialer Spaltungen zu gewährleisten. Diese häufig als Überforderung der Stadtpolitik thematisierte doppelte Anforderung betrifft die Stadtregionen aber in ganz unterschiedlicher Weise. Einige Stadtregionen prosperieren, verfügen über eine hohe Wirtschaftskraft und dynamische Arbeitsmärkte, während andere schrumpfen und angesichts geringer Wirtschaftskraft und massiver Arbeitsmarktprobleme mit einem hohen Anteil von Personen in Armut oder prekären Beschäftigungsverhältnissen konfrontiert sind. Ob und wie diese Unterschiede das Wahlverhalten und die großstädtische Politik beeinflussen, wird im zweiten Teil dieses Textes behandelt (Kapitel 4f.). Dazu wird die Wahlbeteiligung in den 15 größten Städten analysiert, die spezifische Konstellation der politischen Parteien und auch die politische Stellung der Oberbürgermeister.

1 Welche politische Bedeutung haben die großen Stadtregionen in Deutschland?

Die Frage nach der *politischen* Bedeutung der großen Städte ist naheliegend und zugleich kompliziert: naheliegend, weil in Phasen gesellschaftlicher Umbrüche wie derzeit, auch die politische Bedeutung der Großstädte im föderalen Gefüge von Bund, Ländern und Gemeinden neu ausgehandelt werden muss; kompliziert, weil die deutsche Republik institutionell als verflochtener gilt als nahezu jede andere Demokratie in Europa und durch eine ungewöhnliche Vielzahl rivalisierender Machtzentren geprägt wird (vgl. Walter 2006: 11, 225). Zu vielfältig erscheinen die gesellschaftlichen Kräfte, die Einfluß auf die Entwicklung der Vielzahl von unterschiedlichen Großstädten nehmen sowie auf deren Stadtpolitik. Die Stadtforschung hilft sich angesichts der enormen Komplexität mit entsprechend vagen Formulierungen: es sei »eine Frage der politischen und gesellschaftlichen Rolle, die man den Städten abverlangt, die die Städte übernehmen können, und die sie übernehmen wollen« (Häußermann 2003: 1).

René König hat 1977 zwei bis heute interessante Hypothesen zur sozialen und politischen Bedeutung der Großstädte formuliert. Er charakterisierte die

Großstädte vom Typus der Metropolen als hochkomplexe, durchaus *eigenständige* Sozialgebilde. Mit ihnen sei eine insgesamt großstädtisch bestimmte Zivilisation entstanden, deren *Führungsposition* ganz unbestreitbar sei. Im Verlauf dieses Prozesses erwartete er, ob nicht deren wirtschaftliche und damit, mindestens indirekt, politische Macht in der Gesamtbilanz eine *Machtballung* bedeute, die größer werden kann als die des herkömmlichen Staates (vgl. König 1977: 92).

Die von König vermutete (indirekte) Umwandlung von wirtschaftlicher Macht in politische Macht scheint sich gerade für die deutschen Großstädte bisher nicht realisiert zu haben. Bei zentralen politischen Reformentscheidungen sehen sie sich stets dem Bund und den Ländern gegenüber an den »Katzentisch der großen Politik« verwiesen. Erst jüngst hat der Münchner Oberbürgermeister Christian Ude diesen politischen Umgang mit den Städten kritisiert. Die deutschen Großstädte erscheinen dadurch als wirtschaftliche und kulturelle Zentren, jedoch ohne entsprechenden politischen Einfluß.

Diese Vorstellung ist tief im Denken von Politik und Stadtforschung verankert. Danach verhalten sich die Stadt und die jeweilige Stadtpolitik zur Gesellschaft beziehungsweise zur Bundespolitik wie ein untergeordnetes Politikfeld (Mikro) zu einer übergeordneten politischen Struktur (Makro). Städte werden in diesem Sinne als weniger komplex im Verhältnis zur Gesellschaft gedacht und erhalten damit quasi automatisch den Status des Schwächeren, Machtloseren und deshalb auch Widerständigen zugeschrieben (vgl. Löw 2008: 47). Tatsächlich sind die Städte und besonders die großen Stadtregionen mit ihren komplex vernetzten wirtschaftlichen, sozialen und politischen Prozessen nicht einfach von den gesellschaftlichen Entwicklungen abgeleitete Phänomene (vgl. Berking, Löw 2005: 11), sondern eigenständige soziale Gebilde mit einer eigenen Entwicklungslogik. Diese spezifischen Eigeninteressen der Städte sollen neuerdings durch eine konsistente, programmatische Strategie nationaler Stadtpolitik koordiniert und gestärkt werden (vgl. BBR 2007).

Empirisch handelt es sich jedoch um eine offene Frage, ob und in welcher Art und Weise sich die wirtschaftlichen und sozialen Entwicklungen in den großen Stadtregionen von einander unterscheiden oder nach ähnlichen Mustern verlaufen. Dieser Frage wird in den folgenden Kapiteln nachgegangen.

2 Das dezentrale Machtgefüge der verteilten deutschen Großstadtregionen

Nachfolgend wird der aktuelle Übergang zu einem *Fünfparteiensystem* in Deutschland im Sinne *nachholender* Entwicklungen gedeutet. Seit der Bundestagswahl 2005 wurden zunehmend zentralistische Machtphantasien erschüttert. Sie manifestierten sich vor dieser Bundestagswahl in den Vorstellungen vieler CDU-Politiker, die meinten, sie könnten nach dem damals erwarteten Wahlsieg aufgrund ihrer Bundesratsmehrheit »Durchregieren«. Auch die Bundes-SPD in Berlin musste durch die politische Blockadesituation nach der Landtagswahl 2008 in Hessen Lehrgeld auf dem Gebiet zentralistischer politischer Vorgaben bezahlen. Die Absicht, den politisch Verantwortlichen in den westlichen Bundesländern den Umgang mit der Partei Die Linke vorzuschreiben, endete mit einem folgenschweren innerparteilichen Zerwürfnis. Auch die sich im Aufwind sehende Partei Die Linke mit ihrem Vorsitzenden Lafontaine versucht von Berlin aus die politischen Aktivitäten in einzelnen Bundesländern nachhaltig zu beeinflussen. Immer offensichtlicher zeigen sich dabei jedoch nicht allein eigensinnige Politikstrategien, sondern auch die dem zugrunde liegenden unterschiedlichen regionalen Entwicklungspfade, ihre enge Verflechtung mit den jeweiligen lokalen Lebens-, Arbeits- und Wirtschaftsweisen sowie ihre Absicherung durch etablierte Machtkonstellationen. Historisch liegt diesen Phänomenen der spezifisch deutsche *Polyzentrismus* zu Grunde. Er geht auf tief verwurzelte konfessionelle, politische und wirtschaftliche Kulturen in den vielen Klein- und Mittelstaaten vor der deutschen Reichsgründung 1871 zurück. Durch den betont föderalen Aufbau Deutschlands nach dem Zweiten Weltkrieg (Bund, Länder, Kommunen) konnten und können diese regionalen Unterschiede weiterhin kultiviert werden, und mit der deutschen Vereinigung 1989 wurden sie noch vielfältiger. Anschaulich wird dieser Polyzentrismus insbesondere durch die räumlich relativ gleichmäßig verteilten großen Stadtregionen[2].

Im Unterschied zu Frankreich mit Paris oder England mit London existiert in Deutschland kein dominierendes Zentrum. Der Großraum Berlin, in den zwanziger Jahren auf dem Weg zu einer deutschen und europäischen Metropole,

---

2 Dazu zählen die eher *monozentralen* Stadtregionen wie Hamburg, Bremen, Hannover, Berlin, Dresden, Stuttgart und München, mit einem eindeutig dominierenden Zentrum sowie die stark *polyzentrischen* Stadtregionen Köln, Bonn und Düsseldorf (Rheinschiene), Essen, Dortmund und Duisburg (Ruhrgebiet), Frankfurt, Wiesbaden, Mainz und Darmstadt (Rhein-Main) sowie Leipzig, Halle und Dresden (Sachsendreieck).

wird diese Rolle selbst als neu ernannte Bundeshauptstadt auf absehbare Zeit nicht ausfüllen. So existiert bisher kein national dominierendes Oberzentrum, in dem wirtschaftliche, politische und kulturelle Eliten relativ einheitliche Standards setzen. Politische Strategien und Gesetze entstehen nicht allein zentral durch die Bundespolitik, sondern auch dezentral in den sechzehn Bundesländern. Letztlich verteilt sich die politische und die ökonomische Macht in Deutschland auf mindestens 22 Landeshauptstädte bzw. Großstadtregionen. Denn bewusst wurde in einigen Bundesländern nicht die größte Stadt auch Landeshauptstadt, sondern es wurden Städte mittlerer Größe politisch aufgewertet.

Neben den dreizehn *Landeshauptstädten*[3] und den drei *Stadtstaaten*[4] als politische Zentralen der Bundesländer bilden auch die Großstädte Frankfurt, Köln, Dortmund, Essen, Duisburg und Leipzig weitere wirtschaftliche und kulturelle Zentren. Durch diese ausgeprägt dezentrale Machtverteilung erfolgen politische Initiativen stets in einem höchst komplexen Feld widerstreitender Interessen zwischen dem Bund, den Ländern und in verstärktem Maße auch der EU. Berücksichtigt werden müssen dabei ungleich verlaufende wirtschaftliche und soziale Entwicklungen in den einzelnen Bundesländern und den großen Stadtregionen. Letztere gelten auch weiterhin als Zentren der Wohlstandsproduktion, von kreativen Neuerungen und modernen Lebensweisen. Sie besitzen eine besondere Anziehungskraft auf Unternehmer und Händler, auf Wissenschaftler und junge Menschen in der Ausbildung sowie auf Migranten. Noch immer werden die Großstädte deshalb als Zentren von Innovationen, als »Motoren« der wirtschaftlichen Entwicklung, als »Laboratorien« der Zukunft und als »Integrationsmaschinen« bezeichnet.

Diese technischen Beschreibungen hat Peter Neitzke (2000) zu recht als Begriffe des Maschinenzeitalters kritisiert, mit seinem spezifischen Glauben an gesellschaftliche Fortschritte, die sich wissenschaftlich herstellen lassen. Dazu gehöre auch die Vorstellung, das höchst komplexe, weitläufig vernetzte *soziale Gebilde Großstadt* ließe sich quasi von »Außen« oder von »Oben« steuern: rational, nach den Gesetzen des Marktes und der Logik funktionaler Betriebsführung sowie politisch durch staatliche Steuerung in Form von Gesetzen, Verordnungen und der Organisation von Interessen. Man müsse lediglich an den richtigen

---

3 Landeshauptstädte sind Dresden (Sachsen), Düsseldorf (NRW), Erfurt (Thüringen), Hannover (Niedersachsen), Kiel (Schleswig-Holstein), Magdeburg (Sachsen-Anhalt), Mainz (Rheinland-Pfalz), München (Bayern), Potsdam (Brandenburg), Saarbrücken (Saarland), Schwerin (Mecklenburg-Vorpommern), Stuttgart (Baden-Württemberg) und Wiesbaden (Hessen).
4 Stadtstaaten sind Berlin, Bremen und Hamburg.

Stellschrauben drehen, die neuesten Technologien zu Innovationen kombinieren sowie hier und da ordnend oder moderierend eingreifen.

Tatsächlich sind die großen Stadtregionen die komplexesten Formen des menschlichen Zusammenlebens und der Zusammenarbeit. Gleichzeitig sind für sie Fremdheit, Abgrenzung und »aneinander vorbei leben« charakteristisch. Es sind die in ihnen lebenden und arbeitenden Menschen sowie die vielen Besucher, Geschäftsreisenden und Touristen, die gemeinsam diese sozialen Gebilde verkörpern und *verändern*. Sie alle beeinflussen durch ihre alltäglichen Handlungen oder Unterlassungen die großstädtischen Lebens- und Arbeitsweisen. Aufgrund ihrer besonderen sozialen Komplexität und der enormen wirtschaftlichen Dynamik entwickeln sich die großen Stadtregionen entsprechend einer *eigenen* Logik. Auf diese Eigenlogik muß sich nicht allein die Stadtpolitik einstellen, sondern auch die als »übergeordnet« gedachte Landes- und Bundespolitik. Vor allem die Akteure der Stadtpolitik und der Stadtplanung stehen vor der anspruchsvollen Aufgabe, die Komplexität und die Eigendynamik der jeweiligen Großstadtregion erst einmal zu *verstehen*. Erst aus einem solchen Verständnis heraus kann erfolgreich und nachhaltig in einzelne Felder der Stadtentwicklung gestaltend eingegriffen werden. In diesem Sinne sind komplexe Stadtregionen keineswegs Objekte überregionaler wirtschaftlicher, technischer oder politischer Sachzwänge. Die zentrale Frage ist vielmehr, inwieweit es den Akteuren der Stadtpolitik gelingt, Koalitionen und Bündnisse zu schließen, mit denen verändernde Handlungen und Interventionen überhaupt möglich werden.

3 Drei Pfade großstädtischer Entwicklung in Deutschland

Jede Großstadt entwickelt sich entsprechend ihrer geographischen Lage, ihrer eigenen Geschichte und ihrer spezifischen wirtschaftlichen und sozialen Strukturen. Trotz dieser singulären Eigenheiten und zum Teil gegenläufiger wirtschaftlicher und sozialer Dynamiken können ähnliche Merkmale und ähnliche Entwicklungen identifiziert werden. Für die 15 größten deutschen Städte können *drei Pfade* großstädtischer Entwicklung unterscheiden werden.

In den Großstädten im *prekären Strukturwandel* (Berlin, Leipzig, Dresden, Duisburg, Essen, Dortmund) schrumpfte im Untersuchungszeitraum (1990–2005) nicht allein die Zahl der Arbeitsplätze und der Einwohner, sondern auch der öffentliche Sektor. Langjährige Haushaltsnotlagen (Ruhrstädte, Berlin) sowie überproportional große Ämter (Leipzig, Dresden, Berlin) machten eine »schlankere« Stadtverwaltung und eine Reduzierung des Personals unumgänglich. Trotz dieser Schrumpfungen in zentralen Bereichen befinden sich diese Großstädte aber keineswegs im Niedergang. Ihre Wirtschafts- und Steuerkraft stieg insgesamt, wenn auch von einem geringeren Niveau und schwächer als in den Vergleichsstädten. Leipzig und Dresden erreichten seit der Vereinigung bezogen auf ihre Wirtschafts- (BIP) und Steuerkraft ähnliche materielle Standards wie die Großstädte im Ruhrgebiet. Essen und Dortmund konnten sich im Verlauf ihres langwierigen Strukturwandels ebenfalls mit Hilfe umfangreicher staatliche Förderprogramme konsolidieren und modernisieren.

Dennoch sind die kommunalen Ressourcen dieser Großstädte aufgrund der Schrumpfungsprozesse *zu gering*, um die sozialen und wirtschaftlichen Dynamiken allein durch lokal-politische Steuerung nachhaltig zu beeinflussen. Die Ruhrgebietsstädte unterliegen schon seit vielen Jahren restriktiven Haushaltsbestimmungen aufgrund der Haushaltsaufsicht durch die örtlichen Bezirksregierungen. Berlin befindet sich trotz jahrelanger massiver Einsparungen weiterhin in einer Haushaltsnotlage und auch Leipzig und Dresden können lediglich durch die Aufbau-Ost-Mittel mit relativ stabilen öffentlichen Haushalten planen. Aus *eigener Kraft* sind in diesen Städten lediglich sehr begrenzte lokale Aktivitäten möglich, weshalb Förderprogrammen der EU und des Bundes eine zentrale Rolle zukommt. Dies gilt vor allem für Programme einer sozialintegrativen Stadtpolitik, um den starken Dynamiken sozialer und räumlicher Polarisierung etwas entgegensetzen zu können. Denn die Folgelasten von überdurchschnittlich vielen Arbeitslosen und Transferempfängern sind gegenüber den anderen Großstädten vergleichsweise hoch[5] und nehmen weiterhin zu.

Die Großstädte mit *durchschnittlicher Entwicklung* (Hannover, Bremen, Nürnberg) bilden quasi die *Mitte* des deutschen Städtesystems und zählen alle drei zu den mittelgroßen Großstädten. Gekennzeichnet sind sie durch ein moderates Wachstum und eine relativ stabile bzw. stagnierende Bevölkerungsentwicklung. Auch die Zahl der Erwerbstätigen stieg zwischen 1990 und 2005 leicht, versicherungspflichtige Arbeitsplätze wurden jedoch weniger. Ihre Wirtschafts-

---

5 Vergleichszahlen für alle 15 Großstädte liegen für den Dezember 2005 vor. Danach weisen Berlin (21 Prozent) und Leipzig 20,8 Prozent die höchsten ›Dichten‹ an SGB II-Leistungsempfängern pro 1.000 Einwohnern von 0 bis unter 65 Jahren auf. Es folgen Duisburg (18 Prozent), Dortmund (17,9 Prozent) und Essen (16,6 Prozent). Lediglich Dresden liegt mit (14,8 Prozent) unter dem *Großstädtedurchschnitt von 15,7 Prozent* (Vgl. auch für die folgenden SGB II-Zahlen: Con_sens 2006, Benchmarking 2005, Hamburg).

Abbildung 1: Drei Pfade großstädtischer Entwicklung

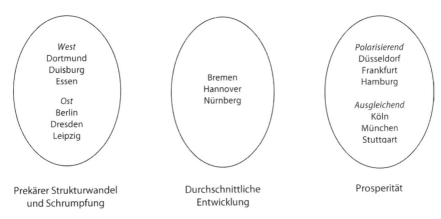

West		*Polarisierend*
Dortmund		Düsseldorf
Duisburg		Frankfurt
Essen	Bremen	Hamburg
	Hannover	
Ost	Nürnberg	*Ausgleichend*
Berlin		Köln
Dresden		München
Leipzig		Stuttgart

Prekärer Strukturwandel   Durchschnittliche   Prosperität
und Schrumpfung   Entwicklung

und Steuerkraft stieg ebenfalls, jeweils um durchschnittliche Werte. Diese relativ positiven Entwicklungen wurden in Bremen und Hannover durch erhebliche Sonderinvestitionsmittel des Bundes gestützt. Bremen konnte aufgrund seiner langjährigen Haushaltsnotlage ca. neun Milliarden vor dem Bundesverfassungsgericht erstreiten, Hannover profitierte von den ca. fünf Milliarden für die EXPO 2000. Notwendige Investitionen in zukunftsträchtige Wirtschafts-, Wissenschafts- und Infrastrukturprojekte waren dadurch möglich. Die prekäre Entwicklung der öffentlichen Haushalte und die steigenden Sozialausgaben begrenzten hingegen die lokalen Gestaltungsmöglichkeiten für eine sozial integrative Stadtpolitik. Denn auch in diesen drei Großstädten mit ihren hohen, im Großstädtevergleich aber *durchschnittlichen* Quoten[6] von Arbeitslosen und Transferempfängern, nimmt die soziale und räumliche Polarisierung weiter zu. Weil sich durch die aktuelle konjunkturelle Belebung die Haushaltssituation in Hannover (ausgeglichener Haushalt 2006) und in Nürnberg derzeit stabilisiert, erweitern sich auch die politischen Handlungsspielräume ein wenig. Dies gilt *nicht* für Bremen. Als Stadtstaat mit dem Status eines Bundeslandes besitzt Bremen zwar weitergehende Steuerungsmöglichkeiten, die aufgrund der weiterbestehenden Haushaltsnotlage aber kaum genutzt werden können. In Bremen dominieren weiterhin Strategien der Privatisierung und des Personalabbaus so-

---

6   In den Großstädten mit durchschnittlicher Entwicklung gibt es die höchsten ›Dichten‹ an SGB II-Leistungs-empfängern in Bremen (17,3 Prozent), Hannover (16,6 Prozent) und Nürnberg (13,6 Prozent).

wie Einsparungen oder Umschichtungen bei Programmen zur sozialräumlichen Integration.

Weiter polarisiert hat sich das deutsche Großstädtesystem vor allem durch eine Absetzbewegung der *prosperierenden Großstädte* nach ›Oben‹ (Frankfurt, Düsseldorf, München, Stuttgart, Köln, Hamburg). Die beiden Landeshauptstädte München und Stuttgart nutzen ihre Wirtschafts- und Finanzkraft für umfangreiche Investitionen trotz Haushaltskonsolidierung. Dazu zählt die Rationalisierung und der Umbau der öffentlichen Verwaltung, jedoch nahezu ohne größeren Personalabbau. Gleichzeitig werden vielfältige Steuerungsinitiativen zur sozialen Integration ergriffen, trotzdem diese beiden Großstädte am geringsten durch Arbeitslosigkeit und soziale Transfers belastet sind (*ausgleichende Prosperität*). Köln profitiert seit einigen Jahren ebenfalls von einer konjunkturellen Belebung seiner Wirtschaftsbasis und versucht aktuell eine Politik sozialräumlicher Integration zu verstärken. Die Landeshauptstadt Düsseldorf, der Stadtstaat Hamburg und Frankfurt verfolgen hingegen eine stark »unternehmerisch« orientierte Stadtpolitik. Sie konzentrieren ihre Aktivitäten auf die Stärkung ihres Wirtschaftsstandortes und forcieren bei den öffentlichen Dienstleistungen Ausgliederungen, Privatisierungen und Personaleinsparungen. Durch diese Stadtpolitik wird die stark polarisierende Wirtschaftsdynamik weiter verschärft. Bis Mitte der neunziger Jahre zeigte sich dies auch in stark steigenden Quoten von Arbeitslosen und Transferempfängern, trotz Prosperität (*polarisierende Prosperität*). In den letzten Jahren stabilisierte sich deren Anteil im Großstädtevergleich auf einem unterdurchschnittlichen Niveau[7]. Die konjunkturelle Erholung bis 2008 deutete sich in diesen sechs prosperierenden Großstädten bereits in den letzten Jahren an. Die Zahl der sozialversicherungspflichtigen Beschäftigten stieg zwischen 1998 und 2004 bereits um 1,5 Prozent. Im selben Zeitraum ging in den anderen deutschen Regionen die Zahl dieser Beschäftigten dagegen um 3,5 Prozent zurück.

Die beschriebenen drei Entwicklungspfade und ihre relative Beständigkeit entsprechen nicht der öffentlich propagierten Wahrnehmung von Positionsverschiebungen im Sinne von »Gewinnern« und »Verlierern«. Gegenüber vielen ländlichen Regionen sowie Klein- und Mittelstädten profitieren alle untersuchten

---

7   In den prosperierenden Großstädten liegt die ›Dichte‹ an SGB II-Leistungsempfängern unter dem Durchschnitt: in Köln und Hamburg bei jeweils 14,2 Prozent, in Frankfurt und Düsseldorf bei 12,7 Prozent, in Stuttgart bei 8,1 Prozent und in München bei 6,5 Prozent.

Großstädte überdurchschnittlich von der Ansiedlung neuer Unternehmen und nationaler wie internationaler Zuwanderung. Das gilt auch für Leipzig und Dresden, die trotz der starken Abwanderungsbewegungen in die westlichen Bundesländer für das Bundesland Sachsen weiterhin attraktive Regionalzentren sind. Außerdem handelt es sich bei einem Teil der Schrumpfungsprozesse in den Großstädten Ostdeutschlands und im Ruhrgebiet um räumliche Verlagerungen aus den Kernstädten ins Umland (Suburbanisierung). Diese Entwicklung haben Leipzig und Dresden durch Eingemeindungen aufzufangen versucht. In den westlichen Bundesländern versuchen Stuttgart und Hannover durch die politisch legitimierte Bildung von »Stadtregionen« die negativen Effekte der Umlandwanderung abzufedern.

In den letzten Jahren hat die regionale Vielfalt ohne Frage zugenommen, vor allem aber die wirtschaftlichen und sozialen *Ungleichheiten*. Die zunehmende Dynamik, mit der die Ungleichheiten wachsen, stellt die überkommenen Mechanismen des Länderfinanzausgleichs in Frage. Bereits unter den Bedingungen der alten Bundesrepublik konnte dieses solidarische Ausgleichssystem zwischen wohlhabenden und ärmeren Bundesländern nicht die Entstehung von extremen Haushaltsnotlagen verhindern (Bremen, Saarland). Im Zuge der deutschen Vereinigung und der Ausweitung des europäischen Binnenmarktes nach Osteuropa vertiefen sich diese bereits bestehenden Ungleichheiten noch dynamischer. Eine Neuordnung der Finanzbeziehungen zwischen dem Bund, den Bundesländern und den (Groß-) Städten scheint angesichts dieser Entwicklungen überfällig. Dafür zuständig sind der Bund und die Länder, auf deren Politik die Großstädte formal aber keinen direkten Einfluss haben.

4 Veränderte politische Machtgefüge – auch in den 15 größten deutschen Städten

Bis zur Bundestagswahl 2005 hatte es den Anschein, als könnten die Führungsriegen der etablierten Parteien ihre Mitglieder sowie eine Mehrheit der wahlberechtigten Bevölkerung auf einen *neoliberalen* Politikpfad einschwören. Ausgangspunkt für diese Strategie war das Jahr 2003. Gerhard Schröder versuchte mit der Agenda 2010 SPD und Grüne in diese Richtung zu zwingen, während sich die CDU auf ihrem Leipziger Parteitag entsprechend positionierte. Beide Strategien *scheiterten*. Zum einen, weil die politische Neuausrichtung zwar in den etablierten Parteien hingenommen wurde, nicht aber wirklich angenommen (Dettling 2007: 86). Vor allem aber, weil die Wählerinnen und Wähler ihre Gefolgschaft verweigerten. Die SPD erlitt erdrutschartige Stimmenverluste bei den nachfolgenden Landtagswahlen und 2005 sogar in ihrer sozialdemokratischen »Herzkammer« Nordrhein-Westfalen. Gerhard Schröder und der Rot-Grünen-Regierungskoalition blieb lediglich die Zuflucht zu vorgezogenen Neuwahlen als letzte Option zum Machterhalt. Bei dieser vorgezogenen Bundestagswahl im Herbst 2005 fanden aber auch die in den Medien favorisierten Reformalternativen von CDU und FDP keine Mehrheit – ein Schock für die damals siegesgewissen bürgerlichen Parteien.

Von diesen tiefen politischen Verunsicherungen haben sich die etablierten Parteien bisher nicht erholt. Obwohl sie ihr politisches Profil zu schärfen versuchen und neue Parteiprogramme entwickelt haben, befinden sie sich trotz ihres proklamierten politischen Führungsanspruchs in der *Defensive*. In derartig unübersichtlichen Zeiten des Umbruchs vertreten einige politische Kommentatoren und Wissenschaftler die Auffassung, die großen Städte seien zur »Früherkennung« von politischen Trends geeignet.

Ein oberflächlicher Blick auf die 15 größten Städte in Deutschland bestätigt, dass insbesondere die Sozialdemokratie offensichtlich auch hier unter einem negativen Trend zu leiden hat. Er deutete sich bereits vor über 20 Jahren an und hat sich in den letzten zehn Jahren weiter zugespitzt. Noch bis Mitte der achtziger Jahre stellte die SPD in fast allen großen Großstädten die stärkste Partei und damit auch den Oberbürgermeister. In den ländlichen und kleinstädtisch geprägten Regionen dominierten hingegen CDU und CSU als Volksparteien. Stuttgart bestätigte als Ausnahme diese Regel.

Seit der Wahl von Walter Wallmann 1986 zum ersten Frankfurter Bürgermeister von der CDU bröckelte dieses Muster. Seit 1993 konnte die SPD in der traditionell sozial-demokratisch geprägten Hansestadt Bremen lediglich in einer großen Koalition mit der CDU regieren. In der ebenfalls traditionell sozialdemokratisch geprägten Hansestadt Hamburg wurde mit Hilfe der rechtspopulistischen »Schill-Partei« 2001 erstmals ein CDU-Kandidat regierender Bürgermeister. Selbst in den Jahrzehnte lang von Sozialdemokraten regierten Großstädten in Nordrhein-Westfalen wurden nach und nach CDU-Oberbürgermeister gewählt: 1999 in Düsseldorf und Essen, 2000 in Köln und 2004 in Duisburg. Diese politischen Wechsel in den Großstädten von NRW waren die »Vorboten« des erstmaligen Sieges der CDU bei der Landtagswahl 2005, die das Ende der Rot-Grünen-Koalition in Berlin einleitete.

Durch diese politischen Verschiebungen in den Großstädten besteht wie im Bund ein leichter Vorteil für die CDU. Sieben der fünfzehn Großstädte werden von Oberbürgermeistern der SPD regiert (München, Bremen, Hannover, Nürnberg, Berlin, Dortmund, Leipzig), in acht Großstädten stellt die CDU die Bürgermeisterin oder den Bürgermeister (Frankfurt, Dresden, Düsseldorf, Stuttgart, Hamburg, Köln, Essen, Duisburg). Ein genauerer Blick auf die Stimmenanteile der fünf Parteien bei der *Bundestagswahl 2005* offenbart starke strukturelle Unterschiede zwischen prosperierenden und mittleren Großstädten und jenen im prekären Strukturwandel.

Die Wahlbeteiligung zeigt in allen 15 Großstädten lediglich geringe Unterschiede von 74 bis 79 Prozent. Für die *SPD* stimmten immerhin in fünf Großstädten mehr als 40 Prozent der Wahlbeteiligten, in Duisburg sogar 52 Prozent. In acht Großstädten erreichten die Sozialdemokraten etwas mehr oder weniger als 34 Prozent, das heißt im Bereich ihres relativ schlechten Bundesergebnisses. Lediglich in München und in Dresden reichte es für die SPD nicht zu mehr als 30 Prozent der Zweitstimmen.

Die traditionelle Schwäche der *CDU* als Großstadtpartei bestätigte sich erneut. In keiner Großstadt konnte sie die 40 Prozent Marke überschreiten und auch in keinem Bundesland. Mehr als 30 Prozent der Stimmen konnte die CDU lediglich in den Großstädten Bayerns und Baden-Württembergs erzielen sowie in Düsseldorf. In den anderen zehn Großstädten erzielten die Christdemokraten weniger als 30 Prozent.

Auffällig sind die *aufsteigenden* Werte für die SPD ausgehend von einem geringen Niveau in den prosperierenden Großstädten mit 30 bis 39 Prozent hin zu den Großstädten mit mittlerer Entwicklung (42 bis 45 Prozent) bis zu den »prekären« westdeutschen Großstädten mit 47 bis 52 Prozent. Im Gegensatz zu diesen aufsteigenden Prozentanteilen für die SPD, verläuft die Zustimmung für die CDU in den »prekären« und »mittleren« Großstädten nicht spiegelbildlich. Fern der prosperierenden Großstädte erzielt die CDU relativ homogene Werte von lediglich 22 bis 27 Prozent, nur Nürnberg bildet mit 34 Prozent einen Ausreißer. Abweichend zu diesem »Muster« entwickeln sich auch die drei ostdeutschen Großstädte, nicht jedoch für die CDU, die dort ebenfalls zwischen 22 und 27 Prozent erzielte. Wesentlich geringer als in den westdeutschen Großstädten sind die Stimmenanteile für die SPD, weil hier die PDS/Linkspartei die zweitstärkste politische Kraft ist.

Die Grünen konnten bei dieser Bundestagswahl ihre Stellung als drittstärkste Partei in den deutschen Großstädten festigen. Sie erzielten in neun Großstädten zwischen 10 und 16 Prozent der Stimmen, in den anderen sechs Großstädten erreichten sie zwischen 7 und 9 Prozent. Auffällig sind die relativ schlechten Ergebnisse der Grünen (7 bis 8 Prozent) in jenen Großstädten, die ein prekär verlaufender Strukturwandel kennzeichnet.

Die FDP erzielte in sechs Großstädten zwischen 11 und 14 Prozent der Stimmen und in neun Großstädten zwischen 8 und 9 Prozent. Ihre höchsten Stimmenanteile erreichen die Freidemokraten in den prosperierenden Großstädten sowie in Berlin.

Die PDS/Linkspartei ist durch ein entgegengesetztes Strukturmuster der Stimmenanteile charakterisiert. Sie erreichte die höchsten Prozentwerte in den drei ostdeutschen Großstädten sowie in Bremen, wo sie ebenfalls einen überdurchschnittlichen Wert erzielte. Zwischen 5 und 7 Prozent konnte die Linkspartei/PDS in neun Großstädten erreichen und lediglich in München (3,9 Prozent) und Stuttgart (4,4 Prozent) blieb sie unterhalb der 5-Prozent-Marke.

Zusammenfassend zeigt sich, dass sich die politische Integrationsfähigkeit der beiden Volksparteien CDU/CSU und SPD in den Großstädten stark unterscheidet. Von den Wahlberechtigten blieb bei der Bundestagswahl 2005 etwa ein Viertel in allen Großstädten den Wahllokalen fern (»Nichtwähler«). In vier Großstädten (Duisburg, Essen, Dortmund, Hannover) wählte ein weiteres Viertel eine der drei kleineren Parteien, sodass die beiden Volksparteien von der Hälfte der Wahlberechtigten bzw. von ca. drei Viertel der tatsächlichen Wähler und Wählerinnen die Stimme erhielten. In sieben Großstädten (Nürnberg, Köln, Bremen, Stuttgart, München, Hamburg, Düsseldorf) werden die beiden Volksparteien noch von ca. *Zweidritteln* aller Wähler bestätigt, ein Drittel wählt eine der kleinen Parteien. In vier Großstädten (Berlin, Leipzig, Dresden, Frankfurt) kann kaum noch von großen Volksparteien gesprochen werden. Sie erreichen *zusammen* lediglich noch etwa 55 Prozent der Stimmen, die kleineren Parteien fast 40 Prozent. Diese Entwicklung zeigt sich zugespitzt in Leipzig. Dort muss von drei größeren Parteien gesprochen werden. Die SPD erreicht lediglich 32,3 Prozent, die CDU 24,5 Prozent und liegt damit in etwa gleich auf mit der Linkspartei/PDS (22,5 Prozent).

Die CDU profitiert zwar von dem negativen Trend der Sozialdemokratie in vielen Großstädten faktisch und symbolisch. Die Wahlergebnisse in den Großstädten sind zumindest aus bundespolitischer Sicht zwiespältig. Die erheblich schlechteren Resultate als prognostiziert offenbarten 2005 gerade für die Großstädte eine ernüchternde Bilanz. Es gelang nicht wie erhofft, mehr jüngere Wähler und vor allem Wählerinnen aus den moderneren urbanen Milieus für die

Tabelle 1: Ergebnisse der Bundestagswahl 2005 in den 15 größten deutschen Städten (in Prozent)

Großstadt	Wahl-beteiligung	SPD	CDU/CSU	Grüne	FDP	Linkspartei PDS
Prosperierende Großstädte						
Düsseldorf	77,4	36,0	33,9	9,6	12,5	5,3
Frankfurt	75,8	30,4	29,3	16,6	13,4	6,7
Hamburg*	77,6	38,7	28,9	14,9	9,0	6,3
Köln	76,2	38,2	27,2	14,9	11,5	5,8
München	76,9	29,0	37,5	14,6	12,3	3,9
Stuttgart	79,1	32,0	32,7	15,0	12,8	4,4
Großstädte mit mittlerer Entwicklung						
Bremen*	74,3	42,2	22,6	15,3	8,2	8,4
Hannover	78,4	45,8	25,7	12,5	8,4	5,1
Nürnberg	75,3	34,6	37,7	10,1	8,2	5,1
Großstädte im prekären Strukturwandel						
Berlin*	77,4	34,4	22,0	13,7	8,2	16,4
Dortmund	75,1	49,5	24,9	7,4	9,2	6,4
Dresden	75,1	26,1	27,1	8,0	13,9	19,6
Duisburg	74,6	52,3	23,0	7,3	6,2	7,6
Essen	77,4	46,7	27,6	8,3	7,8	6,4
Leipzig	74,6	32,3	24,5	8,3	7,9	22,5

CDU zu mobilisieren, trotzdem erstmalig in der deutschen Parlamentsgeschichte mit Angela Merkel eine Frau in aussichtsreicher Position zur Wahl stand. Ob die CDU ihre unzureichende Attraktivität gerade in den großen Stadtregionen durch ihre aktuelle Öffnung zur Großstadtpartei der Grünen überwinden kann, bleibt abzuwarten. Die 2007 in Frankfurt gebildete erste Koalition von CDU und Grünen wird zumindest als Auftaktsignal für weitere derartige Bündnisse interpretiert.

Seit der denkwürdigen Bundestagswahl 2005 zeigt sich noch ein weiterer, anscheinend *gegenläufiger* Trend in einigen Großstädten. In den traditionell sozialdemokratischen Hochburgen Bremen und Hannover erlitten die bürgerlichen Parteien CDU und FDP bedenkliche Rückschläge. Im *Zweistädtestaat Bremen* endete dadurch die insgesamt zwölf Jahre regierende große Koalition aus SPD und CDU zugunsten einer neuen Rot-Grünen-Koalition. Diesen »Linkstrend« in Bremen untermauert noch das überaus gute Abschneiden der neu gegründeten Partei Die Linke, die aus dem Stand 8,6 Prozent erreichte.

Weniger spektakulär, aber in die gleiche Richtung, entwickelt sich die Parteienlandschaft bei der *Kommunalwahl 2007 in der Großstadtregion Hannover.* Auch in Hannover konnten die Parteien des linken Lagers ihre ohnehin schon dominierende Position weiter ausbauen. Dabei handelt es sich um eine eigenständige großstädtische Entwicklung, weil sie im Gegensatz zum starken Trend zugunsten der bürgerlichen Parteien (CDU, FDP) in der niedersächsischen Landespolitik steht. Wie bereits in Bremen, erreichte auch in Hannover die Partei Die Linke 2007 ein überdurchschnittlich gutes Ergebnis von 9,3 Prozent.

Dieser in den Medien und zwischen den Parteien hochstilisierte »Linkstrend« ist nicht allein auf die nord- oder ostdeutschen Großstädte und Bundesländer begrenzt. Bei der *Landtagswahl 2008 in Hessen* zeigte sich, das die SPD, die Grünen und die Linke auch in diesem Flächenland eine Mehrheit »links« von CDU und FDP mobilisieren können. Trotz der danach politisch blockierten Parteienkonstellation mußte diese Entwicklung ein Alarmsignal für CDU und FDP sein, die immerhin mit einem Amtsbonus in diesen Wahlkampf gehen konnten. Entsprechend hysterisch wurden die nachfolgenden politischen Koalitionsverhandlungen von den Medien und der Bundespolitik begleitet. Während dieser hoch aufgeladenen Konflikte verspielte die SPD ihre erstmals wieder breit mobilisierten Sympathien aufgrund nicht zu überwindender interner Flügelkämpfe. Erst dadurch eröffnete sie den kaum noch zur politischen Hegemonie fähigen bürgerlichen Parteien bei der erneuten Landtagswahl 2009 den Sieg.

Ein anderer politischer Trend stabilisierte sich durch die Ergebnisse der *Bürgerschaftswahl 2008 in Hamburg.* Trotz wirtschaftlicher Prosperität, Amtsbonus und einer zerstrittenen SPD, die sich mit einem lokalpolitisch kaum verwurzelten Kandidaten zu retten versuchte, reichte es für die regierenden bürgerlichen Parteien nicht zur Mehrheit. Die FDP scheiterte sogar an der 5-Prozent-Hürde. Insofern ist die zweite Großstadtkoalition zwischen der CDU und den neubürgerlichen Grünen (nach Frankfurt) weniger ein strategisches Zukunftskonzept, als eine aus der Not heraus geborene Option.

Diese drei beschriebenen Trends in den deutschen Großstädten, bilden jedoch noch nicht das gesamte Spektrum aktueller politischer Entwicklungen. Das zeigt ein genauerer Blick auf die Ergebnisse der *Kommunalwahl 2008 in Bayern.* Dort unterscheidet sich die politische Situation in den Großstädten Nürnberg und München schon seit langem von der sonst verbreiteten absoluten

Mehrheit für die CSU. Der CSU gelingt es schon seit Jahren nicht, in den beiden größten bayrischen Großstädten die sozialdemokratischen Bürgermeister durch ernsthafte Konkurrenten herauszufordern, ganz im Gegenteil. Bei den Kommunalwahl 2008 konnten beide SPD-Bürgermeister ihre schon zuvor deutlichen Mehrheiten weiter ausbauen, indem sie ihre sozialintegrative Politik stark in den Mittelpunkt stellen. Auch diese Ergebnisse sprechen für eigenständige politische Logiken zumindest in den beiden größten bayrischen Großstädten. Dieser Trend kann ebenfalls als Signal für den nachfolgenden Verlust bei der Landtagswahl 2009 gewertet werden. Erstmals verlor die CSU ihre sonst sichere absolute Mehrheit im Land und mußte eine Koalition mit der FDP eingehen. Seitdem ist der Charakter einer Volkspartei selbst für die CSU nicht mehr gesichert.

4.1 Hegemonie der Funktionseliten

Mit der Reform der Kommunalverfassungen 1990 gab es durch die Neueinführung einer Direktwahl der Oberbürgermeister erhebliche Machtveränderungen innerhalb der Stadtregierungen. Betroffen sind davon aber nicht alle 15 Großstädte.

Für die bayrischen und baden-württembergischen Großstädte *München, Nürnberg und Stuttgart* gab es kaum Veränderungen. Die süddeutschen Ratsverfassungen sahen schon immer die Direktwahl des Oberbürgermeisters vor, und in Baden-Württemberg wurde bereits 1956 das Verfahren des kommunalen Bürgerbegehrens und -entscheids eingeführt (vgl. Wollmann 1998: 136). Diese drei Großstädte kennzeichnen schon seit Jahrzehnten eine zentrale politische Führung sowie eine längere Tradition direkter Demokratie.

In den drei *Stadtstaaten Berlin, Hamburg und Bremen* gibt es weiterhin keine Direktwahl der Oberbürgermeister. Ihre lokale Politik ist nach Landesstrukturen organisiert. Die Bürgermeister leiten die Landesregierungen und werden weiterhin vom Parlament gewählt. Neu eingeführt wurden in den drei Stadtstaaten aber Elemente direkter Demokratie (Referenden), in Hamburg auch auf Stadtbezirksebene. In diesen drei Großstädten verteilt sich die politische Führung auf mehrere Zentren. Der Oberbürgermeister ist lediglich erster unter Gleichen und die Elemente direkter Demokratie sind noch relativ neu.

Von den Veränderungen der Kommunalverfassungen nachhaltig betroffen sind die Großstädte *Dortmund, Duisburg, Düsseldorf, Essen, Köln, Hannover und Frankfurt.* Die Oberbürgermeister werden nun direkt von der Bevölkerung gewählt. Auch sind lokale Referenden eingeführt worden. Diese Großstädte verfügen dadurch über einen relativ neue Kultur zentraler politischer Führung und direkter Demokratie. In einer anderen Situation sind die beiden Großstädte Leipzig und Dresden. Nach den starken Umbrüchen in der Stadtpolitik und der Verwaltung werden nun die Bürgermeister direkt gewählt und Referenden sind ebenfalls möglich. Gestützt auf die Erfahrungen der Bürgerbewegungen in der DDR und von erfahrenen westdeutschen Politikern, befindet sich die lokale Demokratie in diesen beiden Großstädten im Aufbau.

Insgesamt bilden die Oberbürgermeister vor allem durch ihre gestärkte Führungsposition in vielen Städten das politische Zentrum. Um diese Position herum haben sich die jeweiligen Gruppen von Vorentscheidern neu formiert. Zuvor war häufig der Vorsitzende der Mehrheitsfraktion in einer Führungsposition, die sich jetzt auf den Oberbürgermeister verlagert hat. Der Oberbürgermeister kann dennoch kein »Allein-Herrscher« sein. Er ist bei Ratsentscheidungen auf eine Mehrheit angewiesen und benötigt zur Umsetzung der politischen Entscheidungen die Kooperation der Verwaltungsspitzen und der zentralen städtischen Akteure. Um sie in Vorentscheidungsstrukturen einzubinden, benötigt er »politisches Geschick und Ambition« (Gissendammer 2002: 97). Weil das Knüpfen von Netzwerken und Koalitionen im Sinne des Aufbaus von *sozialem Kapital* Zeit kostet, ist die Stabilität seiner Machtbasis auch von der Dauer seines Regierens abhängig. Das Einbinden von Unterstützern gelingt außerdem leichter, wenn er über größere finanzielle Ressourcen und überzeugende Kompetenzen und Konzepte verfügen kann. Dementsprechend verfügen Oberbürgermeister, deren Stadt sich in einer schwierigeren ökonomischen Situation befindet oder wo erst jüngst ein Machtwechsel erfolgte, meist über eine geringere politische Gestaltungskraft. Gerade in den besonders komplexen Großstädten ist für nachhaltige Interventionen der Rückhalt einflussreicher Akteure und zugleich Integrationsfähigkeit erforderlich.

Zusammenfassend können für die untersuchten 15 Großstädte zwei spezifische *Muster politischer Führung* unterschieden werden: der eher autokratische politische Unternehmer und der eher autokratisch Integrierende. In drei Großstädten (Duisburg, Leipzig, Dresden) konnte noch kein gefestigtes Politikmuster identifiziert werden, da hier Wechsel in der politischen Führung erfolgten. Dies gilt auch für die Stadt Düsseldorf, wo ein Bruch zu der Politik des bisherigen Bürgermeisters nicht festzustellen ist.

In ihrer Außenwirkung erscheinen die beiden identifizierten Politikmuster auf den ersten Blick recht ähnlich. Der politische Unternehmer wie auch der

Tabelle 2: Amtierende Oberbürgermeister/innen der Großstädte 2006

Großstadt	(Ober-) Bürgermeister/in	Partei	Amtsantritt
Prosperierende Großstädte			
Düsseldorf	Dirk Elbers	CDU	seit 2008
Frankfurt	Petra Roth	CDU	seit 1995
Hamburg*	Ole von Beust	CDU	seit 2001
Köln	Fritz Schramma	CDU	seit 2000
München	Christian Ude	SPD	seit 1993
Stuttgart	Wolfgang Schuster	CDU	seit 1997
Großstädte mit durchschnittlicher Entwicklung			
Bremen*	Jens Böhrnsen	SPD	seit 2005
Hannover	Stephan Weil	SPD	seit 2006
Nürnberg	Ulrich Maly	SPD	seit 2002
Großstädte im prekären Strukturwandel			
Berlin*	Klaus Wowereit	SPD	seit 2001
Dortmund	Gerhard Langemeyer	SPD	seit 1998
Dresden	Helma Orosz	CDU	seit 2008
Duisburg	Adolf Sauerland	CDU	seit 2004
Essen	Wolfgang Reiniger	CDU	seit 1999
Leipzig	Burghard Jung	SPD	seit 2006

Quelle: Internetportale der Großstädte 2006. *) nicht direkt gewählt.

politisch Integrierende, kooperieren mit der Wirtschaft und den Verbänden und stellen ihre Stadt als optimalen Standort für Investitionen dar. Beide präsentieren sich außerdem als erfolgreiche Stadtmanager und Stadtväter mit einem offenen Ohr für die Bürger. Beide richten beispielsweise Bürgersprechstunden ein. Sie betonen unternehmerische Tugenden und versuchen Handlungs- und Durchsetzungsfähigkeit zu vermitteln. Denn die Qualität ihrer Außendarstellung hat Auswirkungen auf ihre Macht und auf die Chance zur Wiederwahl. Aber sie unterscheiden sich in ihrem Umgang mit der Verwaltung (-sführung) und deren Beschäftigten, in ihrer Nähe zu den Bürgern und vor allem in ihrer politischen Programmatik.

Der *autokratische Stadtunternehmer* setzt auf einen schlanken, effizienten Macht- und Verwaltungsapparat, der für ihn vor allem ein Instrument zur Durchsetzung seiner Politik ist. Er propagiert nach Innen einen harten Sparkurs und forciert den Abbau von Bürokratie (Personal), um die Stadt als Unternehmen im Konkurrenzkampf mit anderen Dienstleistern zu stärken. Er treibt gern unbürokratisch große Projekte voran, delegiert Detailaufgaben und ist an den konkreten Umsetzungsproblemen sowie den sozialen Folgen seiner Politik nur begrenzt interessiert. Durch sein Selbstverständnis als politischer Unternehmer präsentiert er sich nach Außen als Entscheider und Macher. Er sucht die Nähe zu den regionalen Unternehmen und zu den einflussreichen Verbänden. Gegenüber der Stadtverwaltung (der Bürokratie) und besonders gegenüber den Mitbestimmungsorganen der Arbeitnehmer hält er Distanz. Obwohl er auch ständig den Kontakt zu Bürgern und Bürgergruppen pflegt, wirkt er durch eine eher technokratische Art und Sprache distanziert. Seine Handlungen stützt er insbesondere auf Hierarchien und Macht.

Der *politisch Integrierende* setzt auf einen Umbau der Stadtverwaltung, hin zu qualitätsorientierten Dienstleistungen. Er betreibt einen »moderaten Konsolidierungskurs« und verweist als Chef der Verwaltung gerne auf ein offenes Ohr auch für die städtischen Mitarbeiter. Die Dezernenten werden von ihm stärker in Entscheidungsprozesse einbezogen und verfügen über größere Gestaltungsmöglichkeiten. Bei zentralen politischen Entscheidungen und Konflikten schrecken aber auch diese Oberbürgermeister nicht davor zurück, energisch und autokratisch ihre politischen Ziele durchzusetzen. Durch sein Selbstverständnis als integrierender Stadtvater und Stadtmanager präsentiert sich dieser Typus nach Außen als Integrationsfigur und Moderator, der für alle Gruppen der Stadtgesellschaft ›da ist‹. Dies gilt auch für die Mitbestimmungsorgane der Arbeitnehmer, mit denen eine strategische Kooperationen trotz möglicher Konflikte gesucht wird.

Nach diesen Befunden greift das Argument jener zu kurz, die sich von einem strukturellen Machtzuwachs der Bürgermeister größere Chancen für eine finanzielle Konsolidierung der Städte versprochen haben. Die politische Lage der Städte ist komplexer, und für ihre finanzielle Situation sind andere Einflussgrößen wichtiger, wie zum Beispiel wirtschaftliche und politische Rahmenbedingungen im Bund und in den Ländern. Die Bedeutung des institutionellen Rahmens für den Einfluss des Oberbürgermeisters wird häufig überschätzt (vgl. Gissendammer 2002: 107). Der Oberbürgermeister ist zwar die zentrale politische (Macht-) Figur der Stadtpolitik. Um ihn gruppieren sich wichtige Vorentscheider und er kann entscheidende Machthebel betätigen. Diese Stellung muss er jedoch mit Kooperations- und Durchsetzungsfähigkeit ausfüllen und soziales Kapital in der Stadtgesellschaft erwerben. Denn für eine Wiederwahl benötigt er nicht allein

Abbildung 1: Muster politischer Führung

Der Stadtunternehmer	Der politisch Integrierende
– Dominant ist das Bild des politischen Unternehmers (»Macher«) – Die Stadt wird als Unternehmen betrachtet in Konkurrenz mit anderen Dienstleistern – Ziel ist eine »schlanke«, effiziente Verwaltung (Kernaufgaben), die durch Bürokratieabbau (Personalabbau) und forcierte Privatisierung erreicht werden soll – »Harter« Sparkurs – Bürger als Nachfrager und Wähler – Orientierung an Hierarchien und Macht – Geringe »Gestaltungsspielräume« für die Dezernenten – Distanz zur Stadtverwaltung und gegenüber der Mitbestimmung der Arbeitnehmer – Sucht vor allem die »Nähe« zur regionalen Wirtschaft, ihren Verbänden und den Bürgern	– Dominant ist das Bild des Stadtvaters und des Stadtmanagers (Integrationsfigur) – Die Stadt wird als Anbieter moderner, öffentlicher Dienstleistungen betrachtet – Ziel ist der Umbau der Verwaltung hin zu qualitätsorientierten Dienstleistungen – »Moderate« Konsolidierung – Bürger als Ko-Produzenten und Wähler – Orientierung an Kooperation (bei Widerstand machtpolitisches und hierarchisches Handeln) – Erweiterte Gestaltungsmöglichkeiten für die Dezernenten (im Rahmen der Haushaltslage!) – Kooperation mit der Stadtverwaltung und den Mitbestimmungsorganen der Arbeitnehmer – Sucht die Zusammenarbeit mit allen Gruppen der Stadtgesellschaft, »bürgernah«
Frankfurt, Düsseldorf, Hamburg, Dresden, Stuttgart	**München, Nürnberg, Hannover, Essen, Bremen, Dortmund, Köln, Berlin**

die politische Gefolgschaft zentraler Akteure, sondern auch eine Mehrheit der Wählerinnen und Wähler.

Ob für die politische Führung einer Großstadt eher ein unternehmerischer oder ein eher integrativer Politikstil angemessen ist, erscheint angesichts der genannten Ergebnisse als falsche Frage. In der Medienöffentlichkeit, in den Parteien und auch in einigen Führungsetagen der Stadtverwaltungen gilt derzeit ein unternehmerischer Führungsstil als besonders zukunftsträchtig. Die Situation in den 15 Großstädten verweist jedoch auf einen anderen Zusammenhang. In den weniger wohlhabenden Großstädten mit größeren sozialen Lasten erscheint eher ein integrativer Führungsstil als angemessen, auch wenn dieses Muster nicht verallgemeinert werden kann. Dies gilt aber genauso für den eher unternehmerischen Führungsstil. Denn auch in der prosperierenden Großstadt München wird mit einem integrierenden Politikstil eine erfolgreiche Stadtpolitik gemacht.

4.2 Schwächung und Legitimationsverlust der Stadträte

Eine der entscheidenden machtpolitischen Funktionen der Stadt- oder Gemeinderäte in den Großstädten sowie von Senat oder Abgeordnetenhaus in den Stadtstaaten ist die jährliche Zustimmung zum Haushalt der Kommune. Auf der Grundlage der jeweils geltenden Kommunalverfassung in den einzelnen Bundesländern kann der Stadtrat durch Abstimmungen die Prioritäten für einzelne lokale Politikfelder festlegen. Allgemein besteht dabei ein Spannungsverhältnis zwischen der grundsätzlichen »Allzuständigkeit« der Kommunen und den tatsächlichen finanziellen Handlungsspielräumen. Letztere sind in einem großen Teil der untersuchten Großstädte ausgesprochen gering.

Berlin und Bremen befinden sich in einer extremen Haushaltsnotlage, andere Großstädte unterliegen seit Jahren sogenannten Konzepten zur Haushaltssicherung (Nothaushaltsrecht). Das führt zu einer Verlagerung der Haushaltsabstimmung weg von den gewählten kommunalen Vertretern hin zu den zuständigen Aufsichtsbehörden des jeweiligen Bundeslandes. Aufgrund dieser Situation haben sich die eigenständigen politischen Gestaltungsspielräume in den meisten Großstädten in den letzten Jahren verengt. In den Mittelpunkt der Politik rückte die Konsolidierung der kommunalen Haushalte und eine Konzentration auf die notwendige Ausführung von Landes- und Bundesgesetzen. In einer solchen Situation verlieren die politisch gewählten Vertreter des Stadtrates oder des Senats weitgehend ihrem Einfluss auf die Ausgestaltung des Haushalts und damit eines ihrer zentralen Machtinstrumente.

Hand in Hand mit dieser Entwicklung ging ein erheblicher *Legitimationsverlust* der im Stadtrat, im Senat oder im Abgeordnetenhaus vertretenen Parlamentarier. Sichtbar wird diese zusätzliche Schwächung durch die insgesamt erheblich geringer werdende Wahlbeteiligung in den Großstädten bei Kommunalwahlen. Trotz dieses allgemeinen Trends gibt es dennoch spezifische Unterschiede zwischen den jeweiligen Großstädten.

Auffällig ist am Beginn der 1990er Jahre die höhere Wahlbeteiligung in den drei Stadtstaaten Berlin, Bremen und Hamburg. Als Bundesländer besitzen die Stadtstaaten größere politische Gestaltungs- und Steuerungsmöglichkeiten, was scheinbar das Interesse der Wähler an der lokalen Stadtpolitik stärkt. Relativ hoch war zu diesem Zeitpunkt auch die Wahlbeteiligung in den beiden ostdeutschen Großstädten Dresden und Leipzig, wo erstmals durch freie Wahlen ein Stadtparlament gewählt werden konnte. In allen anderen (westdeutschen)

Tabelle 3: Wahlbeteiligung Stadtrat, Gemeinderat, Senat, Abgeordnetenhaus (in Prozent)

Großstadt	1989–1991	1993–1996	1999–2002	Ab 2003	Veränderung
Prosperierende Großstädte					
Düsseldorf	62,6	79,6	50,2	53,1	–9,5
Frankfurt	69,7	60,5	46,1	40,4	–29,3
Hamburg*	69,6	68,7	71,0	68,7	–0,9
Köln	59,8	79,0	45,8	48,2	–11,6
München	65,0	62,8	51,0		–14,0
Stuttgart	57,5	64,3	47,7	48,7	–9,8
Großstädte mit mittlerer Entwicklung					
Bremen*	73,7	70,4	60,1	60,0	–13,7
Hannover	62,3	56,9	48,1	43,0	–19,3
Nürnberg	66,2	56,8	55,3		–10,9
Großstädte im prekären Strukturwandel					
Berlin*	80,6	68,6	68,1	58,0	–22,6
Dortmund	61,8	79,7	54,9	50,3	–11,5
Dresden	71,3	67,0	53,7	59,1	–12,2
Duisburg	56,0	69,1	44,2	48,0	–8,0
Essen	58,0	76,7	49,3	49,5	–8,5
Leipzig	70,3	57,9	42,2	38,6	–31,7

Großstädten war bereits Anfang der 1990er Jahre die Wahlbeteiligung geringer als bei Bundes- und Landtagswahlen: zwischen 56 und 70 Prozent.

Bei der längeren Beobachtungsperspektive (1989/91 bis 2006) fällt auf, dass die Wahlbeteiligung nicht in allen Großstädten *stetig* geringer wird. Zwischen 1993 und 1996 stieg die Wahlbeteiligung zum Beispiel in den Großstädten von Nordrhein-Westfalen stark an (Köln, Essen, Dortmund, Düsseldorf und Duisburg), wie auch in Stuttgart. Diese politische Mobilisierung war aber nicht von Dauer, so dass seit Mitte der 1990er Jahre die Wahlbeteiligung in allen Großstädten stark rückläufig ist. Lediglich in Hamburg verharrt die Wahlbeteiligung seit 15 Jahren auf einem relativ hohen Niveau. In allen anderen Großstädten ist die Wahlbeteiligung zwischen 1989 und 2006 zum Teil stark oder zumindest deutlich rückläufig: besonders in Leipzig (-31,7 Prozent), Frankfurt (-29,3 Prozent) und Berlin (-22,6 Prozent). Weniger stark war der Rückgang der Wahlbeteiligung (unter 10 Prozent) in Duisburg, Essen, Düsseldorf und Stuttgart. Die jüngste Entwicklung bei den Kommunalwahlen nach dem Jahr 2003 lässt aber Ansätze einer Stabilisierung auf niedrigem Niveau erkennen. Der starke Rückgang der Wahlbeteiligung am Ende der 1990er Jahre und am Beginn des neuen Jahrtausends hat sich abgeschwächt oder konnte in einigen wenigen Großstädten sogar wieder leicht gesteigert werden. Zum Beispiel in Dresden (+5,4 Prozent), in Düsseldorf (+3 Prozent), in Köln (+2,4 Prozent) und in Stuttgart (+1 Prozent).

Wie auf Bundes- und Landesebene dominieren auch in den Großstädten die fünf bundesweit etablierten Parteien. Aus der nachfolgenden Tabelle 4 geht hervor, dass spezifische politische Wählergruppen oder punktuelle Initiativen insgesamt keine relevante Rolle spielen.

Deutlich wird, dass die CDU von 1995 bis 2000 ihren Anteil an den Ratssitzen um fast 7 Prozent vergrößern konnte. Dazu haben vor allem die neuen Mehrheiten in einigen Großstädten von Nordrhein-Westfalen beigetragen. Seit diesem Zeitpunkt verliert die CDU aber wieder leicht bei den Anteilen an Ratssitzen. Die SPD musste im Untersuchungszeitrum erhebliche Verluste an Sitzen in den fünfzehn Großstädten hinnehmen und verlor ihre jahrzehntelange Vormachtstellung.

Die Verluste der Sozialdemokraten beliefen sich von 1990 bis 2000 auf über 8 Prozent der Ratssitze, seitdem scheint dieser negative Trend jedoch vorerst gestoppt. Die Grünen sind derzeit die drittstärkste Kraft in den städtischen Kommunalparlamenten und stabilisieren sich bei durchschnittlich 10 Prozent.

Einen völlig gegenläufigen Trend erlebte die FDP. Insgesamt erreichte sie lediglich Anfang der 1990er Jahre etwas über 5 Prozent aller Ratssitze. Seitdem spielt sie als gestaltende politische Kraft keine nennenswerte Rolle in der lokalen Politik der Großstädte. Auffällig ist gerade bei der FDP die starke Diskrepanz zu den relativ guten Stimmenanteilen bei Bundestagswahlen, wo sie häufig über 10 Prozent der Stimmen erreicht. In der lokalen Politik der Großstädte kann die FDP ihre entsprechenden Wählergruppen jedoch nicht mobilisieren.

Die PDS wiederum spielt seit Mitte der 1990er Jahre durch ihren hohen Anteil an Ratssitzen in den ostdeutschen Großstädten eine zunehmend wichtigere Rolle. Sie stellt seitdem durchschnittlich knapp 5 bis 7 Prozent der Stadträte. Die Ergebnisse der Bundestagswahl 2005 und aktuelle Kommunalwahlergebnisse in Frankfurt, Hannover und Bremen bestätigen, dass sich die Partei Die Linke in den deutschen Großstädten etabliert hat.

Das Beispiel der Hansestadt Hamburg zeigt, trotz der relativen Stabilität des deutschen Parteiensystems, dass auch plötzliche Verschiebungen der Parteien-

Tabelle 4: Anteile der Parteien an der Gesamtheit der Ratssitze in den Großstädten (in Prozent)

Partei/Gruppe	1990	1995	2000	2004
CDU/CSU	36,59	35,49	42,34	40,58
SPD	42,59	39,55	34,29	35,22
FDP	5,28	1,28	2,32	3,7
Bündnis 90, Die Grünen	7,85	13,31	10,84	10,24
PDS	1,84	4,96	6,27	6,61
Andere Wählergruppen	6,24	5,41	3,95	3,65

Quelle: eigene Berechnungen auf der Grundlage der statist. Jahrbücher deutscher Gemeinden

landschaft möglich sind. Das politische Phänomen der sogenannten »Schill-Partei« war zwar ein vorübergehendes Ereignis. Es zeigte jedoch, wie schnell aktuelle
Themen und ihre populistische öffentliche Debatte zu erheblichen Turbulenzen
und Verschiebungen in der Parteienlandschaft führen können.

4.3 Stärkung der Bürgerrechte bei geringeren Gestaltungsmöglichkeiten

Die Reform der Kommunalverfassungen zielte vor allem darauf, die lokale Politik besser zurechenbar zu machen und die Rolle der Bürgerinnen und Bürger
zu *stärken*. Untersuchungen zeigen, dass direkt gewählte Bürgermeister in der
Tat versuchen, die Kontakte zu den Bürgern zu intensivieren. Dies kann durch
Verfahren der Bürgerbeteiligung erfolgen und/oder durch die Inszenierung von
Bürgernähe. Die Parteien und der Stadtrat verlieren in diesem Modell, wie oben
ausgeführt, politisch an Bedeutung. Neben der Direktwahl der Bürgermeister
wurden mit der Reform der Kommunalverfassungen in allen Flächenländern
auch *Bürgerbegehren und Bürgerentscheide* eingeführt, die als Kernelemente direkter Demokratie gelten. Zwischen den einzelnen Kommunalverfassungen in
den jeweiligen Bundesländern und den Kommunen gibt es jedoch erhebliche
Unterschiede.

Die abgebildeten Unterschiede haben einen erheblichen Einfluss darauf, ob
die neuen Elemente direkter Demokratie auch tatsächlich in der politischen Praxis Bedeutung erlangen. Vergleichsweise günstige Bedingungen für ein direktde-
mokratisches Engagement gibt es in den Großstädten München und Nürnberg
sowie in den Städten Nordrhein-Westfalens. Von den etablierten Akteuren in der

Politik werden diese Verfahren aber auch dort oft nur widerwillig akzeptiert, als eine *Ergänzung* der bestehenden Entscheidungsstrukturen.

Trotz dieser Abwehr haben seit Beginn der 1990er Jahre Themen Konjunktur, die mit dem Kernelement kommunaler Selbstverwaltung und der Teilhabe der Bürger an den Regelungen von Angelegenheiten der städtischen Gemeinschaften zu tun haben (vgl. v. Kolderitsch 2002).

Als *bürgerschaftliches* Engagement gelten alle Formen, in denen Bürgerinnen und Bürger in der Gesellschaft gemeinsame Interessen verfolgen: *etablierte* Formen wie politische Ehrenämter, Vereine, Parteien, Gewerkschaften und Kirchen sowie *informelle* Netzwerke wie Arbeitskreise, Selbsthilfegruppe und Nachbarschaften. Im Verlauf dieser Konjunktur wurde in allen Großstädten das bürgerschaftliche Engagement durch Politik und Verwaltung forciert und unterstützt. Dies erfolgte vor allem durch die Bereitstellung von Gelegenheitsstrukturen und Multiplikatoren, durch die öffentliche Anerkennung für freiwilliges Engagement, die Einrichtung von Kommunikationsgremien (Bürgerforen, Bürgeranhörungen, Bürgersprechstunden) und von Bürgerstiftungen. Den Höhepunkt erreichte diese Konjunktur im Jahr 2002, als die Enquete-Kommission des Bundestages ihren Abschlussbericht »Zivilgesellschaft und bürgerschaftliches Engagement« vorlegte. Seitdem hat das Thema Bürgerengagement in der Öffentlichkeit einen zunehmenden Bedeutungsverlust erlitten. Dies gilt vor allem für jene Großstädte, die mit wachsenden sozialen Problemen konfrontiert sind. Immer häufiger wird hier thematisiert, ob die Versuche, ein vermehrtes Bürgerengagement zu initiieren, nicht lediglich vom Rückbau sozialer Leistungen ablenken.

Eine andere Entwicklung deutet sich bei den jetzt in allen Bundesländern und Großstädten möglichen Bürgerbegehren und Bürgerentscheiden an. Sie gelten als das *Kernstück* unmittelbarer Demokratie und können nunmehr von allen wahlberechtigten Bürgern in den Großstädten beantragt werden. Politisch umstritten ist jedoch, ob mit unmittelbarer Demokratie eher ein enges oder eher ein weites Politikfeld gemeint ist. Deutlich wird das an der Frage, ob es sich bei den offiziellen Wahlen zur Gemeindevertretung oder zur Stadtverordnetenversammlung um einen Akt unmittelbarer Demokratie oder repräsentativer Demokratie handelt. Holtman (1996: 211) zählt diese Wahlen »zum Kernbereich unmittelbarer Bürgerbeteiligung«, *wenn* die Wähler durch Kumulieren und Panaschieren die Möglichkeit haben, die personelle Zusammensetzung der gewählten Vertretungen zu beeinflussen. Dagegen steht die Auffassung, direkte Demokratie sei etwas grundsätzlich anderes als eine offizielle Wahl demokratischer Vertreter. »Direktwahlen von Repräsentanten bleiben Wahlen und haben nichts mit di-

Tabelle 5: Wahlrechtsregelungen für direkte Demokratie
(Länder und Kommunen)

Bundesland Großstadt	Direkt-wahl OB	Bürger-begehren	Unter-schriften-quorum	Zustimmungs-quorum	5%-Hürde	Bürger-freundlichkeit
Baden-Württemberg **Stuttgart**	Ja	Ja	10%-15%	30%	Nein	Mangelhaft
Bayern **München, Nürnberg**	Ja	Ja	3%-10%	10–20%	Nein	gut
Hessen **Frankfurt**	Ja	Ja	10%	25%	Ja	Ausreichend
Niedersachsen **Hannover**	Ja	Ja	10%	25%	Nein	Ausreichend
Nordrhein-Westfalen **Düsseldorf, Essen, Duisburg, Köln**	Ja	Ja	3%-10%	20%	Nein	Befriedigend
Sachsen **Dresden, Leipzig**	Ja	Ja	15%	25%	Nein	Ausreichend
Berlin	Nein	Ja	10%	33%	Ja	Mangelhaft
Bremen	Nein	Ja	10%	25%	Ja	Mangelhaft
Hamburg	Nein	Ja	10%	25%	Ja	Ausreichend

Quellen: Holtkamp 2001: 17, Mehr Demokratie e.V. 2001, 2004

rekter Demokratie zu tun« (Schiller 2002: 13). Denn ursprünglich sei die direkte Demokratie aus der Konfrontation mit der repräsentativen Demokratie
entstanden.

Bisher werden Bürgerbegehren und Bürgerentscheide vor allem von lokalen
Bürgerinitiativen und kleineren Parteien genutzt, um ihre Anliegen zu thematisieren. Dabei läßt sich beobachten, dass die politisch-administrativen Führungen
zuvor ignorierte Themen und Anliegen doch aufgreifen, wenn sich Initiativen
zur Vorbereitung von Bürgerbegehren und Bürgerentscheiden bilden.

Insgesamt sind Bürgerbegehren und Bürgerentscheide in den untersuchten
Großstädten bisher eher (noch) eine *Ausnahme* im politischen Alltag. Es kam
in den letzten Jahren aber immer häufiger zu Bürgerentscheiden von hoher *sym-
bolischer* Bedeutung. Dazu zählte zum Beispiel die Kampagne gegen die Privatisierung der Stadtwerke in Düsseldorf im Jahr 2000, die mit fast 90 Prozent
Zustimmung erfolgreich war. 2003 organisierten außerparlamentarische Bürgergruppen in Frankfurt ein erfolgreiches Bürgerbegehren gegen ein Cross-Border-

Leasing der U-Bahn. Überrascht vom Engagement der Einwohner verzichtete die Stadtverwaltung auf das geplante Geschäft. In Hamburg wurde 2003 von der Gewerkschaft Verdi ein Volksbegehren gegen den Verkauf der Mehrheitsanteile des Landesbetriebes Krankenhäuser (LBK) eingereicht. Gestützt auf 110.000 Unterschriften stimmte 2004 eine Mehrheit von 76,8 Prozent der Teilnehmenden gegen den Verkauf. Der Hamburger Senat strebte daraufhin jedoch ein Gerichtsurteil an, nach dem der Senat nicht zwingend an den Volksentscheid gebunden ist. Nach dem Vorbild der Hamburger Initiative wurde auch in Bremen von Attac, Klinik-Betriebsräten und Verdi ein Volksbegehren gegen die Umwandlung von vier großen Krankenhäusern in GmbHs eingeleitet. In München war 2005 ein Volksentscheid für eine Höhenbegrenzung von Hochhäusern erfolgreich. Wiederum in Hamburg und Bremen wird aktuell durch erfolgreiche Bürgerbegehren (Bremen) und Bürgerentscheide (Hamburg) versucht, bei den Wahlen zum Stadtparlaments den Bürgern mehr Einfluß auf die Auswahl der Kandidaten und Kandidatinnen zu ermöglichen.

Insgesamt erfolgte die Anwendung von Instrumenten direkter Demokratie in den Großstädten bisher sehr selektiv. Lediglich in fünf der fünfzehn Großstädte kam es häufiger zur Durchführung von Bürgerentscheiden, wogegen in acht Städten keine Bürgerentscheide stattfanden. Es zeigt sich, dass Referenden dann häufiger durchgeführt werden, wenn die Städte bereits über eine länger gewachsene direktdemokratische Tradition und Kultur verfügen. Das gilt vor allem für die süddeutschen Großstädte[8], aber auch für die Stadtstaaten mit ihrer Tradition einer aktiven Bürgerschaft. In den Stadtstaaten behindern bisher jedoch relativ hohe rechtliche Hürden eine noch stärkere Ausweitung von Referenden. In den süddeutschen Großstädten wiederum, die über langjährige Erfahrungen mit direkter Demokratie verfügen, fehlen den Bürgern Mitwirkungsrechte in den Stadtbezirksvertretungen. Auf diese restriktive Situation haben bisher lediglich die Verantwortlichen in der Stadt München reagiert, wo die Direktwahl der Stadtbezirksvertretungen eingeführt wurde.

Hoffnungen auf eine nachhaltige Belebung bürgerschaftlichen Engagements müssen für den überwiegenden Teil der untersuchten Großstädte relativiert werden. Es gibt viele interessante Ansätze und erfolgreiche Initiativen, aber (noch) keine grundsätzlich neue Qualität demokratischer Mitbestimmung. Einfluss auf

8 Diese Annahme wird gestützt durch die Daten der Forschungsstelle Bürgerbeteiligung und direkte Demokratie (2004). vgl. auch Wollmann zur Entwicklung der Anwendungshäufigkeit von Referenden in Baden-Württemberg seit 1956 (Wollmann 1998: 140)

wirklich wichtige politische Entscheidungen erfolgt derzeit in den Großstädten vor allem durch Instrumente direkter Demokratie, die jedoch noch immer eher eine Ausnahme als die Regel sind. Doch die Tendenz ist steigend.

Eine Gefahr für das Engagement von Stadtbürgern ergibt sich jedoch, wenn Bürgerbeteiligung lediglich der symbolischen Inszenierung dient und vor allem eine Legitimationsfunktion hat (vgl. Osthorst, Prigge 2003: 144). Denn die erweiterten Partizipations*möglichkeiten* und die Hoffnungen der Bürger auf mehr Mitsprache werden durch gegenläufige Entwicklungen begrenzt. Dazu gehört zum einen die Modernisierungsstrategie der Auslagerung oder Privatisierung öffentlicher Aufgaben, wodurch der Einfluß und die Reichweite der kommunalen Politik eingeschränkt wird. Nachhaltig wirkt vor allem die zugespitzte Krise der kommunalen Haushalte. Die Bürger verfügen zwar über erweiterte Einfluss*möglichkeiten*, mit denen sich jedoch angesichts abnehmender kommunaler Handlungsspielräume weniger bewegen läßt. Diese Gefahr der »Partizipationsenttäuschung« (Bogumil u.a. 2004: 7) spitzt sich weiter zu, wenn, wie in Hamburg geschehen, der erfolgreiche Volksentscheid zur Privatisierung der Landeskrankenhäuser vom Senat durch Gerichtsbeschluss wieder in Frage gestellt wird.

5 Der weite Weg von der ausgezehrten Parteiendemokratie zur Mobilisierung für eine soziale Stadtpolitik

Der ›Umweg‹ über die wirtschaftliche und soziale Entwicklung zur Politik der Großstädte hat gezeigt, daß sie sich auf drei verschiedenen Pfaden entwickeln. Die Akteure der Stadtpolitik sehen sich in Großstädten, die einen prekären Strukturwandel und Schrumpfungen erleben vor andere Herausforderungen gestellt als in den prosperierenden Großstädten. Dort besitzen sie außerdem weitergehende Handlungsspielräume als in jenen Großstädten, die eine durchschnittliche Entwicklung durchlaufen. ›Die Stadtpolitik‹ als Antwort auf diese unterschiedlichen wirtschaftlichen und sozialen Herausforderungen kann es deshalb nicht geben.

Auf die Herausforderungen in den prosperierenden Großstädte ist es insbesondere Bürgermeisterinnen und Bürgermeistern der CDU gelungen, Unterstützung für ihre Stadtpolitik zu finden. Die Sozialdemokraten befinden sich in Frankfurt, Hamburg, Düsseldorf, Stuttgart und Köln in einer durchgängig schwierigen Lage fern einer realistischen Mehrheitsfähigkeit. In Frankfurt und Hamburg hat mit den Grünen außerdem der bisherige Koalitionspartner das politische Lager gewechselt. Aus dieser Konstellation heraus die politische Hegemonie zurück zu erlangen, erscheint derzeit für die SPD relativ aussichtslos. Spiegelbildlich dazu ist Situation in den Großstädten Bremen, Hannover und Nürnberg, die eine durchschnittliche Entwicklung durchlaufen. Die SPD ist in diesen Großstädten auch durch Kooperationen mit den Grünen politisch fest verankert. Es ist hier die CDU, die sich in einer relativ aussichtslosen Situation fern der Macht befindet. Ganz ähnlich sind die politischen Mehrheitsverhältnisse auch im prosperierenden München, quasi als Ausnahme von der Regel. Für die Großstädte, die einen prekären Strukturwandel und Schrumpfungen erleben, lassen sich keine derartig klaren Muster identifizieren. In den wirtschaftlich und sozial ähnlich strukturierten Großstädten des Ruhrgebietes gibt es Bürgermeister von der CDU (Duisburg, Essen), wie auch von der SPD (Dortmund). Das gleiche gilt für die beiden ostdeutschen Großstädte Dresden (CDU) und Leipzig (SPD). Berlin wiederum unterstreicht als Bundeshauptstadt und einzige westöstliche Großstadt ihren Sonderstatus durch die bisher einzige politische Koalition zwischen SPD und Der Linkspartei.

Der dargestellten Vielfalt der deutschen Großstädte und ihrer unterschiedlichen Entwicklungspfade entspricht derzeit eine Vielfalt parteipolitischer Bündnisse und Konstellationen. Die in der Bundespolitik und in den Medien als überholt bezeichneten Koalitionen zwischen SPD und Grünen sind in einigen Großstädten durchaus Mehrheitsfähig. Über Berlin hinaus sind insbesondere in den neuen Bundesländern Koalitionen zwischen der SPD und Der Linken realistisch. Das gilt über die Großstädte hinaus mittlerweile auch für einige Bundesländer, die in diesem Jahr neue Landtage wählen, wie Thüringen und das Saarland. Es gibt in Frankfurt und Hamburg die neuen Bündnisse zwischen der CDU und den Grünen. Eine solche politische Konstellation erscheint außerhalb der properierenden Großstädte jedoch als unwahrscheinlich. Insgesamt werden in den deutschen Großstädten die möglichen Koalitionsmodelle innerhalb des neuen Fünfparteiensystems bereits ausgeschöpft. Lediglich für eine „Ampelkoalition" (SPD, Grüne, FDP), die von der SPD und den Grünen im Bund aus strategischen Gründen derzeit favorisiert wird, gibt es in den Großstädten keinerlei Erfahrungen auf die aufgebaut werden könnte. Dazu ist die FDP in den deutschen Großstädten zu bedeutungslos.

Wenn die SPD mittelfristig, für eine erneuerte politische Mehrheitsfähigkeit im Bund tatsächlich erst einen Teil der deutschen Großstädte zurückerobern muß, dann ist dies am ehesten in den schrumpfenden Großstädten realistisch, die sich in einem prekären Strukturwandel befinden. In diesen Großstädten sind jedoch politische Konzepte erforderlich, die viel stärker auf sozialen Ausgleich und Integration setzen. Neben solchen auch in der Praxis tauglichen Konzepten fehlt es der SPD in diesen Großstädten an geeigneten Führungspersonen, die eine solche soziale Stadtpolitik verkörpern. Durch den Trend zur Personalisierung offenbart sich eine weitere, tief in der SPD verankerte Schwäche gegenüber der CDU. Es gelingt in der SPD bisher nicht, das Frauen in hervorgehobene politische Führungsämter aufrücken, ohne das sie aus den eigenen Reihen früher oder später politisch beschädigt werden. Diese strukturelle Schwäche zeigt sich nicht allein in der Bundespolitik, bezogen auf Frauen wie Angela Merkel und Ursular von der Leyen von der CDU - sie besteht auch in den Großstädten. Dort gibt es bisher keine Frau aus der SPD als Oberbürgermeisterin. Die CDU hat mit Petra Roth schon lange Jahre eine erfolgreiche Oberbürgermeisterin in ihren Reihen, der aktuell Helma Orosz (CDU) in Dresden in dieses Amt als zweite Frau gefolgt ist. Diese Entwicklung wurde in der Öffentlichkeit und vor allem in Westdeutschland kaum zur Kenntnis genommen.

Insgesamt ist in den großen Stadtregionen die Auszehrung der Parteiendemokratie im Vergleich zur Bundes- und Landespolitik am weitesten fortgeschritten. Dies ist eine ernüchternde Bilanz. Gerade in den Städten und Gemeinden wurde versucht, durch gezielte Reformen der Kommunalverfassungen die Einflußmöglichkeiten der Bürger zu stärken und eine Kultur der Beteiligung zu fördern. In allen Großstädten können die Bürger den Oberbürgermeister direkt wählen, außer in den Stadtstaaten Berlin, Bremen und Hamburg. Doch gerade in den Stadtstaaten ist die Resonanz der Stadtpolitik bei den Wählerinnen und Wählern weniger stark zurückgegangen. Durch die formelle Stärkung der Bürgerrechte und durch die *Personalisierung* konnte die rückläufige Wahlbeteiligung und das wachsende Desinteresse an der Stadtpolitik nicht gestoppt werden. Lediglich die Hälfte der Wahlberechtigten beteiligt sich noch an den für die Stadtpolitik relevanten Abstimmungen. Von diesen wenigen können die ehemals großen Volksparteien kaum noch 40 Prozent der Wählerstimmen für sich mobilisieren. Ihre politische Hegemonie steht in den untersuchten Großstädten auf tönernen Füßen. Weil gleichzeitig der Einfuß der gewählten Bürgervertreter in den Stadträten zurückgedrängt wurde, steht der formalen Stärkung des Bürgerwillens die Schwächung ihrer Einflußchancen auf die Stadtpolitik gegenüber.

Diese Entwicklung wird besonders augenfällig, wenn sich die Politikformulierung und deren Umsetzung in kleine Zirkel ausgewählter Vorentscheider verlagert, die zwar einen besonders einflußreichen, aber lediglich kleinen Teil der Stadtgesellschaft repräsentieren. Diese Tendenz autokratischer Stadtpolitik kann durchgängig in allen Großstädten beobachtet werden, wodurch die Distanz zwischen den politischen Akteuren und den Bürgern erheblich gewachsen ist. Das Verhältnis von Stadtpolitik und Bürgern unterscheidet sich dennoch erheblich, wenn unterschiedliche Politikfelder berücksichtigt werden. Auf dem dominierenden Gebiet der großstädtischen »Außenpolitik« zur Stärkung der wirtschaftlichen und wissenschaftlichen Konkurrenzfähigkeit dominieren relativ abgeschottete, regionale Elitenetzwerke. Auf dem nachgeordneten Gebiet der großstädtischen »Innenpolitik«, zur Stärkung des sozialen Zusammenhalts, ist die Einbindung der Bürger und ihr Engagement hingegen stärker ausgeprägt. Die Balance zwischen diesen beiden Aufgabenfeldern großstädtischer Politik unterscheidet sich ebenfalls zwischen den Großstädten. Die weiterhin prosperierenden Stadtregionen setzten überwiegend auf eine stark unternehmerische Stadtpolitik und behandeln den sozialen Zusammenhalt als nachrangiges Politikfeld. Die Großstädte, die eine durchschnittliche Entwicklung oder einen prekären Strukturwandel durchlaufen, können sich eine solche Nachrangigkeit immer weniger leisten.

Hier zeichnet sich aktuell eine Erneuerung des Leitbildes einer sozialen Stadtgesellschaft für alle ab. Dieses Leitbild wird derzeit zwar in vielen Großstädten wieder verstärkt thematisiert, für eine nachhaltige Umsetzung existieren bisher aber lediglich Ansätze. Mit diesem Leitbild ist außerdem die Hoffnung verbunden, durch eine stärkere Mobilisierung und Berücksichtigung der sozialen Belange der Bürger könne auch ihr weitgehendes Desinteresse an der Stadtpolitik überwunden werden. Dazu kann auch der verstärkte Druck unabhängiger politischer Initiativen von Bürgern beitragen, die punktuell und mit wachsendem Erfolg durch direktdemokratische Verfahren in die Stadtpolitik intervenieren. In vielen Großstädten scheint aber noch ein längerer Prozess der politischen Einübung in Verfahren direkter Demokratie erforderlich zu sein. Dazu gehört auch, die bisherige machtpolitische Abschottung der politischen Parteien aufzubrechen. Sie versuchen sich derzeit zwar für veränderte Koalitionsmodelle im neuen Fünfparteiensystem zu öffnen, nicht jedoch hin zu den großen Gruppen politisch desillusionierter Stadtbürger.

Literatur

ALBAYRAK, K. / GRIMMER, K. / KNEISSLER, T. (2003): Kommunalverwaltung in den Ländern, Befunde, Folgerungen, Wege, Berlin.

BAER, S. (2002): Der Handlungsbedarf für eine bürgerschaftliches Engagement fördernde Verwaltungsreform. In: Deutscher Bundestag (Hg.): Enquete-Kommission Zukunft des Bürgerschaftlichen Engagements, Bürgerschaftliches Engagement und Zivilgesellschaft, Opladen. S. 167–183.

BANNER, G. (1972): Politische Willensbildung und Führung in Großstädten der Oberstadtdirektor-Verfassung. In: Grauhan, R.-R. (Hg.) Großstadtpolitik, Gütersloh. S. 162–180.

BANNER, G. (1984): Kommunale Steuerung zwischen Gemeindeordnung und Parteipolitik. In: Deutsche Öffentliche Verwaltung, Heft 9. S. 364–372.

BANNER, G. (2002): Modernisierung: in Zukunft Tagesgeschäft der Führung. In: Bogumil, J. (Hg.) Kommunale Entscheidungsprozesse im Wandel, Opladen. S. 75–90.

BARTELHEIMER, P. (2001): Sozialberichterstattung für die »Soziale Stadt«, Methodische Probleme und politische Möglichkeiten, Frankfurt a.M., New York.

BENZ, A. (2001): Der moderne Staat. Grundlagen der politologischen Analyse, München, Wien.

BENZ, A. (2004): Governance – Regieren in komplexen Regelsystemen, Wiesbaden. S. 29–44.

BENZ, A. (2005): Governance in Mehrebenensystemen. In: Schuppert, G., F. (Hg.): Governance-Forschung, Vergewisserung und über Stand und Entwicklungslinien, Baden-Baden. S. 95–120.

BERTRAM, H. (1995): Das Individuum und seine Familie, Opladen.

BERTRAM, H. (1998): Lebensformen, städtische und ländliche. In: Häußermann, H. Großstadt, Soziologische Stichworte, Opladen.

BLANKE, B. / BENZLER, S. (1991): Horizonte der Lokalen Politikforschung. In: Blanke, B. (Hg.) Staat und Stadt. Systematische, vergleichende und problemorientierte Analyse »dezentraler« Politik, Opladen. S. 9–32.

BLOTEVOGEL, H. H. (2000): Gibt es in Deutschland Metropolen? Die Entwicklung des deutschen Städtesystems und das Raumordnungskonzept der »Europäischen Metropolenregionen« In: Matejovski, D. Metropolen. Laboratorien der Moderne, Frankfurt a.M. S. 139–167.

BODENSCHATZ, H. / LAIBLE, U. (2008): Großstädte von Morgen. Internationale Strategien des Stadtumbaus. Berlin

BOGUMIL, J. (2001): Modernisierung lokaler Politik – Kommunale Entscheidungsprozesse im Spannungsfeld zwischen Parteienwettbewerb, Verhandlungszwängen und Ökonomisierung, Baden-Baden.

BOGUMIL, J. (2002): Kommunale Entscheidungsprozesse im Wandel – Stationen der Politik und kommunalwissenschaftlichen Debatte. In: Bogumil, J. (Hg.) Kommunale Entscheidungsprozesse im Wandel, Opladen. S. 7–51.

BOGUMIL, J. / HOLTKAMP, L. (2001): Die Neugestaltung des kommunalen KräftedreieckS. In: Verwaltung, Organisation, Personal (VOP), Nr. 4/2001, 22. Jahrgang. S. 10–12.

BOGUMIL, J. / HOLTKAMP, L. / KISSLER, L. (2001): Verwaltung auf Augenhöhe. In: Modernisierung des öffentlichen Sektors, Bd. 19, Berlin.

BOGUMIL, J. / HOLTKAMP, L. / SCHWARZ, G. (2003): Das Reformmodell Bürgerkommune. Leistungen, Grenzen, Perspektiven, Berlin.

BOGUMIL, J. / HOLTKAMP, L. / WOLLMANN, H. (2003): Öffentlicher Sektor und private Akteure in der Stadt der Zukunft, Berlin, Hagen.

BOGUMIL, J. / HOLTKAMP, L. / KISSLER, L. (2004): Modernisierung lokaler Politik – Auswirkung auf das kommunale Entscheidungssystem. In: Jann, W. / Bogumil, J. / Bouckaert, D. / Budäus, D. / Holtkamp, L. / Kißler, L. / Kuhlmann, S. / Metzger, E. / Reichard, C. / Wollmann, H.: Status-Report Verwaltungsreform – Eine Zwischenbilanz nach zehn Jahren, 2004.

BOGUMIL, J. / HOLTKAMP, L. (2004): Lokal Governance und gesellschaftliche Integration. In: Schimank, U. / Lange, S. (Hg.): Governance und gesellschaftliche Integration, Wiesbaden.

BOGUMIL, J. / KISSLER, L. (1998): Akteursstrategien im kommunalen Modernierungsprozeß. In: Grunow, D. / Wollmann, H. (Hg.): Lokale Verwaltungsreform in Aktion: Fortschritte und Fallstricke, Basel, Boston, Berlin.

BUNDESAMT FÜR BAUWESEN UND RAUMORDNUNG (2007): Auf dem Weg zu einer nationalen Stadtentwicklungspolitik. Memorandum. Bonn.

BUNDESMINISTERIUM FÜR LANDESPLANUNG UND RAUMORDNUNG (1993) (Hg.): Entwicklungs-perspektiven für Stadtregionen in Deutschland, Bonn.

BURTH, H.-P. / GÖRLITZ, A. (2001): Politische Steuerung in Theorie und Praxis, Baden-Baden.

CON_SENS HAMBURG (2006): Benchmarking 2005 der 16 großen Großstädte Deutschlands, Kommunale Leistungen nach dem SGB II, Hamburg.

DEUTSCHER STÄDTETAG (2003): Städte sind Zukunft. Dokumentation der Hauptversammlung 2003, neue Schriften des deutschen Städtetages, H. 86, Berlin, Köln.

DEMIROVIC, A. (1991): Zivilgesellschaft, Öffentlichkeit, Demokratie. In: Das Argument – Zeitschrift für Philosophie und Sozialwissenschaft, 33. Jg. H. 185, Berlin.

DETTLING, W. (2007): Die Mitte als politische Aufgabe. Die CDU in einer zerklüfteten Landschaft. In: Vorgänge, 46. Jg. H.4, Berlin.

EVERS, A. (2005): Lokale Sozialpolitik. Eckpunkte für eine neue Agenda. In: Kommune. Forum für Politik, Ökonomie, Kultur, 3/2005, Frankfurt a.M. S. 38–39.

FÜRST, D. (2003): Regional Governance zwischen Wohlfahrtsstaat und neoliberaler Marktwirtschaft. In: Katenhusen, I.; Lamping, W. (Hg.) Demokratien in Europa, Opladen. S. 251–267.

FRIEDRICHS, J. (1997): Eine Typologie westdeutscher Großstädte und Muster ihrer Entwicklungen 1970 bis 1990. In: Friedrichs, J. (Hg.) Die Städte in den 90er Jahren. Demographische, ökonomische und soziale Entwicklung, Opladen. S. 67–90.

GEPPERT, K. / GORING, M. (2003): Die Renaissance der großen Städte – und die Chancen BerlinS. In: DIW Wochenbericht, Nr. 26, Berlin.

GISSENDAMMER, S. (2002): Die Bedeutung des Bürgermeisters für die strategische Entscheidungsfähigkeit deutscher Großstädte. In: Bogumil, J. (Hg.): Kommunale Entscheidungsprozesse im Wandel, Opladen. S. 91–109.

HARTMANN, M. (2006): Elite – Masse. In: Lessenich, S. / Nullmeier, F. (Hg.): Deutschland eine gespaltene Gesellschaft, Frankfurt, New York. S. 191–208.

HÄUSSERMANN, H. (2003): Die Neuerfindung der Stadtgesellschaft. In: Das Parlament, Aus Politik und Zeitgeschichte, Nr. 37. Berlin.

HÄUSSERMANN, H. (2003): Das Europäische Stadtmodell. In: Leviathan, Zeitschrift für Sozialwissenschaften, H. 3. S. 129–137.

HÄUSSERMANN, H. (2006): »Die ideale Kommune« In: Kulturaustausch, Zeitschrift für internationale Perspektiven, 56. Jahrgang, H. 3, Berlin. S. 51–52.

HEINELT, H. (Hg.) (1996): Die Strukturförderung – Politikprozesse im Mehrebenensystem der Europäischen Union, Opladen.

HEINELT, H. (2004): Governance auf lokaler Ebene. In: Benz, A. / Governance – Regieren in komplexen Regelsystemen, Wiesbaden. S. 29–44.

HEINRICH-BÖLL-STIFTUNG (2004): Die Zukunft der Städte. In: Kommune, Forum für Politik, Ökonomie, Kultur, H. 5, 2004, Frankfurt.

HEISIG, U. / LITTEK, W. / PRIGGE, R. (2000): Modernisierte Bürokratie. Eine arbeitssoziologische Untersuchung des Strukturwandels Öffentlicher Dienstleistungsarbeit in drei Funktionsbereichen des bremischen öffentlichen Dienstes, Bremen.

HOLTKAMP, L. (2000): Kommunale Haushaltspolitik in NRW, Haushaltslage, Konsolidierungsprogramme, Sparstrategien. Opladen.

HOLTKAMP, L. (2002): Neuen Rollen für Bürger, Politik und Verwaltung in der Bürgerkommune. In: Prigge, R. / Osthorst, W. (Hg.): Bremen auf dem Weg zur Bürgerkommune? Visionen, Potentiale, Hindernisse. Ergebnisse der Arbeitstagung der Arbeitnehmerkammer Bremen und des IAW vom 12.Juni 2002, Bremen. S. 11–19.

HOLTKAMP, L. / BOGUMIL, J. (2006): Kooperative Demokratie – Das politische Potential von Bürgerengagement, Frankfurt.

INHESTER, M. (1998): Kommunaler Finanzausgleich im Rahmen der Staatsverfassung, Berlin.

KERSTING, N. (2004): »Nichtwähler. Diagnose und Therapieversuche« In: Zeitschrift für Politikwissenschaft, Jg. 14, H. 2. S. 403–427.

KLENK, T. / NULLMEIER, F. (2003): Public Governance als Reformstrategie, Düsseldorf.

KRÄTKE, S. (1995): Stadt – Raum – Ökonomie. Einführung in aktuelle Problemfelder der Stadtökonomie und Wirtschaftsgeographie, Basel, Boston, Berlin.

LESSENICH, S. / NULLMEIER, F. (Hg.) (2006): Deutschland eine gespaltene Gesellschaft, Frankfurt, New York.

LÖW, M. (2008): Soziologie der Städte, Frankfurt /M.

MAYNTZ, R. (1985): Soziologie der öffentlichen Verwaltung, 3. Auflage, Heidelberg.

MAYNTZ, R. (2005): Governance Theory als fortentwickelte Steuerungstheorie? In: Schuppert, G. F. (Hg.): Governance-Forschung, Vergewisserung und über Stand und Entwicklungslinien, Baden-Baden. S. 11–20.

MAYNTZ, R. (2005): Politische Steuerung – Heute? http://mpi-fg.koeln.mpg.de/pu/workpap/wp05-1/wp05-1.html

MEHR DEMOKRATIE E.V. (2001): Volksbegehrensbericht 2001. Bilanz und Perspektiven der direkten Demokratie in Deutschland, Berlin.

MEHR DEMOKRATIE E.V. (2004): Bürgermacht vor Ort, Demokratie in den Kommunen, Tagungsbericht, Köln.

MÖCKLI, S. (1994): Direkte Demokratie, Ein internationaler Vergleich, Bern, Stuttgart, Wien.

NASCHOLD, F. / OPPEN, M. / TONSDORF, K. / WEGENER, A. (1994): Neue Städte braucht das Land, Public Governance: Strukturen, Prozesse und Wirkung kommunaler Innovationsstrategien in Europa, eine Projektskizze, Wissenschaftszentrum Berlin FS II 94–206, Berlin.

NASCHOLD, F. (1997): Umstrukturierungen der Gemeindeverwaltung: eine international vergleichende Zwischenbilanz. In: Naschold, F; Oppen, M.; Wegener, A. (Hg.) Innovative Kommunen. Internationale Trends und deutsche Erfahrungen, Stuttgart, Berlin, Köln.

NASCHOLD, F. / BOGUMIL, J. (2000): Modernisierung des StaateS. New Public Management in deutscher und internationaler Perspektive, Opladen.

NIEDERMAYER, O. (2005): Parteimitglieder seit 1990, Version I/2005, Berlin.

NULLMEIER, F. (2006): Links – RechtS. In: Lessenich, S. / Nullmeier, F. (Hg.): Deutschland eine gespaltene Gesellschaft, Frankfurt. S. 313–335, New York.

OSTHORST, W. (1998): Zwischen Sollbruchstellen und kollektivem LernprozesS. Bremen.

OSTHORST, W. / Prigge, R. (2003): Qualifizierungsbaukasten Bürgerkommune, Ver.di-Materialien, Berlin.

OSTHORST, W. / Prigge, R. (2003): Die Großstadt als Bürgerkommune, Eine Fallstudie über die Entwicklung des zivilgesellschaftlichen Engagements und der kommunalen Demokratie in der Freien Hansestadt Bremen. Bremen.

PRIGGE, R. (Hg.) (1999): Steuerung und Mitbestimmung kommunaler Verwaltungsreform, Bremen.

PRIGGE, R. (2002): Stolpersteine auf dem Weg zur Bürgerkommune. In: Prigge, Osthorst (Hg.): Bremen auf dem Weg zur Bürgerkommune? Bremen.

PRIGGE, R. (2004): Die Steuerung öffentlicher Unternehmen in den Stadtstaaten Berlin, Hamburg und Bremen. In: Hill, H. (Hg.): Aufgabenkritik, Privatisierung und Neue Verwaltungssteuerung, Baden-Baden.

PRIGGE, R. / SCHWARZER, T. (2006): Großstädte zwischen Hierarchie, Wettbewerb und Kooperation, Wiesbaden.

POHLAN, J. (2001): Monitoring der Städte und Regionen. In: Gestring, N. / Glasauer, H. / Hannemann, C. / Petrowsky, W. / Pohlan, J. (Hg.) Jahrbuch StadtRegion 2001, Schwerpunkt: Einwanderungs-stadt. S. 205–259, Opladen.

POHLAN, J. (2004): Monitoring der Städte und Regionen. In: Gestring, N. / Glasauer, H. / Hannemann, C. / Petrowsky, W. / Pohlan, J. (Hg.): Jahrbuch StadtRegion 2003, Schwerpunkt: Urbane Regionen. S. 191–252, Opladen.

ROTH, R. (1998): Lokale Demokratie »von unten«. Bürgerinitiativen, städtischer Protest, Bürgerbewegungen und neue soziale Bewegungen in der Sozialpolitik, Opladen.

RÖDEL, U. / FRANKENBERG, G. / DUBIEL, H. (1989): Die demokratische Frage, Frankfurt/M.

SCHARPF, F. W. (1976): Theorie der Politikverflechtung. In: Scharpf, F. W.; Reissert, B.; Schnabel, F. (Hg.) Politikverflechtung, Bd. 1: Theorie und Empirie des kooperativen Föderalismus in der Bundesrepublik, Kronberg.

SCHARPF, F. W. (1986): Strukturen der post-industriellen Gesellschaft, oder Verschwindet die Massenarbeitslosigkeit in der Dienstleistungs- und Informations-Ökonomie? In: Soziale Welt 37. S. 3–24.

SCHARPF, F. W. (1993): Versuch über Demokratie im verhandelnden Staat. In: Czada, R.; Schmidt, M. G. (Hg.) Verhandlungsdemokratie, Interessenvermittlung, Regierbarkeit. Festschrift für Gerhard Lehmbruch, Opladen. S. 25–50.

SCHARPF, F. W. (1994): Optionen des Föderalismus in Deutschland und Europa, Frankfurt a.M., Nex York.

SCHARPF, F. W. (2000): Interaktionsformen Akteurzentrierter Institutionalismus in der Politikforschung, Opladen.

SCHEFOLD, D. / NEUMANN, M. (1996): Entwicklungstendenzen der Kommunalverfassung in Deutschland: Demokratisierung und Dezentralisierung?, Basel, Boston, Berlin.

SCHILLER, T. (2002): Direkte Demokratie, Eine Einführung, Frankfurt, New York.

SCHILLER, T. (Hg.) (1999): Direkte Demokratie in Theorie und Praxis, Frankfurt, New York.

SCHNEIDER, K. (2002): Arbeitspolitik im »Konzern Stadt«, Baden-Baden.

SCHUPPERT, G. F. (2002): Verwaltungswissenschaft, Baden-Baden.

SCHUPPERT, G. F. (Hg.) (2005): Governance-Forschung, Vergewisserung und über Stand und Entwicklungslinien, Baden-Baden.

SIEBEL, W. (Hg.) (2004): Die europäische Stadt, Frankfurt a.M.

SOZIOLOGISCHES FORSCHUNGSINSTITUT (SOFI) / INSTITUT FÜR ARBEITSMARKT- U. BERUFSFORSCHUNG (IAB) / INSTITUT FÜR SOZIALWISSENSCHAFTLICHE FORSCHUNG MÜNCHEN (ISF), INTERNATIONALES INSTITUT FÜR EMPIRISCHE SOZIALÖKONOMIE (INIFES) (Hrsg.) (2005): Berichterstattung zur sozio-ökonomischen Entwicklung in Deutschland – Arbeit und Lebensweisen. Erster Bericht, Wiesbaden 2005.

SPD-Fraktion im Deutschen Bundestag (2001): Perspektiven für die Stadt, Dokumentation der Fachtagung der SPD-Bundestagsfraktion (15.10.2001), Berlin.

Speer, A. (2009): Frankfurt für alle. Handlungsperspektiven für die internationale Bürgerstadt Frankfurt am Main. Frankfurt / M.

Vester, M. (2005): Das Fiasko der ›neuen Mitte‹, Die Bundestagswahl 2005 und die Orientierung der gesellschaftlichen MilieuS. In: Zeitschrift für Sozialistische Politik (spw) H. 145/14, Dortmund.

Kodolitsch, P. von (2002): Die Debatte um Bürger und Kommunalverwaltung – eine endlose Geschichte. In: Deutsche Zeitschrift für Kommunalwissenschaft, Bd. II, Berlin.

Walter, F. (2006): Die ziellose Republik, Gezeitenwechsel in Gesellschaft und Politik, Köln.

Weber, M. (1980): Wirtschaft und Gesellschaft, Grundriss der verstehenden Soziologie, Tübingen.

Wohlfahrt, N. / Zühlke, W. (1999): Von der Gemeinde zum Konzern Stadt, Institut für Landes- und Stadtentwicklungsforschung des Landes Nordrhein-Westfalen, Dortmund.

Wohlfahrt, N. (2005): Ende der kommunalen Selbstverwaltung. In: Steuerung und Mitbestimmung im Konzern Stadt, Leitfaden der ver.di-Bundesverwaltung. S. 10, Berlin.

Wollmann, H. / Roth, R. (1999): Kommunalpolitik: Politisches Handeln in den Gemeinden, Opladen.

Wollmann, H. (1998): (Hg.): Lokale Verwaltungsreform in Aktion: Fortschritte und Fallstricke, Basel, Boston, Berlin.

HORST PETER UND MICHAEL VESTER

Zwischen autoritärer und partizipatorischer Demokratie – Das »neoliberale Modell Deutschland« der SPD-Führung ist in der Krise[1]

1. Die politische Blockierung nach der Hessenwahl von 2008 war kein Problem von Personen, sondern von Flügelkämpfen. Eine Gleichschaltung der Parteiflügel hindert die Parteien, die Vielfalt und den Wandel der Wählermilieus hinreichend zu repräsentieren und zu mobilisieren.

Die Verluste der Volksparteien in der Bundestagswahl von 2005 haben wie ein Schock gewirkt. Tatsächlich war das Ergebnis nicht neu. Bereits 1990 lag die SPD bei 33,5 Prozent, 1994 bei 36,4 Prozent. 1998 fiel die CDU auf 35,1 Prozent (-6,4 Prozent), während die SPD Schröders wieder auf 40,9 Prozent (+4,5 Prozent) anwuchs. In den rot-grünen Jahren erlitt die SPD regional bis zu zweistellige Stimmenverluste. Dies setzte sich in der Bundestagswahl 2005 fort, in der Schröder mit 34,2 Prozent abgewählt wurde. Wider Erwarten sank auch die CDU/CSU, auf 35,2 Prozent. Nachhaltig gestärkt wurden stattdessen die kleineren Parteien einschließlich der Linkspartei.

Die Verluste der Volksparteien traten nur dort ein, wo die Parteiflügel mit den großen sozialen Strukturverschiebungen nicht umgehen konnten. Herausgefordert sind sie durch eine Kombination von horizontalen und vertikalen Verschiebungen der Sozialstruktur und ihrer Klientele.

---

[1] Von den Autoren neu überarbeitete Fassung ihres Beitrags »Zwischen autoritärer und partizipatorischer Demokratie«, in: spw 8/2008, S.51-56.

2. Horizontale Differenzierungen der Sozialstruktur: Die wachsenden höher-
qualifizierten und dienstleistenden Berufsmilieus befürworten »postmateriel-
le« Werte der Partizipation: Gleichstellung von Frauen und Migranten, Öko-
logiewende, Abbau autoritärer Bevormundung.

Die Klassenstruktur ist nicht verschwunden, aber sie hat sich seit den sechziger
Jahren auf allen Etagen zu moderneren »Klassenfraktionen« (Walter Müller)
verschoben. *Oben*, bei den Erwerbsgruppen mit Hochschul- und Fachschulab-
schluss, sind die Humandienstleistungen und Technischen Expertenberufe auf
mehr als 20 Prozent gewachsen. Zu ihnen gehören die gehobenen Bildungs-,
Gesundheits-, Sozial- und Kulturberufe sowie die Ingenieur-, Informatik- und
Architekturberufe. Sie wählen eher rot-grün. Dagegen umfassen die oberen administrativen Dienstleistungen, die eher schwarz-gelb wählen, nur 15 Prozent.
Zu ihnen gehören die Juristen, Betriebswirte und anderen »Führungskräfte« in
staatlichen und privaten Managementberufen. Auch in der *Mitte* der Arbeitnehmer bilden die modernen, besser qualifizierten Milieus die Mehrheit, während
die konservativen, herkömmlich qualifizierten geschrumpft sind.

Die konservativen Milieus verloren an Hegemonie. Die modernisierten Berufe brauchten mehr Spielräume der Partizipation, der Selbst- und Mitbestimmung. Diese »postmateriellen« Werte ersetzten nicht die arbeitnehmerischen
Werte, sondern verbanden sich mit ihnen.

Der Ausbau der modernisierten Berufe verlief in Deutschland allerdings
deutlich gebremster als in anderen, besonders den skandinavischen Ländern. Die
Bremsung des Tertiärsektors hat, wie Blossfeld errechnet hat, mit der Drosse-
lung der Staatsausgaben schon unter Kanzler Schmidt begonnen; die Kostensenkungen sollten die industrielle Exportkraft des »Modells Deutschland« erhöhen.
Seitdem drückt die wirtschaftsliberale Sparpolitik zunehmend die Beschäftig-
tenzahl, die Gehälter und die Arbeitsqualität im Gesundheits-, Sozial-, Kultur-
Bildungs- und Forschungssektor.

Durch den Grundsatz »billiger statt besser« und den Mangel an gut ausgebil-
deten Fachkräften sind die Standards der Bildung, der Gesundheitsversorgung
usw. zu Lasten der weniger privilegierten sozialen Schichten gesenkt worden.
Die zu wenigen Beschäftigten werden als »faule Säcke« (Schröder) einer büro-
kratisierten »Qualitäts«-Kontrolle unterworfen. Die Überreglementierung trifft
heute auch die Technikberufe. Fachfremde neue Kontrollbürokratien urteilen
mit betriebswirtschaftlichen Kriterien über Leistungen, die nur mit der Fach-

kompetenz der Pädagogik, der Medizin, der Wissenschaft bzw. der Technologie beurteilt werden können.

Damit wurde die organisatorische Hegemonie der administrativen Dienstklasse wiederhergestellt. Der Preis war die hohe politische Verdrossenheit der moderneren Milieus, die die Volksparteien viele Stimmen kostete. Sie reagierten darauf verschieden.

In der SPD hat sich eine konservative Interessenkoalition durchgesetzt, die die neuen Entwicklungen heftig bekämpft. In der Union dagegen hat nach 2005 der moderne Flügel der Einsicht Geltung verschafft, dass auch ihre eigene bürgerlichen Klientel eine modernere Familien-, Geschlechter-, Ökologie-, Bürgerrechts- und Ausländerpolitik braucht. Die CDU/CSU in Hamburg, Hessen und Bayern wandte sich nach dem Scheitern von Neuauflagen autoritärer Politik ihrer ergrünten Stammklientel oder gar Bündnissen mit den linksbürgerlichen »Grünen« zu.

3. Vertikale Klassenspaltungen: Die wachsende Kluft zwischen privilegierten und unterprivilegierten Gruppen ist kein naturnotwendiger Prozess, sondern politisch gestaltet. Dies verletzt die Grundsätze des historischen Sozialmodells der BRD: Leistungsgerechtigkeit und Statussicherung.

Die frühere Integrationskraft der Volksparteien beruhte auf dem historischen Sozialmodell der BRD, das sie nach 1945 mitgeschaffen hatten. Die Gesellschaft war damals nicht weniger als heute durch große Verwerfungen herausgefordert. Zu integrieren waren Millionen von Flüchtlingen und von Menschen, die durch die Modernisierung erst der Landwirtschaft und dann der Industrie »freigesetzt« wurden. Sie waren zu diesen Umstellungen bereit, weil die Risiken flankiert wurden durch den Ausbau des Sozial- und Bildungssystems und eine erfolgreiche gewerkschaftliche Rechts-, Tarif- und Mitbestimmungspolitik. Die Prinzipien des Modells waren Leistungsgerechtigkeit und Statussicherung. Hohe Leistung sollte zur Teilnahme am Wohlstand und zur Mitbestimmung berechtigen. Notlagen sollten nicht zu Statusverlusten führen.

Die Mehrheit der Arbeiter rückte in die Standards der Mitte auf. So schwanden die Merkmale der früheren »Proletarität«, d.h. der unsicheren Beschäftigung, der sozialen Rechtlosigkeit und der geringen Fach- und Bildungsstandards. Sogar die »Unterschicht« von gering Qualifizierten gelangte erstmals in sichere Arbeitsplätze, wenn auch noch in hoch belastenden Tätigkeiten.

1972 verkündete Brandt, den historischen Kompromiss der »sozialen Markt-wirtschaft« zum Modell einer »Arbeitnehmergesellschaft« nach dem skandi-navischen Beispiel weiterzuentwickeln, als Alternative zur »Macht des großen Geldes« und mit den modernisierten »sozialliberalen« Bildungsschichten als Partner. Sein Wahlsieg war so hoch, weil er eine Vielfalt von sozialen Gruppen ansprach; die sich nicht blockierten, sondern akzeptierten, so dass ein Heer von freiwilligen Multiplikatoren mobilisiert werden konnte.

Besonders seit den neunziger Jahren verschärft sich wieder die Teilung der Gesellschaft in positiv und negativ privilegierte, in sichere und unsichere soziale Lagen. Nach den Daten des Deutschen Instituts für Wirtschaftsforschung bis 2005 (Wochenbericht des DIW 12/2007, S. 179f.) entsteht eine Teilung in vier Lagen:

- *18,5 Prozent nehmen nicht mehr am Wohlstand teil*, sie liegen an oder unter der Armutsgrenze (60 Prozent des mittleren Einkommens). Zu unterscheiden sind zwei Teilgruppen. *8,4 Prozent leben in verfestigter Armut* (mit nur 43,1 Prozent d. m.E.). Diese Armutsschicht ist nach 1990 stetig gewachsen. Sie entsteht nicht aus Absteigern aller Schichten. Vielmehr besteht ein »stabiler Zusammenhang zwischen Armut und Klassenzugehörigkeit«: die Absteiger entstammen überwiegend der Schicht der gering qualifizierten Arbeitneh-mer, wobei die Gruppen mit Migrationshintergrund, Alleinerziehende und Familien mit mehr als zwei Kindern besonders betroffen sind. – *Weitere 10,1 Prozent, leben in Prekarität*; sie liegen, mit 60,9 Prozent d.m.E., direkt an der Armutsgrenze, unter die sie immer wieder sinken.
- *9,5 Prozent sind temporär oder partiell Arme.* Mit ca. 68 Prozent d.m.E. liegen sie knapp über der Armutsgrenze. Zu ihnen wie zur den »Prekären« gehö-ren auch Menschen mit guter Fachausbildung, die in die auf 38 Prozent der Beschäftigten gewachsenen Sektoren »atypischer Arbeitsverhältnisse«, also Niedriglohn, Leiharbeit, befristete Beschäftigung, Teilzeitarbeit usw., abge-drängt sind.
- *26,1 Prozent leben in instabilem Wohlstand* (89,0 Prozent d.m.E.). Die Grup-pe hat kontinuierlich und etwa in dem Maße abgenommen, wie die verfestig-te Armut zunahm.
- *Nur noch 45,9 Prozent leben in eher dauerhaft gesichertem Wohlstand*, mit 131,8 Prozent des mittleren Einkommens.

Inzwischen diagnostiziert das DIW eine »schrumpfende Mittelschicht« (Mitt. d. DIW 10/2008, S. 101). Das Schichtgefüge ruht nicht in mehr in sich selbst, in einer statussicheren Arbeitnehmermitte. Bei fast 20 Prozent in akuter Unsicherheit ist das soziale Gleichgewicht nur labil. Erhöht sich die Unsicherheit über die Grenze des »submerged fifth« (Harrington) hinaus, in eine Destabilisierung in der anspruchsvollen Mitte, dann ist eine unruhigere politische Situation zu erwarten. Die jetzige Weltrezession wird auch die Arbeitnehmer von immer mehr Exportindustrien, der tragende Säulen des alten deutschen Produktionsmodells, erreichen. Die Herausforderungen an die Parteien, das Modell zu revidieren, werden sich potenzieren.

4. Das gegen die Bevölkerung durchgesetzte neoliberale Modell Deutschland unterschätzt die zunehmende Bedeutung des beschriebenen Strukturwandels. Daher erstarken Parteien, die diese Themen hervorheben: Ausbau von Partizipation, sozialer Sicherung und ökologischer Nachhaltigkeit; Abbau von Privilegien und autoritärer Bevormundung.

Die dominanten Gruppen der SPD haben die sozialen Veränderungen zu wenig als tiefere Strukturtrends und zu sehr als »vorübergehende« Projekte »machthungriger« Konkurrenten behandelt. Unter Schmidt und Wehner wurden die »Postmaterialisten« als »Feinde« aus der SPD ausgegrenzt, bis sie die »Grünen« aufbauten. Ähnliches hat sich jetzt wiederholt, als ausgegrenzte gewerkschaftliche und intellektuelle Stammgruppen der Sozialdemokratie der Linkspartei zugetrieben wurden.

Verdrängt wird, dass die hohen Verluste der SPD seit 1999 von Politikern des rechten SPD-Flügels eingefahren wurden. So verlor 2003 in Hessen Gerhard Bökel, mit Jürgen Walter als Wahlkampfleiter, 10,3 Prozent und in Niedersachsen Sigmar Gabriel 14,4 Prozent. In Nordrhein-Westfalen verloren Wolfgang Clement (2000) und Peer Steinbrück (2005) zusammen 8,9 Prozent. Die Verluste von Schröder (2002 und 2005) im Bund summierten sich auf 6,7 Prozent.

Verdrängt wird, dass SPD-Gewinne nur dort erzielt wurden, wo Alternativen zu Schröders Kurs praktiziert wurden. So errang 2006 Kurt Beck mit 45,6 Prozent der Stimmen die absolute Mehrheit im Mainzer Landtag. Er gewann durch seine enge Fühlung mit den Milieus der großen konservativen und modernen Arbeitnehmermitte. Er hatte u.a. die identitätsstiftende Sozialpolitik des »vorsorgenden Staats« revitalisiert, ein modernes Mobilisierungsprogramm für das zivilgesellschaftliche Engagement der etwa 12.000 Vereine des Landes geschaffen und das dreigliedrige Schulsystem durch die »Regionalschule« ersetzt.

2008 gewann die hessische SPD mit Andrea Ypsilanti die meisten der mit Bökel und Walter verlorenen Stimmen zurück, mit 36,7 Prozent (+7,6 Prozent). Anders als in Niedersachsen und Hamburg setzte Ypsilanti auf die programmatische Integration der Parteiflügel. Nach der knappen Nominierungsentscheidung bei der Besetzung der Spitzenkandidatur eine zwingende Notwendigkeit. Die integrierende Leitformel lautete: die SPD setzt auf soziale und ökologische Gerechtigkeit durch eine der Nachhaltigkeit verpflichtete Wirtschaftspolitik. Die Konkretisierung gelang im Wahlprogramm mit den Schwerpunkten »gerechte Bildung«, »Energiewende durch erneuerbare Energien«, »soziale Gerechtigkeit und gute Arbeit« verkörpert durch Personen mit großer Glaubwürdigkeit für ihre Inhalte: Rainer Domisch als einer der Väter des Schulsystems in Finnland, Hermann Scheer als Protagonist der ökologischen Energiewende und Ypsilanti als Gegnerin der Agenda 2010 schon auf dem SPD-Parteitag 2003. In dem Programm wurden bewusst Reformforderungen aus der Mitte der Gesellschaft aufgegriffen. Der Wahlerfolg gründete auf einer überdurchschnittlichen Mobilisierung aus der Nichtwählerschaft und dem rot-grünen Wählersegment für einen konkreten Politikwechsel in Hessen. Die Absage an ein Bündnis mit der Linkspartei sollte die Hürde für taktische Linkswähler möglichst hoch machen und den rechten Parteiflügel integrieren. Der Kampf gegen eine rot- grüne Minderheitsregierung setzte erfolgreich auf den Abbau der Glaubwürdigkeit von Ypsilanti und die Verunglimpfung von Scheer in einer seit Brandts Zeiten nicht mehr erlebten Politmobbingkampagne mit Beteiligung des rechten Parteiflügels.

5. Die Differenzen zwischen den Flügeln sind sinnvoll, solange sie die verschiedenen Milieus repräsentieren. Sie werden destruktiv, wenn Flügel von externen wirtschaftlichen und medialen Machtnetzwerken instrumentalisiert werden.

Die Vier, die die rot-grünen Regierung in Hessen verhinderten, haben dies als Entscheidung des Gewissens präsentiert. Ebensosehr war dies eine politische Entscheidung. Dagmar Metzger ist dem konservativen Seeheimer Kreis verbunden, Jürgen Walter der moderneren Variante der Parteirechten, den Netzwerkern. Die Vier haben kaum ohne Wissen und Zustimmung ihrer Flügelexponenten gehandelt.

Kurz vor ihrem Auftritt hat die ZEIT einen Leitartikel mit massiven, persönlich gefärbten Angriffen gegen die Wahl von Ypsilanti veröffentlicht. Diese strategische Intervention, die den Vier Rückenwind gab, wird kaum ohne Billigung der Herausgeber Schmidt und Naumann, der zusammen mit Müntefering zuvor

Beck als Sündenbock seiner Wahlniederlage in Hamburg angeprangert hatte, erfolgt sein. Schmidt denkt in strategischen Konzepten. Er hatte in der ZEIT schon lange die spekulativen »Auswüchse« des Kapitalismus kritisiert, aber die neoliberale Variante des »Modells Deutschland« verteidigt.

Die Vernetzungen des rechten Flügels sind legitim und zur Mobilisierung der konservativen Arbeitnehmermilieus unerlässlich. Mit etwa 24 Prozent sind diese Milieus zwar zehn Prozent weniger als die modernen Arbeitnehmermilieus, aber doch eine Gruppe, die nicht übergangen werden darf. Allerdings werden sie zunehmend von Netzwerken außerhalb der Partei überlagert. Zu diesen gehören nicht nur einige Journalisten der ZEIT, die seit Jahren geradezu kreuzzugartig die Agenda-Politik Schröders, Münteferings und Steinmeiers verfochten und Kritiker gerne als irrational oder inkompetent abqualifiziert haben. Zum intervenierenden Machtkomplex gehört auch die Energiewirtschaft, die, wie Wolfgang Streeck in seinem neuen Buch aufweist, zu einem der bestorganisierten wirtschaftlichen Machtzentren aufgerückt ist. Von der Energiewirtschaft, die seit je zu den vom Staat protegierten Branchen gehört hat, hängen auch die Arbeitsplätze im Bereich konservativerer Gewerkschaften ab. Es ist verständlich, dass Gewerkschafter wie Hubertus Schmold und Energiepolitiker wie Wolfgang Clement diese Arbeitsplatzpolitik vehement verteidigen. Die Vehemenz ist Clement allerdings kurz vor der Hessenwahl zu dem Aufruf geraten, die SPD nicht zu wählen, da sie mit der Energiewende eine »Deindustrialisierung« betreibe.

Hier tun sich dann doch Bruchlinien zu den innerparteilichen konservativen Flügeln auf. Diese waren, über ihre zahlreichen Mandatsträger, Parteimitglieder und Politiker noch eng mit ihren Wählern verbunden. Nun verlieren sie sie. Dies bedeutet für viele »Edeka«, Ende der Karriere. – Diese Politik ist nicht unbedingt irrational, weil sie die Anhänger demobilisiert, jedenfalls nicht für solche Bundespolitiker, die nur in einer Großen Koalition ihre Ämter und Einflüsse sicher haben. Selbst wenn die SPD auf 25 Prozent und die CDU/CSU auf 35 Prozent schrumpfte, bliebe für lange Zeit eine reichliche Parlamentsmehrheit in Berlin. – Erst großer Druck aus der Gesellschaft kann einen Wandel erzwingen. Das ist aber nicht ausgeschlossen.

6. Politische Alternativen: Zwischen autoritärer und mobilisierender Politik

Das neoliberale Modell Deutschland setzt nicht allein auf die freien Marktkräfte, sondern auch auf ein autoritäres betriebswirtschaftliches Reglement in vielen Bereichen. Diese Spar- und Reglementierungspolitik entwickelte sich zur Falle. Sie wollte durch Kostensenkungen die deutsche Führung auf dem Weltmarkt stärken. Die Staats- und Konsumentennachfrage wurde gesenkt, um die Exporte zu verbilligen. Jetzt, da die weltweite Rezession die Exportnachfrage auf einem Sektor nach dem anderen einbrechen lässt, fehlt die ausgleichende Inlandsnachfrage.

Die Regierung war unvorbereitet. Noch im September 2008 hatte Finanzminister Steinbrück im Bundestag mit markanten Sprüchen betont, dass die Finanzkrise nicht auf die Realwirtschaft überspringen werde. Ein Konjunkturprogramm sei Geldverschwendung. Inzwischen sieht sich Berlin wenigstens zu Ansätzen einer Nachfragestärkung genötigt. Doch Sachverständigenrat, Wirtschaftsakteure und internationale Instanzen mahnen, das Programm sei zu klein und zu beliebig und bediene nur bestimmte Klientele.

Offenbar wird die alte Bastelei, an der einen oder anderen Stellschraube zu drehen, fortgesetzt anstatt die Wirtschaftskrise als Chance zu sehen, die Klimakrise und die sozialen Problemlagen zu bekämpfen. Nicht vorbereitet ist ein Programm aus einem Guss, das den lange nötigen Investitions- und Beschäftigungsschub im Bildungs-, Gesundheits- und Sozialsektor, die Stärkung der sozial Schwachen, die Energiewende und die Mobilisierung der Bevölkerung miteinander verbindet. Erst recht ist nicht daran gedacht, die durch das betriebswirtschaftliche Reglement verursachte lähmende Demobilisierung in diesen Sektoren rückgängig zu machen.

Nach wie vor kämpfen hier die zwei Fraktionen der oberen Milieus um die Führungsrolle. Es verwundert nicht, dass jeder Versuch, das rot-grüne Projekt und die vielfältige soziale Mobilisierung der Willy-Brandt-Zeit zu erneuern, mit der klassischen autoritären Feindbildpolitik und Sündenbocksuche beantwortet wird, während gleichzeitig versucht wird, für die eigene Seite die Magie charismatischer Führerfiguren zu beschwören.

Ihre Hilflosigkeit gegenüber der Rezession wird das Ansehen dieser »Elite« von »Machern« weiter untergraben. Steinbrücks Wort, man habe nichts voraussehen können, wird in den USA widerlegt. Die neoliberale Interessenwirtschaft von Bush wird abgelöst durch Kräfte, die – was dort zum ökonomischen Grundwissen gehört – die große Depression nach 1929 und die Gegenpolitik unter

Präsident Roosevelt genau studiert haben. Sie wissen, dass es nicht nur auf die staatliche Wirtschaftspolitik, sondern genauso auf die Mobilisierung der sozialen Kräfte, die Beteiligung der Ausgeschlossenen ankommt. Sie wissen auch, dass eine solche Mobilisierung sozialer Teilhabe schon einmal wiederholt werden konnte, unter Präsident Kennedy in den frühen sechziger Jahren. Sie hat den autoritären Muff auch international weggeblasen und Bewegungen in vielen anderen Ländern ermuntert. Insofern ist das rot-grüne Projekt in Hessen weiterhin als Alternative für die Bundespolitik von Bedeutung.

Zu den Autoren

Daniel Gardemin, Jahrgang 1967, Dr. phil., Dipl.-Sozialwissenschaftler, wissenschaftlicher Mitarbeiter am Institut für Politische Wissenschaft der Leibniz Universität Hannover. Arbeitsschwerpunkte: Sozialstrukturanalyse, Sozialwissenschaftliche Methoden, Milieu- und Wahlanalysen.

Heiko Geiling, Jahrgang 1952, apl. Prof. Dr. phil., Institut für Politische Wissenschaft der Leibniz Universität Hannover. Forschung und Lehre in den Bereichen Politische Soziologie sozialer Bewegungen und sozialer Milieus in der Stadt-, Jugend-, Gewerkschafts- und Parteiensoziologie.

Mathias Lomb, Jahrgang 1976, Erste Staatsprüfung für das Lehramt an Gymnasien in den Fächern Englisch und Sozialkunde an der Universität Kassel, Gewerkschaftssekretär der Gewerkschaft Erziehung und Wissenschaft, Bezirks- und Landesvorsitzender der Arbeitsgemeinschaft für Bildung in der SPD, Vorsitzender des Wissenschaftsforums der Sozialdemokratie Kassel.

Stephan Meise, Jahrgang 1978, Dipl.-Sozialwissenschaftler, wissenschaftlicher Mitarbeiter am Institut für Politische Wissenschaft der Leibniz Universität Hannover. Arbeitsschwerpunkte: Sozialstruktur- und Mentalitätsanalyse, Gewerkschaften, Wahlen und Parteien.

Horst Peter, Jahrgang 1937, Studiendirektor i. R., ehemals Fachleiter für Politik und Geschichte und Leiter der Arbeitsstelle historisch-politische und arbeitsweltorientierte Bildung im Hessischen Landesinstitut für Pädagogik, Bundestagsabgeordneter von 1980-1994 für den Wahlkreis Kassel.

Max Reinhardt, Jahrgang 1975, M.A. Politikwissenschaft, Doktorand im Fach Politische Wissenschaft an der Leibniz Universität Hannover.

Wolfgang Schroeder, Jahrgang 1960, Prof. Dr. phil., Fachbereich Gesellschafts-
wissenschaften der Universität Kassel, Fachgebiet Politisches System der BRD
– Staatlichkeit im Wandel. Forschung und Lehre in den Bereichen Vergleichende
Politikwissenschaften, Industrielle Beziehungen, Sozialpolitik und Parteien.

Thomas Schwarzer, Jahrgang 1963, M.A. Politikwissenschaft, Wissenschaftlicher Mitarbeiter am Institut Arbeit und Wirtschaft (IAW) der Universität Bremen, Forschungseinheit »Stadt, Region und öffentlicher Sektor, Vergleichende
Stadt- und Stadtteilanalysen, kommunale Sozialpolitik, Wahlanalysen.

Michael Vester, Jahrgang 1939, Dr. phil., Prof. i.R. am Institut für Politische
Wissenschaft der Leibniz Universität Hannover. Forschung und Lehre zur Politischen Soziologie sozialer Strukturen, Mentalitäten, Milieus und Bewegungen.